PAASCH'S
ILLUSTRATED
MARINE
DICTIONARY

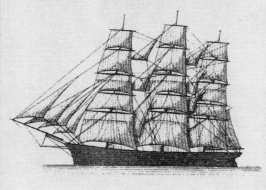

PAASCH'S
ILLUSTRATED
MARINE
DICTIONARY

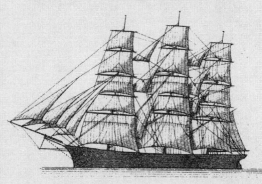

Originally Published as
"From Keel to Truck"
CAPTAIN HEINRICH PAASCH

Skyhorse Publishing

First Skyhorse Publishing edition 2014

All inquiries should be addressed to Skyhorse Publishing, 307 West 36th Street, 11th Floor, New York, NY 10018.

Skyhorse Publishing books may be purchased in bulk at special discounts for sales promotion, corporate gifts, fund-raising, or educational purposes. Special editions can also be created to specifications. For details, contact the Special Sales Department, Skyhorse Publishing, 307 West 36th Street, 11th Floor, New York, NY 10018 or info@skyhorsepublishing.com.

Skyhorse® and Skyhorse Publishing® are registered trademarks of Skyhorse Publishing, Inc.®, a Delaware corporation.

Visit our website at www.skyhorsepublishing.com.

10 9 8 7 6 5 4 3 2 1

Library of Congress Cataloging-in-Publication Data is available on file.

Cover design by Jane Sheppard

Print ISBN: 978-1-62873-801-8
Ebook ISBN: 978-1-62914-083-4

Printed in the United States of America

PREFACE.

Thirty-five years of continuous practice, including the Command, and subsequently the Superintendence of the construction and repairs of steam- and sailing vessels, as Surveyor to such an eminent Institution as "Lloyd's Register" ; aided by an acquaintance with several languages, offer fair credentials of the Author's competency to write on matters with which he is so conversant.

His attention has been frequently drawn to the need of an efficient guide on a subject that is scarcely paralleled in the extent and variety of details ; viz : Ships, with their Equipment, Machinery, Inventory etc. etc.

The work on inspection will be found complete up to the present date, so far at least as assiduous care can ensure the production of a trustworthy book of reference for its special department, and fulfil the promise of its comprehensive title **"From Keel to Truck,"** but it will be considered a favour if any deficiencies are pointed out.

However complete the list of terms may be, the names alone, would fail to give non-professionals any correct idea of the true position of any particular part.

It is for this purpose, that the numerous Illustrations are inserted ; not as master-pieces of designs, but simply to show as clearly as possible in small compass, all the principal portions of a ship's structure and equipment.

The labour of collecting and classifying such a multitude of terms was of course great, but the chief difficulty was to convert them with technical accuracy in English, French, and German ; on this very important point the Author believes that his work will be found particularly correct.

He is indebted to several of his friends, who in their various capacities combined the requisite qualifications to render him assistance ; to each of them his sincerest thanks are here tendered.

The thoroughness of the work encourages the hope that it will meet with a favourable reception ; for a conscientious endeavour has been made to convey clearly, all the information on the subject that personal experience, professional knowledge, and exhaustive enquiry could furnish.

THE AUTHOR.

Antwerp, April 1885.

PRÉFACE.

Trente-cinq années de pratique exercée successivement comme Commandant de navire et Expert pour la construction et la réparation de vapeurs et de voiliers, en qualité d'Inspecteur d'une importante Institution, le "Lloyd's Register," et aussi la connaissance de plusieurs langues, sont en faveur de la compétence de l'auteur, pour écrire sur des matières avec lesquelles il s'est si intimement familiarisé.

Son attention a été fréquemment appelée sur la nécessité d'un guide efficace pour un sujet exceptionnel dans l'espèce, comme étendue et variété de détails, à savoir : les navires et leurs équipements, les moteurs à vapeur, les inventaires etc. etc.

L'ouvrage, après examen, sera reconnu complet, au-moins jusqu'à la présente date et pour autant que des soins assidus ont pu assurer la production d'un recueil de références digne de confiance et réalisant le programme de son titre **"De la Quille à la Pomme de Mât".**

Toutefois, quelque soit la nomenclature des termes, leur dénomination seule serait insuffisante pour donner aux personnes étrangères à cette branche spéciale, une idée correcte des différentes parties, dans leurs détails respectifs. C'est dans cette intention que des illustrations nombreuses ont été jointes, non comme chefs d'œuvre de dessins, mais simplement pour désigner, sous faible échelle, tous les détails principaux d'un navire et de son équipement.

II

La tâche de rassembler et de classer des milliers de termes était certainement ardue, mais la principale difficulté consistait à les traduire avec exactitude dans leurs dénominations techniques en Anglais, en Français et en Allemand ; sur ce point, très-important, l'auteur croit que son œuvre sera reconnue particulièrement correcte.

Il doit de la reconnaissance à plusieurs de ses amis, qui par leurs aptitudes spéciales ont pu lui rendre de réels services ; il leur exprime ses plus sincères remerciments.

L'importance de l'ouvrage fait espérer qu'il sera le bien-venu, car des efforts consciencieux ont été faits pour donner tous les renseignements, qu'une expérience personnelle, des connaissances particulières et des recherches minutieuses pouvaient réunir et grouper.

L'Auteur.

Anvers, Avril 1885.

VORREDE.

Fünf- und dreissig Jahre practischer Erfahrung, in der Schiffsführung und hernach in der Aufsicht beim Bau und bei Reparaturen von Dampf- und Segelschiffen, als Inspector eines so bedeutenden Instituts als "Lloyd's Register," verbunden mit der Kenntniss verschiedener Sprachen, dürften einige Garantie für des Verfassers Competenz bieten, über Sachen zu schreiben, mit denen er so innig vertraut ist.

Seine Aufmerksamkeit wurde häufig auf den Mangel eines richtigen Leitfadens für einen Gegenstand gelenkt, welcher, in der Ausdehnung und Verschiedenartigkeit seiner Einzelheiten, kaum seines gleichen hat, nämlich : Schiffe, ihre Ausrüstung, Maschinen, Inventar u. s. w.

Das Werk wird nach genauer Prüfung als vollständig bis auf die Gegenwart befunden werden, so vollständig wenigstens, wie unverdrossene Sorgfalt ein vertrauenswerthes Buch für dieses Specialfach zu schaffen vermag und um *das* zu erfüllen, was sein umfassender Titel "**Vom Kiel zum Flaggenknopf**" erwarten lässt; jedoch wird jede Mittheilung über irgend eine Ungenauigkeit mit Dank entgegen genommen.

Wie vollständig die Liste der Ausdrücke auch sein mag, so würden doch die Namen allein verfehlen, Nicht-Sachkundigen eine genaue Idee von der richtigen Lage irgend eines besonderen Theiles zu geben.

Zu diesem Endzweck sind zahlreiche Illustrationen beigefügt, nicht als Meisterstücke, was Zeichnungen betrifft, sondern um in kleinem Maasstabe so deutlich wie möglich, alle Haupttheile der Structur eines Schiffes und dessen Zubehör zu zeigen.

Die Arbeit, eine solche Menge Ausdrücke zu sammeln und zu classifiziren, war natürlich gross, aber die Hauptschwierigkeit bestand darin, dieselben mit technischer Genauigkeit in Englisch, Französisch und Deutsch wiederzugeben ; in diesem wichtigen Punkt glaubt der Verfasser, dass sein Werk äusserst richtig befunden wird.

Er ist mehreren seiner Freunde, welche in ihren verschiedenen Eigenschaften die erforderliche Qualification, ihm Hülfe zu leisten, besassen, verpflichtet ; jedem von ihnen wird hiemit sein verbindlichster Dank abgestattet.

Die Gründlichkeit des Werkes ermuthigt zu der Hoffnung, dass es eine günstige Aufnahme finden wird, indem die gewissenhaftesten Bestrebungen gemacht sind, deutlich über die behandelten Gegenstände alle Auskunft zu geben, welche persönliche Erfahrung, Fachkenntniss und unermüdliche Nachforschungen zu schaffen vermochten.

Der Verfasser.

Antwerpen, April 1885.

CLASSIFICATION OF CONTENTS.

TABLE DES MATIÈRES.

INHALT.

NOTE.   NOTE.   NOTA.

An inspection of the Book will show that great care has been expended upon the classification of its contents, but in a work of this kind it was difficult to confine *all* the details under arbitrary headings; this however will cause no inconvenience, since the completeness of each Index removes every difficulty in finding whatever may be required.

While in the press, altho' sometimes too late for insertion in the proper place, expressions more in use, were found for some terms ; and a few new words occurred; these, with any typographical errors, will appear under "Additions and Corrections" in the Appendix.

Fuller explanations of several terms being deemed necessary, the Author's remarks upon such items will also be found in the Appendix.

Après examen du livre, on reconnaîtra que tous les efforts de l'auteur ont tendu à bien classer les matières. — Le classement de *quelques* détails a présenté de la difficulté pour suivre l'ordre indiqué aux entêtes ; toutefois les Index se rapportant aux trois langues sont suffisamment complets pour que chaque renseignement soit obtenable.

Dans le cours de l'impression il a été constaté que quelques expressions auraient pu être rendues dans des termes plus usités ; ceux-ci, ainsi qu'une nouvelle série de termes et de quelques ERRATA typographiques, sont indiquées sous la rubrique "Additions et corrections" dans l'Annexe.

L'auteur donne également dans l'annexe l'explication de certains termes au sujet desquels il croit devoir fournir quelque détail descriptif.

Eine Durchsicht des Buches wird zeigen, dass besondere Sorgfalt auf die richtige Classificirung des Inhalt's verwendet worden ist, aber war es bei einem Werke dieser Art nicht immer möglich *alle* Details genau der vorgeschriebenen Ueberschrift gemäss zu ordnen ; das Inhaltsverzeichniss in jeder der drei Sprachen ist indessen so vollständig, dass auch nicht die geringste Schwierigkeit in der Auffindung irgend eines Gegenstandes besteht.

Während des Druckes fanden sich für einige Benennungen mehr gebräuchlichere Ausdrücke, welche, nebst verschiedenen neuen Worten und den Verbesserungen einiger Druckfehler, unter der Rubrik "Ergänzungen und Verbesserungen" im Nachtrage verzeichnet sind.

Auch hat es der Verfasser für nöthig befunden, einigen Ausdrücken eine Erklärung beizufügen welche ebenfalls im Nachtrage ihren Platz gefunden hat.

Different Kinds of Steamers.
Différentes sortes de vapeurs.
Verschiedene Arten Dampfer.

MAIL-STEAMER – BATEAU À VAPEUR POSTAL – POSTDAMPFER.

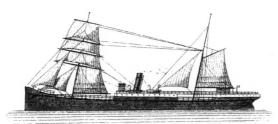

CARGO-STEAMER – TRANSPORT À VAPEUR – TRANSPORTDAMPFER.

PADDLE-STEAMER – BATEAU À VAPEUR À AUBES – RADDAMPFER.

DIFFERENT RIGS OF VESSELS.
DIFFÉRENTS GRÉEMENTS DE NAVIRES.
VERSCHIEDENE TAKELAGEN VON SCHIFFEN.

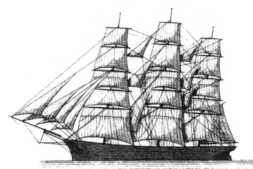

SHIP - TROIS MÂTS - VOLLSCHIFF.

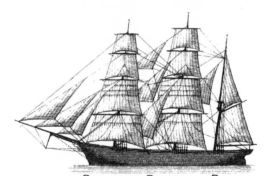

BARQUE — BARQUE — BARK.

BARQUENTINE — BARQUENTIN — SCHOONER-BARK.

DIFFERENT RIGS OF VESSELS.
DIFFÉRENTS GRÉEMENTS DE NAVIRES.
VERSCHIEDENE TAKELAGEN VON SCHIFFEN.

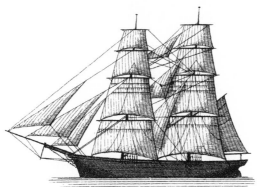

BRIG — BRICK — BRIGG.

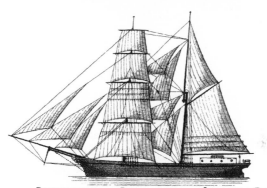

BRIGANTINE —— BRIGANTIN —— SCHOONER-BRIGG.

TOPSAIL-SCHOONER-GOËLETTE CARRÉE-TOPSEGEL-SCHOONER.

DIFFERENT RIGS OF VESSELS.
DIFFÉRENTS GRÉEMENTS DE NAVIRES.
VERSCHIEDENE TAKELAGEN VON SCHIFFEN

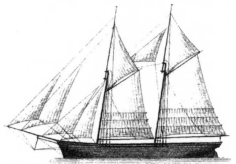

.FORE & AFT-SCHOONER-GOÉLETTE FRANCHE-VOR & HINTER SCHOONER.

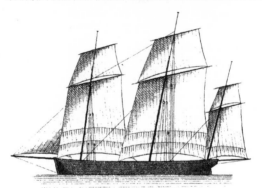

CHASSE - MARÉE.

CUTTER — CÔTRE — KUTTER.

Descriptive List of the principal sea-going (Merchant) Sailing-Vessels and Steamers.

Wooden Ship.
Composite Ship (*iron and wood*).
Iron Ship.
Steel Ship.

Different classes of Vessels.

Sailing Vessel
Steamer
Screw steamer.
Twin screw steamer.
Paddle steamer.
Mail steamer.
Cargo steamer.

Passenger steamer.

Different rigs of Vessels.

Ship, Full rigged ship.

A three-masted Vessel, (*foremast, mainmast and mizenmast*) each mast is fitted with a topmast, top-gallantmast and royalmast, all are square rigged — i. e. rigged with yards and square sails.

Barque; Bark.

A three-masted Vessel, (*foremast, mainmast and mizenmast*) the two foremost masts are square rigged, as in a ship, the after or mizenmast has no yards, being fitted with a topmast only, and carries a Gaffsail (*called the Spanker*) and a Gaff-topsail.

Barquentine.

A three-masted Vessel, (*foremast, mainmast and mizenmast*) the foremast only is square rigged, the main- and mizen-masts are fitted with top-masts, and carry Gaff-sails and Gaff-topsails.

Liste descriptive de divers types de navires de mer (marchands) à voiles et à vapeur.

Navire en bois.
Navire-composite (*Fer et Bois*).
Navire en fer.
Navire en acier.

Différentes catégories de navires.

Navire à voiles.
Bateau à vapeur.
Bateau à vapeur à hélice.
Bateau à hélices-jumelles.
Bateau à vapeur à aubes.
Bateau à vapeur postal.
Bateau à vapeur à marchandises. Transport à vapeur.
Bateau à vapeur à passagers.

Différents gréements de navires.

Trois-mâts ; Trois-mâts carré.

Navire à trois mâts (*mât de misaine, grand mât et mât d'artimon*), chaque mât porte un mât de hune, un mât de perroquet et un mât de cacatois, munis de vergues et de voiles carrées.

Barque ; Trois-mâts-barque.

Navire à trois mâts (*mât de misaine, grand mât et mât d'artimon*), les deux mâts de l'avant sont à voiles carrées à l'instar du trois-mâts carré, le mât d'artimon sans vergues porte un mât de flèche-en-cul, ses voiles sont la brigantine et le flèche-en-cul.

Barquentin.

Navire à trois mâts (*mât de misaine, grand mât et mât d'artimon*), le mât de misaine seulement est à voiles carrées, le grand mât et mât d'artimon ont des mâts de flèche-en-cul et portent des voiles à cornes et des flèches-en-cul.

Erklärende Liste der hauptsächlichsten (Kauffahrtei) Seeschiffe ; Segelschiffe und Dampfschiffe.

Hölzernes Schiff.
Compositions-Schiff (*Eisen und Holz*).
Eisernes Schiff.
Stählernes Schiff.

Verschiedene Arten von Schiffen.

Segelschiff
Dampfschiff; Dampfer.
Schraubendampfer.
Doppel-Schraubendampfer.
Raddampfer.
Postdampfer.
Transportdampfer, Frachtdampfer.
Passagierdampfer.

Verschiedene Takelagen von Schiffen.

Vollschiff.

Fahrzeug mit drei Masten (*Fockmast, Grossmast und Kreuzmast*), jeder Mast ist mit einer Marsstenge, Bramstenge und Royalstenge, Raaen und Raasegeln versehen.

Bark.

Fahrzeug mit drei Masten (*Fockmast, Grossmast und Besahnmast*). Die beiden vorderen Masten sind genau wie die eines Vollschiffes getakelt. Der Besahnmast hat keine Raaen, ist nur mit einer Stenge versehen und fährt Besahn und Gaffeltopsegel.

Schoonerbark.

Fahrzeug mit drei Masten (*Fockmast, Grossmast und Besahnmast*). Der Fockmast hat Raaen und Raasegel, der Grossmast und Besahnmast sind mit je einer Stenge, Gaffelsegel und Gaffeltopsegel versehen.

Brig.

A two-masted Vessel, *(foremast and mainmast),* square rigged i. e. exactly as the two foremost masts of a full rigged Ship or a Barque.

Polaccre-Brig.

A Mediterranean Vessel, rigged like a Brig with the exception, that the lower masts have no tops or caps, and are with the topmasts in one length.

Brigantine.

A two-masted Vessel *(foremast and mainmast).* The fore-mast is square rigged, and the after-or mainmast*(of a greater length than the foremast)* carries a Boom-sail, called "Mainsail," and is fitted with a topmast, carrying a Gaff-topsail.

Topsail-schooner.

A two-masted Vessel *(foremast and mainmast)* with long lower masts. The foremast is fitted with yards and square sails, which are lighter than those of a Brigantine, and carrying a loose square foresail *(only used when sailing before the wind)* the main- or aftermast is rigged like the aftermast in a Brigantine.

Three-masted-topsail-schooner.

A three-masted Vessel *(foremast, mainmast and mizenmast).* The foremast is rigged like the foremast in a topsail-schooner and the two after masts are fitted with boom sails and gaff-topsails, like those of a Barquentine.

Brick.

Navire à deux mâts *(mât de misaine et grand mât)* gréés à voiles carrées à l'instar des deux mâts avant d'un trois-mâts carré ou d'une Barque.

Polacre-Brick.

Navire de la Méditerrannée gréé comme un Brick à l'exception que les bas mâts sont à pible et n'ont ni hune ni chouquet.

Brigantin.

Navire à deux mâts *(mât de misaine et grand mât)* le premier est gréé avec voiles carrées, le second porte un mât de flèche-en-cul et ses voiles sont la brigantine et le flèche-en-cul.

Goëlette carrée.

Navire à deux longs bas mâts *(mât de misaine et grand mât),* celui de misaine est muni de vergues et de voiles carrées légères. La misaine est volante et porte le nom de "Fortune" *(employée seulement en cas de vent arrière),* le grand mât est gréé comme celui du Brigantin.

Goëlette carrée à trois mâts.

Navire à trois longs bas mâts *(mât de misaine, grand mât et mât d'artimon).* Le mât de misaine est gréé comme celui de la goëlette carrée, et les deux mâts de l'arrière portent brigantines et flèches-en-cul,comme ceux du Barquentin.

Brigg.

Fahrzeug mit zwei Masten *(Fockmast und Grossmast,)* welche genau wie die beiden vorderen Masten eines Vollschiffs oder einer Bark getakelt sind.

Polacker-Brigg.

Ein auf dem Mittelmeer gebräuchliches Fahrzeug, mit Brigg-Takelage, ausgenommen dass die Untermasten weder Mars noch Eselshaupt haben und mit den Marsstengen aus einem Stück bestehen. *(Polackermast).*

Schooner-Brigg.

Fahrzeug mit zwei Masten *(Fockmast und Grossmast).* Ersterer ist wie der Fockmast einer Brigg getakelt, letzterer *(von grösserer Länge als der Fockmast)* mit einer Stenge, Baumsegel*(Grossegel genannt)* und Gaffeltopsegel versehen.

Topsegel-Schooner.

Fahrzeug mit zwei langen Untermasten, *(Fockmast und Grossmast).* Der Fockmast ist mit Stenge, Raaen und Raasegeln versehen, — welche jedoch leichter als diejenigen einer Schoonerbrigg sind- und einer Breitfock *(nur benutzt, wenn vor dem Winde segelnd.)* Die Takelage des Grossmastes ist gleich derjenigen des Grossmastes einer Schoonerbrigg.

Dreimastiger Topsegel-Schooner.

Schiff mit drei langen Untermasten *(Fockmast, Grossmast und Besahnmast.)* Der Fockmast hat die gleiche Takelage, wie der Fockmast eines zweimastigen Topsegel-Schooners, und die beiden hinteren Masten sind je mit einer Stenge, **Gaffelsegel und Gaffeltopsegel versehen.**

Fore- and aft-schooner ; Bermuda-schooner ; Common-schooner.

A two-masted *(in the United-states often a three or four masted)* Vessel, the lower masts are generally long and fitted with a short topmast without yards, and they carry only boom-sails and gaff-topsails.

Chasse-Marée.

A small three-masted Vessel *(french)* with foremast, mainmast and Jigger-Mast on all of which lug-sails are carried.

Lugger.

is a Chasse-Marée of large size.

Sloop

A one-masted Vessel with topmast and standing-bowsprit, carries a mainsail, gaff-topsail, stay fore-sail, and jibs.

Cutter.

A one-masted Vessel with topmast and running-bowsprit, carries a mainsail, gaff-topsail, stay fore-sail, and jibs.

Four-masted Ships

These vessels *(notably steamers)* have either one, two or three of their masts, square rigged, and those masts not square rigged, are fitted with a topmast only, and carry gaff-sails, like a Barquentine, the three foremost masts are named like those in a three masted Ship *(foremast, mainmast, mizenmast)* and the hindmost is called a jigger-mast.

Goëlette franche.

Navire à deux longs bas mâts *(dans les États-Unis souvent à trois et même à quatre mâts)* ces mâts portent un mât de flèche-en-cul assez court, leur voiles sont des voiles à corne et flèches-en-cul.

Chasse-Marée.

Petit navire français à trois mâts *(mât de misaine, grand mât et mât de tapecul)* portant des voiles à bourcet.

Lougre

est un Chasse-Marée de grande dimension.

Sloop.

Petit navire à un mât, portant mât de flèche-en-cul et beaupré fixe, gréant grande voile, flèche-en-cul, trinquette et focs.

Côtre.

Navire à un mât, portant mât de flèche-en-cul et beaupré rentrant, gréant grande voile, flèche-en-cul, trinquette et focs.

Navires à quatre mâts.

Ces navires *(les bateaux à vapeur surtout)* ont un, deux et parfois trois mâts gréés en carré à l'instar des trois-mâts ; ceux qui ne sont pas gréés en carré portent des flèches-en-cul de même que les Barquentins, ils sont dénommés : mât de misaine, grand mât, mât d'artimon et mât de poupe.

Vor- und Hinter Schooner.

Fahrzeug mit zwei langen Untermasten *(in den Vereinigten-Staaten häufig mit drei und selbst vier Masten)* welche alle mit ziemlich kurzen Stengen, Gaffelsegel und Gaffeltopsegel versehen sind.

Chasse-Marée.

Kleines französisches Fahrzeug mit drei Masten *(Fockmast, Grossmast und Treibermast)*, woran Lugsegel gefahren werden.

Lugger.

ist ein Chasse-Marée von grosser Dimension.

Slup.

Fahrzeug mit einem Mast, Stenge und festem Bugspriet, woran Grossegel, Gaffeltopsegel, Stagfock und Klüver gefahren werden.

Kutter.

Fahrzeug mit einem Mast, Stenge und losem Bugspriet oder Klüverbaum, woran Grossegel, Gaffeltopsegel, Stagfock und Klüver gefahren werden.

Viermast-Schiffe.

Diese Schiffe *(besonders Dampfschiffe)* haben einen, zwei, mitunter drei ihrer Masten mit Raaen und Raasegeln versehen, der hintere Mast oder die hinteren Masten, welche nicht ebenso getakelt, sind mit einer Stenge, Gaffelsegel und Gaffeltopsegel versehen. Die Namen der Masten sind : Fockmast, Grossmast, Kreuzmast (resp. Besahnmast) und Jagermast.

— 4 —

Different build or form of vessels.	Constructions ou formes diverses de navires.	Schiffe verschiedener Bauart.
One-decked Ship, Two-decked Ship, Three-decked Ship,	Navire à un pont, Navire à deux ponts, Navire à trois ponts,	Eindeck-Schiff, Zweideck-Schiff, Dreideck-Schiff,

Three-decked Vessels,

are Vessels having three tiers of beams, with at least two decks laid and caulked ; they are sometimes flush decked, in other instances fitted with a poop, bridge-house and a forecastle, or with a Shelter deck or Shade deck above the upper deck.

The Scantlings of the materials are of the heaviest description, being regulated by the dimensions of the Hull, measured to the height of the upper-deck.

This class of Vessel is intended for any description of cargo, and for employment in any part of the world.

Spar-decked Vessels,

are Vessels having also three tiers of beams like a three decked ship, with generally two decks laid and caulked.

They are of lighter construction than the former, the Scantlings of the materials being principally regulated by the dimensions of the Hull, measured to the height of the middle deck. This class of Vessel is usually constructed for special trades.

Awning-decked Vessels,

have a superstructure above the main deck, of which the Scantlings of material are inferior to the topsides, deck beams, and deck-flat, in a spar decked vessel of similar dimensions.

Navires à trois ponts,

ont trois rangs de barrots et au-moins deux ponts bordés et calfatés, ils sont parfois à pont libre ou munis d'une dunette, d'un rouffle-passerelle et d'un gaillard d'avant ou encore d'un ponttaud au-dessus du pont supérieur.

Les échantillons des matériaux sont des plus forts ; ils sont déterminés par les dimensions principales en longueurs, largeurs et profondeurs des coques, mesurées à la hauteur du pont supérieur.

Cette catégorie de navires sont ceux de haute mer destinés au transport de toutes marchandises dans le monde entier.

Navires à "Spardeck,"

ont aussi trois rangs de barrots de même que les navires à trois ponts et généralement deux ponts bordés et calfatés. Leur construction est plus légère que celle des navires de la précédente catégorie, les dimensions des matériaux étant déterminées par celles des coques mesurées à la hauteur du pont intermédiaire.

Ces navires sont généralement construits pour trafics spéciaux.

Navires à pont-abri,

ont au-dessus du pont principal une superstructure dont les échantillons des matériaux sont inférieurs à ceux des hauts, barrots et bordés de pont d'un navire à «spardeck» des mêmes dimensions.

Dreideck-Schiffe,

sind Fahrzeuge mit drei Lagen Deckbalken , wovon wenigstens zwei mit festem Deck belegt und kalfatert sind; sie haben mitunter ein so genanntes glattes Oberdeck (ohne Aufbau) und sind oft auch mit einer Back, Brückenhaus und Hütte, oder auch mit einem Sturmdeck oder Schattendeck über dem Oberdeck versehen.

Die Dimensionen der Materialien sind von der schwersten Art und werden nach den Dimensionen des Rumpfes, vom Kiel zum Oberdeck gemessen, regulirt.

Diese Sorte von Schiffen ist für den Transport irgend welcher Ladungen und für Reisen nach allen Welttheilen und in allen Meeren bestimmt.

Spardeck Schiffe,

sind Fahrzeuge, welche auch — wie die Dreideck-Schiffe — drei Lagen Deckbalken haben, wovon gewöhnlich zwei mit festem Deck belegt und kalfatert sind ; sie sind von leichterer Bauart als die Dreideck-Schiffe. Die Dimensionen der Materialien werden meistens nur im Verhältniss zu den Dimensionen des Rumpfes bis zur Höhe des Mitteldecks berechnet. Diese Gattung von Schiffen wird gewöhnlich für eine bestimmte Fahrt gebaut.

Sturmdeck Schiffe,

haben einen Ueberbau über dem Hauptdeck, wovon die Dimensionen der Materialien geringer sind, als die obere Seitenbeplattung, Deckbalken und Deckbeplankung eines Spardeck Schiffes von gleicher Grösse.

An Awning-deck may be fitted to vessels with either one, two or three decks ; and the scantlings of material of the Hull are regulated by the dimensions of the vessel, without reference to the added Awning-deck.

The space or capacity between the awning-deck and the deck below, is generally intended for the stowage of light cargo, or for the use of passengers, &c.

Un pont-abri peut être construit à un navire ayant un, deux ou trois ponts et les échantillons des matériaux de la coque sont déterminés par les dimensions principales du navire sans égard à la dite superstructure.

L'espace ou la capacité entre le pont-abri et le pont en contre-bas est généralement destiné à l'arrimage de marchandises légères ou à l'usage des passagers, &c.

Ein Sturmdeck kann auf eindeckigen, zweideckigen und dreideckigen Schiffen angebracht werden.

Die Dimensionen der zum Bau des Rumpfes verwandten Materialien werden im Verhältniss zu den Dimensionen des Schiffes berechnet, ohne Rücksicht auf das Sturmdeck.

Der Platz oder Raum zwischen dem Sturmdeck und dem darunter liegenden Deck ist meistens zum Laden leichterer Güter oder für Passagier-beförderung bestimmt.

Partial awning-decked Vessels,

are Vessels in which the upperdeck is only partially covered by a deck of light construction, having the scantlings of Material similar to those in a complete awning-decked vessel.

Navires à pont-abri partiel,

sont des navires dont le pont supérieur n'est que partiellement recouvert d'un pont de construction légère dont les échantillons des matériaux sont semblables à ceux d'un navire à pont-abri complet.

Schiffe mit theilweisem Sturmdeck,

sind Fahrzeuge, bei denen das Oberdeck nur theilweise mit einem solchen leichten Deck überbaut ist, und wo die Dimensionen der Materialien ähnlich wie bei einem Schiffe mit vollständigem Sturmdeck sind.

Shelter-decked Vessels,

are vessels with exposed (or weather) decks, of a lighter construction than required for awning-decked vessels, the topsides between the upper- and shelter decks, are closed-in ; but the shelter-deck is sometimes fitted with ventilation openings when carrying cattle &c.

Navires à pont-abri léger,

sont des navires dont le pont supérieur est d'une construction plus légère que celle requise pour un pont-abri ; les hauts, entre le pont supérieur et le pont exposé, sont bordés, mais celui-ci porte parfois des ouvertures de ventilation pour le transport de bétail, &c.

Schutzdeck Schiffe,

sind Fahrzeuge mit einem Wetterdeck leichterer Bauart als für Schiffe mit einem Sturmdeck erforderlich ; die Seiten zwischen dem oberen Deck und dem Schutzdeck sind geschlossen, jedoch ist das Schutzdeck manchmal mit Ventilations-Oeffnungen versehen, wenn die Schiffe zum Viehtransport oder dergl. benutzt werden.

Shade-deck Vessels,

are Vessels with a very light exposed or weather deck above the upper deck ; this shade-deck generally extends over the whole length of the upper deck, and is not enclosed at the sides above the main rail or bulwark ; it is used as a protection from sun or rain.

Navires à pont-taud,

sont des navires munis d'un très léger pont, exposé au-dessus du pont supérieur ; le pont-taud s'étend généralement sur toute la longueur du pont supérieur, les côtés sont ouverts au-dessus de la lisse de garde-corps ou de bastingage. Le pont-taud sert d'abri au soleil ou à la pluie.

Schiffe mit Schattendeck (oder Schirmdeck),

sind Fahrzeuge mit einem sehr leichten Schirmdeck über dem Oberdeck, dies Schirmdeck reicht gewöhnlich über die ganze Länge des Oberdeck's und ist an den Seiten oberhalb der Reelung oder des Schanzkleids nicht geschlossen ; es dient zum Schutz gegen Sonne oder Regen.

Flush decked Vessels,	**Navires à pont libre,** *(ou pont de plain-pied),*	**Glattdeck-Schiffe,**
have a continuous upper-deck, without poop, bridge-house, or forecastle ; Spar- and Awning-decked Vessels are generally flush decked.	ont un pont d'une seule venue sans dunette, rouffle-passe-relle, ni gaillard d'avant ; les navires à "spardeck" et ceux à pont-abri sont généralement à pont libre.	sind Fahrzeuge, welche ein durchlaufendes Oberdeck von vorn nach hinten haben, ohne Hütte, Brückenhaus oder Back. Spardeck- und Sturmdeck-Schiffe haben gewöhnlich ein glattes Deck.
Well-decked Vessels,	**Navires à puits,**	**Brunnendeck-Schiffe,** *(Tiefdeck),*
are Vessels having long poops or raised-quarter deck, and topgallant forecastle ; the space between these structures forming the Well.	sont des navires à longue poupe ou long gaillard d'ar-rière et gaillard d'avant ; la partie du pont, en contre-bas des dits aménagements, forme le puits.	sind Fahrzeuge, welche eine lange Hütte oder erhöhtes Quarterdeck und Back haben, der Platz zwischen diesen Auf-bauten bildet das Tiefdeck oder die Vertiefung (Brunnen).
Ship with a hurricane-deck,	**Navire à "Hurricane-Deck,"**	**Hurricandeck-Schiff,**
is a Vessel with a light deck or platform over erections on the upper-deck ; it has gene-rally a breadth from two-thirds to three-fourths or sometimes the whole breadth of the ship, running frequently all fore and aft, and is used for a prome-nade &c. in passenger-ships.	a un pont léger ou plate-forme au-dessus des aménage-ments établis sur le pont supé-rieur ; la largeur du dit pont varie entre les deux-tiers, les trois-quarts et parfois toute la largeur du navire; il s'étend fréquemment de l'avant à l'ar-rière et sert de lieu de prome-nade &c. dans les navires à passagers.	ist ein Fahrzeug mit einem leichten Deck oder einer Platt-form über den Aufbauten des Oberdecks. Dieses Deck hat gewöhnlich eine Breite von zwei-drittel bis drei-viertel, mitunter auch die volle Breite des Schiffes, es läuft häufig von ganz vorn nach hinten, und dient auf grossen Passagier-schiffen zur Promenade u. s. w.
Single bottomed Ship.	**Navire à fonds simple.**	**Schiff mit einfachem Bo-den.**
Double bottomed Ship.	**Navire à double fonds.**	**Schiff mit doppeltem Bo-den.**
Flat bottomed Ship.	**Navire à fonds plat.**	**Schiff mit flachem Bo-den.**
Sharp built Ship.	**Navire à formes fines.**	**Scharf gebautes Schiff.**
Full built Ship.	**Navire à formes pleines.**	**Voll gebautes Schiff.**
Clincher built Ship.	**Navire construit à clin.**	**Klinkerweise gebautes Schiff.**
Carvel built Ship.	**Navire construit à franc-bord.**	**Karvielweise gebautes Schiff.**
Clipper Ship (sharp fine lined Vessel).	**Clipper** (navire à formes très-fines).	**Klipperschiff** (Fahrzeug mit scharf beschnittenem Bo-den).
Square stern Ship.	**Navire à arrière carré.**	**Plattgattschiff; Schiff mit plattem Heck.**

Round stern Ship.	Navire à arrière rond.	Rundgattschiff, Schiff mit rundem Heck.
Elliptical stern Ship.	Navire à arrière elliptique.	Schiff mit elliptisch geformtem Heck.
Pink stern Ship.	Navire à arrière pointu.	Schiff mit spitzem Heck.
Bluff headed Ship (with full bow).	Navire à proue renflée.	Schiff mit vollem Bug.

Yachts.

Yachts.

Yachten.

Are elegantly furnished pleasure-vessels (*either sail or steam*), they are of very different sizes and shapes, and generally rigged as fore- and aft-schooners, or cutters.

Bateaux de plaisance richement aménagés, de dimensions et formes très différentes (*à vapeur ou à voiles*), ordinairement gréés en goëlette franche ou en côtre.

Elegant eingerichtete Vergnügungs-Fahrzeuge, von sehr verschiedener Bauart und Grösse, (*Dampfer oder Segler*) gewöhnlich als Vor- und Hinter Schooner oder Kutter getakelt.

Tug-boat.

Remorqueur.

Schleppschiff; Schlepper.

WOODEN SHIP.	NAVIRE EN BOIS.	HÖLZERNES SCHIFF.
Parts and terms of a wooden Hull including the wooden portions of a Composite Hull.	**Désignation et termes des parties d'une coque de navire en bois y compris les parties en bois d'une coque de navire-composite.**	**Theile und Benennungen des Rumpfes eines hölzernen Schiffes, incl. der hölzernen Theile des Rumpfes eines Compositions-Schiffes.**
N.B. The terms marked thus (*) are also applicable to iron ships.	N.B. Les termes marqués (*) sont également applicables aux navires en fer.	N.B. Die Benennungen mit (*) bezeichnet, sind gleichfalls bei eisernen Schiffen anwendbar.
Air-course	Ventouse ; Virure d'aëration.	Luftgang ; Seitenfüllung.
* Amidship	Au milieu du navire.	Mittschiffs.
Apron	Contre-étrave ; contre-étrave intérieure.	Binnen-Vorsteven.
* Batten	Latte ; Listeau.	Latte ; Leiste.
* Bay	Avant d'un entrepont ; Avant d'un pont inférieur.	Schaafhock eines Zwischen- oder Unterdeck's.
* Beak	Écharpe.	Schiffschnabelspitze.
* Beam	Barrot ; Bau.	Balken ; Deckbalken.
* » after —	Le dernier barrot (*contre l'étambot*).	Hinterster Balken.
* » breast — ; collar — (*of a poop, forecastle, etc.*)	Barrot-fronteau (*de gaillard, dunette etc.*)	Vorder-Balken einer Hütte, *oder hinterster Balken einer Back.*
» — carling	Entremise ; Traversin.	Balkenfüllung.
* » deck —	Barrot de pont.	Deckbalken.
* » awning deck —	Barrot de pont-abri.	Sturmdeckbalken.
* » between deck —	Barrot d'entrepont.	Zwischendeckbalken.
* » forecastle deck —	Barrot du gaillard d'avant.	Deckbalken einer Back.
* » lower deck —	Barrot du pont inférieur.	Unterdeckbalken.
* » main deck —	Barrot du pont principal.	Hauptdeckbalken.
* » middle deck —	Barrot du pont intermédiaire.	Mitteldeckbalken.
* » poop deck —	Barrot de dunette.	Hüttendeckbalken.
* » raised-quarter deck —	Barrot de demi-dunette ; Barrot de coupée.	Balken eines erhöhten Quarterdeck's.
* » spardeck —	Barrot de spardeck.	Spardeckbalken.
* » upper deck —	Barrot du pont supérieur.	Oberdeckbalken.
* » — end	Bout de barrot.	Balkenende.
* » foremost —	Barrot de l'avant.	Vorderster Balken.
* » half — (*in way of hatchways*)	Barrotin d'écoutille ; Demi-barrot.	Halber Deckbalken. (*Balken zwischen Lukenrahmen und Schiffsseite.*
* » hatchway —	Barrot-fronteau d'écoutille.	Lukbalken ; Lukenbalken.
* » hold —	Barre-sèche ; Barrot de cale.	Raumbalken.
* » intermediate —	Barrotin.	Zwischenbalken (*kleine Balken zwischen und in gleicher Richtung der Deckbalken, wenn die Entfernung der Deckbalken von einander gross ist.*
* » mast —	Barrot à l'emplacement du mât.	Mastbalken.
* » midship —	Maître-bau.	Mittschiffsbalken.
» moulding of — s (*depth*)	Échantillon des baux sur le tour.	Balkendicke, Balkentiefe.

Wooden ship.	Navire en bois.	Hölzernes Schiff.
* Beam, orlop —	Barrot de cale ; Barrot de faux-pont.	Orlopbalken.
* » paddle —	Bau de force (supportant le tambour des vapeurs à aubes).	Grundbalken, Träger eines Radgehäuses.
* » rounding or camber of a —	Bouge d'un barrot.	Bucht, Sprung eines Balkens.
* » scantling of — s	Échantillons des barrots.	Dimensionen der Balken.
» siding of — s (breadth)	Échantillon des baux sur le droit.	Balkenbreite.
* » — scarph	Écart de barrot.	Balkenlaschung.
* » spacing of — s	Écartement des barrots.	Balkenentfernung.
* » spring-, sponson- (of paddle-steamer)	Élongis de tambour (de roue à aubes).	Langsträger, Langsahling eines Radgehäuses.
* » spur — (of paddle-walks)	Élongis (de jardin de tambour).	Langsträger (des Radkasten-balcons).
* » tier of — s	Rangée de barrots.	Balkenlage ; Reihe der Deck-balken.
» transom —	Barre d'arcasse.	Worpbalken.
Bearding-line	Trait intérieur de la rablure.	Linie der inneren Spündungs-kante.
* Bilge	Bouchains.	Kimm ; Kimmung.
* » — keelson	Carlingue de bouchains.	Kimm-Kielschwein.
» — logs	Poutres (synonyme de) Car-lingue de bouchains.	Lange Balken in den Kimmen, auf die Wegerung gelegt und durchgebolzt, zum Ersatz für Kimmkielschweine.
» — planks	Bordé de bouchains.	Kimmplanken.
* » — strakes	Virures des bouchains.	Kimmgänge.
» thick strakes of —	Serres d'empature.	Dicke Kimmgänge.
* » turn of —	Tournant des bouchains.	Rundung der Kimm.
* » lower turn of —	Tournant inférieur des bouchains.	Untere Rundung der Kimm.
* » upper turn of —	Tournant supérieur des bouchains.	Obere Rundung der Kimm.
Binding-strake	Serre de liaison ; Serre de ren-fort.	Verbindungsgang.
* Bitt	Bitte ; Bitton.	Beting ; Poller.
* » cross piece of —	Traversin de bitte.	Querbalken einer Beting ; Be-tingbalken.
* » gallow —	Potence.	Galgen.
* » — head	Tête de bitte.	Betingkopf.
* » lining of —	Chevet de bitte ; Coussin de bitte.	Betingkissen.
* » riding —	Bitte de mouillage.	Beting (woran die Ankerket-ten befestigt werden, wenn ein Schiff vor Anker liegt).
* » standard to —	Taquet de bitte.	Betingknie.
* » step of —	Semelle de bitte.	Betingspur.
* » top sail sheet —	Bitton d'amarrage des écoutes de hunier.	Kreuzbeting ; Marsschotenpol-ler.
* » windlass — (see wind-lass)	Bitte de guindeau (voir guin-deau).	Ankerspillbeting (siehe Anker-spill).
* Body (of a ship).	Corps (d'un batiment).	Rumpf (eines Schiffes).

Wooden ship.	Navire en bois.	Hölzernes Schiff.
* Body, after —	Partie arrière d'un bâtiment.	Hinterschiff.
* » cant —	Partie dévoyée à l'avant ou à l'arrière d'un batiment.	Vor- oder Hintertheil eines Schiffes, wo dasselbe anfängt scharf zu werden und keine Bodenwrangen mehr angebracht sind.
* » fore —	Partie avant d'un batiment.	Vorderschiff.
* » lower after —	Partie arrière de la carène.	Unterer Theil eines Hinterschiffes.
* » main —; square —	Maîtresse-partie d'un batiment (centre).	Mittlerer Theil eines Schiffes. (soweit nach vorne und hinten Bodenwrangen liegen).
» — post (of screw steamer)	Étambot-avant (d'un bateau à vapeur à hélice).	Schraubensteven(Innerer Hintersteven eines Schrauben-Dampfschiffes.
* Bollard ; Belaying Bitt	Bitte d'amarrage.	Poller.
» — timber ; timber-head	Tête d'allonge (formant bitte).	Pollerkopf (Ende eines obersten Auflangers, über das Schandeck hervorragend und Poller bildend).
Bolt	Cheville.	Bolzen.
» bilge —	Cheville des bouchains.	Kimmbolzen.
» binding —	Cheville de liaison.	Verbindungsbolzen.
» lower deck binding —	Cheville des ceintures du pont inférieur.	Unterdeck-Verbindungsbolzen.
» upper deck binding —	Cheville des ceintures du pont supérieur.	Oberdeck - Verbindungsbolzen.
* » bitt —	Paille de bitte.	Betingbolzen.
» butt end —; butt —	Cheville d'about.	Stossbolzen.
» butt through —	Cheville d'about traversante ou rivée.	Durchbolzen auf Stössen ; Stoss-Durchbolzen.
» chain —	Cheville de cadène de hauban.	Oberer Püttingsbolzen.
» channel —	Cheville de porte-hauban.	Rüstbolzen.
» clamp —	Cheville de serre-bauquière.	Balkwegerbolzen.
* » clinch —	Cheville rivée sur virole.	Klinkbolzen.
» copper —	Cheville en cuivre.	Kupferbolzen.
» crutch —	Cheville de fourcat.	Bolzen des Hinterpiekknies.
» dead wood —	Cheville de massif.	Todtholzbolzen.
» deck —	Cheville de pont.	Deckbolzen.
* » dog —; square headed —	Cheville à tête carrée.	Bolzen mit viereckigem Kopfe.
* » dump —; short drove —	Cheville à bout perdu.	Stumpfbolzen.
* » eye —	Piton ; Cheville à oeillet.	Augbolzen ; Augenbolzen.
* » fender — ; collar headed —	Cheville à bouton ; Cheville à tête ronde.	Kopfbolzen.
* » forelock or key of a —	Goupille d'une cheville.	Splint; Vorstecher eines Bolzens.
» frame —	Goujon.	Spantbolzen.
* » galvanised —	Cheville galvanisée.	Galvanisirter Bolzen.
* » — head	Tête de cheville	Bolzenkopf.
» heel knee —	Cheville de courbe de talon.	Fusskniebolzen.
* » — hole	Trou de cheville.	Bolzenloch.
* » hook —, rag pointed —	Cheville barbelée, Cheville à croc.	Hackbolzen ; Tackbolzen.
» breast hook —	Cheville de guirlande.	Bugbandbolzen.

Wooden Ship.	Navire en bois.	Hölzernes Schiff.
Bolt, in and out — s	Chevilles frappées alternativement de dedans en dehors et de dehors en dedans.	Bolzen, abwechselnd von innen nach aussen und von aussen nach innen geschlagen.
* » iron —	Cheville en fer.	Eiserner Bolzen.
» sister keelson —	Cheville de carlingue latérale.	Seitenkielschweinbolzen.
» knee —	Cheville de courbe.	Kniebolzen.
» hanging knee —	Cheville de courbe verticale.	Bolzen eines hängenden Knies.
» lodging knee —	Cheville de courbe horizontale.	Bolzen eines liegenden Knies.
» limberstrake —	Cheville de vaigre de renfort.	Bolzen des Kielwegerunggang's.
» metal —	Cheville en métal.	Metallbolzen.
» middle line—; keelson—	Cheville de quille.	Bolzen der Kiellinie.
* » nut —	Boulon à écrou	Mutterbolzen.
» pointer —	Cheville d'aiguillette.	Bolzen des schrägen Piekknies.
» preventer —	Cheville de contre-cadène.	Unterer Püttingbolzen.
» rider —; knee rider —	Cheville de porque.	Bolzen des Kattsporenknies.
* » ring —	Cheville à boucle.	Ringbolzen.
* » clinch ring on a —	Virole d'une cheville.	Klinkring eines Bolzens.
» rudder brace —	Cheville de femelot de gouvernail.	Ruderschmiegenbolzen.
* » saucer headed —	Boulon en forme de champignon.	Bolzen mit grossem, flachrundem Kopf.
» keel scarph —	Cheville d'écart de quille.	Kielverscherbungsbolzen.
* » screw —	Boulon à vis; Boulon taraudé.	Schraubbolzen.
* » nut on screw —	Écrou de boulon à vis.	Mutter eines Schraubbolzens.
* » pointed screw —	Boulon à vis en pointe.	Spitzer Schraubbolzen.
» shelf	Cheville de bauquière.	Unterschlagbolzen.
» starting —	Repoussoir.	Stempelbolzen.
» stemson —	Cheville de marsouin avant.	Schlempkniebolzen.
» sternson —	Cheville de marsouin arrière.	Hinterstevenknie-Bolzen.
* » toggle —	Cheville à mentonnet.	Augenbolzen mit plattem Kopf; Dockenbolzen.
» throat —	Cheville de gorge; Cheville de collet.	Halsbolzen.
» through —	Cheville traversante.	Durchbolzen.
» vertical through —	Cheville verticale traversante.	Verticaler Durchbolzen.
» transom —	Cheville de barre d'arcasse.	Worpbolzen.
» up and down — s	Chevilles frappées alternativement de bas en haut et de haut en bas.	Abwechselnd von oben nach unten und von unten nach oben geschlagene Bolzen.
» waterway —	Cheville de fourrure de gouttière	Wassergangbolzen.
Boot-topping	Soufflage-préceinte; Doublage en bois sur préceintes.	Spikerhaut auf dem Barkholz.
* Bottom	Fonds; Carène.	Boden; Schiffsboden.
* » flat of —	Petits fonds.	Flach des Bodens.
* » kettle —	Fonds plat.	Flacher Boden.
» — plank	Bordé des fonds.	Bodenplanke.
» — strake	Virure des fonds.	Bodenbeplankungsgang.
* Bow	Proue.	Bug.
* Bow-chock	Galoche d'avant.	Bugklampe; Aufklotzung auf der Back.

Wooden ship.	Navire en bois.	Hölzernes Schiff.
* Breadth	Largeur.	Breite.
* » extreme — main — (from outside to outside of planking).	Largeur extrême hors bordage.	Grösste Breite (von Aussenseite zu Aussenseite).
* » moulded — (from outside to outside of frames).	Largeur au maître-couple hors membres.	Constructionsbreite (von Aussenseite zu Aussenseite des Hauptspants gemessen.)
* Break	Coupée.	Erhöhtes Deck (ähnlich einem erhöhten Quarterdeck).
* Breakwater (on a forecastle etc.)	Brise-lame (à un gaillard etc).	Brechwasser ; Wasserkehrung (auf einer Back etc.)
* Breast-hook	Guirlande avant.	Bugband.
» arm of —	Branche de guirlande avant.	Arm eines Bugband's.
» iron —	Guirlande avant en fer	Eisernes Bugband.
» throat of —	Collet de guirlande avant.	Hals eines Bugband's.
» wooden —	Guirlande avant en bois.	Hölzernes Bugband.
* Bridge, paddle-box —	Passerelle de tambour.	Radkastenbrücke.
* Bulkhead	Cloison.	Schott.
* » longitudinal — (for grain cargoes).	Bardis longitudinal ; Cloison longitudinale (pour chargement de grains).	Längsschott (für Getreideladungen).
» transversal — (for grain cargoes).	Bardis transversal ; Cloison transversale (pour chargement de grains).	Querschott (für Getreideladungen).
* Bulls-eye (a thick piece of glass inserted in topsides etc.)	Oeil de bœuf.	Ochsenauge (rundes dickes Glas als Fenster in den oberen Schiffsseiten).
* Bulwark	Pavois.	Schanzkleid.
» loose —	Fargues.	Loses Schanzkleid.
» — plank	Bordé de pavois.	Schanzkleidplanke.
* » — port ; Freeing port	Sabord de pavois du dégagement.	Schanzkleidpforte ; Wasserpforte.
* » — rail	Lisse de garde-corps.	Schanzkleidreelung.
» sheave hole piece or chock in —	Chaumard ; Clan dans le pavois.	Scheibengatt-Klotz im Schanzkleid.
» — stanchion	Batayolle de garde-corps; Jambette de pavois.	Schanzkleidstütze ; Reelungstütze.
* » topgallant —	Bastingage.	Finknetz; Oberschanzkleid.
* Butt	About.	Stoss.
» — end of a plank	Tête de bordage.	Stossende einer Planke.
» joint — (straight joint)	About carré.	Stumpfer Stoss
* » shift of — s	Décroisement des abouts; Répartition des abouts.	Verschiessung der Stösse.
* Buttock; Tuck	Fesses; Sous la voûte.	Billen; Hinten in der Drehung.
* Cabin	Cabine; Chambre.	Kajüte.
* » — companion	Capot de cabine.	Kajütkappe ; Ueberbau des Kajüteneingang's.
* » main —	Salon.	Grosse Kajüte; Salon.
* » — skylight	Claire-voie de cabine.	Oberlicht, Einfallendes Licht einer Kajüte. .
* » — sole; — flooring	Plancher de cabine.	Fussboden der Kajüte.
* » well —	Cabine sous pont.	Kajüte unter Deck (ohne Seiten- und Heckfenster).

Wooden ship.	Navire en bois.	Hölzernes Schiff.
* Cable-stage; Cable-tier	Soute aux câbles; Fosse aux câbles.	Kabelgatt.
* Careening	Abattage; Carènage.	Kielholen.
Carling (*Beam-carling*)	Entremise; Traversin.	Balkfüllung; Balkkuntje.
* » hatchway —	Entremise d'écoutille.	Lukunterschlag.
» mast —(*fore and aft partners of mast*)	Entremise des étambrais de mât.	Mastschlingen (*zwischen den Deckbalken an jeder Seite des Mastes*).
* Carved work	Sculpture; Moulures.	Schnitzwerk.
* Carvel-built	Construction à franc-bord.	Mit Karvielwerk gebaut.
* Carvel-work	A franc-bord.	Karvielwerk.
* Casing	Entourage; Enveloppe.	Koker ; Verkleidung ; Umschliessung.
* Cat-head	Bossoir; Bossoir de capon.	Krahnbalken.
* » supporter of —	Console de bossoir ; Porte-bossoir.	Krahnbalkenknie.
* Cat-tail	Queue du bossoir ; Partie intérieure du bossoir.	Binnenende des Krahnbalkens.
Caulking	Calfatage.	Kalfaterung.
* Ceiling	Vaigrage ; Vaigres.	Wegerung ; Waigerung.
* » between deck —	Vaigrage d'entrepont.	Zwischendeckwegerung.
* » close —	Vaigrage plein.	Dichte Wegerung.
* » flat —, floor —	Vaigres de fond.	Bauchwegerung.
* » hold —	Vaigrage de cale.	Raumwegerung.
* » — plank	Vaigre.	Wegerungplanke.
» thick stuff of —	Vaigres d'empature.	Dicke Wegerunggänge.
* Chain-locker	Puits aux chaines.	Kettenkasten.
* Chain-plate	Cadène de hauban.	Rüsteisen ; Püttingeisen.
* » backstay —	Cadène de galhauban.	Pardun-Rüsteisen.
» — bolt	Cheville de cadène de hauban.	Oberer Püttingbolzen.
* » fore —	Cadène de hauban de misaine.	Fock-Rüsteisen.
* » main —	Cadène de grand hauban.	Gross-Rüsteisen ; Rüsteisen der Grosswanten.
* » mizen —	Cadène de hauban d'artimon.	Besahn-Rüsteisen ; Rüsteisen der Kreuz- oder Besahnwanten.
» preventer —	Contre-cadène.	Püttingplatte.
» — preventer bolt	Cheville de contre-cadène.	Unterer Püttingbolzen.
Channel	Porte-hauban.	Rüste.
» fore —	Porte-hauban de misaine.	Vorrüste.
» — knee	Courbe de porte-hauban.	Knie einer Rüste.
» lower —	Porte-hauban inférieur.	Untere Rüste.
» main —	Grand porte-hauban.	Grosse Rüste.
» mizen —	Porte-hauban d'artimon.	Kreuzrüste ; Besahnrüste.
» — ribband	Liston de porte-hauban.	Rüstleiste. (*Leiste an der Aussenseite der Rüste*).
» upper —	Porte-hauban supérieur.	Obere Rüste.
* Cheek	Joue ; Jumelle.	Wange ; Backe.
Chess-tree	Dogue d'amure.	Halsklampe. (*Klampe am Schanzkleid für den grossen Hals.*)
* Chock	Cale ; Remplissage ; Clef.	Kalben ; Aufklotzung.

Wooden ship.	Navire en bois.	Hölzernes Schiff.
* Chock, bow —	Galoche d'avant.	Bug-Aufklotzung. (*Stücke vom Kopfe des Stevens, auf dem Schandeckel nach hinten laufend und auf demselben befestigt.*)
» butt — (*of timbers*)	Cale d'empature de membrure.	Stosskalben der Inhölzer.
» corner — (*over the stem seam in way of hawse bolster*)	Cale de remplissage entre coussin d'écubier et étrave.	Leicht entfernbares Stück an der Vorderseite der Klüsenbacke, die Stevennaht deckend.
» cross —	Cale décroisante; Acotar; Clef.	Querkalben.
» dowsing — (*breasthook above a deck*).	Guirlande placée au dessus d'un pont.	Bugband oberhalb eines Deck's.
» floor head —	Cale d'empature des varangues	Bodenwrangen-Kalben.
Clamp	Serre-bauquière.	Balkweger; Balkwaiger.
» deck beam —	Serre-bauquière de pont.	Deckbalkweger.
» awning deck beam —	Serre-bauquière de pont-abri.	Sturmdeck-Balkweger.
» forecastle deck beam -	Serre-bauquière de gaillard d'avant.	Balkweger der Back.
» lower deck beam —	Serre-bauquière de pont inférieur.	Unterdeck-Balkweger.
» middle deck beam—; main deck beam —	Serre-bauquière de pont intermédiaire ou principal.	Mitteldeck-Balkweger; Hauptdeck-Balkweger.
» poop —	Serre-bauquière de dunette.	Balkweger der Hütte.
» spardeck beam —	Serre-bauquière de spardeck.	Spardeck-Balkweger.
» upper deck beam —	Serre-bauquière de pont supérieur.	Oberdeck-Balkweger.
» hold beam —	Serre-bauquière de cale.	Raum-Balkweger.
* Cleat	Taquet.	Klampe.
* » sheet —; kevel —	Taquet d'écoute.	Schotenklampe.
* » shroud —	Taquet de hauban.	Want-Klampe.
* » snatch —	Taquet à dent.	Lippklampe.
* » step of a —	Sole d'un taquet.	Fuss einer Klampe.
* » stop —	Taquet de bout; Taquet en grain d'orge.	Stossklampe.
* » thumb —	Taquet à oreilles.	Hornklampe.
* Clincher-built	Construction à clin.	Klinkerweise gebaut.
* Clinched-work	Bordé à clin.	Klinkerwerk.
* Coach (*quarter-deck cabin*)	Cabine en carrosse.	Campagne.
Coak or dowel	Tampon; Dé.	Dübel; Dobel; Zapfen.
* Coal-hold	Soute à charbon.	Kohlenraum; Kohlenhock.
* Coat	Braie.	Kragen.
* Coming; Coaming	Hiloire; Surbau.	Sill; Süll.
* » hatchway —	Surbau d'écoutille.	Luksill; Luksüll; Lukensüll.
* » house —	Surbau de rouffle.	Hüttensill; Hüttensüll.
* Companion	Capot.	Kappe (*Ueberbau des Kajüteingang's &c.*)
* » — way	Entrée de capot; Entrée de cabine.	Eingang (*Weg vom Deck zur Kajüte &c. führend*).
* Compartment.	Compartiment.	Compartiment; Abtheilung.
Copper	Cuivre.	Kupfer.
» — fastened	Chevillé en cuivre.	Kupferfest.
* Counter	Voûte.	Gillung.
* » lower —	Petite voûte.	Unterer Theil der Gillung.

Wooden ship.	Navire en bois.	Hölzernes Schiff.
* Counter, upper —	Contre-voûte.	Oberer Theil der Gillung.
* Covering-board	Plat-bord.	Deckender Gang;Schandeckel.
* Crane	Grue.	Krahn.
* Crew-space.	Logement d'équipage; Poste.	Mannschaftraum; Logis.
Cross piece *(floor)*	Varangue.	Bauchstück.
* Crutch *(hook in after peak)*	Guirlande arrière, Fourcat.	Hinterpiek-Band.
* Crutch	Chandelier.	Stütze.
* Curve	Courbure.	Krümmung ; Curve.
Cutwater	Taille-mer.	Die Krümmung des Stevenschaft's zum Gallion.
* Dead-eye	Cap de mouton.	Jungfer.
* Dead-flat	Partie-maîtresse d'un navire.	Mittelschiff. *(derjenige Theil, wo die Spanten gleichen Querschnitt oder Umfang haben.)*
* Dead-light	Panneau ; Couvercle.	Blinde ; Laden.
* Dead-rising	Façons.	Schlag ; Suut.
Dead-wood	Massifs.	Todtholz.
Dead-work	Oeuvre-morte ; Accastillage.	Todtes Werk.
* Deck	Pont.	Deck.
* » awning —	Pont-abri ; Hurricane deck.	Sturmdeck.
* » entire awning —	Pont-abri continu.	Vollständiges Sturmdeck.
* » partial awning —	Pont-abri partiel.	Theilweises Sturmdeck.*(lange Poop, Back und Brückenhaus.)*
* » between—*('tween deck)*	Entrepont.	Zwischendeck.
* » — dowel	Tampon sur les têtes des attaches du pont.	Cylinderzapfen ; Abgedrehte Holzpfropfen auf den Deckbolzen.
* » — ends	Aboutissants du bordé de pont.	Ende der Deckplanken.
* » first, second and third —	Premier, deuxième et troisième pont.	Erstes, zweites und drittes Deck.
* » flat of —	Bordé du pont.	Deckbeplankung.
* » flush —	Pont libre, c. a. d. sans superstructures.	Glattes Deck ; Deck ohne Aufbau.
* » fore —	Pont sur l'avant du mât de misaine.	Vordeck.
* » forecastle —	Pont du gaillard d'avant.	Backdeck ; Deck einer Back.
» — hook	Tablette de pont ; Guirlande de pont.	Deckband.*(Band unmittelbar unter einem Deck.)*
* » — house	Roufle.	Deckhaus ; Hütte.
* » — light	Lentille.	Deckglas.
* » lower or orlop —	Pont inférieur ; Faux-pont.	Unterstes Deck ; Orlopdeck ; Kuhbrücke.
* » middle —, main —	Pont intermédiaire ; Pont principal.	Mitteldeck ; Hauptdeck.
* » — plank	Bordage de pont.	Deckplanke.
* » quarter —	Gaillard d'arrière ; Partie arrière d'un pont.	Quarterdeck *(Hinterer Theil eines Deck's).*
* » raised quarter — or half poop	Coupée ; Demi-dunette.	Erhöhtes Quarterdeck.
* » — seam	Couture de pont.	Decknaht.

Wooden ship.	Navire en bois.	Hölzernes Schiff.
* Deck, shade —	Pont-taud.	Schattendeck.
* » sheer of —	Tonture du pont.	Sprung, Lauf des Deck's.
* » shelter —	Pont-abri léger.	Schutzdeck (*Leichtes Sturmdeck*).
* » spar —	Spardeck.	Spardeck.
* » stage or preventer —	Pont-volant ; Pont-levis.	Loses Deck; Stellung.
* » tonnage —	Pont de tonnage.	Vermessungsdeck.
* » upper —	Pont supérieur.	Oberdeck.
* » weather —	Pont exposé ; Franc tillac.	Oberstes Deck.
* » well —	Partie d'un pont supérieur entre gaillard et longue dunette.	Theil des Oberdeck's zwischen Back und langer Hütte.
* Depth	Creux.	Tiefe.
* » — of hold	Creux de cale.	Tiefe des Raum's.
* » moulded—(*measured from top of keel to top of midship beam*)	Creux sur quille (*mesuré de la quille au can supérieur des baux du pont, au milieu du navire*).	Tiefe von Oberkante des Kiel's bis zur Oberkante des Mittschiffs Deckbalkens.
* Diagonal	Diagonal.	Diagonal.
» — iron plates or riders (*on frames*).	Bandes diagonales en fer (*sur membrure*).	Eiserne Diagonalschienen (*auf Spanten*).
Diminishing stuff; Diminishing planks	Bordé de diminution.	Die dünnere Innen- und Aussenbeplankung (*z. B. Planken, welche nicht die Dicke der Barkhölzer etc. haben*).
* Door	Porte.	Thür.
Doubling	Doublage en bois.	Doppelhaut.
» diagonal —	Doublage diagonal en bois.	Diagonale Doppelhaut.
Dove-tail	En queue d'aronde.	Schwalbenschwanz.
» — plate	Queue d'aronde en métal.	Schwalbenschwanzplatte.
Dowel ; Coak	Tampon ; Dé.	Dübel; Dobel; Zapfen.
* » deck —	Tampon sur les têtes des attaches du pont.	Cylinderzapfen (*auf den Köpfen der Deckbolzen*).
» floor —	Dé d'empature	Dübel in Bodenwrangen.
* Draught	Tirant d'eau.	Tiefgang.
* Draught-mark	Piétage ; Marque du tirant d'eau.	Ahming; Marken (*das in Fuss eingetheilte Maas am Vor- und Hintersteven, den Tiefgang anzeigend*).
Dry-rot	Carie sèche; Pourriture sèche.	Trockenfäule.
Dumb-chalder	Fausse penture.	Ruderfingerling-Träger (*Stützklampe am Hintersteven, worauf das Unterende eines Fingerlings ruht*).
Eking	Dormeur (*Sous guirlandes*).	Bugfüllstück (*schwere Stücke Holz unter einem hölzernen oder eisernen Bugband*).
* Entrance (*of a vessel*)	Entrée de la carène.	Scharf des Vorschiff's.
* Erection (*on deck*)	Construction (*sur le pont*).	Aufbau (*auf dem Deck*).
Escutcheon (*that part of the stern, where the name is written*)	Ecusson (*partie du tableau portant le nom du navire*).	Derjenige Theil am Spiegel, worauf sich der Schiffsname befindet.
» knee —	Courbe d'écusson.	Heckbalkenknie.
* Fair leader	Conduit.	Wegweiser.

Wooden ship.	Navire en bois.	Hölzernes Schiff.
Fashion-piece	Cornier ; Estain.	Randsomholz.
» » toptimber of a —	Allonge de cornier.	Windvieringstütze ; Auflanger des Randsomholzes.
Fastening	Chevillage.	Verbolzung ; Befestigung ; Verband.
» copper —	Chevillage en cuivre.	Kupferbefestigung.
» double — (in planks)	Chevillage double (deux chevilles par bordage et allonge).	Doppelte Verbolzung. (zwei Bolzen per Planke und Inholz.)
» iron —	Chevillage en fer.	Eisenbefestigung.
» metal —	Chevillage en métal jaune.	Metallbefestigung.
» single — (in planks)	Chevillage simple (une cheville par bordage et allonge).	Einfache Verbolzung (ein Bolzen per Planke und Inholz.)
» through —	Chevillage traversant ; Gournablage traversant.	Durchbefestigung.
Faying surface (of timbers, planking etc.)	Faça en contact (de membres, bordages etc.)	Anliegende Seitenfläche (von Spanten, Planken u. s. w.)
Felt (under metal sheathing)	Feutre (sous doublage en métal.)	Filz (unter Metallbeschlag.)
* Figure-head	Figure de l'éperon ; Buste de l'éperon.	Gallionpuppe, Gallionfigur.
* » » fiddle —	Corne ; Poulaine en corne.	Nach innen gekehrte Gallionkrulle.
Filling ; Filling piece	Remplissage ; Fourrure.	Füllstück ; Füllholz.
* Floor	Varangue.	Bodenwrange.
* » aftermost —	La dernière varangue.	Hinterste Bodenwrange.
» cant — Double futtock	Première allonge des couples dévoyés.	Sitter der Kantspanten.
» double —	Varangue double ; Quartier de varangue.	Doppelte Bodenwrange.
» flat —	Varangue plate.	Flache Bodenwrange
* » foremost —	Première varangue à l'avant.	Vorderste Bodenwrange.
* » half —	Demie-varangue.	Halbe Bodenwrange
» — head	Tête de varangue.	Oberende einer Bodenwrange.
» — head chock	Cale d'empature à la tête des varangues.	Kalben auf den Enden der Bodenwrangen.
» long armed —	Varangue à bras long ; Varangue en quartier.	Langarmige Bodenwrange.
* » midship or main —	Maîtresse-varangue.	Bodenwrange des Nullspants.
» moulding of — s (depth)	Échantillon sur le tour des varangues. (Chute des varangues.)	Tiefe der Bodenwrangen.
* » rising of — s	Acculement des varangues ; Relevé des varangues.	Aufkimmung der Bodenwrangen.
» seating of a —	Talon d'une varangue.	Untere Seite einer Bodenwrange.
» short armed —	Varangue à bras court.	Kurzarmige Bodenwrange.
» siding of — s (breadth, thickness)	Échantillon sur le droit des varangues. (Largeur.)	Breite der Bodenwrangen.
» top of — s	Encolure ou can supérieur des varangues.	Obere Seite der Bodenwrangen.
* Forecastle	Gaillard d'avant ; Teugue.	Back.
* » — beam	Barrot du gaillard d'avant.	Deckbalken der Back.

Wooden ship.	Navire en bois.	Hölzernes Schiff.
* Forecastle, — coveringboard	Plat-bord du gaillard d'avant.	Schandeckel der Back.
* » — deck	Pont du gaillard d'avant.	Deck der Back.
* » — rail	Lisse de garde-corps du gaillard d'avant.	Reelung der Back.
* » — skylight	Claire-voie de gaillard d'avant.	Einfallendes Licht der Back.
* » monkey —(*small height*)	Demi-gaillard.	Niedrige Back zum Auflegen der Anker etc.
* » sunk —	Demi-coupée avant.	Gesenkte Back (*wie ein erhöhtes Quarterdeck, nur theilweise über dem Oberdeck hervorragend.*)
* » topgallant —	Gaillard d'avant ; Chateau d'avant.	Back. (*Hohe, volle Back.*)
Frame	Couple ; Membrure ; Membre.	Spant (*zwei Inhölzer.*)
» after balance —	Couple de balancement de l'arrière.	Hinterbalancierspant.
» fore balance —	Couple de balancement de l'avant.	Vorderbalancierspant.
» diagonal — ; trussing —	Renfort intérieur avec porques ou vaigres décroisées.	Innere Verstärkung vermittelst hölzerner Diagonalbänder.
* » flight of — s	Dévoyement des membres ; Elancement des membres.	Flucht ; Richtung der Spanten.
* » foremost —	Couple de coltis.	Vorderstes Spant.
* » main or midship —	Maître-couple.	Hauptspant ; Mittelspant ; Nullspant.
» moulding of — s	Echantillon sur le tour de la membrure.	Dicke der Spanten.
» — riders, diagonals on — s	Bandes diagonales en fer sur membrure.	Eiserne Diagonalschienen auf den Spanten.
» siding of — s	Echantillon sur le droit de la membrure.	Breite der Spanten.
* » spacing of — s	Ecartement des couples. (*distance de gabariage à gabariage.*)	Spanten-Entfernung.
* » spacing between — s	Maille entre les couples.	Entfernung zwischen den Spanten.
* » square —	Couple droit ; Couple de levée.	Querspant ; Perpendicularspant.
» stern —	Jambette de revers ; Jambette du tableau.	Spiegelspant ; Heckspant.
* Freeboard	Bois mort ; Franc-bord.	Freibord. Auswässerung.
Furren ; Furr	Romaillet ; Fourrure ; Caillebotte.	Spunt.
Futtock	Allonge.	Auflanger.
» first — ; lower —	Première allonge. (*genou*)	Sitter.
» second —	Deuxième allonge.	Erster Auflanger.
» third —	Troisième allonge.	Zweiter Auflanger.
» fourth —	Quatrième allonge.	Dritter Auflanger.
» fifth —	Cinquième allonge.	Vierter Auflanger.
» sixth —	Sixième allonge.	Fünfter Auflanger.
» double —	Première allonge des couples dévoyés.	Sitter der Kantspanten.
» — head	Tête d'allonge.	Oberende eines Auflangers.

Wooden ship.	Navire en bois.	Hölzernes Schiff.
Futtock, — heel	Talon d'allonge.	Unterende eines Auflangers.
* Gallery	Galérie.	Gallerie.
* Galley	Cuisine.	Kombüse; Kochhaus
* Gallows ; Gallows-bitts	Potence pour drômes.	Galgen.
* Gangway	Passavant ; Partie du pont avoisinant la coupée.	Gangbord (*Seiten des Deck's zwischen Gross-und Kreuzmast oder zwischen Grossmast und Quarterdeck*).
* » , Entering port	Sabord d'entrée.	Fallreep.
* Gangways (*under deck*)	Passages entre les cabines et les soutes.	Wallgänge.
* Garboard	Gabord; Galbord.	Kielgang.
» outer —	Ribord.	Nebenkielgang.
» — plank	Bordage de gabord.	Kielgangplanke.
» — seam	Couture de gabord; Couture de rablure.	Kielgangnaht.
* » — strake	Virure de gabord.	Kielgang.
Girder	Poutre.	Langsträger.
* Girth (*of a ship*)	Développement du maître-couple d'un navire.	Spantumfang (*eines Schiffes*).
Gripe (*of stem and keel*)	Brion; Ringeot.	Greep; Schlusstück von Kiel und Vorsteven.
* Groove	Rainure; Encastrement; Engoujure.	Rinne; Ausschnitt.
* Gunwale	Plat-bord.	Schandeck; Schandeckel.
* Gutter	Gouttière.	Rinne.
* » — ledge(*of hatchway*)	Galiote d'écoutille avec rainure.	Scheerstock einer Luke mit Rinne.
* Hatch (*cover of a hatchway*)	Panneau; Panneau d'écoutille.	Lukendeckel ; Luke.
* » — bars	Barres d'écoutille.	Lukenstangen ; Lukenbügel.
* » — battens; Hatchway battens.	Lattes d'écoutille.	Lukenschalken.
* » — batten-cleat	Taquet pour lattes d'écoutille.	Lukenschalken-Klampe.
* » booby — ; Booby hatchway	Capot d'écoutille; Écoutillon.	Kleine Passage-Luke mit Kappe (*gewöhnlich hinter der Hinterluke*). (*)
* » — carling	Traversin de panneau.	Lukendeckel - Unterschlag (*kleine Unterlagebalken, worauf die Lukendeckelbretter genagelt sind*).
* » — house	Capot d'écoutille.	Lukenhaus.
* » — ring	Boucle à lacet des panneaux.	Lukendeckelring.
* Hatchway (*also called hatch*)	Écoutille ; Ouverture d'écoutille.	Luke (*Oeffnung innerhalb des Lukenrahmens*).
* » after or quarter —	Écoutille d'arrière.	Hinterluke.
* » cargo —	Écoutille de charge.	Ladeluke.
* » — carlings	Entremises d'écoutille.	Lukschlingen ; Lukunterschlag.
* » — coming	Hiloire d'écoutille ; Surbau d'écoutille.	Luksill; Luksüll; Lukensüll.

(*) Auch nennt man, « Booby-hatch » die durch Abnahme eines Lukendeckels in einer grösseren Luke entstehende, und mit einer Kappe versehene Oeffnung, zur Passage in's Zwischendeck.

Wooden ship.	Navire en bois.	Hölzernes Schiff.
* Hatchway, lower deck —	Écoutille de pont inférieur.	Luke des Unterdeck's.
* » main deck —	Écoutille de pont principal.	Luke des Hauptdeck's.
* » upper deck —	Écoutille de pont supérieur.	Luke des Oberdeck's.
* » fore —	Écoutille d'avant.	Vorluke.
* » fore and after in a —	Traversin ; Galiote longitudinale d'écoutille.	Längs-Scheerstock in einer Luke.
* » — grating	Caille-bottis d'écoutille.	Lukenrösterwerk.
* » — headledge	Fronteau d'écoutille.	Querstück eines Luksill's.
* » hood of —	Capot d'écoutille ; Dôme d'écoutille.	Lukenkappe.
* » main —	Grande écoutille.	Grosse Luke.
* » thwartship piece, half beam in a —	Travers d'écoutille.	Quer-Scheerstock in einer Luke.
* » wing boards in — (for grain cargoes)	Bardis d'écoutille (pour cargaisons de grains).	Schott in den Luken (für Getreideladungen).
* Hawse ; Hawse-hole	Écubier ; Trou d'écubier.	Klüse ; Klüsenloch ; Klüsgatt.
* » — bag	Sac d'écubier.	Klüssack.
» — bolster	Placard d'écubier ; Coussin d'écubier.	Klüsenbacke ; Klüsenfütterung
* » — plug	Tampon d'écubier ; Tape d'écubier.	Klüsenpropfen.
* Hawse-pipe	Manchon d'écubier.	Klüsenrohr.
* » — flange	Collet de manchon d'écubier.	Klüsenrohrflansche.
Hawse-timber	Allonge d'écubier.	Klüsholz.
* Head (of a vessel)	Proue ; L'avant d'un navire.	Kopf ; Vorderstes Ende eines Schiff's.
* » beak of the —	Écharpe.	Schiffschnabelspitze.
* » bluff —	Proue renflée ; Avant renflé.	Voller Bug ; Dickes Vorderende.
* » Knee of the head (*)	Guibre ; Éperon.	Gallion.
* » — boards	Pavois de la poulaine.	Gallionbretter.
» bob-stay piece of the —	Sous-barbe ; Gorgère.	Gallionschegg.
* » cheeks of the —	Jottereaux de la guibre ; Dauphins de la guibre.	Backenkniee des Gallion's.
* » cheek-fillings of the —	Fourrure des dauphins de la guibre.	Kamm zwischen den Backenknieen des Gallion's.
* » lower cheeks of the —	Jottereaux inférieurs de la guibre.	Untere Backenkniee des Gallion's.
* » washboards under the lower cheeks of the —	Tambour de l'éperon.	Blasebalken.
* » upper cheeks of the —	Jottereaux supérieurs de la guibre.	Obere Backenkniee des Gallion's.
» filling chocks of the —	Remplissage de la guibre.	Füllstücke des Gallion's.
* » — grating	Pavois de la poulaine en caille-bottis.	Gallion-Rösterwerk.
» independent piece of the —	Dossier.	Rückenstück des Gallion's. (dasjenige Stück, welches sich zwischen Vorsteven und den Füllstücken des Gallion's befindet).
» lace piece or gammoning of the —	Flèche de l'éperon.	Lieger auf den Füllstücken des Gallion's.

(*) By some also called Cutwater.

Wooden ship.	Navire en bois.	Hölzernes Schiff.
Head, standard knee of the —	Courbe de capucine.	Verkehrtes Knie ; Scheggknie des Gallion's.
» — rail	Herpe de poulaine.	Gallionreelung.
» berthing rail of —	Herpe supérieure de poulaine.	Obere Gallionreelung.
» main rail of —	Herpe inférieure de poulaine.	Untere Gallionreelung.
» small or middle rail of —	Lisse de poulaine ; Herpe intermédiaire de poulaine.	Kleine oder mittlere Gallionreelung.
» stem furr of the —	Digeon.	Füllstück unter der Gallionfigur.
» — timbers	Jambettes de poulaine.	Gallionreelungstützen.
* Head-ledge (of a hatchway)	Fronteau d'écoutille.	Querstück eines Luksill's.
* Heel	Talon ; Pied.	Hacke ; Fuss ; Hiel ; Hielung.
* Helm	La barre ; Gouvernail ; Appareil à gouverner.	Ruderpinne ; Ruder ; Steuergeräth.
* Helm-port (the hole in the counter, through which the head of the rudder passes.)	Jaumière ; Louve de Gouvernail.	Hennegatt. (Oeffnung in der Gillung, durch welche der Ruderpfosten fährt.)
* Hogging; Sagging	Déflexion des formes primitives ; Arquement.	Katzenrücken.
* Hold	Cale	Raum ; Schiffsraum
» after —	Arrière-cale.	Hinterraum ; Hintertheil des Raum's.
» fore —	Avant-cale.	Vorderraum ; Vordertheil des Raum's.
» lower —	Basse cale ; Cale inférieure.	Unterraum.
» main —	Cale principale.	Hauptraum ; Raum in der Nähe der grossen Luke.
* Hood	Capot ; Capot d'échelle ; Capuchon.	Kappe.
» (of the crew-space)	Capot de poste ; Capot du logement de l'équipage.	Logiskappe.
» after — s (of planking)	Arrière-longueurs du bordé ou des vaigres.	Hinterste Aussen-oder Innenplanken.
» fore — s (of planking)	Avant-longueurs du bordé ou des vaigres.	Vorderste Aussen-oder Innenplanken.
» — ends ; Wood-ends	Aboutissants du bordé (dans la rablure de l'étrave et de l'étambot).	Plankenden (welche in die Spündungen des Vor- und Hinterstevens fassen.)
* House ; Deck-house	Rouffle ; Carrosse ; Rouf.	Haus ; Roof ; Hütte.
* Ice-doubling ; Ice-lining	Pare-glace.	Eishaut ; Eisdoppelung.
* Intercostal	Intercostale.	Einschiebsel.
* Iron	Fer.	Eisen.
» bar —	Fer en barre.	Stabeisen.
» galvanised —	Fer galvanisé.	Galvanisirtes Eisen.
» plain —	Fer ordinaire.	Roheisen.
» — rod ; Iron-horse	Tringle en fer.	Eiserne Stange.
» — work	Ferrements ; Ferrures.	Eisenarbeit ; Schmiedearbeit.
* Keel	Quille.	Kiel.
» bilge —	Quille de bouchains.	Kimmkiel.
» camber of — ; hogging of —	Arc d'une quille ; Déflexion d'une quille.	Katzenrücken eines Kiel's.
» centre line — ; middle line —	Quille centrale ; Quille de la ligne centrale.	Mittelkiel.
» false — ; safety —	Fausse quille.	Loser Kiel ; Falscher Kiel.

Wooden ship.	Navire en bois.	Hölzernes Schiff.
* Keel, length or piece of —	Une pièce de quille; Bout de quille.	Kielstück (*Stück eines, aus mehreren Längen zusammengesetzten Kiel's.*
* » main —	Quille principale.	Hauptkiel.
» moulding of —	Échantillon de la quille sur le tour.	Höhe des Kiel's.
» lower —; upper false —	Quille inférieure ; Contre-quille.	Unter-Kiel (*wenn derselbe aus zwei Höhen besteht*).
» — rabbet	Rablure de quille.	Kielspündung; Kielsponnung.
* » — scarph	Écart de quille.	Kiellasch; Kielverscherbung ; Kiellaschung.
» stopwater (*in keel scarph*)	Coupe-eau (*d'un écart de quille*).	Scheinagel; Scheidenagel (*in Kiellaschung*).
» — seam (*garboard-seam*)	Couture de quille; Couture de rablure.	Kielnaht.
* » side —	Quille latérale.	Seitenkiel.
» siding of —	Échantillon de la quille sur le droit.	Breite des Kiel's.
* » skegg of —	Talon de quille.	Hacke des Kiel's.
» sliding —	Quille glissante; Quille à coulisses.	Schiebekiel.
» upper or main —	Quille supérieure ; Quille principale.	Ober-Kiel, Hauptkiel (*wenn derselbe aus zwei Höhen besteht*).
* Keelson	Carlingue.	Kielschwein; Kolschwin.
* » bilge —	Carlingue de bouchains.	Kimm-Kielschwein.
* » main —	Carlingue principale.	Hauptkielschwein.
* » middle line —; centre —	Carlingue centrale.	Mittelkielschwein.
» rider —	Sur-carlingue.	Oberkielschwein; Zweites Kielschwein.
» scarph of —	Écart de carlingue.	Kielschweinlaschung.
» sister—; side —	Carlingue latérale ; Contre-carlingue.	Seitenkielschwein.
* Kevel; Kevel-head	Oreilles d'âne; Taquet; Bitton.	Belegklampe; Belegpoller.
Knee	Courbe.	Knie.
» beam arm of a —	Bras sous barrot d'une courbe.	Horizontaler Arm eines Knies.
» dead wood —	Courbe du massif arrière.	Todtholz-Knie.
» diagonal —	Courbe oblique ; Courbe diagonale.	Diagonal-Knie.
» hanging — ; vertical —	Courbe verticale.	Hängendes Knie ; Verticales Knie.
» heel — (*of sternpost and keel*)	Courbe de talon; Courbe d'étambot (*reliant l'étambot à la quille*).	Fussknie (*Hintersteven und Kiel verbindend*).
» hold beam —	Courbe de barrot de cale.	Raumbalkenknie.
» iron —	Courbe en fer.	Eisernes Knie.
» lower deck beam —	Courbe de barrot de pont inférieur.	Unterdeckbalkenknie.
» middle deck beam —	Courbe de barrot de pont intermédiaire.	Mitteldeckbalkenknie.
» upper deck beam —	Courbe de barrot de pont supérieur.	Oberdeckbalkenknie.
» lodging —	Courbe horizontale.	Liegendes Knie.

Wooden ship.	Navire en bois.	Hölzernes Schiff.
Knee, — rider	Courbe-porque.	Kattspur ; Kattspor.
» standard —	Courbe renversée.	Verkehrtes Knie ; Stehendes Knie.
» staple —	Courbe en agraffe ; Courbe verticale à double branche horizontale.	Verticales Knie mit zwei horizontalen Armen.
» throat of a —	Collet d'une courbe.	Hals eines Knies.
» transom —	Courbe de barre d'arcasse.	Worpknie ; Heckbalkenknie.
» wooden —	Courbe en bois.	Hölzernes Knie.
* Knight	Sep de drisse ; Chaumard.	Knecht.
* » of the fore-mast	Sep de drisse du mât de misaine.	Fockknecht.
* » of the main-mast	Sep de drisse du grand mât.	Grosser Knecht.
* » of the mizen-mast	Sep de drisse du mât d'artimon.	Besahnknecht ; Kreuzknecht.
Knight-head	Apôtre.	Ohrholz.
* Launching (of a ship)	Lancement (d'un navire).	Ablaufen ; Vom Stapel lassen (eines Schiffes).
* Lazaret	Lazaret.	Lazareth.
* Leak	Voie d'eau.	Leck.
* Lee-board (used by small flat bottomed vessels)	Semelle de dérive ; Dérive ; Aile de dérive.	Schwert.
* Lee-fange (iron horse)	Tamisaille en fer.	Eiserner Leuwagen.
* Length (of a ship)	Longueur (d'un navire).	Länge (eines Schiff's).
* » extreme— (from forepart of stem to afterpart of sternpost)	Longueur extrême (de l'avant de l'étrave à l'arrière de l'étambot).	Aeussetste Länge (von Vorkante des Vorstevens bis Hinterkante des Hinterstevens).
* Lengthening (of a ship)	Allongement d'un navire.	Ein Schiff dadurch verlängern, dass—nachdem es in der Mitte durchgeschnitten — ein neues Stück von einer gewissen Länge eingefügt wird.
* Limbers ; Limber-passage (*)	Canal des anguillers. (*)	Wassserlauf; Füllungen. (*)
* Limber-boards	Planches du canal des anguillers ; Paraclose.	Füllungen ; Füllingbretter.
* Limber-hole	Trou d'anguiller.	Nüstergatt (in Bodenwrangen).
Limber-strakes	Vaigres de renfort.	Kielwegerunggänge.
* Lining	Soufflage ; Fourrure.	Doppelung ; Ausfütterung.
Listing	Listeau ; Liston.	Streifen.
* Load-line	Flottaison ou ligne de charge.	Ladelinie.
* » » deep —	Flottaison ou ligne de morte charge.	Tiefladelinie.
* Lobby	Antichambre.	Vorkajüte.
* Locker	Caisson ; Puits ; Soute ; Équipet.	Kasten ; Spind.
* Locker-seat	Banquette ; Banc-armoire.	Bank als Sitz und Aufbewahrungsort.

(*) A passage over the floors or holes in same to allow water to reach the pumps ; The space between the floors extending a short distance on each side of the middle-line, is also called "Limbers".

(*) Passage au-dessus des varangues ou trous pratiqués dans celles-ci pour faciliter l'écoulement des eaux vers les pompes; Le mot "Limbers" désigne aussi la "Maille" (espace entre les varangues ou membres).

(*) Wasserlauf über den Bodenwrangen, oder Ausschnitte in denselben damit das Wasser frei zu den Pumpen gelangt; Unter "Limbers" versteht man auch den Raum zwischen den Bodenwrangen, unter und unmittelbar an beiden Seiten des Kielschwein's.

Wooden ship.	Navire en bois.	Hölzernes Schiff.
* Manger	Gatte.	Schaafhock (*Vorderster Theil des Deck's hinter den Klüsen.*)
* » — board	Gatte.	Waschbord ; Waschschott.
Mast-carling (*fore and aft (partners of mast*)	Entremise sous étambrais de mât.	Mastschlingen (*zwischen den Deckbalken an jeder Seite des Mastes.*)
* » — hole	Trou de mât.	Mastloch.
* Mess-room	Carré des officiers.	Esszimmer der Offiziere.
* Middle-line ; Centre-line	Ligne centrale.	Kiellinie.
* Midship-section	Coupe au maître.	Querschnitt des Hauptspants.
* Mooring-pipe	Écubier d'amarrage.	Verteuungsklüse.
* Moulding	Moulure.	Verzierung ; Verzierungsleiste.
Moulding (*of a piece of timber*)	Échantillon sur le tour (*d'une pièce de bois.*)	Dicke ; Höhe (*eines Stück Holzes.*)
» breech —	Cul de lampe.	Zierrath des Stosses.
* » cable —	Moulure, forme de grelin.	Verzierungsleisten in Tauform.
* Name-board	Écusson ; Cartouche.	Namenbrett.
Naval-hood (*hawse pipe bolster*)	Coussin d'écubier.	Klüsenbacke.
* Ornaments	Ornements.	Verzierungen.
Pad	Fourrure ; Limande.	Auflage ; Füllstück.
* Paddle beam	Bau de force.	Grundbalken, Träger eines Radgehäuses.
* Paddle box	Tambour de roue d'aubes.	Radkasten ; Radgehäuse.
» » framing of —	Charpente de tambour de roue.	Rahmwerk des Radgehäuses.
* Paddle walks (*extension of the paddle boxes*)	Jardin de tambour de roue.	Radkastenbalcon.
* Panel-work	Menuiserie en panneaux.	Paneelwerk, Täfelung.
* Panting (*of a ship*)	Fatigue d'un navire. (*)	Erzittern eines Schiffes. (*)
* Pantry (*stewards room*)	Office ; Cabine du maître d'hôtel.	Bottlerei.
* Partner	Étambrai.	Fischung ; Fisch.
* » bowsprit —	Étambrai de beaupré.	Fischung des Bugspriet's.
* » capstan —	Étambrai de cabestan.	Fischung des Gangspill's.
* » mast —	Étambrai de mât.	Mastfischung.
* » fore and aft mast — (*mast-carling*)	Entremise sous étambrais de mât.	Mastschlingen (*zwischen den Deckbalken an jeder Seite des Mastes.*)
* Peak	Coqueron. Fourcat. Pic.	Piek.
* » after —	Coqueron arrière., Fourçat arrière.	Hinter-Piek.
* » , fore —	Coqueron avant; Fourcat avant	Vor-Piek.
* Pin-rack	Râtelier.	Nagelbank.
* Plank	Planche ; Bordage.	Planke.
* » boundary—; margin— (*of a deck*)	Bordage de pont en abord ; Coursive.	Randplanke ; Begrenzungsplanke (*eines Deck's*).
* » shifting of — s	Décroisement des bordages.	Verschiessung der Plankenlängen.

(*) Dépression ou mouvement des murailles de l'extérieur vers l'intérieur et vice versa.

(*) Bewegung der Schiffseiten von aussen nach innen und von innen nach aussen. —

Wooden ship.	Navire en bois.	Hölzernes Schiff.
Planking	Bordage ; Bordé; Revêtement.	Beplankung.
» bilge — (*outside*)	Bordé de bouchains.	Kimm-Beplankung.
» bilge — (*inside*)	Vaigre de bouchains ; Vaigre d'empature.	Kimm-Wegerungplanken.
» bottom —	Bordé de la carène ; Bordé des fonds.	Bodenbeplankung.
» bow —	Bordé de l'avant.	Bugbeplankung.
» bulwark —	Bordé de pavois.	Schanzkleidbeplankung.
» buttock —	Bordé des fesses.	Billenbeplankung.
» deck —	Bordé de pont.	Deckbeplankung.
» diagonal —	Bordé diagonal ; Bordé oblique.	Diagonalbeplankung.
» fastening of —	Chevillage du bordé.	Befestigung der Beplankung.
» inside —	Bordé intérieur ; Revêtement intérieur.	Innen-Beplankung.
» outside —	Bordé extérieur ; Revêtement extérieur.	Aussen-Beplankung.
» stern —	Bordé de tableau.	Heckbeplankung, Spiegelbeplankung.
» topside —	Bordé des hauts ; Bordé des oeuvres mortes.	Obere Beplankung.
Planksheer	Plat-bord.	Schandeckel ; Schandeck.
* Platform	Plate-forme ; Faux-tillac.	Plattform.
Pointer	Aiguillette de guirlande, Dormeur. (*)	Schräges Piekknie. (*)
* Poop	Dunette.	Hütte.
* » — beam	Barrot de dunette.	Balken der Hütte.
* » — bulkhead	Fronteau de dunette.	Front der Hütte.
* » — frame	Membrure de dunette.	Spant der Hütte.
* » full —	Dunette pleine ; Dunette entière.	Volle Hütte ; Hochdeck.
* » half — (or *raised quarter deck*)	Demi-dunette.	Erhöhtes Quarterdeck.
* Port	Sabord.	Pforte.
* » air —	Sabord d'aérage.	Luftpforte.
» ballast —	Sabord à lester.	Ballastpforte.
* » — bar	Barre de sabord ; Fermeture de sabord.	Pfortenknüppel.
» bow —	Sabord de l'avant.	Bugpforte.
* » cargo — ; gangway — (*in bulwark*)	Sabord de charge (*dans les pavois*).	Ladepforte (*im Schanzkleid*).
* » entering —	Sabord d'échelle.	Fallreeppforte ; Fallreepluke.
* » flap of —	Battant de sabord.	Pfortenklappe.
* » freeing — ; water — (*in bulwark*)	Sabord de dégagement (*dans le pavois*).	Wasserpforte (*im Schanzkleid*).
* » - - hinges	Pentures de sabord.	Pfortenhängen.
» — lid	Mantelet de sabord ; Panneau de sabord.	Pfortendeckel.

(*) Pièce prolongeant les bras des guirlandes obliques vers le barrot pont ou entrepont.

(*) Von der Piek ausgehende Kniee, deren Arme in schräger Richtung nach oben auslaufen, auch hölzerne oder eiserne Bänder von den vorderen oder hinteren Deckbalken in schräger Richtung nach unten zur Piek laufend.

Wooden ship.	Navire en bois.	Hölzernes Schiff.
* Port, quarter —	Sabord de hanche.	Hintere Seitenpforte.
» raft —	Sabord de charge (à l'avant ou à l'arrière, pour bois).	Ladepforte, (vorne oder hinten, zum Holzladen).
* » —ring	Boucle de sabord.	Pfortenring.
* » sash —	Sabord vitré.	Aufziehpforte; Aufziehfenster.
* » side —	Sabord de côté.	Seitenpforte.
* » — sill; — cill.	Seuillet de sabord.	Pfortendrempel; Pfortensüll.
* Quarter (after end of a ship)	Poupe; Arrière; Hanche (d'un batiment).	Hintertheil (eines Schiff's).
* » — deck	Partie arrière du pont supérieur.	Quarterdeck (Hinterer Theil eines Oberdeck's).
* » raised — deck	Demi-dunette; Coupée; Gaillard d'arrière.	Erhöhtes Quarterdeck.
* » — pieces	Termes.	Backenstücke (Verzierungsstücke an jeder Seite des hinteren Theiles eines Schiffes).
* Quick-work	Œuvres vives.	Lebendes Werk.
Rabbet	Rablure.	Spündung; Sponnung.
» back —	Fond de rablure.	Innenkante der Spündung.
» keel —	Rablure de quille.	Kielspündung.
» — line	Trait inférieur ou extérieur de rablure.	Aeussere Linie einer Spündung.
» stem —	Rablure d'étrave.	Vorstevenspündung.
» sternpost —	Rablure d'étambot.	Hinterstevenspündung.
* Rail	Lisse de garde-corps; Lisse d'appui.	Reelung; Reling.
* » boundary —	Lisse supérieure du tableau.	Oberste Verzierungsleiste des Spiegels.
* » counter — s	Lisses inférieures du tableau.	Untere Heckleisten (zwischen den Heckleisten befindet sich gewöhnlich der Schiffsname).
* » cove —	Deuxième lisse du tableau (pris d'en haut).	Zweite Verzierungsleiste des Spiegels (von oben).
* » fife — (around raised quarter deck).	Lisse d'appui; Garde-fou (de demi-dunette).	Kajütsreelung (Reelung des erhöhten Quarterdeck's).
* » fife — (around masts)	Lisse de râtelier à cabillots des mâts.	Nagelbank um Masten.
* » forecastle —	Lisse de garde-corps du gaillard d'avant.	Reelung der Back.
* » hand —	Main-courante.	Handgeländer.
* » main —; roughtree —	Lisse de pavois; Lisse de garde-corps.	Schanzkleidreelung.
* » poop —	Lisse de dunette.	Hüttenreelung (Geländer um das Hochdeck).
* » sheer —	Lisse de plat-bord; Cordon de plat-bord.	Schandeckelleiste.
* » taff —	Lisse de couronnement.	Heckgeländer; Heckreelung.
* » topgallant—; monkey—	Lisse de bastingage.	Finknetzreelung; Monkeyreelung.
* Ranger (side pin-rack)	Râtelier à cabillots de côté.	Nagelbank an den Seiten.
* Rebuilt	Reconstruit.	Umgebaut.
* Repairs	Réparations.	Reparaturen.
* Ribs (frames)	Membres.	Rippen; Spanten.

Wooden ship.	Navire en bois.	Hölzernes Schiff.
Rider (*hold rider*)	Porque longue.	Kattspor (*Eiserne Kniee der Raumbalken*).
» floor —	Porque descendant sur varangues.	Langes Kattspor (*sich über die Bodenwrangen erstreckend*).
» futtock —; top —	Porque courte (*descendant jusqu'au tournant inférieur des bouchains*).	Kurzes Kattspor (*sich bis zur Kimm erstreckend*).
* Roof	Toiture.	Dach ; Ueberdeckung.
* Rubbing-strake	Bourrelet de défense.	Scheuerleiste ; Abweiser ; Reibholz.
* Rudder	Gouvernail.	Ruder.
» back pieces of —	Safran du gouvernail.	Klick des Ruders ; Schegg des Ruders.
* » balanced —	Gouvernail compensé.	Balance-Ruder.
» — boards (*of inland vessels*)	Ailerons de gouvernail (*d'un navire d'intérieur.*)	Ruderbretter (*zur Vergrösserung eines Ruders bei Binnenschiffen.*)
* » — brace;—gudgeon	Femelot de gouvernail.	Ruderschmiege ; Ruderscheere.
* » — bushes (*bushes in rudder braces or around pintles*)	Buselures pour pentures de gouvernail.	Büchsen für Ruderschmiegen oder Fingerlinge.
» — coat	Braie de gouvernail.	Ruder-Kragen.
» gulleting of a —	Concavité de l'étambot avec gouvernail cylindrique dévoyée.	Halbkreisförmige Rundung der Vorderseite eines Ruderpfostens, welcher sich in der halbkreisförmigen Aushöhlung des Hinterstevens bewegt.
* » — head	Tête de gouvernail.	Ruderkopf.
» coning of the — head	Mèche de gouvernail cylindrique dévoyée.	Schräge eines Ruders ; Schrägung eines Ruderkopfes.
* » — heel	Talon de gouvernail.	Ruderhacke.
* » rounded heel of —	Talonnière de gouvernail.	Abgerundete Ruderhacke.
» — horn (*an iron bar on back of rudder, to which the pendants are shackled*)	Étrier ou piton des sauvegardes du gouvernail.	Ruderhorn (*Stange mit Oesen am Klick des Ruders, wo-an die Sorgleinen befestigt werden*).
» — irons	Ferrures de gouvernail.	Ruderbeschlag.
* » jury—;temporary—	Gouvernail de fortune.	Nothruder.
* » main piece of —	Mèche de gouvernail.	Ruderpfosten ; Ruderherz.
* » — mould	Gabarit de gouvernail.	Rudermall.
* » — pendant	Sauvegarde du gouvernail.	Sorgleine eines Ruders.
* » — pintle	Aiguillot de gouvernail.	Ruderfingerling ; Ruderhaken; Ruderzapfen.
» — pintle score	Lanterne de gouvernail.	Ausschnitt für die Ruderhaken.
* » rake of a —	Quête de gouvernail.	Ueberhängen eines Ruders ; Neigung eines Ruders (*wenn der Hintersteven nicht senkrecht steht.*)
» sole piece of a —	Sole de gouvernail.	Sohle eines Ruders.

Wooden ship.	Navire en bois.	Hölzernes Schiff.
* Rudder tell-tale of a —	Axiomètre de gouvernail.	Axiometer ; Verklicker eines Ruders.
* » — tiller or tillar	Barre ; Barre franche de gouvernail.	Ruderpinne ; Helmstock.
* » — trunk	Tambour de jaumière.	Ruderkoker (*Gehäuse um den Ruderpfosten vom Hennegatt bis Deck*).
» — woodlock (*to prevent the rudder being unhung*)	Clef de gouvernail.	Schloss eines Ruders.(*um das Ausheben des Ruders zu verhüten.*)
* Run (*of a vessel*)	Coulée arrière (*d'un navire.*)	Scharf des (*unteren*) Hinterschiff's.
* » clean —	Belle coulée. (*bien évidée ; façons fines de l'arrière.*)	Schön beschnittenes, scharf eingeholtes Hinterende.
* » full —	Arrière plein (*peu évidé*)	Volles (*unter*) Hinterschiff.
* Sail-room	Soute aux voiles.	Segelkoje.
Samson-post (*of heavy piece of timber used for different purposes*)	Forte accore.	Simsonspfosten (*schwere Stütze für irgend einen beliebigen Zweck*).
* Scantling	Échantillon ; Dimension.	Materialstärke ; Dimension.
* Scarph ; Scarf	Écart.	Lasch ; Laschung ; Verscherbung.
* » flat —	Écart à plat.	Plattlasch ; Platte Verscherbung.
» hooked —	Écart à dent; Écart à croc.	Hakenlasch.
* » horizontal —	Écart horizontal.	Horizontale Laschung.
* » lip of a —	Dent saillante d'écart.	Lippe einer Laschung.
» dove tail —	Écart à queue d'aronde.	Schwalbenschwanzlaschung.
* » vertical — ; side —	Écart vertical.	Verticale Laschung.
* Score	Entaille; Goujure; Rainure ; Mortaise.	Einschnitt; Kerbe; Keep.
* Scupper ; Scupper hole —	Dalot.	Speigat ; Speigatt.
» — leather	Maugère ; Placard de dalot.	Speigatklappe ; Speigatleder.
* » — pipe	Orgue ; Conduit de dalot.	Speigatrohr.
* » — plug	Tampon de dalot.	Speigatpflock.
* » — port ; Freeing port (*in bulwark*)	Sabord de dégagement (*dans le pavois pour l'écoulement des eaux.*)	Wasserpforte (*im Schanzkleid.*)
* Scuttle (*small opening in the ship's side or deck*)	Écoutillon (*petite ouverture pratiquée dans la muraille ou dans le pont*).	Kleine Luke;Ventilationsloch, (*Oeffnung in der Schiffsseite oder Deck.*)
* » cable-tier —	Écoutillon de soute aux cables.	Kabelgattluke.
* » deck —	Écoutillon de pont.	Kleine Luke im Deck.
* Seam	Couture.	Naht.
* » butt —	Couture d'un about.	Dwarsnaht; Quernaht.
* longitudinal —	Couture longitudinale.	Längsnaht.
Sheathing	Doublage.	Beschlag.
» bottom —	Doublage de carène.	Bodenbeschlag.
» copper —	Doublage en cuivre.	Kupferbeschlag ; Kupferhaut.
» metal —	Doublage en métal.	Metallbeschlag ; Metallhaut.
» wood —	Soufflage ; Doublage en bois.	Spikerhaut ; Holzhaut; Doppelhaut.
» wood—(*of bottom*)	Soufflage (*des fonds.*)	Wurmhaut (*eines Schiffsbodens.*)

Wooden ship.	Navire en bois.	Hölzernes Schiff.
Sheathing zinc —	Doublage en zinc.	Zinkbeschlag.
* Sheer (of a ship)	Tonture (d'un batiment).	Sprung ; Lauf (eines Schiffes).
* Sheerstrake	Carreau.	Farbegang.
Shelf	Bauquière.	Unterschlag.
» deck beam —	Bauquière de pont.	Deckbalken-Unterschlag.
» awning deck —, awning deck beam —	Bauquière de pont-abri.	Sturmdeck-Unterschlag.
» forecastle deck—; forecastle deck beam —	Bauquière de gaillard d'avant.	Backdeck-Unterschlag.
» lower deck — ; lower deck beam —	Bauquière de pont inférieur.	Unterdeck-Unterschlag.
» main or middle deck—; main deck beam —	Bauquière de pont principal ou intermédiaire.	Haupt- oder Mitteldeck-Unterschlag.
» poop —; poop beam —	Bauquière de dunette.	Unterschlag der Hütte.
» spar-deck—; spar-deck beam —	Bauquière de spardeck.	Spardeck-Unterschlag.
» upper deck — ; upper deck beam —	Bauquière de pont supérieur.	Oberdeck-Unterschlag.
» hold beam —	Bauquière de cale.	Raumbalken-Unterschlag.
Shift of planking.	Lit de bordages ; Couche de bordages.	Plankenlage.
» after — of planking	Lit des arrière-longueurs du bordé.	Hinterste Plankenlage.
» fore — of planking	Lit des avant-longueurs du bordé.	Vorderste Plankenlage.
* Shifting-boards (in hold for grain-cargoes)	Bardis ; Cloison longitudinale (dans la cale, pour cargaisons de grains).	Langschott (im Raum, für Getreideladungen).
* Ship-building	Construction de navires.	Schiffbau.
* Shore	Accore.	Streber; Stütze; Schore.
* Side (of a ship)	Muraille; Côté d'un batiment.	Schiffsseite.
* » lee —	Côté sous le vent.	Leeseite.
* » port —	Côté de bâbord.	Backbordseite.
* » starboard —	Côté de tribord.	Steuerbordseite.
* » top —	Hauts d'un batiment; Œuvres mortes.	Oberschiff (Obere Seitentheile eines Schiffes).
* » weather —	Côté du vent; Au-vent.	Luvseite; Windseite.
* Side-light; Side scuttle	Hublot (Fenêtre dans la muraille).	Seitenlicht ; Ventilationsloch (runde Oeffnung in der Schiffsseite mit Rahmen und Glas versehen).
* Sill; Cill	Seuillet.	Drempel.
* Skeleton (of a ship)	Squelette (d'un navire).	Schiffsgerippe.
* Skids; Skid-beams	Potences d'embarcation.	Bootsgalgen.
* Skin	Revêtement extérieur.	Aussenhaut.
* Skylight	Claire-voie ; Écoutille vitrée.	Einfallendes Licht; Oberlicht.
* » cabin —	Claire-voie de cabine.	Kajüten-Oberlicht.
* » dead lights of a —	Panneaux de claire-voie.	Blinden; Laden eines Oberlicht's.
* » forecastle —	Claire-voie de gaillard d'avant.	Oberlicht der Back.
* » — guards	Gardes de claire-voie ; Grillages-protecteurs de claire-voie.	Gitter eines Oberlicht's.

Wooden ship.	Navire en bois.	Hölzernes Schiff.
* Sounding-pipe (of pump)	Tuyau de sonde de la pompe.	Peilrohr; Sondirungsrohr (der Pumpe).
Spirketting	Virure-bretonne.	Setzweger; Setzwaiger.
» deck beam — ; deck —	Virure-bretonne de pont.	Deckbalken-Setzweger.
» awning deck —	Virure-bretonne de pont abri.	Sturmdeck-Setzweger.
» forecastle deck—	Virure-bretonne de gaillard d'avant.	Backdeck-Setzweger.
» lower deck —	Virure-bretonne de pont inférieur.	Unterdeck-Setzweger.
» main- or middle deck —	Virure-bretonne de pont principal ou intermédiaire.	Haupt- oder Mitteldeck-Setzweger.
» poop —	Virure-bretonne de dunette.	Setzweger der Hütte.
» spar-deck —	Virure-bretonne de spardeck.	Spardeck-Setzweger.
» upper deck —	Virure-bretonne de pont supérieur.	Oberdeck-Setzweger.
» hold beam —	Virure-bretonne de cale.	Raumbalken-Setzweger.
* Spur	Arc-boutant.	Streber.
Spur-beam	Elongis de jardin de tambour.	Langsträger des Radkastenbalcons.
* Stanchion	Chandelier; Epontille; Batayolle; Jambette; Appui; Support.	Stütze; Strebe.
* » bulwark —	Batayolle de garde-corps; Jambette de garde-corps.	Reelungstütze; Schanzkleidstütze.
* » deck — ; deck beam —	Epontille de pont.	Deckstütze.
* » main deck —	Epontille de pont principal.	Hauptdeckstütze.
* » upper deck —	Epontille de pont supérieur.	Oberdeckstütze.
» deck — cleats	Taquets pour maintenir les têtes d'épontilles.	Stützklampen (Klampen, das Oberende der Deckstützen unter den Balken umschliessend).
* » fixed —	Epontille fixe.	Feste Stütze.
* » hold — ; hold beam —	Epontille de cale.	Raumstütze.
* » loose —	Epontille amovible.	Lose Stütze (Stütze, die leicht entfernt werden kann).
* » quarter —	Epontille placée au quart de bau.	Seitenstütze (Deckstütze zwischen Mittellinie und Schiffseite).
» roughtree —	Batayolle en bois; Jambette en bois (de pavois).	Hölzerne Stütze (hölzerne Reelungstütze).
» step of —	Pas d'épontille.	Spur der Stütze.
» topgallant bulwark —	Batayolle de bastingage.	Finknetzstütze; Monkeyreelungstütze.
* State-room	Salon (désigne aussi une cabine de passager).	Empfangskajüte, auch Passagierkammer.
Stealer; Drop-strake	Virure supprimée ou perdue; Bordage intercalé.	Verlorener Gang; Splissgang; Aufbringer.
* Steerage	Aménagements d'entrepont pour émigrants.	Logis der Zwischendeck-Passagiere.
* Steering-apparatus	Appareil-à-gouverner.	Steuergeräth; Steuergeschirr.
» » patent —	Appareil-à-gouverner brêveté.	Patent-Steuergeräth.

Wooden ship.	Navire en bois.	Hölzernes Schiff.
* Steering-wheel	Roue de gouvernail.	Steuerrad.
* Stem	Etrave.	Vorsteven ; Vordersteven.
» moulding of — (*breadth*)	Echantillon de l'étrave sur le tour (*largeur*).	Breite des Vorstevens.
* » rake of — ; inclination of —	Elancement de l'étrave.	Ausschiessen des Vorstevens.
» boxing of — and keel	L'écart reliant l'étrave à la quille.	Lasch des Vorstevens an den Kiel.
» siding of — (*thickness*)	Echantillon de l'étrave sur le droit (*épaisseur*).	Dicke des Vorstevens.
* » up and down — (*stem forming no cutwater*)	Etrave perpendiculaire ou droite.	Stampfsteven.
Stemson	Marsouin-avant.	Zweiter Binnenvorsteven ; Schlempknie.
* Step	Emplanture ; Pas.	Spur.
* » — butted (*planking*)	Décroisement des abouts en escalier (*des bordages*).	Treppenweise Verschiessung der Stösse (*von Planken*)
* Stern (*extreme after part of a ship*)	Tableau ; Arrière.	Heck ; Spiegel.
* » elliptical —	Arrière elliptique.	Elliptisch geformtes Heck.
» — frame	Jambette de revers ; Jambette de tableau.	Heckspant ; Spiegelspant.
* » moulding of —	Moulures de l'arrière.	Spiegelverzierung.
* » pink —	Arrière pointu.	Spitzes Heck (*Schiff ohne Spiegel*).
* » — pipe	Ecubier de l'arrière.	Hinterklüse ; Heckklüse.
* » — port	Sabord de l'arrière ; Sabord de retraite.	Heckpforte.
* » round — ; circular —	Arrière rond.	Rundgatt ; Rundes Heck.
* » square —	Arrière carré.	Plattgatt ; Plattes Heck (*Spiegel*).
» — timber	Allonge de tableau ; Jambette de tableau.	Heckstütze.
* » — window	Fenêtre dans le tableau.	Heckfenster.
* Sternpost ; Rudder post ; or Main post	Etambot.	Hintersteven.
* » heel of —	Talon de l'étambot.	Hacke ; Unterende des Hinterstevens.
» heel knee of —	Courbe de talon de l'étambot.	Fussknie des Hinterstevens.
» inner — (*inner post*)	Contre-étambot.	Binnen-Hintersteven.
* » rake of —	Quête de l'étambot.	Fall des Hinterstevens ; Neigung des Hinterstevens.
» tenon of —	Tenon de l'étambot.	Zapfen des Hinterstevens.
Sternson	Marsouin-arrière.	Reitknie ; Hinterstevenknie.
Stirrup (*strap on foot of stem and fore-end of keel*)	Bride.	Bügel ; Ring (*am Unterende des Vorsteven und Vorende des Kiel's*).
Stop	Clef.	Füllstück.
* Store-room	Cambuse ; Soute à provisions ; Magasin.	Vorrathskammer ; Proviantkammer.
* » boatwain's —	Fosse aux lions.	Vorpiek ; Hell.
* Stowage	Arimage.	Stauung.
Strake ; Streak (*of planking*)	Virure (*une serre de bordages*).	Gang (*Plankengang*).

Wooden ship.	Navire en bois.	Hölzernes Schiff.
* Strake, adjoining —	Virure adjacente.	Benachbarter Gang (neben einander liegende Gänge).
* » bilge —	Virure de bouchains.	Kimmgang.
» binding —	Virure de liaison.	Verbindungsgang.
» black —	Bordé des battéries.	Breitegang (Gang oberhalb des Bergholzes).
» bottom —	Virure des fonds.	Gang der Bodenbeplankung.
» intermediate —	Virure intermédiaire.	Zwischengang.
* » side —	Virure de la muraille.	Seitengang.
* » topside —	Virure des hauts.	Gang im Oberschiff.
Stuff, diminishing —	Bordé de diminuation.	Die dünneren Planken oder Plankengänge.
» short —	Bordages courts.	Kurze Planken.
» thick —	Bordage renforcé.	Dicke Plankengänge (Planken über vier Zoll dick.)
Thick-strakes (of ceiling)	Serres d'empature ; Vaigres d'empature.	Dicke Wegerunggänge in der Kimm.
» (of outside planking)	Bordé de préceintes ; Bordé épais extérieur.	Dicke Gänge der Aussenbeplankung.
* Tiller ; Tillar (rudder)	Barre de gouvernail.	Ruderpinne. (Helmstock.)
* » quadrant —	Barre de gouvernail en quadrant.	Quadrant als Ruderpinne.
* » — rope	Drosse de gouvernail.	Steuerreep.
Timber	Allonge ; Pièce de membrure ; Bois.	Inholz.
» alternate —	De deux en deux membrures.	Ein Inholz um das andere.
» butt of — s	About de membrure ; Empature.	Stoss der Inhölzer.
» cant —	Membre devoyé.	Kantspant.
» counter —	Jambette de voûte ; Quenouillette.	Gillungholz.
» side counter —	Estain ; Allonge de cornière.	Randsomholz. (hinterstes Kantspant.)
» — dowel	Tampon ; Dé d'assemblage de membrure.	Verbindungskalben der Inhölzer.
» filling —	Couple de remplissage.	Füllholz.
» floor —	Varangue.	Bodenwrange ; Bauchstück.
» hawse —	Allonge d'écubier.	Klüsholz.
» — head	Patin ; Apotureau ; Jambette ; Tête d'allonge. (formant bitte).	Poller (Ende eines obersten Auflangers, über den Schandeck hervorragend und Poller bildend.)
» heel of a —	Pied d'allonge.	Unterende eines Auflangers (oder Inholzes.)
» horn — (middle timber of stern)	Allonge de poupe contre la jaumière.	Mittelste Heckstütze.
» knuckle —	Allonge de revers ; Allonge coudée.	Inholz mit einem Knick.
» moulding of — s (thickness)	Échantillon sur le tour des membres (épaisseur.)	Dicke der Inhölzer.
» post — s (stern timbers in round or elliptical stern)	Allonges d'une poupe ronde ou elliptique.	Heckspanten in einem rund- oder elliptisch geformten Heck.

Wooden Ship.	Navire en bois.	Hölzernes Schiff.
Timber, quarter — s	Allonges de cornière.	Die hintersten Seiten-Auflanger.
» scantling of — s	Échantillons de la membrure.	Materialstärke der Inhölzer.
» set of — s (a frame)	Couple.	Paar Inhölzer. (Spant.)
» shift of — s	Décroisement des membres ; Empatures.	Verschiessung der Inhölzer.
» siding of — s (breadth)	Échantillon sur le droit des membres.	Breite der Inhölzer.
» and space	Membre et maille (de gabariage en gabariage.)	Spantenentfernung ; Inholz und Fach.
» space between — s	Maille entre les membres.	Fach zwischen den Inhölzern.
» square — s	Couples droits ; Couples de levée.	Inhölzer des Mittelschiffs (alle Spanten, welche sich zwischen den Vor- und Hinterkantspanten befinden.)
» top —	Dernière allonge ; Allonge de sommet.	Oberster Auflanger.
* Tonnage	Tonnage.	Tonnengehalt.
* » — under deck	Tonnage sous pont.	Tonnengehalt unter Deck. (Sämmtlicher Raumgehalt unter Deck.)
* » gross —	Tonnage total.	Brutto-Tonnengehalt.(Sämmtlicher Raumgehalt unter Deck sowohl, als der Häuser, Hütten etc. über Deck.)
* » register — ; net —	Tonnage net; Tonnage d'après le registre.	Netto-Tonnengehalt. (nur der für Ladung dienende Raumgehalt.)
* Tonnage-deck	Pont de tonnage.	Vermessungsdeck.
* Topgallant-forecastle (Forecastle)	Gaillard d'avant.	Back ; Hohe volle Back.
* Topside (of a vessel)	Hauts d'un batiment.	Oberschiff. (Obere Seitentheile eines Schiffes.)
Topside-planking	Bordé des hauts.	Oberschiffbeplankung.
* Trail-board (between the cheeks of the head)	Frise de l'éperon.	Schnitzwerk zwischen den Backenknieen des Gallion's.
Transom	Barre d'arcasse.	Worp ; Warp ; Wrange ; Heckbalken.
» deck —	Barre de pont.	Deckworp.
» filling — s	Barres d'écusson ; Barres intermédiaires.	Füllungsworpen (Worpen zwischen Heckbalken und Todtholz).
» — knee	Courbe d'arcasse.	Heckknie.
» wing — (in square stern ships)	Lisse d'hourdy ; Barre d'hourdy.	Heckbalken.
Treenail	Gournable.	Holznagel.
» — wedge	Épite ; Coignet.	Deutel.
Treenailing	Gournablage.	Holznagelbefestigung.
* Trunk	Tremue ; Tambour.	Koker.
Trussing, internal —	Renfort intérieur avec porques ou vaigres décroisées.	Innere Verstärkung vermittelst hölzerner Diagonalbänder.
* Tuck ; Buttock	Fesses ; Sous la voûte.	Billen ; Hinten in der Drehung.

Wooden ship.	Navire en bois.	Hölzernes Schiff.
* Waist (*the deck between forecastle and poop*)	Le pont entre gaillard d'avant et dunette.	Theil des Deck's zwischen Back und Hütte.
Wales	Préceintes.	Barkholz ; Bergholz.
» channel —	Secondes préceintes.	Aussenplanken, worauf die Rüsten gebolzt sind.
* Ward-room	Grande chambre.	Grosse Kajüte.
* Water-closet	Lieu d'aisance ; Latrine.	Wassercloset ; Watercloset ; Abort.
* Water-course (*limbers*)	Canal des anguillers.	Wasserlauf.
* Water-line	Ligne de flottaison ; Ligne d'eau.	Wasserlinie.
* » light —	Ligne de flottaison lège.	Leichte Wasserlinie.
* Water-way	Fourrure de gouttière ; Ceinture.	Wassergang.
» inner —	Serre-goutière ; Contre-goutière.	Innerer Wassergang.
» lower deck —	Fourrure de gouttière du pont inférieur.	Unterdeck-Wassergang.
» main deck —	Fourrure de gouttière du pont principal.	Hauptdeck-Wassergang.
» outer —	Fourrure de gouttière extérieure.	Aeusserer Wassergang.
* » upper deck —	Fourrure de gouttière du pont supérieur.	Oberdeck-Wassergang.
* Well ; Pump-well	Puits ; Puisard.	Sammelbrunnen (*Platz unten im Schiff, wo sich das Pumpwasser sammelt*).
* Wheel (*steering-wheel*)	Roue de gouvernail.	Rad ; Steuerrad.
* » barrel of —	Tambour de drosse de gouvernail.	Trommel der Steuerradwelle.
* » — chain	Drosse de gouvernail en chaine	Ruderkette ; Steuerkette.
* » — house	Timonerie.	Ruderhaus.
* » — rope	Drosse de gouvernail (*en cordage*).	Steuerreep.
* » — spindle	Essieu de roue de gouvernail.	Welle des Steuerrad's.
* » — spokes	Rayons de roue de gouvernail (*Manettes, poignées*)	Spaken des Steuerrad's.
» — stanchion	Support de roue ou de l'apparail du gouvernail.	Stütze der Steuerradwelle.
* Whelp (*of a capstan or windlass*)	Taquet (*d'un cabestan ou d'un guindeau*).	Klampe (*an einem Gangspill oder auf einem Ankerspill*).
* Wing (*of the hold*)	Aile ; Côté ; En abord de cale.	Schlag (*des Schiffsraum's*).
* Wood-flat	Plancher remplaçant un bordé-pont.	Zusammenstellung von Planken (*eine Art leichtes Deck, ohne jedoch ein wirkliches Deck zu sein*).
* Wood-lining	Soufflage ; Doublage en bois.	Holzbekleidung.
Work, upper — ; Dead work	Accastillage ; Œuvre-morte.	Oberwerk ; Todtes Werk.

Different kinds of wood used for ship-building, cabin-fittings &c.	Différentes essences de bois employées dans la construction des navires, boiseries de cabines etc.	Verschiedene zum Schiffbau, Kajüten-Einrichtung u. s. w. verwendete Holzarten.
Angelly	Angélique.	Angelly.
Ash	Frêne.	Eschenholz.
Beech	Hêtre.	Buchenholz.
Birch	Bouleau.	Birkenholz.
Black Birch	Bouleau noir.	Schwarz-Birkenholz.
Black Butt	Black Butt.	Black Butt.
Box-wood	Buis.	Buchsbaumholz.
Cedar	Cèdre.	Cedernholz.
Chestnut	Châtaignier.	Castanienholz.
Ebony	Ébène.	Ebenholz.
Elm	Orme.	Ulmenholz.
Grey Elm	Orme blanc.	Grau-Ulmenholz.
Rock Elm	Orme noir.	Stein-Ulmenholz.
Fir	Sapin.	Tannenholz (*Kiefern*).
Greenheart	Greenhart.	Greenheart.
Gum	Gum.	Gum.
Hackmatack	Hacmetack.	Hackmatack.
Hemlock	Hemlock.	Hemlok.
Hickory	Hickory.	Weiss-Walnussbaumholz, Hickoryholz.
Horn-Beam	Charme.	Hainbuche, Hagebuche.
Iron Bark	Bois de fer.	Eisenholz.
Jarrah	Jarrah.	Jarrah.
Juniper	Genévrier.	Wachholderholz.
Karri	Karri.	Karri.
Kaurie or Cowdie	Cèdre de la Virginie.	Virginisch Cedernholz, Kauri.
Larch	Mélèze.	Lärchenholz.
Lignum-vitae	Gaïac.	Pockholz.
Locust	Acacia.	Akazienholz.
Mahogany	Acajou.	Mahagoniholz.
Maple	Erable.	Ahornholz.
Rock Maple	Erable dur.	Stein-Ahornholz.
Morra	Morra.	Morra.
Morung Saul	Morung saul.	Morung Saul.
Mulberry	Mûrier.	Maulbeerbaumholz.
Oak	Chêne.	Eichenholz.
Live Oak	Chêne vert, Yeuse.	Steineichenholz.
White Oak	Chêne blanc.	Weisseichenholz.
Olive	Olivier.	Oelbaumholz.
Pine	Pin.	Fichtenholz.
Huon Pine	Pin Huon.	Huon-Fichtenholz.
Oregon Pine	Pin d'Orégon.	Oregon-Fichtenholz.
Pitch Pine	Pitch-pine.	Pitch Pine, Pechtannenholz.
Red Pine	Pin rouge.	Roth-Fichtenholz.
White Pine	Pin blanc du Canada.	Weymouthskiefer.
Yellow Pine	Pinus australis.	Pinus australis.
Plane-tree	Platane.	Platanenholz.
Rose-wood	Bois de rose, Palissandre.	Rosenholz.
Sabicu	Sabicu.	Sabicu.

Satin wood	Bois de satin.	Atlasholz.
Spruce	Spruce.	Spruce; Schwarz-Fichtenholz.
Spruce Fir	Sapin spruce.	Sprossenfichtenholz.
Stringy Bark	Stringy Bark.	Stringy Bark.
Tamarack	Tamarack.	Tamarack.
Tallow-wood	Arbre à suif.	Talgbaumholz.
Teak	Teck.	Teckholz.
Thingam	Thingam.	Thingam.
Tropical-hard-wood	Bois dur des tropiques.	Tropisches hartes Holz.
Tulip-wood	Tulipier.	Tulpenbaumholz.
Turpentine	Thérébinthe.	Terpentinbaumholz.
Venatica	Venatica.	Venatica.
Walnut	Noyer.	Nussbaumholz, Walnussholz.
Black Walnut	Noyer noir.	Schwarz-Walnussholz.
Yew	If.	Eibenbaumholz.

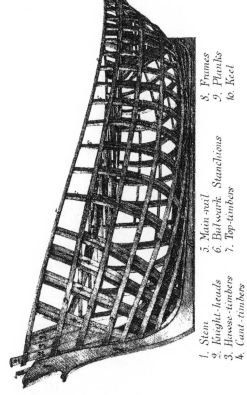

FRAMING OF A WOODEN VESSEL.
MEMBRURE D'UN NAVIRE EN BOIS.
GERIPPE EINES HÖLZERNEN SCHIFFES.

1. Stem
2. Knight-heads
3. Hawse-timbers
4. Cant-timbers

5. Main-rail
6. Bulwark Stanchions
7. Top-timbers

8. Frames
9. Planks
10. Keel

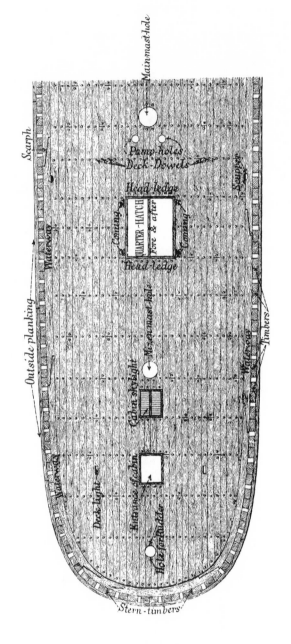

DECK-PLAN OF A WOODEN SHIP

PLAN DE PONT D'UN NAVIRE EN BOIS

DECKPLAN EINES HÖLZERNEN SCHIFFES.

Main-mast-hole

Scarph

Pump-holes
Deck-Dowels

Scupper

Head-ledge

Coaming

QUARTER-HATCH
Fore & after

Coaming

Head-ledge

Waterway

Outside planking

Mizen-mast-hole

Waterway

Timbers

Cabin skylight

Deck-light

Entrance of cabin

Waterway

Hole for rudder

Stern-timbers

FRAMING OF A WOODEN VESSEL.
MEMBRURE D'UN NAVIRE EN BOIS.
GERIPPE EINES HÖLZERNEN SCHIFFES.

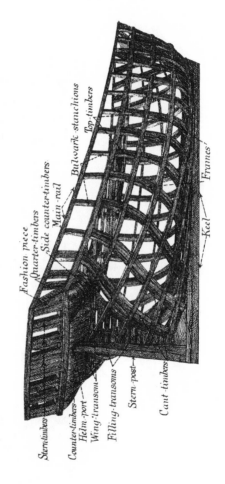

Fashion-piece
Quarter-timbers
Side counter-timbers
Main-rail
Bulwark-stanchions
Top-timbers

Stern-timbers
Counter-timbers
Helm-port
Wing-transom
Filling-transoms
Stern-post
Cant-timbers

Keel
Frames

FORE BODY OF A WOODEN SHIP.
PARTIE AVANT D'UN NAVIRE EN BOIS.
VORDERER THEIL EINES HÖLZERNEN SCHIFFES (VORDERSCHIFF)

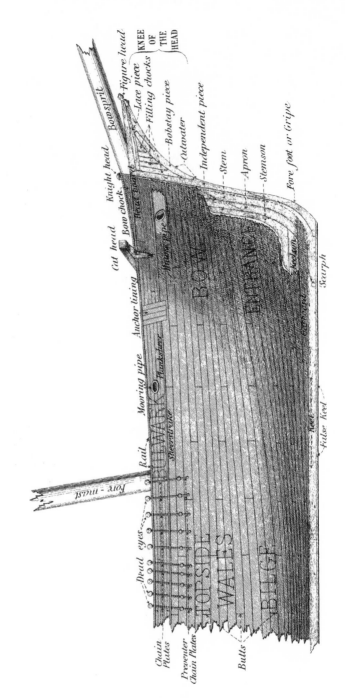

AFTER BODY OF A WOODEN SHIP.

PARTIE ARRIÈRE D'UN NAVIRE EN BOIS.

HINTERER THEIL EINES HÖLZERNEN SCHIFFES (HINTERSCHIFF)

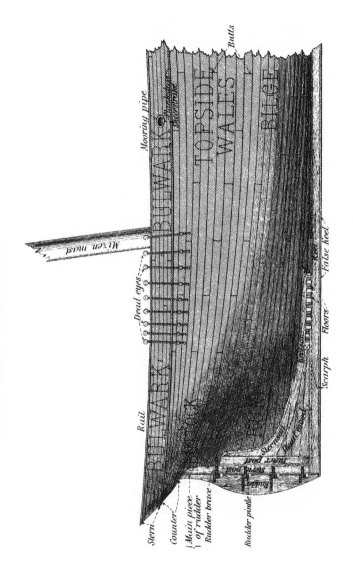

MIDSHIP SECTION OF A WOODEN SHIP.
COUPE AU MAITRE D'UN NAVIRE EN BOIS.
HAUPTSPANT- QUERSCHNITT EINES HÖLZERNEN-SCHIFFES.

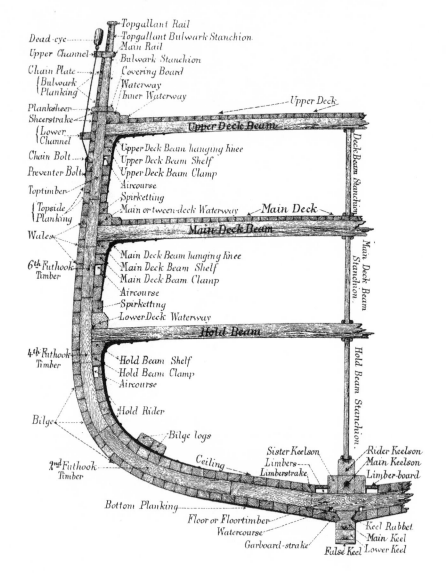

Topgallant Rail
Topgallant Bulwark Stanchion
Main Rail
Bulwark Stanchion
Covering Board
Waterway
Inner Waterway

Dead-eye
Upper Channel
Chain Plate
{Bulwark
{Planking

Planksheer
Sheerstrake
{Lower
{Channel
Chain Bolt
Preventer Bolt
Toptimber
{Topside
{Planking
Wales

6th Futhook Timber

4th Futhook Timber

Bilge

2nd Futhook Timber

Upper Deck
Upper Deck Beam
Deck Beam Stanchion

Upper Deck Beam hanging knee
Upper Deck Beam Shelf
Upper Deck Beam Clamp
Aircourse
Spirketting
Main or tween-deck Waterway — Main Deck
Main Deck Beam
Main Deck Beam Stanchion

Main Deck Beam hanging knee
Main Deck Beam Shelf
Main Deck Beam Clamp
Aircourse
Spirketting
Lower Deck Waterway

Hold Beam
Hold Beam Stanchion

Hold Beam Shelf
Hold Beam Clamp
Aircourse

Hold Rider

Bilge logs

Ceiling

Sister Keelson
Limbers
Limberstrake

Rider Keelson
Main Keelson
Limber-board

Bottom Planking
Floor or Floortimber
Watercourse
Garboard-strake

Keel Rabbet
Main Keel
False Keel   Lower Keel

MIDSHIP SECTION OF A COMPOSITE SHIP.
COUPE AU MAITRE D'UN NAVIRE COMPOSITE.
HAUPTSPANT - QUERSCHNITT EINES COMPOSITIONS SCHIFFES.

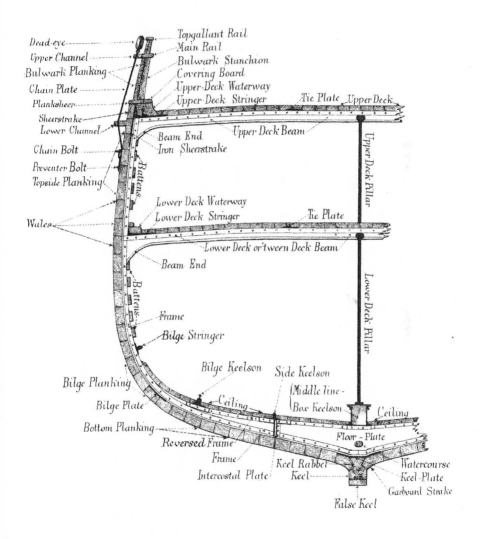

Dead-eye
Upper Channel
Bulwark Planking
Chain Plate
Planksheer
Sheerstrake
Lower Channel
Chain Bolt
Preventer Bolt
Topside Planking
Wales
Bilge Planking
Bilge Plate
Bottom Planking
Reversed Frame
Frame
Intercostal Plate

Topgallant Rail
Main Rail
Bulwark Stanchion
Covering Board
Upper-Deck Waterway
Upper Deck Stringer
Beam End
Iron Sheerstrake
Lower Deck Waterway
Lower Deck Stringer
Beam End
Battens
Frame
Bilge Stringer
Bilge Keelson
Ceiling

Tie Plate   Upper Deck
Upper Deck Beam
Upper Deck Pillar
Lower Deck or'tween Deck Beam
Tie Plate
Lower Deck Pillar
Side Keelson
{Middle line
{Box Keelson
Ceiling
Floor - Plate
Keel Rabbet   Watercourse
Keel   Keel-Plate
Garboard Strake
False Keel

DECK-PLAN OF A WOODEN SHIP
PLAN DE PONT D'UN NAVIRE EN BOIS
DECKPLAN EINES HÖLZERNEN SCHIFFES.

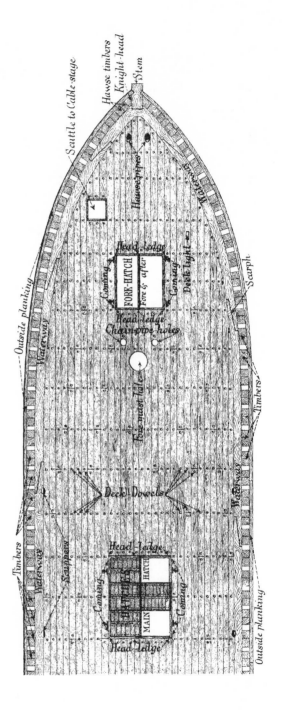

VIEW OF OUTSIDE PLANKING, TIMBERS AND CEILING.
VUE DE BORDÉ EXTÉRIEUR, MEMBRURE ET VAIGRAGE.
ANSICHT VON AUSSENPLANKEN, INHÖLZERN UND WEGERUNG.

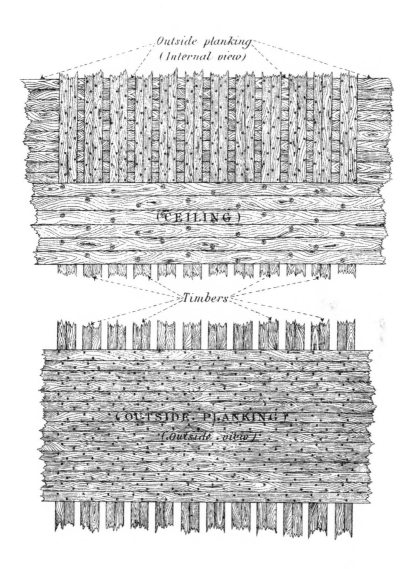

Outside planking
(Internal view)

(CEILING)

Timbers

(OUTSIDE PLANKING)
(Outside view)

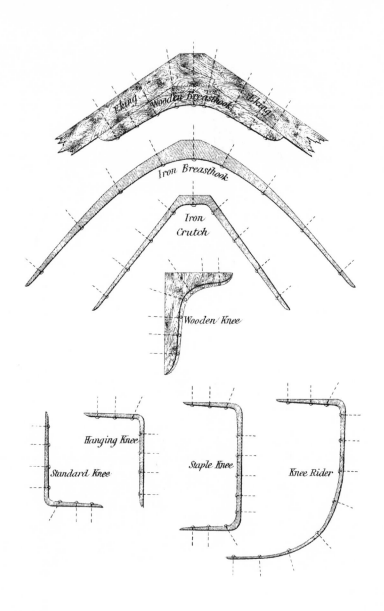

Eking Wooden Breasthook Eking

Iron Breasthook

Iron Crutch

Wooden Knee

Hanging Knee

Standard Knee

Staple Knee

Knee Rider

HATCHWAY, MAST-PARTNERS ETC—ÉCOUTILLE, ÉTAMBRAIS DE MÂT ETC—LUKE, MASTFISCHUNG ETC.

DECK

DECK

DECK

DECK

DECK

HATCH

Hatch Carling

HEAD

LEDGE

HEAD-LEDGE

COMING CARLING

COMING

HATCHWAY

COMING

HEADLEDGE

MAST PARTNERS

Mast-hole

Chock

Mast Carling

Mast-beam

Mast-Beam

Stanchion

Stanchion

Hatchway-beam

Half-Beam

Half-Beam

Ledging-piece

Hatchway-beam

Stanchion

Stanchion

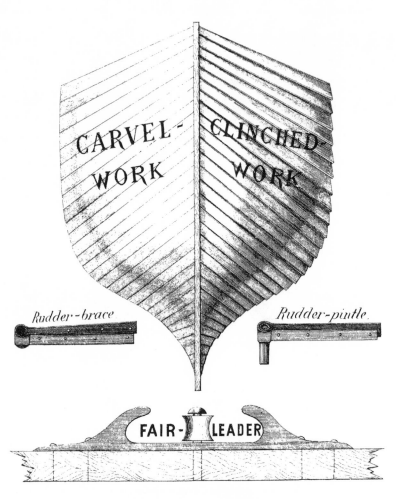

CARVEL-WORK

CLINCHED-WORK

Rudder-brace

Rudder-pintle.

FAIR-LEADER

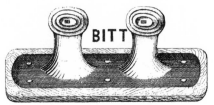

BITT

IRON SHIP.	NAVIRE EN FER.	EISERNES SCHIFF.
Iron Hull, comprising the iron portions of a composite Hull.	**Coque d'un navire en fer, comprenant les parties en fer d'une coque de navire-composite.**	**Rumpf eines eisernen Schiffes, incl. der eisernen Theile des Rumpfes eines Compositions-Schiffes.**
Angle-iron	Cornière; Équerre; Fer d'angle.	Winkeleisen.
» beam —	Cornière de barrot.	Deckbalken-Winkeleisen.
» bilge keel —	Cornière de quille des bouchains.	Kimmkiel-Winkeleisen.
» bilge keelson —	Cornière de carlingue des bouchains.	Kimmkielschwein-Winkeleisen.
» bulkhead —	Cornière de cloison.	Schott-Winkeleisen.
» bulwark —	Cornière de lisse de pavois.	Schanzkleid-Winkeleisen ; Reelungs-Winkeleisen.
» coming or coaming —	Cornière de surbaux.	Sill-Winkeleisen.
» continuous — ; inner stringer —	Cornière (intérieure) de gouttière.	Inneres, durchlaufendes Stringer-Winkeleisen.
» double —	Cornières adossées.	Doppeltes Winkeleisen.
» — flange	Branche de cornière ; Aile de cornière.	Winkeleisen-Schenkel.
» equal flanged —	Cornière à branches égales.	Gleichschenkliges Winkeleisen.
» unéqual flanged—	Cornière à branches inégales.	Ungleichschenkliges Winkeleisen.
» frame —	Cornière de membrure.	Spant-Winkeleisen.
» gunwale —	Cornière extérieure de gouttière de pont supérieur.	Aeusseres Winkeleisen des Wasserlauf's (auf Oberdeckstringer).
» gutter —	Cornière intérieure de gouttière de pont supérieur.	Inneres Winkeleisen des Wasserlauf's (auf Oberdeckstringer).
» horizontal —	Cornière horizontale.	Horizontales Winkeleisen.
» intermediate —	Cornière intermédiaire.	Zwischen-Winkeleisen.
» keelson —	Cornière de carlingue.	Kielschwein-Winkeleisen.
» lap — ; scarphing —	Cornière de jonction ; Couvre-joint en cornière.	Verbindungs-Winkeleisen.
» longitudinal —	Cornière longitudinale.	Längs-Winkeleisen.
» reversed —	Cornière renversée.	Umgekehrtes Winkeleisen ; Verkehrtes Winkeleisen.
» double reversed - s	Cornières renversées doubles.	Doppelte umgekehrte Winkeleisen.
» round backed —	Cornière à arête angulaire arrondie.	Winkeleisen mit abgerundetem Rücken.
» round edged —	Cornière arrondie aux extrémités des branches.	Winkeleisen mit abgerundeten Schenkelenden.
» single —	Cornière simple.	Einfaches Winkeleisen.
» stringer —	Cornière de gouttière.	Stringer-Winkeleisen.
» beam stringer —	Cornière de gouttière sur barrots.	Balkenstringer-Winkeleisen.
» bilge stringer —	Cornière de serre de bouchains	Kimmstringer-Winkeleisen.
» deck stringer —	Cornière de gouttière de pont.	Deckstringer-Winkeleisen.
» hold beam stringer —	Cornière de gouttière de barres-sèches.	Raumbalkstringer-Winkeleisen.

Iron Ship.	Navire en fer.	Eisernes Schiff.
Angle-iron, lower deck stringer —	Cornière de gouttière du pont inférieur.	Unterdeckstringer-Winkeleisen.
» main deck stringer —	Cornière de gouttière du pont principal.	Hauptdeckstringer-Winkeleisen.
» middle deck stringer —	Cornière de gouttière du pont intermédiaire.	Mitteldeckstringer-Winkeleisen.
» orlop deck stringer —	Cornière de gouttière du faux-pont.	Orlopdeckstringer-Winkeleisen.
» upper deck stringer —	Cornière de gouttière du pont supérieur.	Oberdeckstringer-Winkeleisen.
» hold stringer —	Cornière de serre de renfort.	Raumstringer-Winkeleisen.
» throat of —	Collet de cornière.	Hals eines Winkeleisens.
» transverse —	Cornière transversale.	Quer-Winkeleisen.
» vertical —	Cornière verticale.	Verticales Winkeleisen.
Asphalt ; Asphaltum	Asphalte ; Goudron minéral.	Asphalt ; Erdpech.
Batten and space	Vaigrage à claire-voie ; Vaigrage à jour.	Latten mit Zwischenräumen.
Batten, half round —	Latte demi-ronde.	Halbrunde Latte.
Beam	Barrot ; Bau.	Balken ; Deckbalken.
» angle iron —	Barrot en cornière.	Winkeleisen-Balken.
» single angle iron —	Barrot en cornière simple.	Balken von einfachem Winkeleisen.
» double angle iron —	Barrot en cornières doubles ou adossées.	Doppel-Winkeleisen Balken.
» box —	Barrot-boîte.	Kastenbalken.
» semi box —	Barrot demi-boîte.	Halbkastenbalken.
» breast — ; collar — (of poop, forecastle etc.)	Barrot-fronteau (de dunette, gaillard etc.)	Vorder-Balken einer Hütte, oder hinterster Balken einer Back.
» bulb iron —	Barrot en fer à boudin.	Wulsteisen-Balken.
» bulb angle iron —	Barrot en cornière à boudin.	Wulst-Winkeleisen Balken.
» butterley — ; T bulb-iron —	Barrot en fer à T à boudin.	Balken von Wulsteisen in T-Form.
» deck —	Barrot de pont.	Deckbalken.
» awning deck —	Barrot de pont-abri.	Sturmdeckbalken.
» between deck —(*)	Barrot d'entrepont. (*)	Zwischendeckbalken. (*)
» forecastle deck —	Barrot du gaillard d'avant.	Deckbalken einer Back.
» lower deck —	Barrot du pont inférieur.	Unterdeckbalken.
» main deck —	Barrot du pont principal.	Hauptdeckbalken.
» middle deck —	Barrot du pont intermédiaire.	Mitteldeckbalken.
» orlop deck —	Barrot de faux-pont.	Orlopdeckbalken.
» poop deck —	Barrot de dunette.	Hüttendeckbalken.
» raised quarter deck —	Barrot de demi-dunette ; Barrot de coupée.	Balken eines erhöhten Quarterdeck's.
» shade deck —	Barrot de pont-taud	Schattendeckbalken.
» shelter deck —	Barrot du pont-abri-léger.	Schutzdeckbalken.
» spar-deck —	Barrot de spardeck.	Spardeckbalken.
» upper deck —	Barrot du pont supérieur.	Oberdeckbalken.
» depth of a —	Chute d'un barrot.	Tiefe eines Balkens.
» — end	Bout de barrot ; Extrémité de barrot.	Balkenende.

Iron ship.	Navire en fer.	Eisernes Schiff.
Beam, half — (in way of hatchways)	Barrotin d'écoutille ; Demi-barrot.	Halber Deckbalken (Balken zwischen Lukenrahmen und Schiffsseite).
» hatchway —	Barrot-fronteau d'écoutille.	Lukbalken ; Lukenbalken.
» hold —	Barre-sèche.	Raumbalken.
» strong hold — (beam of extra strength)	Barre-sèche renforcée.	Schwerer Raumbalken.
» mast —	Barrot à l'emplacement du mât	Mastbalken.
» midship —	Maître-bau.	Mittschiffsbalken.
» orlop —	Barrot de cale.	Orlopbalken.
» paddle —	Bau de force (supportant le tambour des vapeurs à aubes).	Grundbalken, Träger eines Radgehäuses.
» panting — (in fore and aft peaks)	Barre-sèche supplémentaire à l'avant ou à l'arrière.	Extra-Balken (in Vor- und Hinterpiek).
» rounding of — ; camber of —	Bouge d'un barrot.	Bucht eines Balkens ; Sprung eines Balkens.
» scantling of — s ; size of — s	Échantillons des barrots.	Dimensionen der Balken.
» shifting — (in hatchway)	Barrot amovible ; Barrot mobile (dans les écoutilles).	Loser Balken (im Lukenrahmen).
» spacing of — s	Écartement des barrots.	Balkenentfernung.
» spring — ; sponson — (of paddle-box)	Élongis de tambour (de roue à aubes).	Langsträger ; Langsahling (eines Radgehäuses).
» spur — (of paddlewalks)	Élongis de jardin de tambour (de roue à aubes).	Langsträger (des Radkastenbalcons).
» tier of — s	Rangée de barrots.	Balkenlage ; Reihe der Deckbalken.
» web of a —	Ame d'un barrot.	Steg eines Balkens.
Bilge	Bouchains.	Kimm ; Kimmung.
» — keel	Quille de bouchains.	Kimmkiel.
» — keelson	Carlingue de bouchains.	Kimm Kielschwein.
» — plate	Tôle de bouchains.	Kimmplatte.
» — strake	Virure de bouchains.	Kimmgang.
» — stringer	Serre de bouchains.	Kimmstringer.
» turn of —	Tournant des bouchains.	Rundung der Kimm.
» lower turn of —	Tournant inférieur des bouchains.	Untere Rundung der Kimm.
» upper turn of —	Tournant supérieur des bouchains.	Obere Rundung der Kimm.
Bitt (see wooden ship)	Bitte, Bitton (voir navire en bois).	Beting ; Poller (siehe hölzernes Schiff.)
Body (of a ship) (see wooden ship)	Corps (d'un batiment) (voir navire en bois).	Rumpf (eines Schiffes) (siehe hölzernes Schiff.)
Bosom-piece (*)	Couvre-joint intérieur de cornière. (*)	Verbindungs-Winkeleisen ; Stosswinkeleisen. (*)
Bottom (of a ship)	Fond ; Carène (d'un navire).	Boden ; Schiffsboden.
» double —	Double-fond.	Doppelter Boden.
» — plate	Tôle-bordé des fonds.	Bodenplatte.

(*) Short piece of angle-iron placed in the throat of a frame or angle-iron for connection and/or strength.

(*) Bout de cornière placé dans le collet d'une membrure ou d'une cornière comme assemblage et/ou renfort.

(*) Kurzes Stück Winkeleisen im Halse eines Spants oder Winkeleisens angebracht, zur Verbindung und/oder Verstärkung dienend.

Iron ship.	Navire en fer.	Eisernes Schiff.
Bottom, tap screw in —	Nable (*dans les fonds*).	Schraubbolzen im Schiffsboden.
Bow-chock	Galoche d'avant.	Bugklampe ; Aufklotzung auf der Back.
Bracket	Gousset vertical ; Console ; Courbaton.	Stützplatte.
» — end (*of a beam*)	Extrêmité de barrot forgé en forme de gousset.	Deckbalkenende in Knieform geschmiedet.
» — plate ; Knee-plate (*of a beam*)	Gousset de barrot en tôle rapportée.	Knieplatte. (*Balkenende mit den Spanten verbindend.*)
Break	Coupée.	Erhöhtes Deck. (*ähnlich einem erhöhten Quarterdeck.*)
Breast-hook ; Breast-plate	Guirlande de l'avant (*en tôle.*)	Bugplatte ; Bugverstärkungsplatte.
Bridge	Passerelle	Brücke.
» closed-in —	Passerelle fermée ayant fronteau avant et arrière.	Brücke mit festem Schott vorne und hinten.
» connecting—; flying—	Passerelle volante.	Verbindungsbrücke.
» — covering board	Plat-bord de passerelle.	Schandeckel einer Brücke.
» — deck	Pont de passerelle.	Brückendeck.
» — house	Rouffle-passerelle.	Brückenhütte.
» look out —	Passerelle de l'avant ; Passerelle de vigie.	Ausguckbrücke.
» pilot —	Passerelle de commandement.	Commandobrücke.
» — stanchion	Support de passerelle ; Chandelier de passerelle.	Brückenstütze ; Brückenpfeiler.
» weather boards on a —	Auvent de passerelle.	Schanzkleid auf einer Brücke ; Schutzbretter einer Brücke.
» weather cloth on a —	Cagnard ; Tablier de passerelle.	Schutzkleid, Schauerkleid einer Brücke.
Bulb-angle-iron	Cornière à boudin.	Wulst-Winkeleisen.
Bulb-iron	Fer à boudin.	Wulsteisen.
» , T — (*butterley beam*)	Fer à T à boudin.	T - Wulsteisen.
» web of a —	Ame de fer à boudin.	Steg eines Wulsteisens.
Bulkhead	Cloison.	Schott ; Querschott.
» boiler space —	Cloison de la chambre de chauffe.	Kesselraum-Schott.
» bridge house —	Fronteau de rouffle-passerelle.	Brückenhütte-Querschott.
» collision — ; foremost —	Cloison d'abordage.	Collision's-Schott ; Vorderstes Schott.
» engine room —	Cloison de la chambre des machines.	Maschinenraum-Schott.
» forecastle —	Fronteau de gaillard d'avant.	Querschott der Back.
» — frame	Membrure de cloison.	Schottspant.
» front— (*of a bridge-house, poop or raised quarter-deck*)	Cloison-fronteau (*d'un rouffle-passerelle, dunette ou coupée*).	Front, Front-Querschott (*einer Brücke, Hütte, oder erhöhten Quarterdeck's*).
» partial —	Cloison partielle.	Theilweises Schott.
» peak —	Cloison de coqueron (*avant ou arrière*).	Piek-Querschott.
» poop —	Fronteau de dunette.	Front, Front-Querschott der Hütte.
» — stiffener	Renfort de cloison.	Schott-Versteifungseisen.

Iron ship.	Navire en fer.	Eisernes Schiff.
Bulkhead, stuffing box --; screw shaft pipe — ; aftermost —	Cloison du presse-étoupe.	Stopfbüchse-Schott ; Hinterstes Schott.
» trunk — (round engine openings etc.)	Tambour étanche en tôle ; Cloison de tambour.	Schacht (um Maschinenraum etc)
» watertight —	Cloison étanche.	Wasserdichtes Schott.
» sluice in watertight —	Vanne de cloison étanche ; Écluse de cloison étanche.	Schleuse des wasserdichten Schott's.
» sluice cock in watertight —	Robinet - écluse de cloison étanche.	Schleusenhahn des wasserdichten Schott's.
» sluice valve in watertight —	Soupape - écluse de cloison étanche.	Schleusenventil des wasserdichten Schott's.
Bulwark	Pavois.	Schanzkleid.
» — plate	Tôle de pavois.	Schanzkleidplatte.
» — port (freeing port)	Sabord de dégagement (dans les pavois.)	Wasserpforte im Schanzkleid; Schanzkleidpforte.
» — rail	Lisse de garde-corps.	Schanzkleidreelung.
» — stay	Jambe de force de pavois.	Eiserne Schanzkleidstütze ; Bock.
» topgallant —	Bastingage.	Finknetz ; Oberschanzkleid.
Butt	About.	Stoss.
» caulking of — s	Matage des abouts.	Verstemmen der Stösse ; Abdichten der Stösse.
» — s of plating	Abouts des tôles.	Stösse der Beplattung.
» riveted —	About rivé —	Genieteter Stoss.
» chain riveted —	About rivé vis-à-vis.	Kettennietung-Stoss.
» single riveted —	About à simple rivetage.	Einfach genieteter Stoss.
» double riveted —	About à double rivetage.	Doppelt genieteter Stoss.
» treble riveted —	About à triple rivetage.	Dreifach genieteter Stoss.
» zig-zag riveted —	About rivé en quincone (en zig-zag.)	Im Zick-Zack genieteter Stoss.
» shift of — s	Décroisement des abouts; Répartition des abouts.	Verschiessung der Stösse.
Butt-strap ; Butt-strip	Couvre-joint ; Plaque de recouvrement.	Stossblech; Stossplatte.
» , double —	Couvre-joint double.	Doppelte Stossplatte.
Caulking	Matage.	Abdichtung; Dicht-Stemmung; Verstemmung.
Ceiling (see wooden ship)	Vaigrage ; Vaigres (voir navire en bois.)	Wegerung ; Waigerung (siehe hölzernes Schiff.)
» loose — (on water-ballast tank)	Vaigres mobiles; Vaigres amovibles (recouvrant double-fond.)	Lose Wegerung (auf einem Wasserballastbehälter.)
Cellular double bottom	Double fond cellulaire.	Zellenartiger doppelter Boden.
Cement	Ciment.	Cement.
Central rib ; Central stringer (under beams to receive middle-line pillars)	Hiloire renversée (courant sous barrots le long de la ligne des épontilles)	Deckbalken - Unterschlag. (Verticaler Stringer, Mittschiffs unter den Deckbalken entlang, zur Versteifung des Decks und Aufnahme der Deckstützen.)
Chain-plate (see wooden ship)	Cadène de hauban (voir navire en bois).	Rüsteisen ; Püttingeisen ; (siehe hölzernes Schiff.)

Iron ship.	Navire en fer.	Eisernes Schiff.
Chart-house	Cabine de veille.	Kartenhaus.
» -room	Chambre de veille.	Navigationszimmer.
Collar, cast iron —, or chock (between frames)	Remplissage en fonte (entre membrures).	Hohles, gusseisernes Füllstück (zwischen den Spanten).
Coming; Coaming (see wooden ship)	Hiloire ; Surbau (voir navire en bois).	Sill ; Süll (siehe hölzernes Schiff).
Compartment	Compartiment.	Compartiment ; Abtheilung.
» , water tight —	Compartiment étanche.	Wasserdichtes Compartiment.
Counter (see wooden ship)	Voûte (voir navire en bois).	Gillung (siehe hölzernes Schiff).
Crane	Grue.	Krahn.
Crutch	Guirlande arrière (en tôle).	Hinterpiek-Verstärkungs-platte.
Cutwater	Etrave formant guibre.	Krümmung des Stevens, Gallion bildend.
Dead-eye	Cap de mouton.	Jungfer.
Deck (see wooden ship)	Pont (voir navire en bois).	Deck (siehe hölzernes Schiff).
» awning —	Pont-abri; Hurricane deck.	Sturmdeck.
» between — ('tween deck) (*)	Entrepont (*)	Zwischendeck (*)
» bridge — ; bridge-house —	Pont de passerelle.	Brückendeck ; Brückenhütte-deck.
» forecastle —	Pont du gaillard d'avant.	Backdeck; Deck einer Back.
» iron —	Pont en fer ; Pont en tôle.	Eisernes Deck.
» partial iron —	Pont partiel en fer.	Theilweise eisernes Deck.
» lower —	Pont inférieur.	Unterdeck.
» main —	Pont principal.	Hauptdeck.
» middle —	Pont intermédiaire ; Pont du milieu.	Mitteldeck.
» orlop —	Faux-pont.	Orlopdeck (Unterstes Deck).
» — plate	Tôle de pont.	Deckplatte.
» poop —	Pont de dunette.	Hüttendeck; Deck einer Hütte.
» shade —	Pont-taud.	Schattendeck.
» shelter —	Pont-abri léger.	Schutzdeck (Leichtes Sturm-deck).
» spar —	Spardeck.	Spardeck.
» upper —	Pont supérieur.	Oberdeck
» weather —	Pont exposé ; Franc tillac.	Oberstes Deck.
» well —	Partie du pont supérieur compris entre gaillard et longue dunette.	Theil des Oberdeck's zwischen Back und langer Hütte.
» wooden —	Pont en bois.	Hölzernes Deck.
Door	Porte.	Thür
» communication —	Porte de communication.	Communications-Thür ; Verbindungsthür.
» water tight --	Porte étanche.	Wasserdichte Thür.
Double-bottom (see water ballast tank).	Double-fond (voir soute à lest d'eau).	Doppelter Boden (siehe Wasserballast-Behälter).
» , part —	Double-fond partiel.	Theilweise doppelter Boden.

(*) Between-decks or 'tween-decks is the space between two decks ; but in all classes of vessels the deck next below the upper-deck is commonly styled « 'tween-deck. »

(*) L'entrepont est l'espace compris entre deux ponts ; mais généralement le deuxième pont de tout navire est désigné sous ce nom.

(*) Zwischendeck ist in Wirklichkeit der Raum zwischen zwei Decken ; aber im Allgemeinen wird das zweite Deck von oben, Zwischendeck genannt.

Iron ship.	Navire en fer.	Eisernes Schiff.
Erection (on deck)	Construction (sur le pont).	Aufbau (auf dem Deck).
Filling-piece	Cale de remplissage ; Bande de remplissage.	Füllstreifen ; Füllungstreifen.
Floor (see wooden ship)	Varangue (voir navire en bois).	Bodenwrange (siehe hölzernes Schiff).
» depth of — s	Chute des varangues.	Tiefe der Bodenwrangen.
» thickness of — s	Epaisseur des varangues.	Dicke der Bodenwrangen.
Floor-plate	Tôle-varangue.	Bodenwrangenplatte.
» , lapped — s	Varangues en tôles assemblées à clin.	Bodenwrangenplatten durch Plattlasch verbunden.
Forecastle (see wooden ship)	Gaillard d'avant ; Teugue (voir navire en bois).	Back (siehe hölzernes Schiff).
Frame (see wooden ship)	Membrure ; Membre ; Couple (voir navire en bois).	Spant (siehe hölzernes Schiff).
» butted —	Membrure écarvée avec couvre-joint.	Gelaschtes Spant.
» curved —	Membrure courbée ; Membrure pliée.	Gebogenes Spant.
» lapped —	Couples assemblés à recouvrement.	In einander gefugte Spanten.
» — liner (filling piece between plating and frame)	Cale ou bande de remplissage (entre bordé et membrure).	Füllstreifen (zwischen Beplattung und Spant).
» reversed —	Contre-membrure.	Umgekehrtes Spant ; Verkehrtes Spant.
» steel —	Membrure en acier.	Stahlspant.
» stern —	Membrure du tableau.	Spiegelspant.
» web — (partial bulkhead)	Porque (cloison partielle).	Rahmstück (theilweises Querschott).
Gangway (see wooden ship)	Sabord d'entrée (voir navire en bois).	Fallreep ; Gangbord (siehe hölzernes Schiff).
Garboard	Gabord, Galbord.	Kielgang.
» — plate	Tôle de gabord.	Kielgangplatte.
» — strake	Virure de gabord.	Kielgang.
Girder, centre —, Central bearer (in waterballast tank)	Support central (de soute à lest d'eau).	Mittelträger (eines Wasserballast-Behälters).
» side — ; longitudinal — ; Side bearer (in waterballast tank)	Support intermédiaire (de soute à lest d'eau).	Langsträger ; Seitenträger (eines Wasserballast-Behälters).
» wing —, or Margin plate (in waterballast tank)	Support de côté ; Support en abord (de soute à lest d'eau).	Leibgang ; Seitenplatte ; (eines Wasserballast-Behälters).
Gunwale	Plat-bord.	Schandeck ; Schandeckel.
» rounded — (of bridge, poop etc.)	Carreau cintré (de passerelle, dunette etc.).	Halbrund gebogener Farbegang (einer Brücke, Hütte u. s. w.).
Gusset-plate	Gousset horizontal en tôle.	Horizontale Winkelplatte.
Gutter ; Gutter-way	Gouttière.	Rinne.
Hatch (see wooden ship)	Panneau ; Panneau d'écoutille (voir navire en bois).	Lukendeckel (siehe hölzernes Schiff).
Hatchway (see wooden ship)	Écoutille ; Ouverture d'écoutille (voir navire en bois).	Luke (siehe hölzernes Schiff).

Iron ship.	Navire en fer.	Eisernes Schiff.
Hawse-pipe (*see wooden ship*)	Manchon d'écubier (*voir navire en bois*).	Klüsenrohr (*siehe hölzernes Schiff*).
Helmport	Jaumière, Louve de gouvernail.	Hennegatt.
Hold (*see wooden ship*)	Cale (*voir navire en bois*).	Raum (*siehe hölzernes Schiff*).
Horse-shoe-plate (*around the main-piece of rudder, covering the helmport*)	Tôle-fermeture de jaumière sous voûte.	Schutzplatte. (*Platte um den Ruderpfosten, das Hennegatt deckend*).
Joint	Assemblage.	Verbindung.
» jumped — ; flush —	Assemblage à franc-bord (*bout-à-bout*).	Karvielweise verbunden (*gegeneinander gefügt*).
» lapped —	Assemblage à clin.	Klinkerweise verbunden (*übereinander gefügt*).
Keel (*see wooden ship*)	Quille (*voir navire en bois*).	Kiel (*siehe hölzernes Schiff*).
» bar —	Quille massive ; Quille en barre.	Stangenkiel ; Massiver Kiel ; Massiver Balkenkiel.
» centre through plate — and keelson	Quille-carlingue.	Durchgehende verticale Mittelkielplatte (*Kiel und Kielschwein bildend*).
» flat plate —	Quille plate.	Flacher Kiel ; Flache Kielplatten.
» hollow —	Quille creuse ; Quille en gouttière.	Hohlkiel.
» — rivet	Rivet de quille.	Kielniete.
» welded —	Quille soudée ; Quille d'une seule venue de forge.	Geschweister Kiel.
Keelson (*see wooden ship*)	Carlingue (*voir navire en bois*).	Kielschwein ; Kohlschwin (*siehe hölzernes Schiff*).
» angle iron —	Carlingue en cornières.	Winkeleisen-Kielschwein.
» double angle iron —	Carlingue en cornières adossées.	Doppel-Winkeleisen-Kielschwein.
» double angle iron bilge —	Carlingue de bouchains en cornières adossées.	Doppel-Winkeleisen-Kimm-Kielschwein.
» double angle iron side —	Carlingue intermédiaire en cornières adossées.	Doppel-Winkeleisen-Seiten-Kielschwein.
» — at lower turn of bilge	Carlingue de bouchains inférieure.	Kielschwein in der unteren Rundung der Kimm.
» — at upper turn of bilge	Carlingue de bouchains supérieure.	Kielschwein in der oberen Rundung der Kimm.
» box —	Carlingue en boîte.	Kasten-Kielschwein.
» butt strap of —	Couvre-joint de carlingue.	Stossplatte eines Kielschwein's.
» centre through plate -; vertical centre plate--	Carlingue centrale continue.	Durchgehendes verticales Mittelkielschwein.
» flat plate —	Carlingue plate.	Horizontale Kielschweinplatte.
» foundation plate of —	Tôle de fondation de carlingue.	Grundplatte eines Kielschwein's.
» intercostal —	Carlingue intercostale.	Zwischenplatten-Kielschwein, Eingeschobenes Kielschwein.
» intercostal bilge —	Carlingue intercostale de bouchains.	Zwischenplatten-Kimm-Kielschwein.
» middle line box —	Carlingue centrale en boite.	Mittel-Kastenkielschwein.
» middle line intercostal —	Carlingue intercostale centrale.	Zwischenplatten-Mittelkielschwein.

Iron ship.	Navire en fer.	Eisernes Schiff.
Keelson, middle line single plate — ; centre plate —	Carlingue centrale sur varangue à tôle simple.	Einplattiges Mittelkielschwein.
» middle line double plate —	Carlingue centrale sur varangue à tôles doubles.	Doppelplattiges Mittelkielschwein.
» rider plate on —	Tôle supérieure de carlingue.	Deckplatte eines Kielschwein's
» side — ; sister — ; half floor —	Carlingue latérale ; Carlingue intermédiaire.	Seiten-Kielschwein.
» side intercostal —	Carlingue intercostale latérale.	Zwischenplatten Seiten-Kielschwein.
Landing edge (of plating)	Can longitudinal des tôles.	Nahtstreifen der Platten.
Lap, Overlap	Recouvrement.	Ueberlappung.
Light-house for side-lights	Tourelle de fanaux.	Eiserne Thürme für Seitenlaternen.
Limbers ; Limber-passage (see wooden ship)	Canal des anguillers (voir navire en bois).	Wasserlauf (siehe hölzernes Schiff).
Limber-boards	Paraclose; Planches du canal des anguillers.	Füllungsbretter der Wasserläufe.
Limber-hole	Trou d'anguiller.	Nüstergatt.
Liner ; Lining-piece	Bande de remplissage ; Cale de remplissage.	Füllstreifen ; Unterlagestreifen.
Lug-piece (short angle-iron)	Bout de cornière ; Taquet en cornière.	Kurzes Stück Winkeleisen.
Man-hole	Trou d'homme.	Mannloch.
» — cover	Couvercle de trou d'homme.	Mannlochdeckel.
Mast-hole plates ; Mast-partners	Tôles-étambrais de mât.	Mastplatten;Mastfischplatten.
Patch	Placard, Pièce doublante.	Lappen.
Peak (see wooden ship)	Coqueron (voir navire en bois).	Piek (siehe hölzernes Schiff).
Pillar ; Stanchion	Épontille.	Stütze.
» deck —, or stanchion	Épontille du pont.	Deckstütze.
» hold beam —	Épontille de barre-sèche.	Raumbalkenstütze.
» hollow —	Épontille creuse.	Hohle Stütze.
» — ladder or hold-ladder	Échelle d'écoutille.	Raumleiter (aus eisernen Deckstützen geformt).
» lower deck --	Épontille du pont inférieur.	Unterdeckstütze.
» main deck —	Épontille du pont principal.	Hauptdeckstütze.
» quarter —	Épontille au quart du bau.	Seitenstütze ; (Deckstütze zwischen Mittellinie und Schiffsseite).
» split —	Épontille en fourche; Épontille double.	Gabelförmige Deckstütze; Doppelte Deckstütze.
» upper deck —	Épontille du pont supérieur.	Oberdeckstütze.
Plate	Tôle ; Feuille de tôle.	Platte.
» bilge —	Tôle de bouchains.	Kimmplatte.
» boss —	Tôle recouvrant le manchon de l'arbre d'hélice.	Stevenrohrplatte (Platte um das Stevenrohr, Stopfbüchse und Schraubenwelle deckend).
» bottom —	Tôle de fond.	Bodenplatte.
» bow —	Tôle de l'avant.	Bugplatte.
» bracket —	Console ; Gousset en tôle.	Stützplatte.
» breast — ; breast-hook	Tôle de guirlande de l'avant.	Bugband ; Bugplatte; Bugverstärkungsplatte.

Iron ship.	Navire en fer.	Eisernes Schiff.
Plate, bulb —	Fer à boudin.	Wulsteisenplatte.
» bulkhead —	Tôle de cloison.	Schottplatte ; Querschottplatte
» bulwark —	Tôle de pavois.	Schanzkleidplatte.
» bunker —	Tôle de soute à charbon.	Kohlenbehälter-Platte.
» butt — (composite ship)	Plaque d'about (navire-composite).	Stossplatte (Compositions-Schiff).
» butt edge of a —	Arête d'un about de tôle.	Stosskante einer Platte.
» buttock —	Tôle des fesses.	Billenplatte.
» centre —	Tôle centrale.	Mittelplatte.
» coming — ; coaming —	Tôle de surbau ; Tôle d'hiloire.	Sill-Platte.
» connecting —	Tôle d'assemblage.	Verbindungsplatte.
» counter —	Tôle de voûte.	Gillungsplatte.
» dead wood—(composite ship)	Tôle du massif (navire composite).	Todtholzplatte (Compositions-Schiff).
» diagonal —	Tôle diagonale.	Diagonale Platte.
» doubling —	Tôle doublante ; Tôle de placage.	Verdoppelungsplatte.
» edge of a —	Arête d'une tôle ; Can d'une tôle.	Kante einer Platte.
» face —	Tôle-fronteau.	Frontplatte.
» fibre or grain of a —	Fil d'une tôle ; Fibre de laminage d'une tôle (sens de laminage).	Faser einer Platte.
» flanged —	Tôle façonnée ; Tôle pliée.	Gebogene Platte.
» floor —	Tôle-varangue.	Bodenwrangenplatte.
» foundation —	Tôle de fondation.	Fundamentplatte ; Grundplatte.
» garboard — ; keel —	Tôle de gabord.	Kielgangplatte.
» gunwale —	Tôle formant plat-bord.	Schandeck bildende Platte.
» gusset —	Gousset horizontal en tôle.	Horizontale Winkelplatte.
» horse-shoe —	Tôle-fermeture de jaumière sous voûte.	Schutzplatte.
» inner —	Tôle du clin intérieur.	Innenplatte.
» intercostal —	Tôle intercostale.	Zwischenplatte ; Eingeschobene Platte.
» keel — (composite ship)	Tôle de quille (navire composite).	Kielplatte (Compositions-Schiff.)
» keelson —	Tôle de carlingue.	Kielschweinplatte.
» knee —	Courbe en tôle; Gousset en tôle.	Knieplatte.
» lining — (between frames and outside plating in way of bulkhead)	Tôle de remplissage (entre membrure et bordé au décroisement d'une cloison)	Füllblech (zwischen Spanten und Aussenplatten gegen Querschott).
» outside —	Tôle du clin extérieur ; Tôle de recouvrement.	Aussenplatte.
» oxter —	Tôle de voûte contre l'étambot.	Achselgrube-Platte. (*)
» rider—(on keelsons etc.)	Tôle supérieure ; Tôle de renfort (sur carlingues etc.)	Deckplatte (auf Kielschweinen etc.)
» rudder —	Tôle de safran du gouvernail.	Ruderplatte.
» sheerstrake —	Tôle-carreau.	Farbegangplatte.
» main sheerstrake —	Tôle-carreau de pont principal.	Hauptfarbegang-Platte.

(*) Aussenplatte in der unteren Gillung, sich scharf gebogen an den Hintersteven anschliessend.

Iron ship.	Navire en fer.	Eisernes Schiff.
Plate, upper sheerstrake —	Tôle-càrreau de pont supérieur.	Oberfarbegang-Platte.
» side intercostal —	Tôle intercostale latérale.	Seiten-Zwischenplatte ; Eingeschobene Seitenplatte.
» spirketting—(composite ship)	Tôle-virure-bretonne (navire composite)	Setzwegerplatte (Compositions Schiff.)
» steel —	Tôle en acier.	Stahlplatte.
» stern —	Tôle du tableau.	Heckplatte.
» sternpost — (composite ship)	Tôle d'étambot (navire composite).	Hinterstevenplatte (Compositions Schiff.)
» inner sternpost — (composite ship)	Tôle de contre-étambot (navire composite)	Binnen-Hinterstevenplatte (Compositions Schiff.)
» stringer —	Tôle-gouttière.	Stringerplatte.
» tem — or Templet	Gabarit.	Mallplatte ; Modellplatte.
» tie —	Virure d'hiloire.	Längsband.
» transom — (in stern of ship)	Tôle d'arcasse.	Worpplatte (im Heck des Schiffes).
» vertical —	Tôle verticale.	Verticale Platte.
» wash —	Tôle de roulis.	Schlingerplatte; Schlagwasserplatte.
» web —	Tôle-porque.	Flache, starke Platte.
Plating	Bordé en tôle.	Beplattung.
» butts of —	Abouts des tôles.	Stösse der Beplattung.
» landing edge of —	Joint longitudinal des tôles.	Nahtstreifen der Beplattung.
» outside — (shell)	Revêtement extérieur; Bordé extérieur.	Aussenhaut; Aeussere Beplattung.
» overlap of —	Recouvrement des tôles.	Ueberlappung der Beplattung.
» side —	Bordé de côté; Bordé de muraille.	Seiten-Beplattung.
Port (see wooden ship)	Sabord (voir navire en bois).	Pforte (siehe hölzernes Schiff.)
Propeller frame ; Stern frame.	Cadre d'hélice.	Schraubenrahmen.
» » , foot of — (section of keel in screw-aperture)	Partie inférieure du cadre d'hélice (qui relie les deux étambots).	Fuss des Schraubenrahmens. (Kiel zwischen den beiden Hintersteven).
Propeller-post ; Screw-post ; Inner stern-post	Étambot avant.	Schraubensteven (vorderer Hintersteven).
» » , foot of — (adjoining the keel)	Talon de l'étambot avant.	Fuss des Schraubensteven's (an das Hinterende des Kiel's anschliessend).
Rail (see wooden ship)	Lisse de garde-corps ; Lisse d'appui (voir navire en bois).	Reelung, Reling (siehe hölzernes Schiff.)
» bridge—s and stanchions	Garde-corps de passerelle.	Brückengeländer, Brückenhausgeländer.
» forecastle — s and stanchions.	Garde-corps du gaillard d'avant.	Geländer der Back.
» poop — s and stanchions	Garde-corps de dunette.	Hüttengeländer ; Geländer um das Hochdeck.
» raised quarter deck — s and stanchions	Garde-corps de demi-dunette.	Geländer des erhöhten Quarterdeck's.
Raised quarter deck	Demi-dunette, Coupée ; Gaillard d'arrière.	Erhöhtes Quarterdeck,
» » » flat of —	Pont de demi-dunette.	Deck resp. Deckbeplankung des erhöhten Quarterdeck's.

Iron ship.	Navire en fer.	Eisernes Schiff.
Rider-plate	Tôle supérieure ; Tôle de renfort.	Deckplatte.
Rivet	Rivet.	Niete, Nietnagel.
» countersunk —	Rivet noyé ; Rivet fraisé.	Versenkte Niete.
» diameter of —	Diamètre de rivet.	Nietdurchmesser.
» flush head —	Rivet à tête affleurée.	Plattköpfige Niete.
» — head	Tête de rivet.	Nietenkopf ; Nietkopf.
» — hole	Trou de rivet.	Nietenloch ; Nietloch.
» point of a —	Pointe de rivet.	Ende einer Niete.
» punched — hole	Trou de rivet poinçonné.	Mit der Stossmaschine gemachtes Nietenloch.
» row of — s	Rang de rivets.	Nietenreihe ; Nietreihe.
» back row of — s	Dernier rang de rivets.	Hintere Nietenreihe.
» consecutive rows of — s	Rangs consécutifs de rivets.	Aufeinander folgende Nietenreihen.
» intermediate row of — s	Rang intermédiaire de rivets.	Zwischenreihe von Nieten.
» spacing of — s	Écartement des rivets.	Nieten-Entfernung ; Nieten-Abstand.
Riveting	Rivetage.	Nietung ; Vernietung.
» butt —	Rivetage des abouts.	Stossnietung ; Stoss-Vernietung.
» chain —	Rivetage vis-à-vis.	Kettennietung.
» conical point —	Rivetage à têtes coniques.	Spitzkopfnietung.
» double —	Rivetage à double rang ; Rivetage double.	Doppelte Nietung ; Zweifache Nietung.
» edge —	Rivetage des joints longitudinaux.	Längsnaht-Nietung.
» single —	Rivetage à un rang ; Rivetage simple.	Einfache Nietung.
» treble —	Rivetage à trois rangs ; Rivetage triple.	Dreifache Nietung.
» quadruple —	Rivetage à quatre rangs ; Rivetage quadruple.	Vierfache Nietung.
» zig-zag —	Rivetage en quinconce ; Rivetage en zig-zag.	Zickzack-Nietung.
Rudder	Gouvernail.	Ruder.
» back piece or bow of—	Chassis de gouvernail.	Ruderrücken.
» — braces or gudgeons	Femelots de gouvernail.	Ruderschmiegen.
» — bushes (for—braces or pintles).	Buselures pour pentures de gouvernail.	Büchsen für Ruderschmiegen oder Fingerlinge.
» — frame	Cadre de gouvernail.	Ruderrahmen.
» — head	Tête de gouvernail.	Ruderkopf.
» stuffing-box of — head	Presse-étoupe de tête de gouvernail.	Stopfbüchse um den Ruderkopf.
» — heel	Talon de gouvernail.	Unterende eines Ruderpfostens.
» main piece of —	Mèche de gouvernail.	Ruderpfosten ; Ruderstamm ; Ruderherz.
» — pintles	Aiguillots de gouvernail.	Ruderfingerlinge.
» — plating	Tôles de safran du gouvernail.	Ruderbeplattung.
» — post (see stern-post)	Étambot-porte-gouvernail (voir étambot-arrière).	Hintersteven.
» — stays	Traverses de gouvernail.	Ruderstreben.
» — stop	Taquet de recul de gouvernail.	Stossklampe eines Ruders.

Iron ship.	Navire en fer.	Eisernes Schiff.
Rudder-trunk	Tambour de jaumière.	Ruderkoker.
Screw-aperture	Ouverture de la cage d'hélice.	Schraubenbrunnen.
Screw-bolt	Boulon à vis.	Schraubbolzen.
Scupper (see *wooden ship*)	Dalot (*voir navire en bois*).	Speigat(*siehe hölzernes Schiff.*)
Sheerstrake	Carreau.	Farbegang ; Scheergang.
» awning deck —	Carreau de pont-abri.	Sturmdeck-Farbegang.
» main — ; main deck —	Carreau principal ; Carreau du pont principal.	Haupt-Farbegang ; Hauptdeck-Farbegang.
» spar-deck —	Carreau de spardeck.	Spardeck-Farbegang.
» upper — ; upper deck —	Carreau supérieur ; Carreau du pont supérieur.	Ober-Farbegang ; Oberdeck-Farbegang.
Skin (*outside plating*)	Bordé ; Revêtement extérieur.	Aussenhaut; Sämmtliche Aussenbeplattung.
Skylight	Claire-voie.	Oberlicht; Einfallendes Licht.
» cabin —	Claire-voie de cabine.	Kajüten-Oberlicht.
» engine room —	Claire-voie de la chambre des machines.	Maschinenraum-Oberlicht ; Einfallendes Licht des Maschinenraum's.
» forecastle —	Claire-voie de gaillard d'avant.	Oberlicht der Back.
» stoke-hole —	Claire-voie de la chambre de chauffe.	Heizraum-Oberlicht.
Sluice (*in watertight bulkhead*).	Vanne (*de cloison étanche*)	Schleuse (*im wasserdichten Schott*).
Sounding-pipe	Conduit pour sonde de cale.	Peilrohr.
Steel	Acier.	Stahl.
Stem (see *wooden ship*)	Etrave (*voir navire en bois*)	Vorsteven (*siehe hölzernes Schiff.*)
» foot or lower part of —	Pied de l'étrave.	Fuss (*Unterende*) des Vorstevens.
Stern (see *wooden ship*)	Tableau ; Arrière (*voir navire en bois*).	Heck; Spiegel (*siehe hölzernes Schiff.*)
Sternpost (*sailing vessel*)	Étambot (*navire à voiles*)	Hintersteven (*Segelschiff.*)
» (*steamer*)	Étambot arrière (*bateau à vapeur*).	Hintersteven (*Dampfschiff.*)
Strake	Virure.	Gang.
» adjoining —	Virure adjacente ; Virure contigue.	Benachbarter Gang ; Angrenzender Gang.
» alternate —	Virure alternative.	Umschichtiger Gang; Abwechselnder Gang.
» bottom —	Virure de fond.	Gang der Bodenbeplattung.
» doubling —	Virure doublante ; Virure de placage.	Verdoppelungsgang.
» inside —	Virure de clin intérieur.	Binnengang.
» — of plating, tier of plating	Virure de tôles.	Plattengang.
» outside —	Virure de clin extérieur.	Aussengang.
» overlapping —	Virure recouvrante.	Ueberlappender Gang.
Strap ; Butt-strap.	Couvre-joint; Bande de recouvrement.	Stossblech; Stossplatte.
Stringer	Gouttière; Ceinture ; Serre.	Stringer.
» angle-iron —	Serre-de-renfort en cornière.	Winkeleisen-Stringer.
» double angle-iron —	Serre-de-renfort en cornières adossées.	Doppel-Winkeleisen-Stringer.
» beam —	Gouttière sur barrots.	Balken-Stringer.

Iron ship.	Navire en fer.	Eisernes Schiff.
Stringer, hold beam —	Gouttière de barres-sèches.	Raumbalken-Stringer.
» orlop beam —	Gouttière de barres-sèches ; Gouttière de cale.	Orlopstringer ; Orlopbalken-Stringer.
» bilge —	Serre de bouchains.	Kimmstringer.
» lower turn of bilge —	Serre inférieure de bouchains.	Stringer der unteren Kimmung.
» upper turn of bilge —	Serre supérieure de bouchains.	Stringer der oberen Kimmung.
» butt of —	About de gouttière.	Stoss eines Stringers.
» deck —	Gouttière de pont.	Deckstringer.
» awning deck —	Gouttière de pont-abri.	Sturmdeckstringer.
» forecastle deck —	Gouttière de gaillard d'avant.	Back-Deckstringer.
» lower deck —	Gouttière de pont inférieur.	Unterdeckstringer.
» main deck —	Gouttière de pont principal.	Hauptdeckstringer.
» middle deck —	Gouttière de pont intermédiaire ; Gouttière de pont du milieu.	Mitteldeckstringer.
» orlop deck —	Gouttière de faux-pont.	Orlopdeckstringer.
» poop deck —	Gouttière de dunette.	Hüttendeckstringer.
» raised quarter deck--	Gouttière de demi-dunette.	Stringer des erhöhten Quarterdeck's.
» spar-deck —	Gouttière de spardeck.	Spardeckstringer.
» upper-deck — ; gunwale —	Gouttière de pont supérieur.	Oberdeckstringer.
» hold —	Serre-de-renfort de cale.	Raumstringer.
» intercostal —	Serre-de-renfort intercostale.	Zwischenstringer.
» side —	Serre-de-renfort de côté.	Seitenstringer.
» vertical —	Ceinture verticale.	Verticaler Stringer.
Stringer-plate	Tôle-gouttière.	Stringerplatte.
» beam —	Tôle-gouttière sur barrots.	Balken-Stringerplatte.
» hold beam —	Tôle-gouttière de barres-sèches.	Raumbalken-Stringerplatte.
» orlop beam —	Tôle-gouttière de cale.	Orlopbalken-Stringerplatte.
» deck —	Tôle-gouttière de pont.	Deck-Stringerplatte.
» awning deck —	Tôle-gouttière de pont-abri.	Sturmdeck-Stringerplatte.
» forecastle deck--	Tôle-gouttière de gaillard d'avant.	Back-Stringerplatte.
» lower deck —	Tôle-gouttière de pont inférieur.	Unterdeck-Stringerplatte.
» main deck —	Tôle-gouttière de pont principal.	Hauptdeck-Stringerplatte.
» middle deck —	Tôle-gouttière de pont intermédiaire.	Mitteldeck-Stringerplatte.
» orlop deck —	Tôle-gouttière de faux-pont.	Orlopdeck-Stringerplatte.
» poop deck —	Tôle-gouttière de dunette.	Hüttendeck-Stringerplatte.
» raised quarter deck —	Tôle-gouttière de demi-dunette.	Stringerplatte des erhöhten Quarterdeck's.
» spar-deck —	Tôle-gouttière de spardeck.	Spardeck-Stringerplatte.
» upper deck —	Tôle-gouttière de pont supérieur.	Oberdeck-Stringerplatte.
Telegraph	Télégraphe.	Telegraph.
Tie-plate	Virure d'hiloire.	Längsband.
» deck beam —	Virure d'hiloire des barrots de pont.	Deckbalken-Längsband.

Iron ship.	Navire en fer.	Eisernes Schiff.
Tie-plate, awning deck beam —	Virure d'hiloire des barrots de pont-abri.	Sturmdeckbalken-Längsband.
» forecastle deck beam —	Virure d'hiloire des barrots de gaillard d'avant.	Back-Deckbalken-Längsband.
» lower deck beam —	Virure d'hiloire des barrots de pont inférieur.	Unterdeckbalken-Längsband.
» orlop deck beam —	Virure d'hiloire des barrots de faux-pont.	Orlopdeckbalken-Längsband.
» main deck beam —	Virure d'hiloire des barrots de pont principal.	Hauptdeckbalken-Längsband
» poop deck beam —	Virure d'hiloire des barrots de dunette.	Hüttendeckbalken-Längsband
» spar-deck beam —	Virure d'hiloire des barrots de spardeck.	Spardeckbalken-Längsband.
» upper deck beam —	Virure d'hiloire des barrots de pont supérieur.	Oberdeckbalken-Längsband.
» diagonal —	Bande diagonale.	Diagonalband.
Topside-plating	Tôles du bordé des hauts.	Obere Plattengänge (*Obere Gänge der Aussenhaut*).
Transom-plate (*in stern of ship*).	Tôle d'arcasse.	Worpplatte (*im Heck des Schiffes*).
Turtle-back (*)	Turtle-back (*)	Turtle-back (*)
Tank (*waterballast* —) (*double-bottom*).	Soute à lest d'eau (*double fond*)	Wasserballast-Behälter (*doppelter Boden*).
» after —	Soute à lest d'eau arrière.	Hinter-Wasserballastbehälter.
» fore —	Soute à lest d'eau avant.	Vor-Wasserballastbehälter.
» after peak —	Cale à eau arrière.	Hinterpiek-Wasserballastbehälter.
» fore peak —	Cale à eau avant.	Vorpiek-Wasserballastbehälter.
» air pipe of —	Tuyau à air de soute à lest d'eau.	Luftrohr eines Wasserballastbehälters.
» centre-plate, centre-girder, central bearer in —	Support central de soute à lest d'eau.	Mittelplatte im Wasserballastbehälter.
» end plate of —	Tôle-fronteau de soute à lest d'eau.	Frontplatte eines Wasserballastbehälters.
» gauge cock of —	Robinet de jauge de soute à lest d'eau.	Wasserstandshahn eines Wasserballastbehälters.
» gutter, at sides of —	Gouttière en abord de soute à lest d'eau.	Rinne an den Seiten eines Wasserballastbehälters.
» hatch of —	Panneau de soute à lest d'eau.	Luke eines Wasserballastbehälters.
» manhole in —	Trou d'homme de soute à lest d'eau.	Mannloch eines Wasserballastbehälters.
» manhole cover of —	Couvercle de trou d'homme de soute à lest d'eau.	Mannlochdeckel eines Wasserballastbehälters.
» margin plate, wing girder of —	Support de côté de soute à lest d'eau.	Seitenplatte, Leibgang eines Wasserballastbehälters.
» midship deep —	Cale à eau. (*au milieu du navire.*)	Mittschiffs-Wasserballastbehälter.

(*) Roof of a poop, forecastle, wheelhouse etc. in form of a turtle-back.

(*) Taud d'une dunette, gaillard d'avant, timonerie etc. en forme de carapace de tortue.

(*) Dach, Ueberdeckung einer Hütte, Back, Ruderhaus etc. in Schildkrötenschale-Form.

Iron ship.	Navire en fer.	Eisernes Schiff.
Tank, side girder, side bearer in —	Support intermédiaire ; Support continu de soute à lest d'eau.	Längsträger eines Wasserballastbehälters.
» sounding pipe of —	Conduit pour la sonde de soute à lest d'eau.	Peilrohr eines Wasserballastbehälters.
» testing of —	Essai ; Épreuve de soute à lest d'eau.	Prüfung, Probe eines Wasserballastbehälters.
» top of —	Plate-forme ou plafond de soute à lest d'eau.	Deckplatte, Plattform eines Wasserballastbehälters.
Waterway (*wooden*)	Fourrure de gouttière (*bois*).	Wassergang (*Holz*).
» , gutter — (*)	Gouttière creuse. (*)	Wasserlauf. (*)
Watercourse, Limbers (*see wooden ship*)	Canal des anguillers (*voir navire en bois*).	Wasserlauf (*siehe hölzernes Schiff*).
Web (*of a beam etc.*)	Ame (*d'un barrot etc.*)	Steg (*eines Balkens u. s. w.*).
Web-frame(*partial bulkhead*)	Porque (*cloison partielle*).	Rahmstück (*partielles Querschott*).
Well	Puisard.	Sammelbrunnen.

(*) Gutter on upper-deck stringer formed by the gutter- and gunwale-angle-irons.

(*) Gouttière formée par les cornières intérieures et extérieures de la gouttière sur le pont supérieur.

(*) Rinne zwischen dem inneren und dem äusseren Winkeleisen des Oberdeckstringers resp. durch dieselben gebildet.

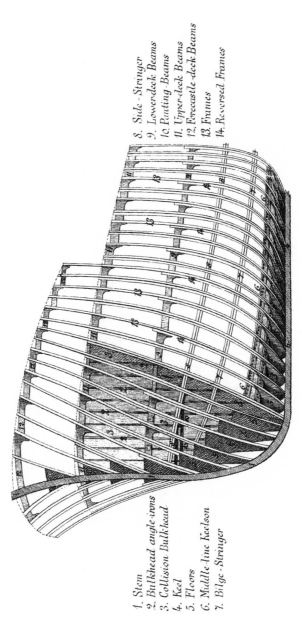

FORE-FRAMING OF A TWO-DECKED STEAMER.
MEMBRURE DE L'AVANT D'UN VAPEUR À DEUX PONTS.
VORDERTHEIL DES GERIPPES EINES ZWEI-DECKIGEN DAMPFERS.

1. Stem
2. Bulkhead angle-irons
3. Collision Bulkhead
4. Keel
5. Floors
6. Middle-line Keelson
7. Bilge - Stringer

8. Side - Stringer
9. Lower-deck Beams
10. Panting-Beams
11. Upper-deck Beams
12. Forecastle-deck Beams
13. Frames
14. Reversed Frames

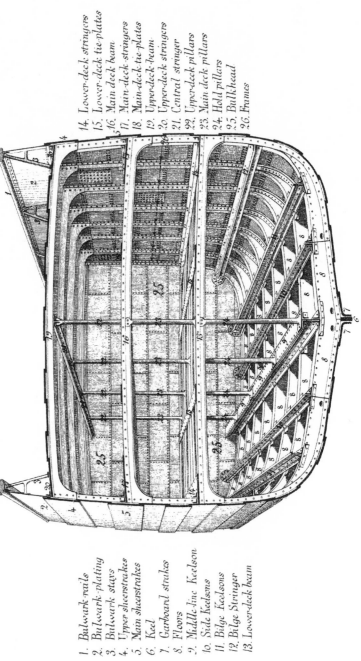

INSIDE VIEW OF MIDSHIP BODY OF A THREE-DECKED STEAMER.
VUE INTÉRIEURE D'UN VAPEUR À TROIS PONTS EN COUPE TRANSVERSALE AU MAÎTRE.
INNERE ANSICHT DES MITTELSCHIFFS EINES DREIDECK-DAMPFERS.

1. Bulwark-rails
2. Bulwark-plating
3. Bulwark stays
4. Upper sheerstrakes
5. Main sheerstrakes
6. Keel
7. Garboard strakes
8. Floors
9. Middle-line Keelson
10. Side Keelsons
11. Bilge Keelsons
12. Bilge Stringer
13. Lower-deck beam
14. Lower-deck stringers
15. Lower-deck tie-plates
16. Main deck beam
17. Main-deck stringers
18. Main-deck tie-plates
19. Upper-deck-beam
20. Upper-deck stringers
21. Central stringer
22. Upper-deck pillars
23. Main deck pillars
24. Hold pillars
25. Bulkhead
26. Frames

After Framing of a two-decked Steamer.
Membrure de l'arrière d'un Vapeur à deux ponts.
Hintertheil des Gerippes eines zwei-deckigen Dampfers.

1. Poop-deck beams
2. Poop-frames
3. Stern-frames
4. Transom plates
5. Stern-post
6. Rudder-braces
7. Propeller-post
8. Stern-tube
9. Stuffing-box-bulkhead

10. Keel
11. Floors
12. Middle-line Kelson
13. Bilge stringer
14. Side stringer
15. Lower deck-beams
16. Upper deck-beams
17. Frames
18. Reversed Frames

SCREW APERTURE

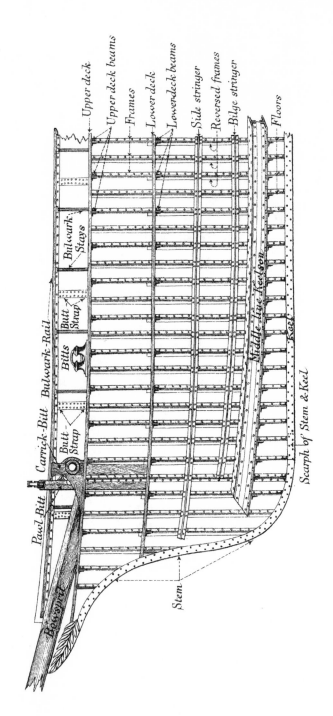

FRAMING OF THE FORE-PART OF AN IRON SAILING-VESSEL (IN SECTION)
MEMBRURE DE L'AVANT D'UN VOILIER EN FER (EN COUPE)
GERIPPE DES VORDERENTHEILES EINES EISERNEN SEGELSCHIFFES (IM DURCHSCHNITT)

Upper deck

Upper deck beams

Frames

Lower deck

Lowerdeck beams

Side stringer

Reversed frames

Bilge stringer

Floors

Bulwark-Stays

Butt Strap

Bitts

Butt Strap

Bowsprit

Pawl-Bitt

Carrick-Bitt

Bulwark-Rail

Stem

Middle line Keelson

Keel

Scarph of Stem & Keel

Framing of the After-Part of an Iron Sailing-Vessel (in Section)
Membrure de l'Arrière d'un Voilier en Fer-(en Coupe)
Gerippe des hinteren Theiles eines eisernen Segelschiffes - (im Durchschnitt)

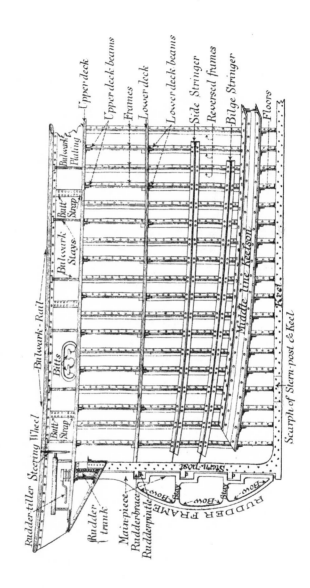

Rudder-tiller Steering Wheel

Butt Strap

Bulwark-Rail

Bits

Bulwark Stays

Butt Strap

Bulwark Plating

Upper deck

Upper deck beams

Frames

Lower deck

Lower deck beams

Side Stringer

Reversal frames

Bilge Stringer

Floors

Middle line Keelson

Keel

Scarph of Stern-post & Keel

Rudder trunk

Main-piece

Rudderbrace

Rudderpintle

Stern-post

Floor

Bow

Bow

RUDDER FRAME

MIDSHIP SECTION OF AN IRON SHIP.
COUPE AU MAITRE D'UN NAVIRE EN FER.
HAUPTSPANT - QUERSCHNITT EINES EISERNEN SCHIFFES.

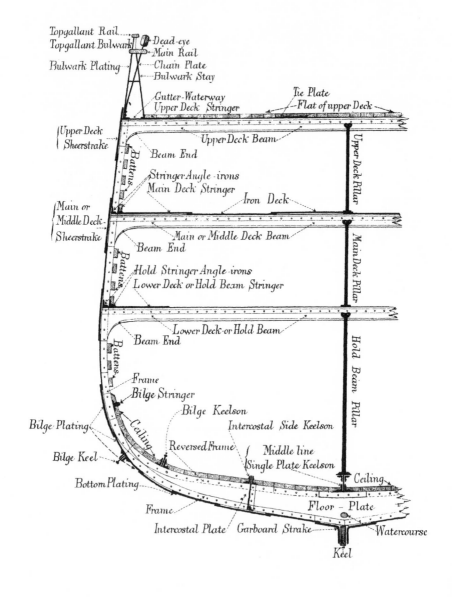

FRAMING AND PART PLATING OF THE FORE PART OF A MAIL - STEAMER.
MEMBRURE ET PARTIE DU BORDÉ EXTÉRIEUR AVANT D'UN VAPEUR POSTAL.
GERIPPE UND THEILWEISE BEPLATTUNG DES VORDERTHEILES EINES POSTDAMPFERS.

Fairleader

Cat-davit
Fish-davit
Anchor

Forecastle Rails and Stanchions
Bitts
Capstan

Side light

TOPGALLANT FORECASTLE

UPPER SHEERSTRAKE

BOW

MAIN SHEERSTRAKE

Main-rail

Upper-deck
Frames
Main-deck
Reverse-frames
Lower-deck
Orlop-deck
Bilge-Stringer
Middle-line Keelson
Floors
Keel
Scarph

AFTER-BODY OF A SCREW-STEAMER—PARTIE ARRIÈRE D'UN VAPEUR À HÉLICE—HINTERSCHIFF EINES SCHRAUBENDAMPFERS.

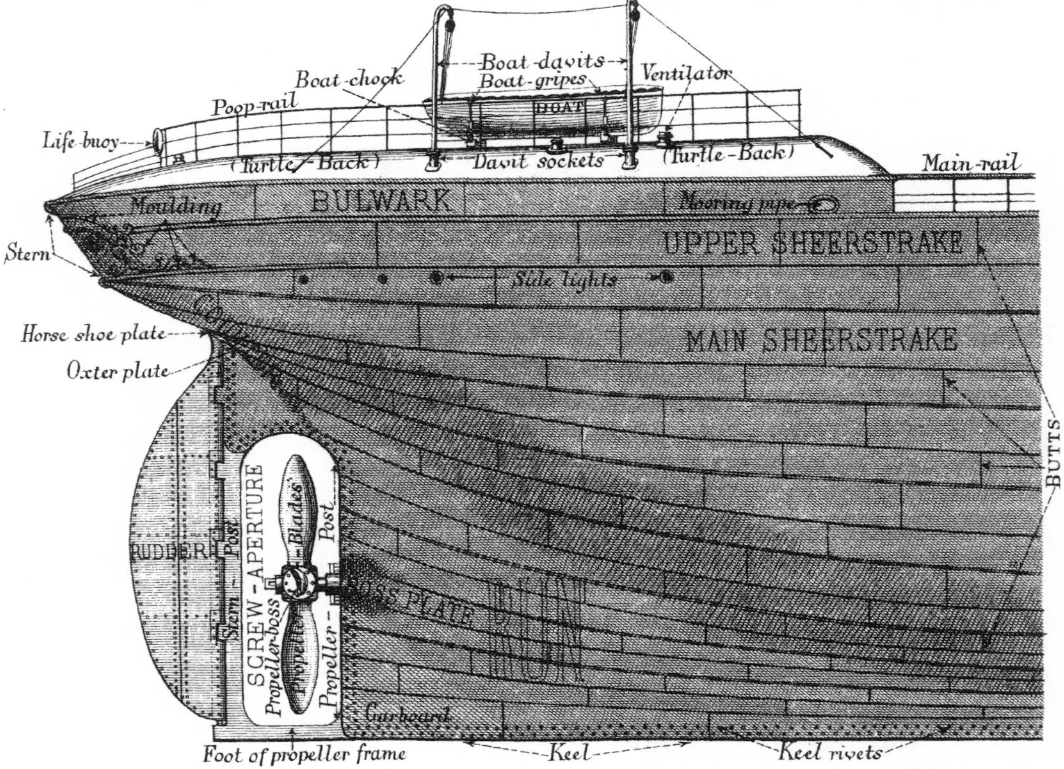

BUTTS

Main-rail

UPPER SHEERSTRAKE

MAIN SHEERSTRAKE

Mooring-pipe

Side-lights

BULWARK

Keel rivets

Keel

Garboard

Ventilator

(Turtle-Back)

Davit sockets

Boat-davits
Boat-gripes

BUOY

Boat-chock

(Turtle-Back)

Poop-rail

Life-buoy

Moulding

Stern

Horse shoe plate

Oxter plate

Foot of propeller frame

SCREW-APERTURE

Propeller-boss
Blades
Propeller
Propeller
Post

Stern Post

RUDDER

PLATE

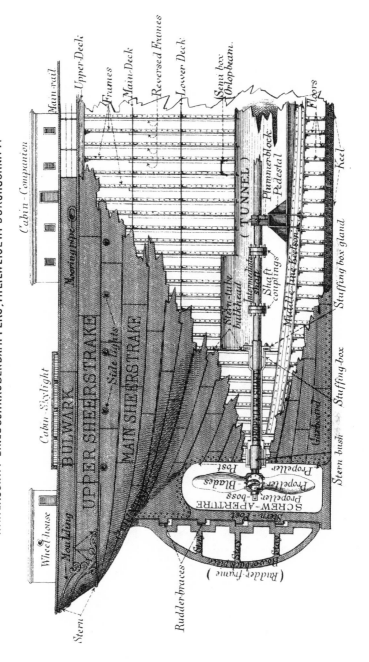

AFTER-BODY OF A SCREW-STEAMER, SHOWING PART IN SECTION.
PARTIE-ARRIÉRE D'UN VAPEUR À HELICE, DONT PARTIE EN COUPE.
HINTERSCHIFF EINES SCHRAUBENDAMPFERS, THEILWEISE IM DURCHSCHNITT.

Wheel-house

Cabin-Skylight

Cabin-Companion

Main-rail

Upper-Deck

Frames

Main-Deck

Reversed Frames

Lower Deck

Sena box

Orlopbeam

Floors

Keel

Mooring pipe

Pedestal

Plummer-block

(TUNNEL)

Stuffing box gland

Stern bush

Intermediate

Shaft

couplings

Stuffing-box

Middle line keelson

Side Lights

Main bulkhead

Collar

BULWARK

UPPER SHEERSTRAKE

MAIN SHEERSTRAKE

Moulding

Stern

Post

Propeller-

Blades

Propeller-boss

Propeller

Rudder-braces

(Rudder-frame)

SCREW-APERTURE

FRAMING AND PART PLATING OF THE FORE PART OF A TWO DECKED STEAMER.
MEMBRURE ET PARTIE DU BORDÉ EXTÉRIEUR AVANT D'UN VAPEUR À DEUX PONTS.
GERIPPE UND THEILWEISE BEPLATTUNG DES VORDEREN THEILES EINES ZWEIDECK-DAMPFERS.

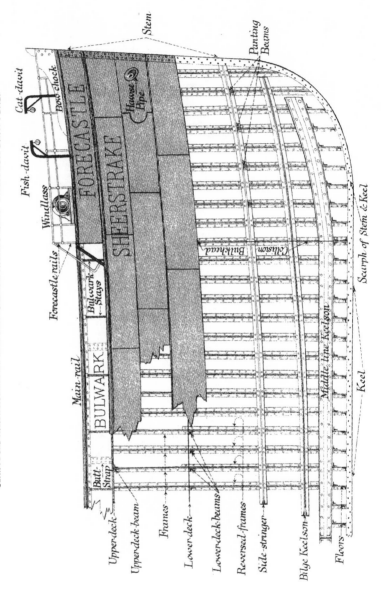

MIDSHIP PORTION OF AN IRON SCREW STEAMER.
MAITRESSE PARTIE D'UN VAPEUR À HÉLICE EN FER.
MITTLERER THEIL EINES EISERNEN SCHRAUBENDAMPFERS.

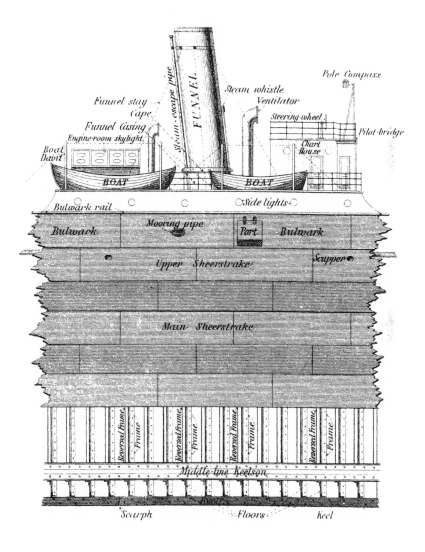

Pole Compass

Funnel stay
Cape
Steam whistle
Ventilator
Steering wheel
Funnel Casing
Engine-room skylight
Pilot-bridge
Boat
Davit
Chart
House
BOAT
BOAT

Bulwark rail
Side lights
Bulwark
Mooring pipe
Port
Bulwark

Upper Sheerstrake
Scupper

Main Sheerstrake

Reversed Frame
Frame
Reversed Frame
Frame
Reversed Frame
Frame
Reversed Frame
Frame

Middle-line Keelson

Scarph
Floors
Keel

MIDSHIP SECTION OF A STEAMER WITH SHADE-DECK, DOUBLE-BOTTOM, ETC.
COUPE AU MAITRE D'UN VAPEUR À PONT-TAUD, DOUBLE-FOND, ETC.
HAUPTSPANT-QUERSCHNITT EINES DAMPFERS MIT SCHATTENDECK, DOPPELTEM BODEN, ETC.

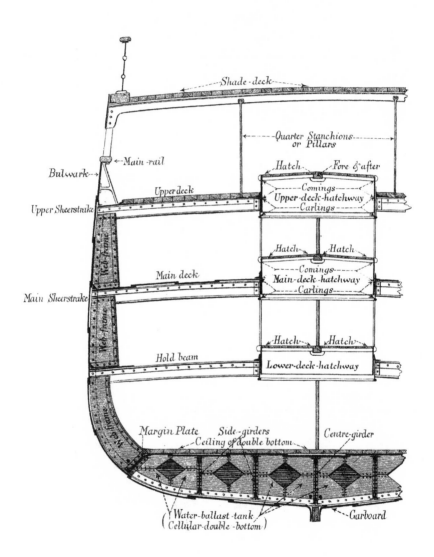

- Shade-deck

Quarter Stanchions
or Pillars

Bulwark

Main-rail

Hatch   Fore & after

Upper deck

Comings
Upper-deck-hatchway
Carlings

Upper Sheerstrake

Hatch   Hatch

Main deck

Comings
Main-deck-hatchway
Carlings

Main Sheerstrake

Hatch   Hatch

Hold beam

Lower-deck-hatchway

Margin Plate   Side-girders   Centre-girder
Ceiling of double bottom

Water-ballast tank
Cellular-double-bottom

Garboard

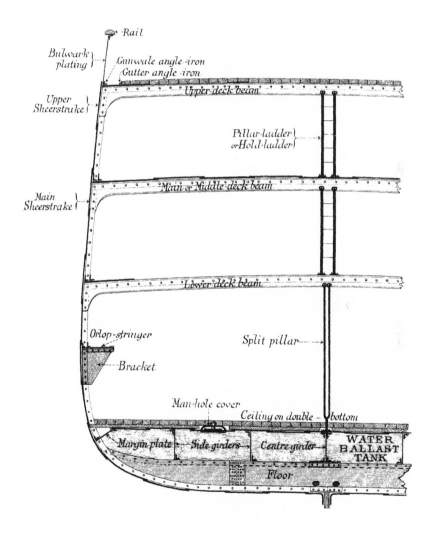

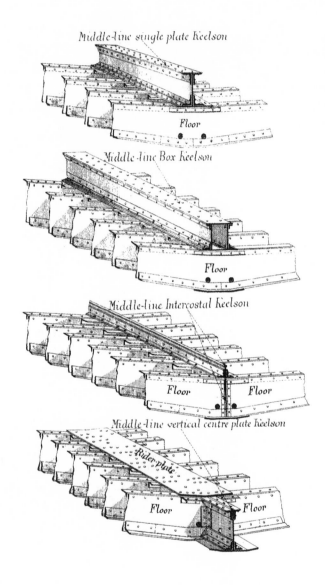

Middle-line single plate Keelson

Floor

Middle-line Box Keelson

Floor

Middle-line Intercostal Keelson

Floor   Floor

Middle-line vertical centre plate Keelson

Rider-plate

Floor   Floor

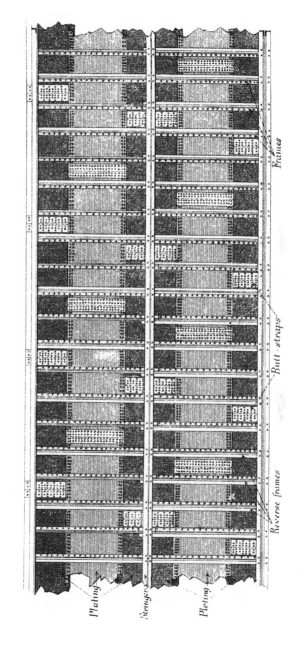

INTERNAL VIEW OF PLATING, FRAMES, REVERSED-FRAMES, ANGLE-IRON STRINGERS, BUTT-STRAPS AND RIVETING.

VUE INTÉRIEURE DES TÔLES DE BORDÉ, MEMBRURES, CONTRE-MEMBRURES, SERRES DE RENFORT, COUVRE-JOINTS ET RIVETAGE.

INNERE ANSICHT VON PLATTEN, SPANTEN, UMGEKEHRTE-SPANTEN, WINKELEISEN-STRINGER, STOSSPLATTEN UND VERNIETUNG.

Frames

Butt-straps

Reverse frames

Plating

Stringer

Plating

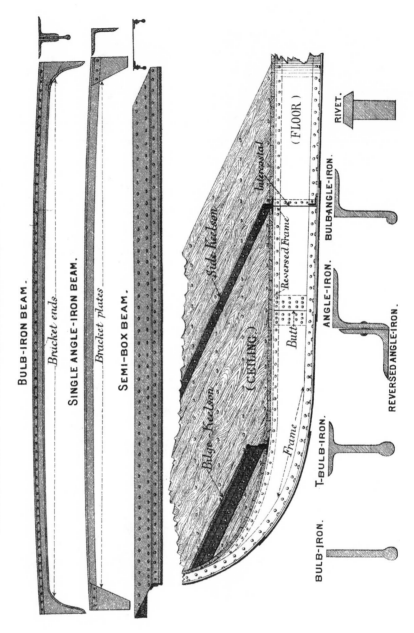

DETAILS OF AN IRON-SHIP—DÉTAILS D'UN NAVIRE EN FER—EINZELHEITEN EINES EISERNEN SCHIFFES.

BULB-IRON BEAM.

Bracket ends

SINGLE ANGLE-IRON BEAM.

Bracket plates

SEMI-BOX BEAM.

(FLOOR)

Reversed Frame

Butt

(CEILING)

Side Keelson

Bilge Keelson

Frame

Intercostal

RIVET.

BULB-ANGLE-IRON.

ANGLE-IRON.

REVERSED ANGLE-IRON.

T-BULB-IRON.

BULB-IRON.

DECK-PLAN OF AN IRON SHIP — PLAN DE PONT D'UN NAVIRE EN FER — DECKPLAN EINES EISERNEN SCHIFFES.

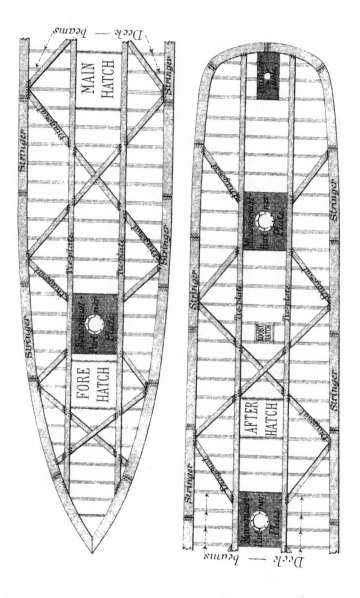

Deck — beams

Stringer

Stringer

MAIN HATCH

Tie-plate

Diagonal

Tie-plate

Stringer

Stringer

Transom Bulk'ner Plate

FORE HATCH

Stringer

Tie-plate

Diagonal

Tie-plate

Stringer

Bulk'ner Plate

Stringer

Diagonal

Tie-plate

BOOBY HATCH

AFTER HATCH

Stringer

Transom Bulk'ner Plate

Deck — beams

HATCHWAY, PART OF AN IRON DECK ETC.—ÉCOUTILLE, PARTIE D'UN PONT EN FER ETC.—LUKE, THEIL EINES EISERNEN DECKS ETC.

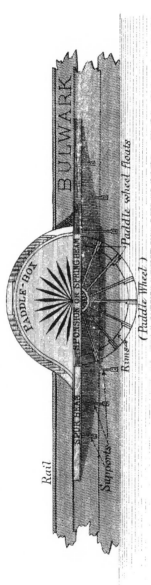

Rail

BULWARK

PADDLE-BOX

SPONSON OR SPRING-BEAM

SPUR-BEAM

Supports

Rims

Paddle wheel floats

(Paddle Wheel)

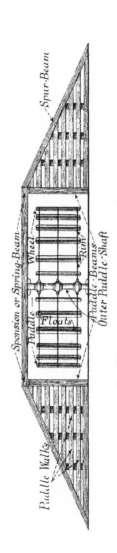

Sponsion or Spring-Beam

Paddle Wheel

Rim

Floats

Paddle Beams
Outer Paddle-Shaft

Paddle Walks

Spur-Beam

FORECASTLES, POOPS, WATER BALLAST TANKS ETC.
TEUGUES, GAILLARDS D'AVANT, DUNETTES, SOUTES À LEST D'EAU ETC.
BACK, HÜTTEN, WASSERBALLAST-BEHÄLTER, U.S.W

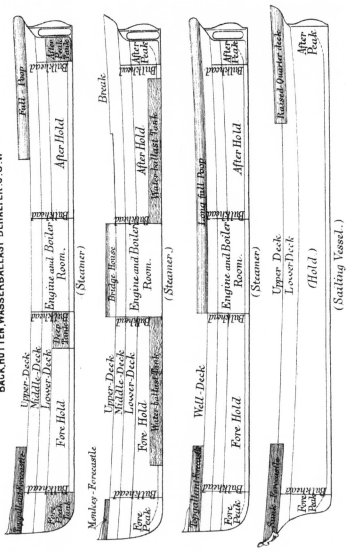

MIDSHIP-SECTION OF A STEAMER, SHOWING END OF BOILERS, COAL-BUNKERS ETC.
COUPE AU MAITRE D'UN VAPEUR, INDIQUANT LE PROFIL DES CHAUDIÈRES, SOUTES À CHARBONS ETC.
HAUPTSPANT-QUERSCHNITT EINES DAMPFERS, KESSELENDEN, KOHLENRÄUME, ETC. ZEIGEND.

1. Funnel
2. Stoke hole Ventilators
3. Steam escape pipe
4. Funnel cape
5. Funnel casing
6. Air casing
7. Uptake
8. Safety valves

9. Smoke-box
10. Smoke box doors
11. Furnace fronts
12. Boiler-bearers
13. Coal-bunkers
14. Bunker-stays
15. Stringer

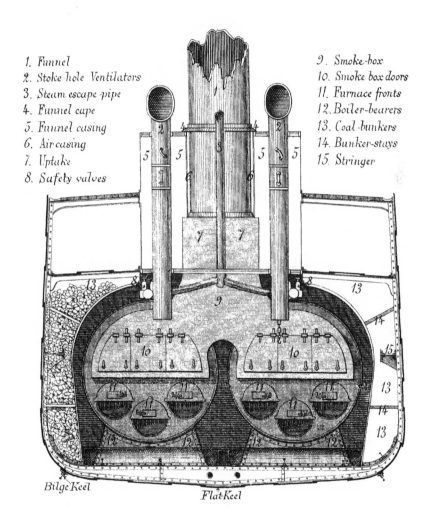

Bilge Keel

Flat Keel

BOILER.— CHAUDIÈRE.— KESSEL.

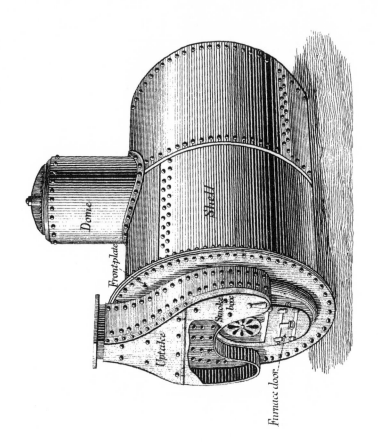

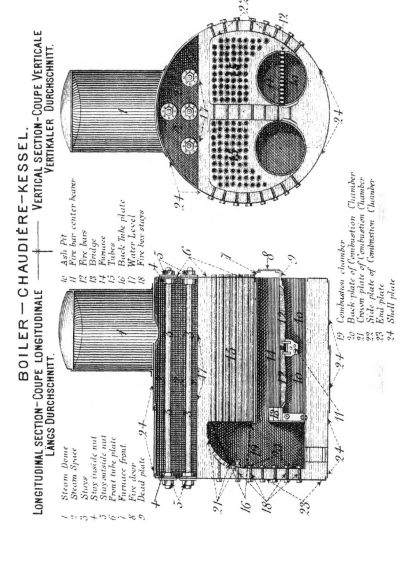

BOILER—CHAUDIÈRE—KESSEL.

LONGITUDINAL SECTION—COUPE LONGITUDINALE LÄNGS DURCHSCHNITT.

VERTICAL SECTION—COUPE VERTICALE VERTIKALER DURCHSCHNITT.

1 Steam Dome
2 Steam Space
3 Stays
4 Stay inside nut
5 Stay outside nut
6 Front tube plate
7 Furnace front
8 Fire door
9 Dead plate
10 Ash Pit
11 Fire bar center bearer
12 Fire bars
13 Bridge
14 Furnace
15 Tubes
16 Back tube plate
17 Water Level
18 Fire box stays
19 Combustion chamber
20 Back-plate of Combustion Chamber
21 Crown-plate of Combustion Chamber
22 Side-plate of Combustion Chamber
23 End-plate
24 Shell plate

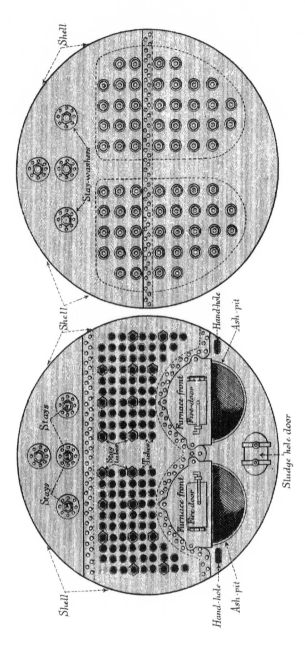

BOILER-CHAUDIÈRE-KESSEL.

Front view — Vue de face — Vorderansicht -   - Back view — Vue de dos — Rückansicht.

DONKEY-BOILER

PETITE CHAUDIÈRE

HÜLFSKESSEL.

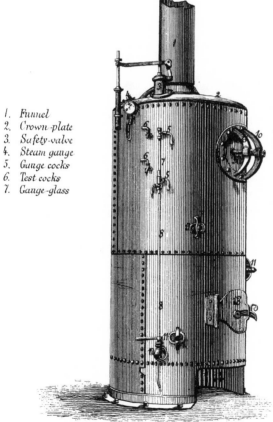

1. Funnel
2. Crown-plate
3. Safety-valve
4. Steam gauge
5. Gauge cocks
6. Test cocks
7. Gauge-glass

8. Drain-pipe
9. Manhole-door
10. Dogs
11. Sludge-hole doors
12. Blow-off cock
13. Furnace door
14. Ash-pit

FORWARD END VIEW OF A COMPOUND ENGINE.
VUE DE FACE D'UNE MACHINE COMPOUND.
VORDERANSICHT EINER COMPOUND MASCHINE.

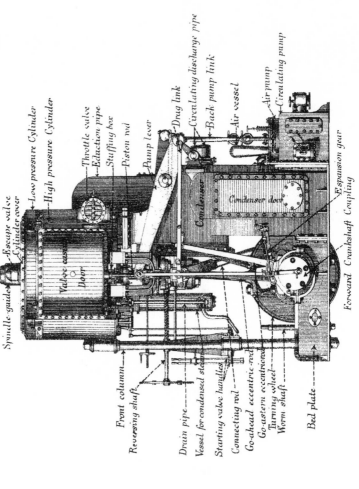

Spindle-guide
Escape valve
Cylinder cover
Low pressure Cylinder
High pressure Cylinder
Throttle valve
Eduction pipe
Stuffing box
Piston rod
Pump lever
Drag link
Circulating discharge pipe
Back pump link
Air vessel
Air pump
Circulating pump
Expansion gear
Condenser door
Condenser
Forward Crankshaft Coupling
Front column
Reversing shaft
Drain pipe
Vessel for condensed steam
Starting valve handles
Connecting rod
Go-ahead eccentric rod
Go-astern eccentric
Turning wheel
Worm shaft
Valve casing Door
Bed plate

FRONT VIEW OF A COMPOUND ENGINE.
ELÉVATION LONGITUDINALE D'UNE MACHINE COMPOUND
SEITEN – ANSICHT EINER COMPOUND – MASCHINE.

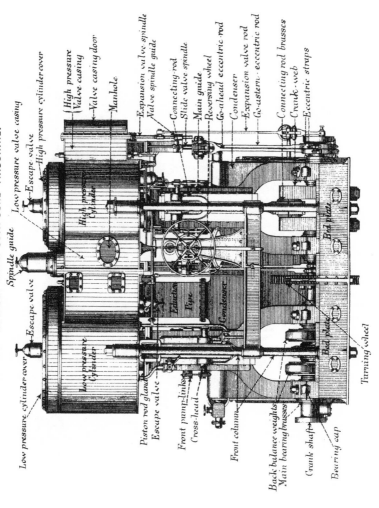

Low pressure cylinder cover
Escape valve
Spindle guide
Low pressure valve casing
Escape valve
High pressure cylinder cover
High pressure Valve casing
Valve casing door
Manhole
Expansion valve spindle
Valve spindle guide
Connecting-rod
Slide valve spindle
Main guide
Reversing wheel
Go-ahead eccentric rod
Condenser
Expansion valve rod
Go-astern - eccentric rod
Connecting rod brasses
Crank - web
Eccentric straps

High pressure Cylinder

Low pressure Cylinder

Eduction Pipe
Condenser

Bed plate

Bed plate

Piston rod gland
Escape valve
Front pump-links
Cross-head
Front column
Back balance weights
Main bearing brasses
Crank shaft
Bearing cap

Turning wheel

THREE CYLINDER COMPOUND ENGINE.
MACHINE COMPOUND À TROIS CYLINDRES.
DREI CYLINDER COMPOUND MASCHINE.

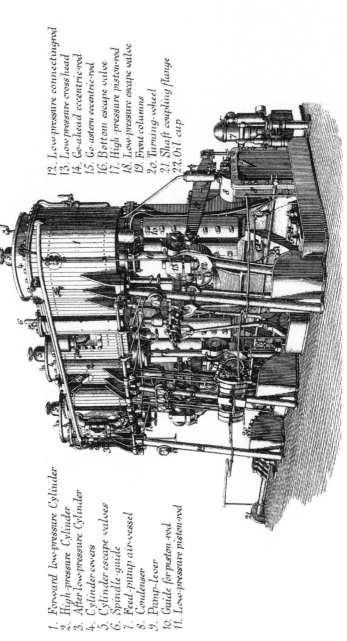

1. Forward low-pressure Cylinder
2. High-pressure Cylinder
3. After low-pressure Cylinder
4. Cylinder covers
5. Cylinder escape valves
6. Spindle-guide
7. Feed-pump air-vessel
8. Condenser
9. Pump-lever
10. Guide for piston-rod
11. Low-pressure piston-rod

12. Low-pressure connecting-rod
13. Low-pressure cross-head
14. Go-ahead eccentric-rod
15. Go-astern eccentric-rod
16. Bottom escape valve
17. High-pressure piston-rod
18. Low-pressure escape valve
19. Front columns
20. Turning-wheel
21. Shaft coupling flange
22. Oil cup

PARTS OF MACHINERY— PIÈCES DE MACHINE — MASCHINENTHEILE

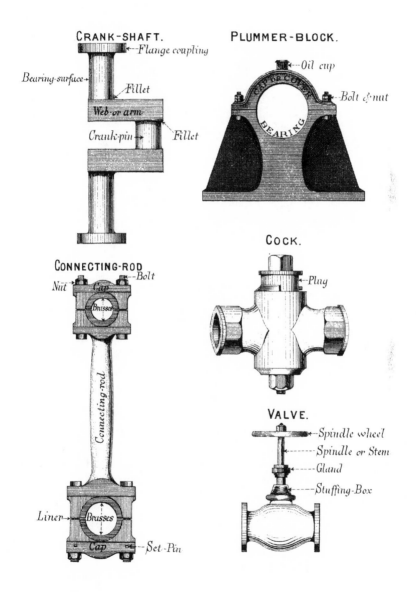

CRANK-SHAFT.

Flange coupling
Bearing-surface
Fillet
Web or arm
Crank-pin
Fillet

PLUMMER-BLOCK.

Oil cup
CAP or COVER
Bolt & nut
BEARING

CONNECTING-ROD

Bolt
Nut
Cap
Brasses
Connecting-rod
Liner
Brasses
Cap
Set-Pin

COCK.

Plug

VALVE.

Spindle wheel
Spindle or Stem
Gland
Stuffing-Box

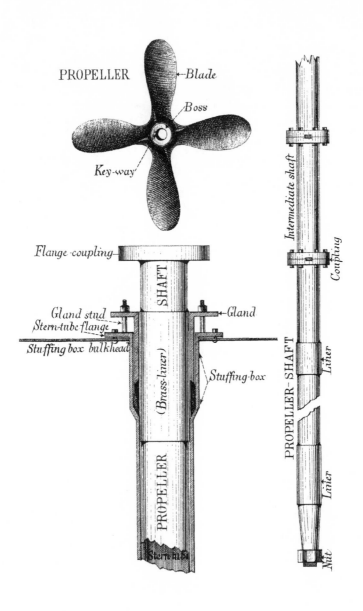

PROPELLER

Blade

Boss

Key-way

Flange-coupling

SHAFT

Gland stud

Gland

Stern-tube flange

Stuffing box bulkhead

Stuffing-box

(Brass-liner)

PROPELLER

Stern tube

Intermediate shaft

Coupling

Liner

PROPELLER-SHAFT

Liner

Nut

Steam-Winch
Treuil à vapeur
Dampfwinde.

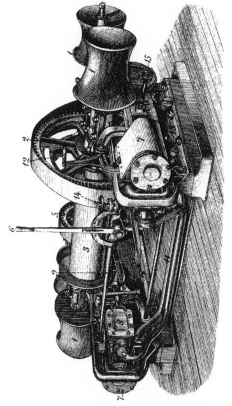

1. Warping-ends
2. Main spur-wheel
3. Barrel
4. Barrel-shaft
5. Small spur-wheel
6. Clutch lever

7. Cylinders
8. Steam-chest
9. Stay or tie-rod
10. Steam-pipe
11. Exhaust-pipe

12. Reversing lever
13. Base-plate
14. Stop-valve
15. Connecting-rod
16. Piston-rod

Patent Steering-Apparatus-Appareil à gouverner brêveté-Patent-Steuergeräth

1. Standard   6. Guide-rods
2. Spindle   7. Crosshead
3. Yoke   8. Yoke-bolt
4. Nut   9. Rudder-head
5. Arm   10 Spokes

Steering-Apparatus – Appareil à gouverner – Steuergeräth

1. Rudder-head   5. Spindle
2. Rudder-tiller   6. Wheel-chain
3. Standards or Stanchions 7. Spokes
4. Barrel

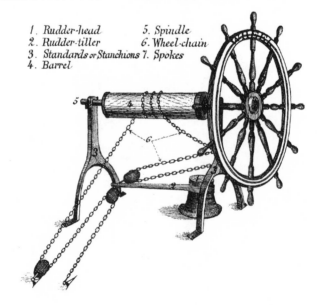

MACHINERY. MACHINES. MASCHINERIE.

Air-extractor	Appareil raréfactif.	Entluftungs-Apparat ; Luftex-tractor.
Air-pump	Pompe à air.	Luftpumpe.
» — barrel	Corps ou barillet de pompe à air.	Luftpumpenstiefel.
» — bucket	Piston de pompe à air.	Luftpumpenkolben.
» — bucket ring	Cercle de piston de pompe à air.	Luftpumpen-Kolbenkrone ; Luftpumpen-Kolbenring.
» — chamber	Chambre de pompe à air.	Luftpumpenkammer.
» — cover	Couvercle de pompe à air.	Luftpumpendeckel.
» — crosshead	Té de pompe à air ; Traverse de tête de pompe à air.	Luftpumpen-Kreuzkopf; Luft-pumpen-Querhaupt.
» — crosshead journals	Tourillons ou soies de té de pompe à air.	Luftpumpenkreuzkopf-Lager-hals.
» — cylinder	Cylindre de pompe à air.	Luftpumpen-Cylinder.
» — discharge pipe	Tuyau de décharge de pompe à air.	Luftpumpen-Ausflussrohr (Ausgussrohr).
» double acting —	Pompe à air à double effet.	Doppelt wirkende Luftpumpe.
» — gland and stuffing box	Presse-étoupe de pompe à air.	Luftpumpen-Stopfbüchse.
» studs for gland of —	Goujons de presse-étoupe de pompe à air.	Zugschrauben der Luftpum-pen-Stopfbüchse.
» horizontal —	Pompe à air horizontale.	Horizontale Luftpumpe.
» — lever	Balancier de pompe à air.	Luftpumpenhebel.
» — lever journals	Soies de balancier de pompe à air.	Luftpumpenhebel-Zapfen.
» — link	Petite bielle de pompe à air.	Luftpumpengelenk.
» — back link	Bielle du té de la tige du piston de pompe à air.	Luftpumpengegengelenk.
» — link brasses	Coussinets de petite bielle de pompe à air.	Luftpumpengelenk-Lager-schalen.
» — man-hole	Trou d'homme ou regard de pompe à air.	Luftpumpen-Mannloch.
» — plunger	Plongeur de pompe à air.	Luftpumpen-Mönchskolben ; Luftpumpen-Tauchkolben.
» — rod	Tige de pompe à air.	Luftpumpenstange.
» — connecting rod	Bielle de pompe à air.	Luftpumpen-Pläuelstange.
» — side rod	Bielle pendante de pompe à air.	Luftpumpen-Seitenstange.
» — side rod pin or stud	Bouton de bielle pendante de pompe à air.	Zapfen und Hülse der Luft-pumpen-Seitenstange.
» single acting —	Pompe à air à simple effet.	Einfach wirkende Luftpumpe.
» vertical single acting —	Pompe à air verticale à simple effet.	Verticale, einfach wirkende Luftpumpe.
» — suction pipe	Tuyau d'aspiration de pompe à air.	Luftpumpen-Saugrohr.
» — valve	Clapet de pompe à air.	Luftpumpenventil.
» — bucket valve	Clapet de piston de pompe à air.	Luftpumpenkolbenventil.
» — delivery or discharge valve	Clapet de refoulement ou de décharge de pompe à air.	Luftpumpen-Abflussventil oder Ausflussventil.
» delivery valve guard of —	Garde, Buttoir de clapet de décharge de pompe à air.	Luftpumpen-Abflussventil-Klappenfänger.

Machinery.	Machines.	Maschinerie.
Air-pump, — delivery valve seating	Siége de clapet de décharge de pompe à air.	Luftpumpen-Ausflussventil-Sitz.
» — delivery valve spindle	Tige de soupape de décharge de pompe à air.	Luftpumpen-Ausflussventil-Spindel.
» — foot valve	Clapet de pied de pompe à air.	Luftpumpen-Fussventil; Luftpumpen-Bodenventil.
» — head valve; — top valve	Clapet de tête de pompe à air.	Luftpumpen-Kopfventil.
» — head valve port	Orifice correspondant à la soupape de tête de pompe à air.	Luftpumpen-Kopfventil-Oeffnung.
» — suction valve	Clapet d'aspiration de pompe à air.	Luftpumpen-Saugventil.
» — suction valve guard	Garde, Buttoir du clapet d'aspiration de pompe à air.	Luftpumpen-Saugventil-Klappenfänger.
» vertical —	Pompe à air verticale.	Vertikale Luftpumpe.
Air-vessel ; Air-reservoir	Réservoir à air.	Windkessel.
Apparatus, smoke burning —	Appareil fumivore.	Rauch verzehrender Apparat.
» self acting feed —	Appareil d'alimentation automatique.	Selbst thätiger Speiseapparat.
Asbestos (for covering boiler)	Amiante (pour revêtement de chaudière).	Asbest(für Kesselbekleidung).
Ash-bucket	Seau à escarbilles.	Ascheimer; Ascheneimer.
» — cock	Robinet-extincteur des escarbilles.	Aschhahn.
» — cock gland	Presse-étoupe du robinet-extincteur des escarbilles.	Aschhahn-Stopfbüchse.
» — cock plug	Bouchon du robinet-extincteur des escarbilles.	Aschhahn-Küken.
» — hoist	Élévateur des escarbilles. Monte-escarbilles.	Aschwinde; Aschheiss.
» steam — hoist	Monte-escarbilles à vapeur.	Dampfaschwinde.
» — pan	Cendrier.	Aschenkasten.
» — pit	Cendrier de foyer.	Aschenfall.
» — pit damper	Régistre, Écran de cendrier de foyer.	Aschenfallklappe.
» — pit door	Porte de cendrier de foyer.	Aschenfallthür.
» — shoot	Conduit à escarbilles ; Déversoir à escarbilles.	Aschenauslauf.
Axle ; Axis	Axe.	Achse ; Axe; Welle.
» crank —	Axe en té à deux leviers opposés.	Welle mit zwei gegenüber stehenden Hebeln.
» cross —	Axe en té.	Kurbelachse.
Banjo-frame (*)	Chassis d'hélice. (*)	Bajonettrahmen (*)
Beam, engine — ; working —	Balancier de machine.	Balancier der Maschine.
» sway — (of single acting engine)	Balancier (de machine à simple effet).	Schwingbaum (einer einfach wirkenden Maschine).
Bearer ; Sleeper; Seating; Bed; Foundation (of engine or boiler)	Fondation ; Support ; Assise (de machine ou de chaudière).	Fundament ; Träger ; Lager (einer Maschine oder eines Kessel's).

(*) Apparatus in which a lifting-propeller is fitted for raising it above water.

(*) Chassis servant à remonter une hélice amovible dans le puits de l'arrière.

(*) Apparat im Heck eines Schraubendampfers, womit eine Hülfsschraube gehoben und, während ihrer Unthätigkeit, gehalten wird

Machinery.	Machines.	Maschinerie.
Bearing	Palier ; Portée.	Lager ; Zapfenlager.
» — brasses	Coussinets de palier.	Pfannen, Lagerschalen.
» — cap	Chapeau de palier.	Pfannendeckel ; Lagerdeckel ; Zapfenlagerdeckel.
» lignum vitae —	Palier en gaïac.	Pockholzlager.
» main —	Palier principal; Grand palier; Palier hercule.	Hauptlager ; Grundlager.
» main — bolt	Boulon de palier principal.	Hauptlager-Bolzen.
» main — brasses	Coussinets de palier principal.	Hauptlager-Schalen ; Hauptlager-Pfannen.
» main — cap	Chapeau de palier principal.	Hauptlager-Pfannendeckel.
» — oil cap	Graisseur de palier.	Schmierbüchse des Lagers.
» outer—(for propeller-shaft)	Palier extérieur (de l'arbre d'hélice).	Aussen-Lager (der Schraubenwelle).
» self lubricating —	Palier à graisseur automatique.	Selbstschmierendes Lager.
» shaft —	Portée de l'arbre.	Wellenlager.
» thrust —	Palier de recul ; Palier de buttée.	Drucklager.
» collar of thrust —	Collet de palier de buttée.	Drucklagerring.
Bed plate ; Foundation plate ; Base plate	Plaque de fondation.	Grundplatte ; Fundamentplatte.
Bilge	Bouchains ; Cale.	Bilge.
» — injection	Injection de cale.	Bilge-Injection.
» — injection valve	Soupape d'injection de cale.	Bilge-Injectionsventil.
» — injection valve mud box	Crépine ; Boite à vase de soupape d'injection de cale.	Schlammkasten des Bilge-Injectionsventil's.
» — injection valve pipe	Tuyau de soupape d'injection de bouchains ou de cale.	Rohr des Bilge-Injectionsventil's.
» — injection valve strainer	Conduit de soupape d'injection de bouchains ou de cale.	Seiherblech, Sieb des Bilge-Injectionsventil's.
» — pipe	Tuyau de cale.	Bilgerohr.
» — sluice valve	Soupape-écluse de cale.	Bilge-Schleusenventil ; Bilge-Schleusenschieber.
» — sluice valve rod	Tige de soupape-écluse de cale.	Bilge-Schleusenventilzugstange.
» — suction	Aspiration de cale.	Bilgesauger.
Bilge-pump	Pompe de cale.	Lenzpumpe.
» — air vessel	Réservoir à air de pompe de cale.	Lenzpumpen-Windkessel.
» — barrel	Corps de pompe de cale.	Lenzpumpen-Stiefel.
» — chest	Boite directrice de tuyautage de pompe de cale.	Lenzpumpen-Kasten. (*)
» — delivery pipe	Tuyau d'évacuation de pompe de cale.	Lenzpumpen-Ausgussrohr.
» — delivery valve	Soupape d'évacuation de pompe de cale.	Lenzpumpen-Ausgussventil.
» — discharge valve	Soupape de décharge, Clapet de refoulement de pompe de cale.	Lenzpumpen-Ausflussventil.

(*) Kasten, von dem die verschiedenen Bilgeröhren ausgehen.

Machinery.	Machines.	Maschinerie.
Bilge-pump-discharge valve cover	Couvercle de soupape de décharge de pompe de cale.	Deckel des Lenzpumpen-Aus-flussventil's.
» —discharge valve seat	Siége de soupape de décharge de pompe de cale.	Sitz des Lenzpumpen-Ausfluss-ventil's.
» —discharge valve spindle	Tige de soupape de décharge de pompe de cale.	Spindel des Lenzpumpen-Aus-flussventil's.
» — gland bush	Douille de couronne de presse étoupe de pompe de cale.	Büchse des Stopfbüchsen-grundringes der Lenzpumpe.
» — neck bush	Douille de presse étoupe de pompe de cale.	Büchse des Stopfbüchsen-halsringes des Lenzpumpe.
» — pet cock	Robinet d'essai de pompe de cale.	Lenzpumpen-Probirhahn.
» — pin or stud	Bouton de pompe de cale ; Goujon de pompe de cale.	Lenzpumpen - Zapfen oder Stiftschraube.
» — plunger	Plongeur de pompe de cale.	Lenzpumpen-Mönchskolben (*Tauchkolben*).
» — rod	Tige de pompe de cale.	Lenzpumpen-Stange.
» — suction-pipe	Tuyau d'aspiration de pompe de cale.	Lenzpumpen-Saugrohr.
» — suction-pipe flange	Collet de tuyau d'aspiration de pompe de cale.	Flansche des Lenzpumpen-Saugrohr's.
» — suction valve	Soupape d'aspiration de pom-pe de cale.	Lenzpumpen-Saugventil.
Boiler	Chaudière.	Kessel.
» cylindrical —	Chaudière cylindrique.	Cylindrischer Kessel.
» — bearer	Support de chaudière.	Kesselträger.
» bedding of —; seating of —	Assise de chaudière ; Berceau de chaudière.	Kessellager.
» — braces	Goussets, Arc-boutants fixant la chaudière.	Stütz-Klammer des Kessels.
» — bridge; Flame-brid-ge; Furnace-bridge.	Autel de foyer.	Feuerbrücke.
» circulating plates in —	Tôles-conduits de circulation d'eau à l'intérieur de la chaudière.	Circulirende Platten im Kes-sel.
» clinker bar in —	Sommier d'autel de foyer.	Feuerbrückenträger.
» — clothing	Revêtement de chaudière ; Calorifuge.	Kesselbekleidung (*von Filz*, *Cement etc.*)
» double combustion chamber —	Chaudière à double boîte à combustion.	Kessel mit doppelter Feuer-büchse.
» donkey —	Petit cheval ; Petit cheval-vapeur.	Dampfpumpenkessel ; Hülfs-kessel.
» dry bottom —	Chaudière à fond sec.	Dampfkessel, welcher unter der Feuerung kein Wasser enthält.
» elephant —	Chaudière à pieds d'éléphant.	Kessel mit Elephantenfüssen.
» elliptical —	Chaudière elliptique.	Elliptischer Kessel.
» double ended —	Chaudières doubles avec foyers aux deux extrémités.	Kessel, welcher von beiden Enden geheizt wird.
» egg ended —	Chaudière à extrémité bombée (*ovale*)	Kessel mit ovalen Enden.
» end-plate of —	Dos de chaudière ; Tôle d'ex-trémité de chaudière.	Rückwand eines Kessels.

Machinery.	Machines.	Maschinerie.
Boiler, single ended —	Chaudière simple, (*chauffée à une extrémité*).	Kessel, welcher an einem Ende geheizt wird.
» — float	Flotteur de chaudière.	Schwimmer im Kessel.
» flue —	Chaudière à carneaux.	Zugkessel ; Röhrenkessel.
» — gratings	Grilles de chaudière.	Rost, Roststäbe eines Kessels.
» hand hole in —	Trou de visite de chaudière.	Handloch eines Kessels.
» high pressure —	Chaudière de haute pression.	Hochdruckkessel.
» — lagging	Enveloppe en planches recouvrant la chaudière.	Kesselschalung.
» locomotive —	Chaudière à flamme directe ; Chaudière locomotive.	Lokomotivkessel.
» low pressure —	Chaudière de basse pression.	Niederdruckkessel.
» main —	Chaudière principale.	Hauptkessel.
» manhole in —	Trou d'homme de chaudière.	Mannloch im Kessel.
» — mounting ; — fitting	Garniture de chaudière. Armature de chaudière.	Kesselarmatur ; Kesselmontirung ; Kesselgarnitur.
» — mudbox	Boite à vase ou à saleté de chaudière.	Schlammkammer eines Kessels.
» — mudhole ; — sludge hole	Regard ; Orifice de nettoyage de chaudière.	Schlammloch eines Kessels.
» — mudhole door	Porte de l'orifice de nettoyage de chaudière.	Schlammlochthür eines Kessels.
» — mudhole door cross bar or dog	Cavalier de porte de regard de chaudière.	Schlammlochthür-Riegel eines Kessels.
» oval —	Chaudière ovale.	Ovaler Kessel.
» rectangular —	Chaudière rectangulaire.	Rechtwinkeliger Kessel.
» return flue — ; return flame —	Chaudière à retour de flamme.	Kessel mit wiederkehrenden Zügen.
» — seam	Coutures de chaudière.	Fugen eines Kessels ; Kesselfugen.
» sectional —	Chaudière à sections.	Kammerkessel.
» — shell	Corps de chaudière.	Kesselwandung, Aeussere Kesselwandung.
» — shell plating	Tôles de corps de chaudière.	Platten der Kesselwandung.
» — space ; — room	Chambre de chaudière.	Kesselraum.
» — stay	Tirant, Entretoise de chaudière.	Anker-Stehbolzen, Ankerbolzen eines Kessels.
» — stay inside nut	Écrou intérieur de tirant de chaudière.	Innen-Mutter des Ankerbolzens eines Kessels.
» — stay outside nut	Écrou extérieur de tirant de chaudière.	Aussen-Mutter des Ankerbolzens eines Kessels.
» — stay washer	Rondelle de tirant de chaudière.	Ankerbolzen-Unterlegscheibe eines Kessels.
» diagonal stay in —	Tirant diagonal de chaudière.	Diagonaler Stehbolzen eines Kessels.
» steam —	Chaudière à vapeur.	Dampfkessel.
» steam space, steam room in —	Chambre de vapeur de chaudière.	Dampfraum, Dampfkammer im Kessel.
» steel —	Chaudière en acier.	Stahlkessel.
» — surface	Surface de chaudière.	Kesselfläche.
» — heating surface	Surface de chauffe de chaudière.	Heizfläche eines Kessels.
» surface of — tubes	Surface tubulaire de chaudière.	Röhrenfläche eines Kessels.

Machinery.	**Machines.**	**Maschinerie.**
Boiler,— tube	Tube de chaudière.	Kesselrohr ; Heizrohr ; Siederohr.
» — back tube plate	Plaque tubulaire d'arrière de chaudière.	Hintere Röhrenplatte eines Kessels.
» — front tube plate	Plaque tubulaire d'avant de chaudière.	Vordere Röhrenplatte eines Kessels.
» water tube —	Chaudière à bouilleurs.	Wasserröhrenkessel ; Wasserrohrkessel.
» tubular — ; tubulous—	Chaudière tubulaire.	Röhrenkessel.
» multitubular —	Chaudière multitubulaire.	Vielröhriger Dampfkessel.
» horizontal tubular —	Chaudière tubulaire horizontale.	Horizontaler Röhrenkessel.
» vertical cylindrical —	Chaudière cylindrique verticale.	Vertikaler Walzenkessel.
» waggon shaped —	Chaudière à tombereau.	Wagenkessel ; Kofferkessel.
» water bridge in —	Autel d'eau dans une chaudière.	Wasserbrücke im Kessel.
» water level in —	Niveau d'eau de chaudière.	Wasserlinie im Kessel ; Wasserspiegel im Kessel.
» water space in —	Chambre d'eau ; Volume d'eau de chaudière.	Wasserraum ; Wasserkammer eines Kessels.
» wet bottom —	Chaudière à lame d'eau inférieure.	Kessel, welcher unter der Feuerung Wasser enthält.
» winch —	Chaudière de treuil.	Dampfwinde-Kessel.
Bolt	Boulon.	Bolzen.
» bearing —	Boulon de palier.	Lagerbolzen.
» cap —	Boulon de chapeau.	Lagerdeckelbolzen.
» check —	Boulon d'arrêt ; Boulon de retenue.	Stellbolzen ; Stellschraube.
» coupling —	Boulon d'embrayage ; Boulon d'assemblage.	Kupplungsbolzen.
» crosshead —	Boulon de tête de bielle.	Kreuzkopf bolzen.
» cylinder cover —	Boulon de couvercle de cylindre.	Cylinderdeckelbolzen.
», foundation plate — ; sole plate —	Boulon de plaque de fondation.	Fundamenplatte-Bolzen.
» hook —(of paddle-wheel)	Boulon à croc (de roue à aubes).	Hakenschraube; Radschaufelschraube.
» junk-ring —	Boulon de couronne de piston.	Kolbenkronebolzen.
» key —	Boulon à clavette.	Splintbolzen.
» main bearing —	Boulon de grand palier.	Hauptlagerbolzen.
» screw —	Boulon taraudé; Boulon fileté.	Schraubenbolzen.
» set —	Prisonnier.	Zugbolzen ; Druckbolzen.
» valve chest cover —	Boulon de couvercle de boite à tiroir.	Ventilgehäusedeckel-Bolzen.
Brasses	Coussinets.	Lagerschalen ; Pfannen.
» bearing —	Coussinets de palier.	Lagerschalen.
» crosshead —	Coussinets de tête de bielle.	Kreuzkopf-Lagerschalen.
» crankpin —	Coussinets de soie de manivelle.	Kurbelzapfen-Lagerschalen.
» link —	Coussinets de tige-bielle de mouvement de distribution.	Kulissen-Lagerschalen.
» main bearing —	Coussinets de grand palier.	Hauptlagerschalen.
» connecting rod —	Coussinets de bielle.	Pläuelstangen-Lagerschalen.

Machinery.	Machines.	Maschinerie.
Brasses, lever shaft —	Coussinets d'arbre de balancier.	Hebelwelle-Lagerschalen.
» rocking shaft —	Coussinets d'arbre oscillant.	Lagerschalen einer oscillirenden Welle.
Cam	Came.	Hebedaumen.
Cap; Keep.	Chapeau.	Pfannendeckel; Lagerdeckel.
» for connecting-rod brasses	Chapeau de coussinets de bielle.	Pläuelstangen-Pfannendeckel.
» for crank-pin brasses	Chapeau de coussinets de soie de manivelle.	Kurbelzapfen-Pfannendeckel.
» for cross-head brasses	Chapeau de coussinets de tête de bielle.	Kreuzkopf-Pfannendeckel.
» for lever-shaft brasses	Chapeau de coussinets d'arbre de balancier.	Hebelwelle-Pfannendeckel.
» for link brasses	Chapeau de coussinets de tige-bielle de mouvement de distribution.	Pfannendeckel der Kulissen-Lagerschalen ; Gelenk-Lagerdeckel.
» for main-bearing brasses	Chapeau de coussinets de grand palier.	Hauptlager-Pfannendeckel.
» for rocking shaft brasses	Chapeau de coussinets d'arbre oscillant.	Pfannendeckel der oscillirenden Welle.
Casing	Enveloppe.	Mantel.
» — cover	Couvercle d'enveloppe.	Mantel-Deckel.
Circulating-pump	Pompe de circulation.	Circulationspumpe ; Zirkulationspumpe.
» bilge suction of —	Aspiration de cale à la pompe de circulation.	Bilgesauger der Circulationspumpe.
» — bucket	Piston de pompe de circulation.	Circulationspumpen-Kolben.
» — chamber	Corps de pompe de circulation.	Circulationspumpen-Stiefel.
» — cover	Couvercle de pompe de circulation.	Circulationspumpen-Deckel.
» — cross-head	Té de pompe de circulation.	Circulationspumpen-Kreuzkopf.
» — discharge pipe	Tuyau de décharge de pompe de circulation.	Circulationspumpen-Ausgussrohr.
» double acting —	Pompe de circulation à double effet.	Doppelt wirkende Circulationspumpe.
» — gland	Couronne, Chapeau de presse étoupe de pompe de circulation.	Stopfbüchsen-Grundring der Circulationspumpe.
» — gland bush	Douille de couronne de presse-étoupe de pompe de circulation.	Grundring-Büchse der Circulationspumpe.
» — levers	Balanciers de pompe de circulation.	Circulationspumpen-Hebel.
» — neck bush	Douille de la boite à étoupe de pompe de circulation.	Halsringbüchse der Circulationspumpe.
» — pass cock; - cock	Robinet à retour de pompe de circulation.	Circulationspumpen-Durchgehhahn.
» — plunger	Plongeur de pompe de circulation.	Mönchskolben, Tauchkolben der Circulationspumpe.
» — rod	Tige de pompe de circulation.	Circulationspumpen-Stange.

Machinery.	Machines.	Maschinerie.
Circulating-pump, single acting —	Pompe de circulation à simple effet.	Einfach wirkende Circulationspumpe.
» — stuffing box	Presse-étoupe de pompe de circulation.	Circulationspumpen-Stopfbüchse.
» — valve guard	Buttoir de soupape de pompe de circulation.	Circulationspumpen-Klappenfänger.
» — air valve	Soupape atmosphérique de pompe de circulation.	Circulationspumpen-Luftventil.
» — bucket valve	Clapet de piston de pompe de circulation.	Circulationspumpen-Kolbenventil.
» — delivery valve	Soupape de refoulement de pompe de circulation.	Circulationspumpen-Abflussventil.
» — discharge valve	Soupape de décharge de pompe de circulation.	Circulationspumpen-Ausgussventil.
» — discharge valve cover	Couvercle de soupape de décharge de pompe de circulation.	Circulationspumpen-Ausgussventildeckel.
» — discharge valve spindle	Tige de soupape de décharge de pompe de circulation.	Circulationspumpen-Ausgussventilspindel.
» — foot valve	Clapet de pied de pompe de circulation.	Circulationspumpen-Bodenventil.
» —india rubber valve	Clapet en caoutchouc de pompe de circulation.	Circulationspumpen Gummiventil.
» — relief valve	Soupape de trop-plein de pompe de circulation.	Circulationspumpen-Ueberlaufventil.
Coal-bunker	Soute à charbon.	Kohlenraum; Kohlenbehälter.
» — door	Porte de soute à charbon.	Kohlenraumthür.
» — frames	Membrure de soute à charbon.	Kohlenraum-Spanten.
» — hatch	Écoutillon de soute à charbon.	Kohlenraumluke.
» — lid	Couvercle d'orifice de soute à charbon.	Kohlenraum-Deckel.
» — pipe	Tuyau-conduit de soute à charbon.	Kohlenraumrohr.
» — plates	Tôles de soute à charbon.	Kohlenraum-Platten.
» — stays	Tirants de soute à charbon.	Kohlenraum-Stagen ; Kohlenraum-Versteiffungstangen.
» — ventilator	Ventilateur, Manche à vent de soute à charbon.	Kohlenraum-Ventilator.
Cock	Robinet	Hahn.
» air —	Robinet atmosphérique.	Lufthahn.
» ash — ; fireman's —	Robinet-extincteur des escarbilles (à l'usage des chauffeurs).	Aschhahn ; Waschhahn.
» blast —	Robinet-souffleur.	Dampfauslasshahn; Blashahn.
» blow out — ; blow off—	Robinet de décharge; Robinet de vidange.	Ablasshahn; Abblashahn.
» brine—; scum —; surface blow out —	Robinet d'extraction; Robinet-écumeur.	Salzhahn; Schaumhahn.
» drain —	Robinet-purgeur.	Entwässerungshahn.
» extra supply — ; supplementary feed —	Robinet d'alimentation supplémentaire ou auxiliaire.	Neben-Speisehahn.
» feed —	Robinet alimentaire.	Speisehahn.
» four way —	Robinet à quatre voies; Robinet à quatre fins.	Vierweghahn.

Machinery.	Machines.	Maschinerie.
Cock, gauge —	Robinet d'essai; Robinet-jauge.	Probirhahn ; Wasserstands-hahn.
» grease — ; tallow —	Robinet-graisseur; Robinet de graissage.	Schmierhahn; Talghahn.
» ice —	Robinet-paraglace.	Eishahn.
» injection —	Robinet d'injection.	Einspritzhahn.
» inlet — ; taking in —	Robinet d'admission.	Einlasshahn ; Einströmungs-hahn.
» key of a —; handle of a —	Clef de robinet ; Poignée de robinet.	Schlüssel oder Griff eines Hahn's.
» outlet —	Robinet d'émission.	Auslasshahn; Ablasshahn.
» oil —	Robinet à huile.	Oelhahn.
» pet — ; test —	Robinet de sûreté ; Robinet d'épreuve.	Probirhahn.
» plug of a —	Noix de robinet.	Drehwirbel ; Zapfenküken eines Hahn's.
» salinometer —	Robinet de salinomètre.	Salinometerhahn.
» score of a —	Repère (sur le pan carré de la noix) de robinet.	Marke ; Kerbe ; Zeichen eines Hahn's.
» sea —	Robinet communiquant à la mer.	Seehahn (an der Innenseite der Aussenbeplattung angebrachter Hahn).
» sluice —	Robinet-vanne.	Schleusenhahn.
» steam —	Robinet à vapeur.	Dampfhahn.
» steam — (for quenching fire)	Robinet à vapeur extincteur.	Dampfhahn (zum Löschen im Falle eines Feuers).
» stop —	Robinet d'arrêt.	Absperrhahn; Abstellhahn.
» three way —	Robinet à trois voies.	Dreiweghahn.
» two way —	Robinet à deux voies.	Zweiweghahn.
» water —	Robinet à eau.	Wasserhahn.
» water gauge —	Robinet-jauge,de niveau d'eau.	Wasserstandszeigerhahn.
» water service —	Robinet des arroseurs ou de conduite d'eau rafraichis-sante.	Wasserleitungshahn; Kühllei-tungshahn.
Column ; Standard (of engine)	Bâti de machine ; Colonne de machine.	Maschinensäule.
Combustion-chamber	Chambre de combustion.	Feuerbüchse.
» — stays	Entretoises de chambre de combustion.	Stehbolzen ; Ankerbolzen der Feuerbüchse.
» — back plate	Tôle du dos de la chambre de combustion.	Rückwand der Feuerbüchse.
— crown plate	Tôle du ciel de la chambre de combustion.	Feuerbüchsendecke.
» — side plate	Tôle latérale de la chambre de combustion.	Seitenwand einer Feuer-büchse.
Condenser	Condenseur.	Kondensator; Condensator.
» common — ; jet —	Condenseur à injection ordi-naire par jet.	Gewöhnlicher Einspritz- oder Strahl-Kondensator.
» distilling —	Condenseur distillatoire.	Destillir-Kondensator (Kon-densator mit Destillirappa-rat).
» — door	Porte de condenseur.	Kondensatorthür.
» — exhauster	Reniflard de condenseur ; Pur-geur de condenseur.	Entluftungsapparat des Kon-densators.

Machinery.	Machines.	Maschinerie.
Condenser, external —	Condenseur par contact.	Röhren-Kondensator mit äusserer Kühlung.
» — gauge	Manomètre; Indicateur du vide de condenseur.	Vacuummeter ; Luftleeremesser des Kondensators.
Surface-Condenser; Condenser by contact	Condenseur à surface; Condenseur par contact.	Oberflächen-Kondensator.
» » cooling surface of —	Surface réfrigérante de condenseur à surface.	Kühlfläche ines Oberflächen-Kondensator.
» » division plate of --	Plaque de division de condenseur à surface.	Theilungsplatte eines Oberflächen-Kondensator.
» » — tubes	Tubes de condenseur à surface.	Oberflächen-Kondensator-Röhren.
» » — tube ferrules	Viroles; Bagues pour tubes de condenseur à surface.	Dichtungsringe für Oberflächen-Kondensator Röhren.
» » — tube packing	Bourrage de tubes de condenseur à surface.	Packung, Liderung der Oberflächen-Kondensator Röhren.
» » — tube plate	Plaque tubulaire de condenseur à surface.	Oberflächen-Kondensator-Rohrplatte.
» » spacing of -- tubes	Écartement des tubes de condenseur à surface.	Entfernung, Abstand der Oberflächen-Kondensator Röhren.
Connecting-rod	Bielle ; Tige conductrice.	Pläuelstange ; Pleyelstange ; Verbindungstange ; Flügelstange.
» — bolt	Boulon de bielle.	Pläuelstangenbolzen.
» nut on — bolt	Écrou de boulon de bielle.	Mutter des Pläuelstangenbolzen.
» — brasses	Coussinets de bielle.	Pläuelstangenpfannen; Pläuelstangen-Lagerschalen.
» cap for—brasses	Chapeaux de coussinets de bielle.	Pläuelstangen-Pfannendeckel.
» — fork	Fourche de bielle.	Pläuelstangengabel.
» — gudgeon	Pivot de bielle ; Tourillon de bielle.	Pläuelstangenzapfen.
» — head	Tête de bielle.	Pläuelkopf ; Kopf der Pläuelstange.
» high pressure -	Bielle de piston à haute pression.	Hochdruck-Pläuelstange.
» — jaw	Joue de bielle ; Mâchoire de bielle.	Pläuelstangenbacke.
» — journal	Soie de bielle; Tourillon de bielle.	Pläuelstangen-Wellzapfen.
» — liner	Cale de serrage de bielle.	Pläuelstangenfutter ; Pläuelstangen-Unterlegscheibe.
» — link	Bielle courte ou latérale de grande bielle.	Pläuelstangengelenk.
» low pressure -	Bielle de piston à basse pression.	Niederdruck-Pläuelstange.
» main —	Grande bielle.	Haupt-Pläuelstange.
» return —	Bielle en retour.	Rückkehrende Pläuelstange.
» side —	Bielle pendante.	Seiten Pläuelstange.
» T ended —	Bielle terminée en té.	T-förmige Pläuelstange.

Machinery.	Machines.	Maschinerie.
Cotter ; Cottar	Clavette ; Coin.	Keil.
Counter ; Register	Compteur ; Enrégistreur.	Hubzähler.
» , dial —	Compteur à cadran.	Hubzähler mit Zifferblatt.
Coupling	Embrayage ; Accouplement ; Assemblage.	Kupplung.
» — bar	Barre d'accouplement ; Tige d'accouplement.	Kupplungstange.
» — box	Manchon d'embrayage.	Kupplungsmuff.
» clutch of a — box	Endenture ou mâchoire de manchon d'embrayage.	Klaue einer Kupplungsmuff.
» cross key for —	Clavette diamètrale d'assemblage.	Querkeil einer Kupplung.
» driving —	Embrayage de transmission.	Treibkupplung.
» expansion —	Embrayage d'expansion.	Expansionskupplung.
» friction —	Embrayage à friction ; Accouplement à friction.	Friktionskupplung.
» friction clutch of —	Cône de friction d'embrayage.	Frictionsklaue einer Kupplung.
» — lever	Levier d'embrayage.	Kupplungshebel.
» loose —; moveable—	Accouplement mobile.	Lose Kupplung ; Bewegliche Kupplung.
» — nut	Écrou d'assemblage.	Kupplungs-Schraubenmutter
» — of shafts	Assemblage des arbres.	Wellenkupplung.
» taper bolts of —	Boulons coniques d'assemblage.	Konische Kupplungsbolzen.
Crank	Manivelle ; Coudé.	Kurbel; Krummzapfen.
» bell —; Bent lever	Balancier dont les bras entr'eux forment angle.	Glockenwinkel.
» — boss	Tourteau de manivelle.	Kurbelnabe.
» — brasses	Coussinets de manivelle.	Kurbel-Lagerschalen.
» built up —	Manivelle rapportée.	Zusammengesetzte Kurbel.
» double —	Manivelle double.	Doppelte Kurbel.
» eye of a —	Oeil de manivelle.	Kurbelauge.
» following —	Manivelle menée, Manivelle suivante.	Folgende Kurbel ; Geführte Kurbel.
» leading —	Manivelle menante, Manivelle directrice.	Führende Kurbel.
» middle piece of double —	Partie centrale de deux coudés.	Mittelstück einer doppelten Kurbel.
» opposite —	Manivelle équilibrée ; Manivelle opposée.	Gegenkurbel.
» overhung —	Coudé en porte à faux.	Ueberhängende Kurbel.
» — pin	Bouton, Soie, Tourillon de manivelle.	Kurbelzapfen.
» — pin fillet	Congé de bouton de manivelle.	Kurbelzapfennase.
» — pit	Puits à manivelle.	Kurbelgrube.
» — shaft	Arbre à manivelle ; Arbre coudé.	Kurbelwelle.
» — shaft (forward)	Arbre à manivelle de l'avant.	Vor-Kurbelwelle.
» — shaft (after)	Arbre à manivelle de l'arrière.	Hinter-Kurbelwelle.
» — shaft (built up)	Arbre à manivelle rapporté.	Zusammengesetzte Kurbelwelle.

Machinery.	Machines.	Maschinerie.
Crank-shaft coupling	Assemblage de l'arbre à manivelle.	Kurbelwellen-Kupplung.
» -shaft flange	Plateau d'assemblage d'arbre coudé.	Kurbelwellen Verbindungs-flansche.
» single —	Manivelle simple.	Einfache Kurbel.
» spare —	Manivelle de rechange; Manivelle de réserve.	Reserve-Kurbel.
» — web; — arm	Bras de manivelle.	Kurbelarm.
Cross-head	Tête de bielle; Té.	Kreuzkopf; Querhaupt.
Cylinder	Cylindre (Cylindre à vapeur).	Cylinder (Dampfcylinder).
» annular —	Cylindre annulaire.	Ringförmiger Cylinder.
» balance —	Cylindre-compensateur.	Gegengewicht-Cylinder.
» bar of — (or slide bridge)	Barrette de table de tiroir.	Führungstange des Cylinders.
» — barrel	Corps de cylindre.	Cylinderkörper.
» — bed	Assise de cylindre.	Cylindersitz.
» — bottom, — end	Fond de cylindre.	Cylinderboden.
» — clothing (of felt etc.)	Enveloppe de cylindre (en feutre, etc.).	Cylinderbekleidung (von Filz etc.)
» — column	Colonne de cylindre; Support de cylindre.	Cylindersäule.
» — cover or lid	Couvercle de cylindre; Plaque de cylindre.	Cylinderdeckel.
» diagonal — (cylinder of a diagonal engine)	Cylindre oblique; Cylindre incliné (Cylindre de machine diagonale).	Diagonal-Cylinder (Cylinder einer diagonalen Maschine)
» drain cock of —; relief cock of —	Robinet-purgeur de cylindre.	Entwässerungshahn, Ausblasehahn des Cylinders.
» drain pipe of —	Tuyau-purgeur de cylindre.	Entwässerungsrohr des Cylinders.
» escape valve of —	Soupape de sûreté de cylindre.	Sicherheitsventil des Cylinders.
» — escape valve spring	Ressort de soupape de sûreté de cylindre.	Sicherheitsventilfeder des Cylinders.
» exhaust port of —	Orifice de décharge de cylindre.	Ausströmungsöffnung des Cylinders.
» exhaust passage of—	Conduit de décharge de cylindre.	Ausströmungskanal des Cylinders.
» false face to —	Table rapportée de cylindre; Chemise de tiroir de cylindre.	Aufgesetzte Schieberfläche des Cylinders.
» —valve face (—face).	Table ou glace du cylindre; Face plane du tiroir de cylindre.	Schieberspiegel; Schieberfläche des Cylinders.
» fittings of —	Garniture de cylindre.	Cylinder-Garnitur.
» flange of —	Nervure; Bride; Collet; Collerette de cylindre.	Cylinderflansche.
» high pressure —	Cylindre à haute pression.	Hochdruckcylinder.
» horizontal —	Cylindre horizontal.	Horizontaler Cylinder.
» inverted —	Cylindre renversé.	Umgekehrter Cylinder.
» — jacket	Chemise de cylindre.	Cylindermantel; Dampfmantel.
» — jacket pipe	Tuyau de chemise de cylindre.	Cylindermantelrohr.

Machinery.	Machines.	Maschinerie.
Cylinder — lagging	Enveloppe en bois de cylindre (*feutre ou autre calorifuge recouvert de planches*).	Holzbekleidung eines Cylinders.
» — liner	Chemise intérieure de cylindre.	Innere Cylinderbüchse.
» low pressure —	Cylindre à basse pression.	Niederdruck-Cylinder.
» — lubricator	Graisseur de cylindre.	Schmierapparat des Cylinders.
» — oil cup	Godet à huile de cylindre ; Graisseur de cylindre.	Schmierbüchse, Oelgefäss des Cylinders.
» oscillating —	Cylindre oscillant.	Oszillirender Cylinder ; Schwingender Cylinder.
» slide sweep of oscillating —	Arc conducteur ; Secteur glissant de cylindre oscillant.	Gleitfläche des oszillirenden Cylinders.
» ports of —	Orifices de cylindre.	Cylinder-Oeffnungen.
» steam port of —	Orifice de vapeur du cylindre.	Dampfweg des Cylinders.
» — stuffing box	Boite à bourrage du cylindre.	Stopfbüchse des Cylinders.
» — stuffing box gland	Chapeau de boite à bourrage du cylindre.	Stopfbüchsenbrille des Cylinders.
» — trunnions	Tourillons du cylindre.	Cylinderzapfen.
» trunnions of oscillating —	Tourillons de cylindre oscillant.	Schwungzapfen eines oszillirenden Cylinders.
» — vacuum pipe (*balance cylinder*)	Tuyau de vide (*de cylindre-compensateur.*)	Vacuumrohr (*eines Gegengewicht-Cylinders*).
Damper of boiler	Papillon, Registre de chaudière.	Register, Dampfklappe eines Kessels.
» — of ash pit and fire grate	Écran de cendrier et de grille de foyer.	Feuerungsregister, Heizungsregister.
» — of super-heater	Papillon de surchauffeur.	Register des Ueberhitzers.
Dead plate (*of furnace*)	Seuil de foyer ; Table de foyer.	Feuerplatte. (*des Ofens*).
Dome (*of boiler*)	Dôme ; Réservoir de vapeur (*de chaudière.*)	Dom ; Dampfdom. (*eines Kessels.*)
Donkey-boiler	Petite chaudière ; Chaudière-Donkey.	Hülfskessel.
Donkey-engine	Petit cheval ; Cheval-vapeur ; Pompe à vapeur; Machine-Donkey.	Hülfsmaschine ; Donkeymaschine.
Eccentric	Excentrique.	Excentrik, Excenter.
» angular advance of —; angle of advance of —	Angle d'avance de l'excentrique à l'introduction ou à la sortie.	Voreilungswinkel des Excentrik.
» back balance of—	Contre-poids d'excentrique.	Gegengewicht eines Excentrik.
» — bolt	Boulon d'excentrique.	Excentrikbolzen.
» — brasses	Coussinets d'excentrique.	Excentrik-Lagerschalen.
» — catch ; — stop ; — snug	Buttoir de l'excentrique ; Toc de l'excentrique.	Excentrik-Mitnehmer ; Excentrikknagge.
» — gab pin ; — rod pin	Bouton de manivelle d'excentrique.	Excentrikhebelzapfen.
» — gear	Mouvement d'excentrique.	Excentrik-Triebwerk ; Excentrikgestänge.
» high pressure —	Excentrique de haute pression.	Hochdruck-Excentrik.
» — key	Clef d'excentrique ; Clavette d'excentrique.	Excentrikkeil.
» — keyway	Rainure de clavette d'excentrique.	Excentrikkeilnuthe.

Machinery.	Machines.	Maschinerie.
Eccentric, loose —	Excentrique mobile ; Excentrique libre.	Freies Excentrik ; Loses Excentrik.
» low pressure —	Excentrique de basse pression.	Niederdruck-Excentrik.
» — pulley ; — sheave	Poulie d'excentrique ; Disque d'excentrique.	Excentrikscheibe.
» — pulley feather	Clavette de poulie d'excentrique.	Excentrikfeder ; Excentrikscheibe-Feder.
» — radius	Rayon d'excentrique.	Excentrik-Radius.
» — rod ; — arm	Tige d'excentrique ; Bielle d'excentrique.	Excentrikstange ; Excenterstange.
» — rod (go ahead)	Tige d'excentrique (marche en avant).	Excentrikstange (zum Vorwärtsgehen).
» — rod (go astern)	Tige d'excentrique (marche en arrière).	Excentrikstange (zum Rückwärtsgehen).
» gab of — rod	Encoche de tige d'excentrique; Enclanche de tige d'excentrique.	An der Seite offenes Auge einer Aushebe-Excentrikstange.
» — rod gear	Mouvement de tige d'excentrique.	Excentrikstangen-Steuerung.
» — shaft	Arbre d'excentrique.	Excentrikwelle.
» — shaft bearing	Palier de l'arbre d'excentrique.	Excentrikwellenlager.
» — strap ; — strip	Collier d'excentrique ; Bague d'excentrique.	Excentrikring ; Excentrikbügel.
Ejector ; Bilge-ejector	Éjecteur.	Ejector ; Auswerfer ; Lenzejector.
Engine	Machine.	Maschine.
» atmospheric — ; single acting - —	Machine atmosphérique; Machine à simple effet.	Atmosphärische Maschine ; Einfach wirkende Maschine.
» auxiliary—;Donkey—	Machine auxiliaire ; Petit cheval ; Machine Donkey.	Hülfsmaschine ; Donkey.
» beam —	Machine à balancier.	Balanzier-Maschine.
» half beam —	Machine à balancier de deuxième ordre.	Maschine mit halbem Balanzier.
» beam side lever —	Machine à balancier latéral.	Seitenbalanzier-Maschine.
» bell crank —	Machine à balancier à mouvement de sonnette ; Machine à balancier en équerre.	Maschine mit Balanzier in winkelmässiger Bewegung.
» caloric or hot air —	Machine à air chaud.	Heissluftmaschine.
» compound —	Machine compound (à haute et à basse pression).	Compound-Maschine (Hoch- und Niederdruck Maschine)
» compressed air —	Machine à air comprimé.	Maschine, welche mit comprimirter Luft arbeitet.
» condensing —	Machine à condensation.	Kondensationsmaschine.
» surface condensing —	Machine à condensation par surface.	Oberflächen-Kondensationsmaschine.
» double cylinder —	Machine à deux cylindres.	Zweicylindrige Maschine.
» three cylinder —	Machine à trois cylindres.	Dreicylindrige Maschine.
» four cylinder —	Machine à quatre cylindres.	Viercylindrige Maschine.
» four cylinder tandem --	Machine à quatre cylindres en tandem.	Maschine mit vier hintereinander stehenden Cylindern.
» six cylinder —	Machine à six cylindres.	Sechscylindrige Maschine.

Machinery.	Machines.	Maschinerie.
Engine, diagonal —	Machine inclinée ; Machine diagonale.	Diagonale (*schräg liegende*) Maschine.
» direct acting —	Machine à action directe.	Direct wirkende Maschine.
» double acting —	Machine à double effet.	Doppelt wirkende Maschine.
» electric —	Machine électrique.	Elektrische Maschine.
» expansion —	Machine à détente.	Expansionsmaschine.
» treble expansion —	Machine à détente triple.	Dreifache Expansionsmaschine.
» feeding —	Machine alimentaire.	Speisemaschine.
» gas —	Machine à gaz.	Gasmaschine.
» — gear	Engrenage de machine; Transmission de mouvement de machine.	Triebwerk der Maschine.
» geared —	Machine à engrenage.	Mit Uebersetzung wirkende Maschine.
» grashopper —	Machine à balancier libre.	Balanzier-Maschine mit schwingendem Hebel.
» high pressure —	Machine à haute pression.	Hochdruckmaschine.
» hoisting —	Machine dite élévateur ou monte-charge.	Heissmaschine.
» horizontal —	Machine horizontale.	Horizontale (*wagerechte*) Maschine.
» horizontal trunk —	Machine horizontale à fourreau.	Horizontale Trunk-Maschine.
» hydraulic —	Machine hydraulique.	Hydraulische Maschine.
» intermediate pressure —	Machine à pression intermédiaire ; Machine à moyenne pression.	Mitteldruckmaschine.
» inverted or overhead cylinder —	Machine à pilon ; Machine à cylindre renversé.	Maschine mit umgekehrtem Cylinder.
» inverted direct acting —	Machine à pilon à action directe.	Direct wirkende Maschine mit umgekehrtem Cylinder.
» lever —	Machine à levier ; Machine à balancier.	Hebelmaschine.
» low pressure —	Machine à basse pression.	Niederdruck-Maschine.
» marine —	Machine marine.	Schiffsmaschine.
» non condensing —	Machine sans condensation.	Maschine ohne Kondensation.
» non expansive —	Machine sans détente.	Maschine ohne Expansion.
» oscillating —	Machine oscillante.	Oszillirende Maschine ; Schwingende Maschine.
» overhead beam —	Machine à balancier superposé.	Maschine mit oberem Balanzier.
» port — (*larboard*)	Machine de bâbord.	Backbord-Maschine.
» portable —	Machine locomobile.	Tragbare Maschine.
» reversing —	Appareil de changement de marche.	Umsteuerungs-Vorrichtung; Umsteuerungsmaschine.
» rotary —	Machine rotative.	Rotirende Maschine.
» — seating	Assise de machine.	Maschinenlager.
» side lever —	Machine à balanciers latéraux.	Seitenbalanziermaschine.
» single acting —	Machine à simple effet.	Einfach wirkende Maschine.
» single beam —	Machine à balancier simple.	Maschine mit einfachem Balanzier.
» single crank —	Machine à simple coudé.	Maschine mit einfacher Kurbel.

Machinery.	Machines.	Maschinerie.
Engine,single crank compound —	Machine compound à simple coudé (deux cylindres superposés).	Compound-Maschine mit einfacher Kurbel.
» starboard —	Machine de tribord.	Steuerbord-Maschine.
» staying of an —	Etaiement d'une machine.	Verankerung einer Maschine.
» steam —	Machine à vapeur.	Dampfmaschine.
» steeple — ; return connecting rod —	Machine en clocher; Machine à bielle en retour.	Maschine mit rückwirkender Pläuelstange.
» tandem —	Machine à cylindres en tandem.	Maschine mit hintereinander stehenden Cylindern.
» trunk —	Machine à fourreau (à bielle sur le piston).	Trunk-Maschine ; Penn's Dampfmaschine (mit rohrförmiger Kolbenstange).
» vertical direct acting—	Machine verticale à action directe.	Direct wirkende, vertikale Maschine.
» warping —	Treuil-vireur à vapeur (servant aux manœuvres).	Warpmaschine (Dampfmaschine, welche zum verholen des Schiffes verwendet wird).
Engine-room ; Engine space	Chambre de machine.	Maschinenraum.
» — flooring	Parquet, Plancher de chambre de machine.	Boden, Fussboden des Maschinenraum's.
» hand rail in —; guard rail in —	Main-courante dans la chambre de machine.	Maschinenraumgeländer.
» — hatchway	Écoutille de chambre de machine.	Maschinenraumluke.
» — ladder	Escalier de chambre de machine.	Maschinenraumleiter.
» — platform (bottom platform)	Plate-forme de chambre de machine.	Maschinenraum-Plattform.
» — upper platform	Plate-forme supérieure de chambre de machine.	Maschinenraum-Podest.
» — telegraph	Télégraphe de chambre de machine.	Maschinenraum-Telegraph.
» — ventilator	Ventilateur de chambre de machine.	Maschinenraum-Ventilator.
» voice pipe to —	Porte-voix de chambre de machine.	Sprachrohr zum Maschinenraum.
Entablature	Entablement.	Hauptgesims.
Exhaust lap (of slide valve)	Recouvrement à l'échappement (de tiroir).	Innere Deckung (eines Schiebers).
Exhaust passage	Conduit de décharge ; Conduit d'évacuation.	Ausströmungskanal.
Exhaust port	Orifice de décharge.	Ausströmungsöffnung.
» » (high pressure)	Orifice de décharge (de haute pression).	Hochdruck - Ausströmungsöffnung.
» » (low pressure)	Orifice de décharge (de basse pression).	Niederdruck-Ausströmungsöffnung.
Expansion	Détente ; Expansion.	Expansion ; Ausdehnung.
» — cam	Came de détente.	Expansions Hebedaumen.
» — eccentric	Excentrique d'expansion.	Expansionsexcentrik.
» fixed —	Détente naturelle ; Détente fixe.	Feste Expansion.
» free —	Détente libre.	Freie Expansion.

Machinery.	Machines.	Maschinerie.
Expansion — gear	Mouvement de détente.	Expansions-Steuerung.
» grade of —	Degré d'expansion.	Expansionsgrad.
» — joint	Joint glissant ; Joint expansif.	Gleitende Verdichtung.
» — valve	Tiroir de détente.	Expansionsschieber.
» — valve rod	Tige de tiroir de détente.	Expansionsschieberstange.
» variable —	Détente variable.	Variable Expansion.
Feed-pump	Pompe alimentaire.	Speisepumpe.
» — air vessel	Réservoir à air de pompe alimentaire.	Speisepumpen-Windkessel.
» — barrel	Cylindre de pompe alimentaire.	Speisepumpen-Cylinder.
» — chamber	Corps de pompe alimentaire.	Speisepumpen-Stiefel.
» — cross head	Té de pompe alimentaire.	Speisepumpen-Kreuzkopf.
» — escape valve	Soupape de trop-plein de pompe alimentaire.	Ueberflussventil, Sicherheitsventil der Speisepumpe.
» — delivery pipe	Tuyau de refoulement de pompe alimentaire.	Speisepumpen-Druckrohr.
» — gland	Presse-étoupe de pompe alimentaire.	Speisepumpen-Stopfbüchse.
» — internal pipe (*in boiler*)	Tuyau de pompe alimentaire (*à l'intérieur de chaudière*).	Speiserohr (*im Kessel*).
» — pet cock	Robinet d'épreuve de pompe alimentaire.	Speisepumpen-Probirhahn.
» — plunger	Piston-plongeur, Plongeur de pompe alimentaire.	Speisepumpen-Kolben.
» — plunger rod	Tige de plongeur de pompe alimentaire.	Speisepumpen-Kolbenstange.
» — rod	Tige de pompe alimentaire.	Speisepumpen-Stange.
» — suction pipe	Tuyau d'aspiration de pompe alimentaire.	Speisepumpen-Saugrohr.
» — valve	Clapet de pompe alimentaire.	Speisepumpen-Ventil.
» — check valve	Soupape de retenue de pompe alimentaire.	Speisepumpen-Absperrventil.
» — delivery valve	Soupape de refoulement, Soupape de sortie de pompe alimentaire.	Druckventil, Steigventil der Speisepumpe.
» — suction valve	Soupape d'aspiration de pompe alimentaire.	Speisepumpen-Saugventil.
Feed water	Eau d'alimentation.	Speisewasser.
» » — heater	Réfrigérateur alimentaire.	Speisewasser-Vorwärmer.
Fire-bars, Furnace bars	Barreaux de grille.	Feuerroststäbe, Roststäbe.
» » — bearer	Sommier de barreaux de grille.	Roststäbe-Träger ; Rostträger.
Fire-box	Boite à feu.	Feuerbüchse.
» » — stays	Entretoises de boite à feu.	Feuerbüchsen Stehbolzen.
Fire-door, Furnace door	Porte de foyer.	Feuerthür ; Heizthür.
» » — latch	Loquet de porte de foyer.	Feuerthürklinke.
Fire-grate	Grille de foyer.	Feuerrost.
Fire-tube	Tube-bouilleur.	Flammrohr ; Feuerrohr.
Forcing-pump	Pompe foulante.	Druckpumpe.
» » — rod	Tige de pompe foulante.	Druckpumpenstange.
Foundation-plate ; Bed-plate	Plaque de fondation.	Grundplatte ; Fundamentplatte.

Machinery.	Machines.	Maschinerie.
Framing of engine ; Framework of engine	Bâtis de machine.	Maschinengestell; Maschinenrahmen.
Funnel, Chimney	Cheminée.	Schornstein.
» air casing of — ; casing of —	Chemise de cheminée ; Enveloppe de cheminée.	Schornsteinmantel ; Luftmantel des Schornsteins.
» blast pipe of —	Tuyau-souffleur à vapeur de cheminée.	Schornstein-Durchblasrohr.
» — boards (used for a stage when cleaning or painting the outside of a funnel)	Échafaudage de cheminée. (employé au nettoyage ou peinturage de la cheminée).	Schornsteingerüst (gebraucht beim Reinigen oder Malen des Schornstein's).
» — cape	Parapluie de cheminée.	Schornsteinkragen.
» damper in —	Registre de cheminée.	Schornsteinklappe, Schornsteindämpfer.
» donkey —	Cheminée du donkey.	Schornstein des Hülfskessels.
» — draught	Tirage de la cheminée.	Zug, Durchzug des Schornsteins ; Schornsteinzug.
» — hood or cover	Chapeau de cheminée ; Capot de cheminée.	Schornsteinkappe.
» main —	Cheminée principale.	Hauptschornstein.
» — ring ; stiffening-ring	Cercle de cheminée: Cercle de renfort de cheminée.	Schornsteinring; Schornsteinband.
» — shrouds; — stays; — guys	Haubans de cheminée.	Schornstein - Pardunen ; Schornstein-Stagen.
» telescopic —	Cheminée à telescope ; Cheminée à coulisse.	Teleskop-Schornstein.
Furnace	Foyer ; Fourneau.	Feuerung ; Ofen ; Feuerherd.
» brickwork of —	Maçonnerie de foyer.	Mauerwerk der Feuerung.
» centre —	Foyer central.	Mittel-Feuerherd ; Mittlere Feuerung.
» — crown	Ciel de foyer.	Feuerherddecke ; Feuerungsdecke.
» — dead plate	Table de foyer; Seuil de foyer.	Feuerplatte.
» — expansion ring	Joint d'expansion de foyer.	Expansionsring der Feuerung.
» — front	Façade de foyer ; Devanture de foyer.	Front, Vorderseite des Feuerherdes.
» self feeding —	Foyer alimenté automatiquement.	Selbstthätige Feuerung.
» wing —	Foyer de côté.	Seiten-Feuerherd ; Seitenfeuerung.
Gauge	Manomètre.	Manometer.
» — cock	Robinet de manomètre ; Robinet-jauge.	Manometer-Probirhahn; Probirhahn.
» — glass	Tube du manomètre.	Manometer-Glas.
» mercurial —	Manomètre à mercure.	Quecksilber-Manometer.
» pressure —	Manomètre, Indicateur de pression.	Druckmesser.
» receiver pressure —	Manomètre de la boite du tiroir intermédiaire.	Receiver-Manometer (einer Compound-Maschine).
» steam —	Manomètre, Indicateur de pression de vapeur.	Manometer, Dampfdruckmesser.
» vacuum —	Manomètre du vide ; Indicateur du vide.	Vacuummeter ; Luftleeremesser.
» water —	Indicateur de niveau d'eau.	Wasserstandszeiger.

Machinery.	Machines.	Maschinerie.
Gear	Engrenage; Renvoi de mouvement; Transmission de mouvement.	Vorrichtung ; Räderwerk ; Triebwerk; Steuerung; Gestänge.
» bevel —	Engrenage cônique ; Engrenage d'angle.	Konisches Räderwerk.
» connecting —	Communication de mouvement; Embrayage.	Gestängeverbindung.
» hand —	Mouvement à main.	Handsteuerung.
» lifting —	Appareil de levage.	Hebevorrichtung.
» reversing —	Appareil de changement de marche ; Renversement de marche.	Umsteuerungsapparat ; Umstellhebel; Umsteuerung.
» screwing up — *(for glands)*	Engrenage et pignons*(de presse étoupe)*.	Pressvorrichtung *(für Stopfbüchsen)*.
» spare —	Pièces de rechange; Pièces de réserve.	Reservetheile.
» starting —	Mouvement de mise en train ; Appareil de mise en train.	Ingangsetzungsapparat.
» steam reversing —	Appareil à vapeur de changement de marche.	Dampfumsteuerungshebel ; Dampfumsteuerung.
» steam turning —	Vireur à vapeur.	Dampfdrehvorrichtung.
» turning —	Vireur.	Drehvorrichtung.
» throttle valve —	Mouvement de soupape de prise de vapeur.	Drosselklappen-Triebwerk.
» valve — *(high pressure)*	Mouvement de tiroir de haute pression.	Hochdruck-Schiebersteuerung; Hochdruck-Ventilsteuerung.
» valve — *(low pressure)*	Mouvement de tiroir de basse pression.	Niederdruck-Ventilsteuerung.
Gland	Couronne de presse-étoupe ; Chapeau de presse-étoupe.	Brille, Druckring *(der Stopfbüchse)*.
» — packing	Garniture de presse-étoupe.	Packung, Liderung *(der Stopfbüchse)*.
» — stud	Boulon de serrage de garniture *(de couronne de presse-étoupe)*.	Packungbolzen, Liderungbolzen *(der Stopfbüchsenbrille)*.
Governor; Regulator.	Régulateur ; Modérateur.	Regulator; Moderator.
» — rod	Tige de régulateur.	Regulatorstange.
Grate	Grille.	Rost.
» — surface	Surface de grilles.	Rostfläche.
Grating, iron —*(for platforms in engine- and boiler room)*	Caillebottis en fer *(pour plateformes de chambre des machines et chambre de chaudière)*.	Eisernes Rösterwerk *(als Platform in Maschinen- und Kesselraum)*.
Gudgeon	Tourillon ; Goujon ; Pivot.	Zapfen.
» — in side lever	Tourillon de balancier latéral.	Balanzier-Zapfen.
Guide	Guide; Glissoir.	Führung; Leitung.
» — bar; — rod	Tige de guide; Barre directrice.	Führungsstange; Leitstange.
» — block or slide	Glissoir ; Glissière ; Guideglissoir.	Gleitbacke; Gleitklotz; Gleitblock.
» crosshead —	Coulisse de tête de bielle.	Geradführung; Parallelleitung
» go-ahead crosshead —	Coulisse de tête de bielle de marche en avant.	Geradführung zum Vorwärtsgehen.

Machinery.	Machines.	Maschinerie.
Guide, go-astern crosshead —	Coulisse de tête de bielle de marche en arrière.	Geradführung zum Rückwärtsgehen.
» pump —	Guide de pompe.	Pumpenführung.
» — shoe	Glissoir, Glissière.	Gleitschiene, Gleitführung.
» valve rod —	Guide de tige de tiroir.	Schieberstangenführung.
Heater (of boiler).	Réfrigérateur de chaudière ; Réchauffeur d'eau alimentaire de chaudière.	Vorwärmer.
» super —	Surchauffeur.	Dampfüberhitzer.
» super — door	Porte de surchauffeur.	Dampfüberhitzerthür.
» super — joint	Joint de surchauffeur.	Dampfüberhitzer-Verdichtung.
Hot-well	Bâche de condenseur ; Réservoir d'alimentation.	Heisser Ausgusskasten einer Luftpumpe ; Heisswasser-Behälter.
» air cock on —	Robinet atmosphérique de bâche de condenseur.	Lufthahn an dem Heisswasserbehälter.
» — discharge orifice	Orifice de décharge de bâche de condenseur.	Ausströmungsöffnung des Heisswasserbehälters.
» — overflow valve	Soupape de trop-plein de bâche de condenseur.	Ueberlaufventil des Heisswasserbehälters.
» — top	Sommet de bâche de condenseur; Dôme de bâche de condenseur.	Heisswasserbehälter-Decke, Heisswasserbehälter-Kopf.
Indicator	Indicateur.	Indikator ; Anzeiger.
» — barrel	Tambour d'indicateur.	Indikatortrommel.
» — card	Papier d'indicateur ; Carte d'indicateur.	Indikatorkarte.
» — cock	Robinet d'indicateur.	Indicatorhahn.
» — cylinder	Cylindre d'indicateur.	Indikatorcylinder.
» — diagram	Diagramme d'indicateur ; Courbe d'indicateur.	Indikator-Diagramm.
» — pencil	Crayon d'indicateur.	Indikator-Stift.
» — pipe	Tuyau d'indicateur.	Indikatorrohr.
» — piston	Piston d'indicateur.	Indikator-Kolben.
» — piston rod	Tige de piston d'indicateur.	Indikator-Kolbenstange.
» — spring	Ressort d'indicateur.	Indikator-Feder.
Injection	Injection.	Einspritzung; Injection.
» — handle or lever	Levier de l'injection.	Einspritzventil-Hebel.
» orifice area of —	Surface de l'orifice d'injection.	Oberfläche der Einspritzungsöffnung.
Injector	Injecteur.	Injektor ; Dampfstrahlpumpe; Einspritzer.
Jacket	Enveloppe ; Chemise ; Surface annulaire.	Mantel.
» cylinder cover —	Chemise de couvercle de cylindre.	Cylinderdeckel-Mantel.
» high pressure cylinder —	Chemise de cylindre à haute pression.	Hochdruckcylinder-Mantel.
» low pressure cylinder—	Chemise de cylindre à basse pression.	Niederdruckcylinder - Mantel.
» — drain cock	Robinet-purgeur de chemise.	Mantel-Entwässerungshahn.
» — water (water of condensation in jacket)	Eau de condensation dans la chemise.	Condensationswasser im Mantel.

Machinery.	Machines.	Maschinerie.
Jacket, — pipe	Tuyau de chemise.	Mantelrohr.
» — gauge	Indicateur de chemise.	Mantel-Manometer.
» — safety valve	Soupape de sûreté de chemise.	Mantel-Sicherheitsventil.
Jet-injection valve	Soupape d'injection ordinaire à jet.	Strahl-Einspritzventil.
» steam —	Jet de vapeur.	Dampfstrahl.
Joint	Joint.	Verdichtung, Verbindung.
» butt —	Joint d'about à bande de recouvrement.	Stoss-Verbindung.
» circumferential —	Joint circonférenciel.	Circonferenzielle Verdichtung (*Verdichtung im Umkreis*).
» copper sheet —	Joint à feuille de cuivre.	Kupferblech-Verdichtung.
» copper wire —	Joint à fil de cuivre.	Kupferdraht-Verdichtung.
» expansion —	Joint à expansion ; Joint glissant.	Expansions-Verdichtung. Gleitende Verdichtung.
» faucet —	Joint à douille.	Randverdichtung (*Eingelassener Rand*).
» flange —	Joint à collet.	Flanschen-Verbindung.
» gauze wire and red lead—	Joint en toile métallique et minium.	Metalldraht-Gaze und Mennigkitt Verdichtung.
» india rubber —	Joint en caoutchouc.	Kautschuck-Verdichtung.
» insertion cloth —	Joint avec toile interposée.	Verdichtung mit Einlagetuch.
» lap —	Joint à recouvrement ; Joint à plat.	Uebereinander gefügte Verbindung.
» lead wire —	Joint au fil de plomb.	Bleidrahtverdichtung.
» lead —	Joint au plomb.	Bleiverdichtung.
» longitudinal —	Joint longitudinal.	Längsverbindung.
» metallic —	Joint métallique.	Metallverdichtung.
» mill board —	Joint au carton.	Pappe-Verdichtung.
» red lead —	Joint au minium.	Mennigkittverdichtung.
» rust —, rust putty —	Joint au mastic de fonte.	Rostverdichtung ; Rostkittverdichtung.
» socket and ball — (*ball and socket—*).	Joint sphérique ; Joint à boulet ; Joint radial.	Kugelverdichtung.
» universal —	Joint universel.	Universale Verdichtung.
Journal	Tourillon ; Portée.	Wellzapfen.
Junction-plate (*of boiler*)	Tole de jonction (*de chaudière*)	Verbindungsplatte (*eines Kessels*).
Lever	Levier.	Hebel.
» fulcrum of —	Point d'appui d'un levier.	Stützpunkt eines Hebels.
» gab —	Levier d'enclanche ; Levier d'encoche.	Gabelhebel ; Nuthebel.
» lifting —	Levier d'enclanchement.	Einrückhebel ; Einfallhebel.
» reversing —	Levier de changement de marche.	Umsteuerungshebel; Umstellhebel.
» rocking —	Levier oscillant.	Oscillirender Hebel.
» side —	Balancier ; Balancier latéral.	Balancier ; Balanzier.
» starting —	Levier de mise en train.	Anlasshebel ; Steuerungshebel.
» starting — handle	Poignée de levier de mise en train.	Anlasshebel - Handhabe (*Griff*).
Link	Maillon ; Tige d'assemblage ; Petite bielle.	Kulisse ; Glied ; Gelenk.
» — block	Tasseau de coulisseau.	Kulissenbacke, Kulissenblock.

Machinery.	Machines.	Maschinerie.
Link, connecting —	Tige de jonction ; Tige d'assemblage.	Verbindungsgelenk.
» double bar —	Petite bielle double.	Doppelte Verbindungsstange.
» drag —	Tringle d'attaque ; Tringle d'entrainement; Menotte.	Stützgelenk ; Gekuppelte Kurbel.
» eccentric —	Tige d'excentrique.	Excentrikgelenk ; Excentrikkulisse.
» fork —	Etrier ; Tige en fourche.	Gabelgelenk.
» main —	Tige principale du mouvement de distribution.	Hauptgelenk.
» — motion	Mouvement de distribution; Coulisseau; Secteur.	Kulissenbewegung ; Kulissensteuerung.
» pump —	Bielle de pompe.	Pumpengelenk.
» single bar —	Petite bielle simple.	Einfache Verbindungsstange.
» slide valve —	Mouvement de tiroir.	Schieber-Kulisse.
» slot —	Secteur de distribution.	Führungs-Gelenk ; Kulissengelenk.
» suspension pin of — motion	Pivot de suspension de coulisseau.	Hängezapfen der Kulissensteuerung.
Oil	Huile.	Oel.
» — hole	Trou à huile; Orifice de graissage.	Oelloch ; Schmierloch.
» — receiver	Récipient à huile.	Oelsammler.
» — track; — groove	Patte d'araignée.	Oelnuthe; Schmiernuthe.
Packing	Garniture; Bourrage.	Liderung ; Packung.
» asbestos —	Garniture d'amiante.	Asbestliderung.
» — bolt	Boulon de serrage de garniture.	Packungsbolzen.
» condenser tube —	Bourrage de tube de condenseur.	Kondensatorröhren-Liderung.
» hemp —	Garniture en chanvre.	Hanfliderung ; Hanfpackung.
» india rubber —; elastic core —	Garniture en caoutchouc.	Kautschuckliderung.
» metallic —	Garniture métallique.	Metall-Liderung.
» — for piston rod, slide-valve rod etc.	Garniture de tige de piston, tige de tiroir etc.	Liderung für Kolbenstangen, Schieberstangen etc.
» — ring (for piston)	Cercle de piston.	Dampfkolben-Dichtungsring.
» spun yarn —	Garniture en bitord.	Schiemannsgarn-Packung.
Paddle-box (see hull)	Tambour de roue à aubes (voir coque).	Radkasten (siehe Schiffsrumpf.)
» —stanchion;—support	Arc-boutant de tambour de roue à aubes.	Radkasten-Stütze; Radkasten-Strebe.
Paddle-shaft	Arbre de roue à aubes.	Schaufelradwelle.
» outer —	Arbre extérieur de roue à aubes.	Aeussere Schaufelradwelle.
» — bearing	Palier d'arbre de roue à aubes.	Schaufelradwellen-Lager.
» inside bearing of —	Palier intérieur d'arbre de roue à aubes.	Innen Lager der Schaufelradwelle.
» outer bearing of -	Palier extérieur d'arbre de roue à aubes.	Aussen Lager der Schaufelradwelle.
» — bracket	Chaise d'arbre de roue à aubes.	Schaufelradwelle-Lagerträger.
Paddle-wheel	Roue à aubes ; Roue à palettes.	Schaufelrad.
» — arm	Rayon de roue à aubes ; Bras de roue à aubes.	Schaufelradarm.

Machinery.	Machines.	Maschinerie.
Paddle-wheel, center, boss or hub of —	Moyeu central, Tourteau de roue à aubes.	Schaufelradnabe.
» feathering —	Roue à aubes articulées ; Roue à aubes mobiles.	Schaufelrad mit beweglichen Schaufeln.
» —float or board	Aube, Pale, Palette de roue à aubes.	Radschaufel.
» — feathering floats	Pales mobiles de roue à aubes.	Bewegliche Radschaufeln.
» — radial floats	Pales fixes de roue à aubes.	Feststehende Radschaufeln.
» — frame	Cadre de roue à aubes.	Schaufelradrahmen.
» hook bolt of —	Étrier, Boulon à croc de roue à aubes.	Hakenschraube des Schaufelrades.
» overhung —	Roue à aubes en porte à faux.	Ueberhängendes Schaufelrad.
» radial —	Roue à aubes fixes.	Schaufelrad mit feststehenden Schaufeln.
» — radius	Rayon de roue à aubes.	Radius des Schaufelrades.
» — radius rod, — guide rod	Bras de rappel de roue à aubes (*aubes mobiles*).	Gegenlenker eines Schaufelrades (*bei beweglichen Schaufeln*).
» rim of —	Jante de roue à aubes.	Radkranz des Schaufelrades.
Parallel-motion	Parallélogramme ; Mouvement en parallelogramme.	Parallelogramm ; Parallelbewegung.
» — movable joint	Articulation de parallélogramme.	Scharnier des Parallelogrammes.
» — radius bar, — radius rod	Bras de rappel de parallélogramme ; Manivelle de parallélogramme.	Leitstange oder Gegenlenker des Parallelogrammes.
» — radius block	Palier de bras de rappel de parallélogramme.	Lager des Parallelogramm-Gegenlenkers.
» — radius pin	Tourillon de bras de rappel de parallélogramme.	Stift des Parallelogramm-Gegenlenkers.
» — shaft	Arbre de parallélogramme.	Parallelogramm-Welle.
» — shaft bearing	Palier de l'arbre de parallélogramme.	Parallelogramm-Wellenlager.
» — side rod	Bielle pendante de parallélogramme.	Lenker des Parallelogrammes.
Pedestal	Assise de palier.	Piedestal, Fussgestell des Lagerbocks.
» main —	Assise de grand palier.	Hauptlager-Piedestal.
Pinion	Pignon.	Getriebe ; Drehling.
» bevel —	Pignon d'angle ; Pignon cônique.	Konisches Getriebe.
» clutch —	Pignon d'embrayage.	Schlussgetriebe.
» teeth of —	Dents de pignon.	Zähne des Drehlings ; Triebstöcke.
Pipe	Tuyau.	Rohr.
» air —	Tuyau à air.	Luftrohr.
» air pump discharge —	Tuyau de décharge de pompe à air.	Luftpumpen-Ausflussrohr.
» air pump overflow —	Tuyau de trop-plein de pompe à air.	Luftpumpen-Ueberlaufrohr.
» auxiliary —	Tuyau auxiliaire.	Hülfsrohr.
» bilge discharge —	Tuyau de décharge de cale.	Bilge-Ausflussrohr.
» bilge injection —	Tuyau d'injection de cale.	Bilge-Einspritzungsrohr.
» bilge suction —	Tuyau d'aspiration de cale.	Bilge-Saugrohr.

Machinery.	Machines.	Maschinerie.
Pipe, blast —	Tuyau-souffleur.	Blasrohr.
» blow off —	Tuyau de vidange ; Tuyau d'extraction ; Tuyau de purge.	Abblasrohr.
» blow through —	Tuyau de reniflard ; Tuyau de soupape de purge.	Durchblasrohr,
» branch — ; breeches —	Tuyau d'embranchement ; Tuyau à bifurcation.	Zweigrohr.
» brine —	Tuyau d'extraction.	Salzrohr.
» circulating pump discharge —	Tuyau de décharge de pompe de circulation.	Circulationspumpen-Ausflussrohr.
» circulating pump suction —	Tuyau d'aspiration de pompe de circulation.	Circulationspumpen-Saugrohr.
» circulating water —	Tuyau de circulation d'eau.	Circulationswasserrohr.
» cooling —	Tuyau réfrigérant.	Abkühlrohr.
» delivery —	Tuyau d'évacuation ; Tuyau de refoulement.	Druckrohr ; Auslassrohr.
» discharge —	Tuyau de décharge ; Tuyau de sortie.	Abflussrohr ; Ausgangsrohr.
» donkey drain —	Tuyau-purgeur de petit cheval.	Dampfpumpen-Entwässerungsrohr.
» donkey exhaust —	Tuyau de refoulement de petit cheval.	Dampfpumpen-Ausströmungsrohr.
» donkey feed —	Tuyau-alimentaire de petit cheval.	Dampfpumpen-Speiserohr.
» donkey feed suction —	Tuyau d'aspiration alimentaire de petit cheval.	Dampfpumpen-Speise-Saugrohr.
» donkey steam —	Tuyau à vapeur de petit cheval.	Dampfpumpen-Dampfrohr.
» drain —	Tuyau-purgeur.	Entwässerungsrohr.
» drip —	Tuyau d'écoulement de vapeur condensée.	Auslaufrohr ; Austropfrohr.
» eduction — ; exhaust —	Tuyau-conduit d'évacuation ou de décharge de vapeur.	Abzugsrohr ; Dampfabflussrohr.
» elbow —	Tuyau en cou-de-cygne; Tuyau courbé.	Elbogenrohr.
» escape —	Tuyau d'échappement ; Tuyau de dégagement.	Ausströmungsrohr; Dampfentweichungsrohr.
» exhaust—; evacuation—; waste —	Tuyau d'évacuation; Tuyau de décharge.	Ausleerungsrohr.
» feed —	Tuyau-alimentaire ; Tuyau d'alimentation.	Füllrohr; Speiserohr.
» feed delivery —	Tuyau-alimentaire de décharge ; Tuyau de refoulement alimentaire.	Ausfluss-Speiserohr.
» feed internal —	Tuyau-alimentaire intérieur.	Inneres Speiserohr.
» feed suction —	Tuyau d'aspiration alimentaire.	Speise-Saugrohr.
» — flange	Bride; Collet de tuyau.	Rohrflansche; Rohrflantsche.
» fresh water —	Tuyau à eau douce.	Frischwasserrohr.
» gauge steam —	Tuyau du manomètre à vapeur.	Manometerrohr.
» compound gauge —	Tuyau du manomètre compound.	Compound-Manometerrohr.
» vacuum gauge —	Tuyau de l'indicateur du vide.	Vacuummeterrohr.

Machinery.	Machines.	Maschinerie.
Pipe, water glass gauge —	Tuyau de l'indicateur de niveau d'eau.	Wasserstandzeiger-(*Glas*)Rohr
» injection —	Tuyau d'injection.	Einspritzrohr; Einspritzungsrohr.
» inlet —	Tuyau d'admission.	Einlassrohr ; Einströmungsrohr.
» internal —	Tuyau intérieur.	Inneres Rohr.
» internal steam —	Tuyau de prise de vapeur intérieur.	Inneres Dampfrohr.
» jacket steam —	Tuyau de chemise de vapeur.	Dampfmantelrohr.
» joint —	Tuyau de jonction ; Tuyau de communication.	Verbindungsrohr.
» main steam —	Tuyau à vapeur principal.	Hauptdampfrohr.
» oil —	Tuyau de graissage.	Oelrohr ; Schmierrohr.
» overflow —	Tuyau de trop-plein.	Ueberlaufrohr.
» safety valve —	Tuyau de soupape de sûreté.	Sicherheitsventilrohr.
» safety valve drain —	Tuyau-purgeur de soupape de sûreté.	Entwässerungsrohr des Sicherheitsventil.
» scum —	Tuyau d'extraction; Écumeur.	Schlammrohr ; Schaumrohr.
» starting valve —	Tuyau de soupape de mise en train.	Anlassventilrohr.
» suction —	Tuyau d'aspiration.	Saugrohr.
» smoke — (*Funnel*)	Cheminée.	Schornstein.
» steam —	Tuyau à vapeur ; Conduit à vapeur ; Tuyau d'apport.	Dampfrohr.
» trunnion —	Tuyau à vapeur de tourillon de cylindre.	Cylinderzapfenrohr.
» vacuum —	Tuyau de vide.	Vacuumrohr.
» ventilator —	Tuyau de ventilation.	Ventilatorrohr ; Dunstrohr.
» waste —	Tuyau de décharge ; Tuyau d'évacuation.	Abzugsrohr; Ausleerungsrohr.
» waste steam –	Tuyau d'échappement de vapeur ; Tuyau d'évacuation de vapeur.	Dampf-Abzugsrohr.
» waste water — ; hot water —	Tuyau de décharge d'eau ; Tuyau d'évacuation d'eau chaude.	Wasserauslassrohr.
» water service —	Tuyau de conduite d'eau rafraichissante.	Wellzapfen-Kühlrohr.
» whistle —	Tuyau du sifflet.	Dampfpfeife-Rohr.
» winch drain —	Tuyau-purgeur de treuil.	Dampfwinden-Entwässerungsrohr.
» winch exhaust —	Tuyau d'échappement de treuil.	Dampfwinden-Ausströmungsrohr.
» winch steam —	Tuyau à vapeur de treuil.	Dampfwinden-Dampfrohr.
Piston	Piston.	Kolben ; Dampfkolben.
» area of —	Aire de piston ; Surface de piston.	Fläche des Kolbens.
» balance — for valves	Piston pour équilibrer les tiroirs (*compensateur*).	Entlastungskolben.
» body of —	Corps de piston.	Kolbenkörper.
» clearance of —	Liberté du cylindre.	Spielraum des Kolbens.
» diameter of —	Diamètre de piston.	Kolbendurchmesser.

Machinery.	Machines.	Maschinerie.
Piston, — expansion valve	Tiroir d'expansion à piston, Tiroir de détente à piston.	Expansionsventil des Kolbens.
» friction of —	Frottement de piston.	Reibung des Kolbens.
» — guide	Guide de piston.	Kolbenführung.
» high pressure —	Piston à haute pression.	Hochdruck-Kolben.
» — junk ring	Couronne de piston.	Kolbendeckel; Kolbenkrone.
» — junk ring bolt	Boulon de couronne de piston.	Kolbendeckelbolzen.
» lock bolt of —	Boulon de garde de couronne de piston.	Kolbenriegel.
» low pressure —	Piston à basse pression.	Niederdruck-Kolben.
» metallic — (*piston with metallic packing*)	Piston métallique (*piston à garniture métallique*).	Kolben mit Metall-Liderung.
» motion of —	Mouvement de piston.	Kolbenbewegung.
» — packing	Garniture de piston.	Kolben-Liderung.
» solid packing for —	Garniture massive de piston.	Massive Kolbenliderung.
» — ring	Cercle de piston ; Anneau de piston.	Kolbenring.
» — ring packing	Garniture de cercle de piston.	Kolbenring-Liderung.
» metallic packing ring of —	Cercle de piston à garniture métallique.	Metall-Liderungsring des Kolbens.
» — slide valve	Tiroir à piston.	Kolbenschieber.
» — spring	Ressort de piston.	Kolbenfeder.
» steam —	Piston à vapeur.	Dampfkolben.
» steel —	Piston en acier.	Stahlkolben ; Stählerner Kolben.
» stroke of —	Coup de piston ; Pulsation de piston.	Kolbenhub.
» travel of — ; length of stroke of —	Course de piston ; Marche de piston.	Kolbenweg ; Länge des Kolbenhub's.
» trunk —	Piston à fourreau.	Trunkkolben.
» velocity of — ; speed of —	Vitesse du piston.	Kolbengeschwindigkeit.
» web of —	Nervure de piston.	Kolbenarm.
» weight of — ; load of —	Charge du piston.	Kolbenbelastung.
Piston-rod	Tige de piston.	Kolbenstange.
» — collar	Collet de tige de piston.	Kolbenstangen Verstärkung ; Kolbenstangen-Kragen.
» — crosshead	Té de tige de piston ; Traverse de tige de piston.	Kolbenstangen-Querhaupt.
» — end	Extrêmité de tige de piston.	Kolbenstangenende.
» — guide	Guide de tige de piston.	Kolbenstangen-Führung.
» high pressure —	Tige de piston à haute pression	Hochdruck-Kolbenstange.
» low pressure —	Tige de piston à basse pression	Niederdruck-Kolbenstange.
Platform	Plate-forme.	Plattform.
Plummer-block	Palier (*Support en fonte embrassant le coussinet inférieur d'un arbre*).	Lagerbock ; Traglager.
» — bolt	Boulon de palier.	Lagerbockbolzen.
» — bottom	Semelle de palier.	Lagerbock-Fundamentplatte.
» — cover	Chapeau de palier.	Lagerbockdeckel.
» — for tunnel shafting	Palier d'arbres intermédiaires de tunnel.	Lagerböcke der Wellenleitung im Tunnel.
Propeller ; Screw-propeller.	Hélice ; Propulseur ; Hélice propulsive.	Schraube ; Propellerschraube ; Schraubenpropeller.

Machinery.	Machines.	Maschinerie.
Propeller, action of —	Action de l'hélice.	Thätigkeit der Schraube.
» auxiliary —	Hélice auxiliaire.	Hülfsschraube.
» — blade	Aile d'hélice.	Schraubenflügel.
» — blade flange (*loose blades*)	Plateau d'aile d'hélice (*ailes amovibles*).	Flantsche eines Schraubenflügels (*bei aufgesetzten Flügeln*).
» two bladed —	Hélice à deux ailes.	Schraube mit zwei Flügeln.
» three bladed —	Hélice à trois ailes.	Schraube mit drei Flügeln.
» four bladed —	Hélice à quatre ailes.	Schraube mit vier Flügeln.
» — boss	Moyeu d'hélice.	Schraubennabe.
» built-up — (*propeller with loose blades*)	Hélice à ailes rapportées (*à ailes amovibles*).	Zusammengesetzte Schraube (*mit aufgesetzten oder lösbaren Flügeln*).
» diameter of —	Diamètre de l'hélice.	Durchmesser der Schraube.
» feathering —	Hélice à ailes articulées.	Schraube mit verstellbaren Flügeln.
» fixed — ; solid — (*propeller with fixed blades*)	Hélice d'une seule venue (*Hélice à ailes fixes*).	Feste Schraube ; Massive Schraube (*Schraube mit festen Flügeln*).
» following edge of— blade	Arête formant le dos de l'arête coupante d'aile d'hélice.	Rückkante des Schraubenflügels.
» — key way	Rainure de clavette d'hélice.	Schrauben-Keilnuthe.
» longitudinal key of—	Clavette longitudinale de l'hélice.	Schrauben-Längskeil.
» leading edge of — blade	Arête coupante d'aile d'hélice.	Schnittkante des Schraubenflügels.
» left handed —	Hélice à pas gauche.	Links drehende Schraube.
» length of — (*extreme dimension of the blades measured in the direction of the axis*).	Longueur de l'hélice (*extrême dimension des ailes mésurée dans la direction de l'axe*).	Länge der Schraube (*grösste Dimension der Flügel in der Richtung der Axe gemessen*).
» lifting —	Hélice amovible; Hélice ascendante.	Hülfsschraube (*)
» locking link of a lifting —	Verrou d'hélice amovible ; Loquet d'hélice amovible.	Schlusstück einer Hülfsschraube.
» pitch of —	Pas de l'hélice.	Steigung der Schraube.
» expanding pitch of—	Pas croissant de l'hélice.	Erweiternde Steigung der Schraube.
» right handed —	Hélice à pas droit.	Rechts drehende Schraube.
» twin screw —	Propulseur à hélices jumelles.	Zwillingschraube.
» spare —	Hélice de réserve ; Hélice de rechange.	Reserve-Schraube.
» — studs or bolts (*in boss for reception of loose blades*)	Prisonniers de moyeu d'hélice (*pour fixer les ailes rapportées*).	Stiftschrauben in der Schraubennabe(*zur Aufnahmevon lösbaren Flügeln*).
» nuts on — studs	Écrous sur les prisonniers d'hélice.	Mutter auf den Stiftschrauben der Schraubennabe.
» safety pin of — nut	Goupille de sûreté d'un écrou d'hélice.	Sicherheitsstift einer Schraubenmutter.

(*) Schraube, die in See gehoben werden kann und im Heck befestigt wird, wenn ein Schiff seinen Weg nur unter Segel fortsetzen will.

Machinery.	Machines.	Maschinerie.
Propeller, through key of — ; tail key of —	Clavette traversant l'hélice.	Schrauben-Querkeil.
» thrust of —	Poussée de l'hélice; Buttée de l'hélice.	Schraubendruck.
» trunk or well for a lifting —	Puits d'hélice; Puits d'une hélice amovible.	Oeffnung, Brunnen im Heck, worin eine Hülfsschraube gehoben wird.
Propeller-shaft ; Screw-shaft ; Stern-shaft	Arbre d'hélice ; Arbre extérieur ; Porte-hélice.	Schraubenwelle.
» — brass casing	Chemise en bronze de l'arbre d'hélice.	Messingmantel, Hülle der Schraubenwelle.
» — end	Extrêmité de l'arbre d'hélice.	Schraubenwellenende.
» nut on —	Écrou sur l'arbre d'hélice.	Mutter der Schraubenwelle.
» stuffing box around —	Presse-étoupe de l'arbre d'hélice.	Stopfbüchse der Schraubenwelle.
Pump	Pompe	Pumpe.
» auxiliary —	Pompe auxiliaire.	Hülfspumpe.
» centrifugal —	Pompe centrifuge.	Centrifugalpumpe.
» cold water —	Pompe à eau froide.	Kaltwasserpumpe.
» donkey —	Pompe de petit cheval.	Dampfpumpe (*Hülfspumpe*).
» double acting —	Pompe à double effet (*pompe aspirante et foulante*).	Doppelt wirkende Pumpe.
» hand —	Pompe à bras.	Handpumpe.
» reciprocating —	Pompe reciproque.	Abwechselnd wirkende Pumpe
» rotary —	Pompe rotative.	Rotationspumpe ; Drehbare Pumpe.
» sanitary —	Pompe pour service d'eau sanitaire.	Wasserpumpe (*die Wasser auf Deck schafft für gesundheitliche Zwecke*).
» single acting —	Pompe à simple effet.	Einfach wirkende Pumpe.
Quadrant, reversing —	Secteur de changement de marche.	Umsteuerungs-Quadrant.
Receiver (*of engine*)	Récepteur de vapeur d'une machine. (*Boite de tiroir à vapeur*).	Receiver (*Dampfbehälter zwischen den Cylindern*).
Regulator ; Governor	Régulateur-modérateur.	Dampfregulator ; Regulator.
Rod	Tige.	Stange.
» side —	Bielle pendante.	Seitenstange.
» stay — or stay	Entretoise.	Anker, Stehbolzen.
» tie —	Tirant.	Versteifungsstange ; Verbindungsbolzen.
Rose	Crépine.	Sieb.
Shaft	Arbre.	Welle.
» collar of a —	Nervure, Collet d'arbre.	Bund der Welle.
» coupling —	Arbre d'accouplement ; Arbre d'embrayage.	Kuppelungswelle.
» driving —	Arbre-moteur.	Triebwelle ; Betriebswelle.
» eccentric —	Arbre d'excentrique.	Excentrikwelle.
» gearing —	Arbre de transmission.	Steuerungswelle.
» intermediate — ; middle —	Arbre de couche ; Arbre intermédiaire.	Zwischenwelle ; Mittelwelle.
» — journal	Tourillon de l'arbre.	Wellzapfen.
» lever —	Arbre de balancier.	Hebelwelle.
» main —	Arbre-principal.	Hauptwelle.

Machinery.	**Machines.**	**Maschinerie.**
Shaft, neck of a —; fillet of a —	Congé d'arbre ; Collet d'arbre.	Wellenhals.
» reversing —	Arbre de changement de marche.	Umsteuerungswelle.
» rocking — ; weigh —	Arbre oscillant.	Oszillirende Welle.
» thrust —	Arbre de recul ; Arbre de buttée.	Druckwelle.
» worm —	Arbre à vis sans fin.	Schneckenwelle.
Shafting ; Line of shafting	Ligne d'arbres ; Arbres inter-médiaires.	Wellenleitung.
Slide-valve	Tiroir.	Schieber.
» back guide of —	Guide de dos de tiroir.	Rückführung, Rückleitung des Schiebers.
» balance weight of — ; back balance of —	Contre-poids de tiroir ; Tiroir compensé.	Schiebergegengewicht.
» — casing	Boite du tiroir ; Chemise du tiroir.	Schieberkasten.
» — casing door ; — casing cover	Couvercle de boite du tiroir.	Schieberkastendeckel.
» exhaust port of —	Orifice d'évacuation du tiroir (éduction).	Ausströmungsöffnung des Schiebers.
» — face	Glace de tiroir; Table de tiroir.	Schieberspiegel ; Deckfläche des Schiebers.
» friction of —	Frottement de tiroir.	Schieberreibung.
» high pressure —	Tiroir à haute pression.	Hochdruck-Schieber.
» lap or cover of —	Recouvrement du tiroir.	Schieberdeckung.
» lead of —	Avance du tiroir; Conduite du tiroir.	Voreilung des Schiebers.
» long D —	Tiroir long en D (à garniture).	Langer D Schieber.
» short D —	Tiroir court en D (à gar-niture).	Kurzer D Schieber.
» low pressure —	Tiroir à basse pression.	Niederdruck-Schieber.
» motion of —	Mouvement de tiroir.	Schiebersteuerung ; Schieber-bewegung.
» — packing ring	Cercle de garniture de tiroir.	Packungsring, Liderungsring des Schiebers.
» — rod or spindle	Tige du tiroir.	Schieberstange.
» — rod bolts	Boulons de tige de tiroir.	Schieberstangenbolzen.
» single ported —	Tiroir à un orifice.	Schieber mit einer Oeffnung.
» double ported —	Tiroir à double orifice.	Doppelpforten-Schieber.
» treble ported —	Tiroir à trois orifices (en coquille).	Muschelschieber.
» springs of —	Ressorts de tiroir.	Schieberfedern.
» steam passage from — casing	Conduit de vapeur de chemise de tiroir.	Dampfkanal des Schieber-kastens.
» steam port or ad-mission port of —	Orifice d'admission du tiroir ; Orifice d'introduction du tiroir.	Einlassöffnung, Einströmungs-öffnung des Schiebers.
» travel or length of stroke of —	Course du tiroir.	Schieberweg ; Schieberhub.
Smoke-box	Boite à fumée.	Rauchbüchse ; Rauchkammer.
» » — door	Porte de boite à fumée.	Rauchkammerthür.
Spindle	Tige.	Spindel.
» bilge injection —	Tige d'injection de cale.	Bilge-Einspritz-Spindel.

Machinery.	Machines.	Maschinerie.
Spindle, blow off valve —	Tige de soupape de vidange.	Dampfabblasventil-Spindel.
» discharge valve —	Tige de soupape de décharge.	Abflussventil-Spindel.
» escape valve —	Tige de soupape d'échappement ; Soupape de trop-plein.	Ausgussventil-Spindel.
» injection valve —	Tige de soupape d'injection.	Einspritzventil-Spindel.
» high pressure slide valve —	Tige de tiroir de haute pression.	Hochdruck Schieberspindel.
» kingston valve —	Tige de soupape des fonds ; Tige de soupape Kingston.	Kingstonventil-Spindel.
» low pressure slide valve —	Tige de tiroir de basse pression.	Niederdruck Schieberspindel.
» main stop valve —	Tige de soupape d'arrêt principale.	Hauptabsperrventil-Spindel.
» relief valve —	Tige de soupape de sûreté de cylindre.	Cylinder Sicherheitsventil-Spindel.
» safety valve —	Tige de soupape de sûreté.	Sicherheitsventil-Spindel.
» throttle valve —	Tige de registre de vapeur.	Drosselventil-Spindel.
Steam	Vapeur.	Dampf.
» — chest ; — casing	Réservoir, Boite, Coffre; Chemise à vapeur.	Dampfreservoir ; Dampfkasten; Dampfbüchse.
» — dome (of boiler)	Dôme à vapeur (de chaudière)	Dampfdom (des Kessels).
» high pressure — chest	Boite à vapeur de haute pression.	Hochdruck-Dampfkasten.
» high pressure — port	Lumière, Orifice à vapeur de haute pression.	Hochdruck-Dampföffnung.
» — jacket	Chemise à vapeur ; Enveloppe à vapeur.	Dampfmantel.
» — jacket drain cock	Robinet-purgeur de chemise à vapeur.	Dampfmantel-Entwässerungshahn.
» low pressure — chest	Boite à vapeur de basse pression.	Niederdruck-Dampfkasten.
» low pressure — port	Lumière, Orifice à vapeur de basse pression.	Niederdruck-Dampföffnung.
» — port or introduction port	Orifice d'introduction de la vapeur ; Lumière à vapeur.	Dampfeintrittsöffnung ; Dampföffnung.
» — receiver	Réservoir, Recepteur à vapeur.	Dampf-Receiver.
» — space ; — room	Chambre à vapeur.	Dampfkammer.
» — way	Conduit de vapeur ; Canal de vapeur.	Dampfweg ; Dampfkanal.
» — whistle	Sifflet à vapeur ; Sifflet d'alarme.	Dampfpfeife.
Steam-winch	Treuil à vapeur.	Dampfwinde.
» — barrel	Tambour de treuil à vapeur.	Dampfwinden-Trommel.
» — barrel shaft	Arbre de tambour de treuil à vapeur.	Dampfwinden-Trommel-Welle.
» base plate of —	Plaque de fondation de treuil à vapeur.	Dampfwinden-Grundplatte.
» — brake	Frein de treuil à vapeur.	Dampfwinden-Bremse.
» — brake lever	Levier du frein de treuil à vapeur.	Dampfwinden-Bremsenhebel.
» — clutch lever	Levier d'embrayage de treuil à vapeur.	Dampfwinden Ein- und Ausrückhebel.
» — connecting rod	Bielle de treuil à vapeur.	Dampfwinden-Pläuelstange.
» — cylinder	Cylindre de treuil à vapeur.	Dampfwinden-Cylinder.

Machinery.	Machines.	Maschinerie.
Steam-winch, double purchase —	Treuil à vapeur à double puissance.	Doppelte Dampfwinde ; Doppelt wirkende Dampfwinde.
» — drain pipe	Tuyau-purgeur de treuil à vapeur.	Dampfwinden-Entwässerungsrohr.
» — engine shaft	Arbre moteur de treuil à vapeur.	Dampfwinden-Treibwelle.
» — exhaust pipe	Tuyau de décharge de treuil à vapeur.	Dampfwinden-Ausflussrohr.
» — main spur wheel	Grande roue dentée de treuil à vapeur.	Grosses Zahnrad, Hauptrad der Dampfwinde.
» — piston	Piston de treuil à vapeur.	Dampfwinden-Kolben.
» — piston rod	Tige de piston de treuil à vapeur.	Dampfwinden-Kolbenstange.
» — reversing lever	Levier de changement de marche de treuil à vapeur.	Dampfwinden-Umsteuerungshebel.
» side frames, framing of —	Bâtis de treuil à vapeur.	Dampfwinden-Gestell.
» single purchase —	Treuil à vapeur à simple puissance.	Einfache Dampfwinde ; Einfach wirkende Dampfwinde.
» — small spur wheel	Petite roue dentée de treuil à vapeur.	Kleines Zahnrad der Dampfwinde.
» stay, tie bar of —	Tirant de treuil à vapeur.	Dampfwinden-Verbindungsstange.
» — steam chest	Boite de tiroir, Chemise de tiroir de treuil à vapeur.	Dampfkasten der Dampfwinde
» — steam pipe	Tuyau à vapeur de treuil à vapeur.	Dampfwinden-Dampfrohr.
» — stop valve	Soupape d'arrêt de treuil à vapeur.	Dampfwinden-Absperrventil.
» — stop valve spindle	Tige de soupape d'arrêt de treuil à vapeur.	Dampfwinden-Absperrventil-spindel.
Stern-bush	Boite d'étambot.	Sternbüchse ; Stevenrohrbüchse.
Stern-tube ; Screw-shaft pipe	Tube de l'arbre d'hélice ; Tube d'étambot.	Stevenrohr.
» — gland	Presse-étoupe de tube d'étambot.	Stevenrohr-Stopfbüchse.
» — lining	Chemise de tube d'étambot.	Stevenrohr-Ausfütterung.
» — nut	Écrou de tube d'étambot.	Stevenrohr-Schraubenmutter.
Stoke-hole	Chambre de chauffe ; Parquet des chauffeurs.	Heizraum.
» — door	Porte de chambre de chauffe.	Heizraumthür.
» — flooring ; — platform	Parquet de chauffe.	Heizraum-Plattform.
» — flooring plates	Tôles, Plaques de parquet de chauffe.	Heizraum-Plattform-Platten.
» — ventilator	Manche à vent de chambre de chauffe.	Heizraum-Ventilator.
Stuffing-box	Presse-étoupe ; Boite à bourrage ; Boite à étoupe ; Boite à garniture.	Stopfbüchse.
» — brass bush	Douille en bronze de boite à bourrage.	Metallbüchse (am inneren Ende) einer Stopfbüchse.
» — flange	Collet de boite à bourrage.	Stopfbüchsenflansche.

Machinery.	Machines.	Maschinerie.
Stuffing-box — gland	Chapeau, Couronne de boite à bourrage *(presse-étoupe)*.	Stopfbüchsbrille ; Stopfbüchsen-Grundring.
» — gland stud	Prisonnier de boite à bourrage.	Stopfbüchsen-Zugschraube.
Thrust-block	Palier de buttée.	Drucklager.
» — cap	Chapeau de palier de buttée.	Drucklagerdeckel.
» — ring	Anneau de palier de buttée.	Drucklagerring.
» — seating	Assise de palier de buttée.	Drucklagersitz.
Thrust-collar	Collet de buttée.	Druckring (*an der Druckwelle*).
Tube	Tube.	Rohr.
» air —	Tube à air.	Luftrohr.
» boiler —	Tube de chaudière.	Siederohr ; Kesselrohr ; Heizrohr.
» brass —	Tube en bronze ; Tube en laiton.	Metallrohr.
» condenser —	Tube de condenseur.	Kondensatorrohr.
» iron —	Tube en fer.	Eisernes Rohr.
» — plug	Tampon de tube.	Rohrstöpsel.
» stay —	Tube-tirant.	Ankerrohr.
» — stopper (*a long rod*)	Tringle pour tamponner les tubes ; Bouche-tube.	Rohranker für lecke Röhren ; Rohrstopfstange.
Tunnel ; Shaft-tunnel	Tunnel ; Tunnel de l'arbre d'hélice.	Tunnel ; Wellentunnel.
» — (*shaft*) water service pipe	Tuyau-refroidisseur des arbres de tunnel.	Kühlrohr der Tunnel-Wellenleitung.
» — door	Porte de tunnel.	Tunnelthür ; Tunnelpforte.
» manhole in —	Trou d'homme de tunnel.	Mannloch im Tunnel.
» — platform	Plate-forme de tunnel.	Tunnel-Platform.
» top of —	Ciel de tunnel.	Decke ; Dach eines Tunnels.
Uptake	Culotte de cheminée.	Rauchfang ; Fuchs.
Valve	Soupape ; Clapet ; Valve.	Ventil.
» air —	Soupape atmosphérique.	Luftventil.
» auxiliary —	Soupape auxiliaire.	Hülfsventil ; Hülfsschieber.
» ball — ; spherical —	Soupape à boule ; Soupape sphérique.	Kugelventil.
» blow off —	Soupape de vidange.	Abblasventil ; Ausblasventil.
» blow-through —	Soupape de purge.	Durchblasventil ; Reinigungsventil.
» butterfly —	Papillon.	Schmetterlingschieber.
» check —	Soupape de retenue ; Soupape d'arrêt.	Absperrventil.
» — chest ; — box	Boite à soupape.	Ventilgehäuse ; Ventilkasten.
» — chest cover	Couvercle de boite à soupape.	Ventilgehäuse-Deckel.
» clack — ; hanging —	Clapet ; Soupape à charnière.	Klappenventil.
» communication —	Soupape de communication.	Verbindungsventil.
» conical —	Soupape cònique.	Kegelventil ; Konisches Ventil ; Tellerventil.
» — cover	Couvercle de soupape.	Ventildeckel.
» cup —	Soupape en chapeau ; Clapet à couronne.	Glockenventil.
» cut off —	Soupape de détente.	Absperrventil.
» delivery —	Soupape de refoulement ; Clapet de sortie.	Ausgussventil ; Auslassventil.

Machinery.	Machines.	Maschinerie.
Valve, discharge —	Soupape de décharge ; Clapet de décharge.	Abflussventil.
» disk —	Soupape de cornouaille ; Soupape à disque.	Rundes Plattenventil.
» double beat —; equilibrium —	Soupape équilibrée ; Soupape à double siége.	Doppelsitzventil ; Gleichgewichtsventil.
» cornish double beat —	Soupape équilibrée de cornouaille.	Cornish-Ventil (mit Doppelsitz).
» double ported —	Soupape à double orífice.	Doppelpforten-Ventil.
» escape —	Soupape d'échappement.	Ausgussventil.
» expansion —	Soupape de détente.	Expansionsventil.
» gridiron expansion —	Soupape de détente à grille.	Gitterförmiges Expansionsventil.
» throttle expansion —	Soupape de détente à papillon.	Drossel-Expansionsventil.
» — face	Surface portante de soupape.	Ventilfläche ; Ventilspiegel.
» feed —	Soupape alimentaire; Soupape d'alimentation.	Speiseventil.
» feed — box or chest	Boite à soupape alimentaire.	Speiseventilkasten.
» feed escape —	Soupape d'échappement d'alimentation.	Speise-Ausgussventil.
» foot —	Soupape de pied ; Clapet de pied.	Bodenventil; Fussventil.
» — gear or gearing	Mouvement de soupape ; Appareil de soupape.	Ventilsteuerung.
» gridiron —	Soupape à lanterne ; Soupape à grille.	Gitterschieber.
» — guard	Tasseau de clapet ; Buttoir de clapet.	Ventil-Klappenfänger.
» guide for — rod	Guide de tige de soupape.	Ventilstangenführung.
» head —	Soupape de tête ; Clapet de tête.	Kopfventil.
» high pressure — gear	Mouvement de soupape de haute pression.	Hochdruck-Ventilsteuerung.
» india rubber —	Clapet en caoutchouc.	Kautschuckventil.
» injection —	Soupape d'injection.	Einspritzventil.
» inlet —	Soupape d'admission.	Einlassventil ; Einströmungsventil.
» — joint	Joint de soupape.	Ventilverdichtung; Ventilverbindung.
» kingston —; bottom —	Soupape Kingston ; Soupape des fonds (pour prise d'eau).	Kingston-Ventil.
» — lifter	Levier de soupape ; Pédale de soupape.	Ventilhebel.
» — link	Tige-bielle de soupape; Bielle pendante de soupape.	Ventilgelenk.
» load of —	Charge d'une soupape.	Ventilbelastung.
» low pressure — gear	Mouvement de soupape de basse pression.	Niederdruck-Ventilsteuerung.
» main —	Soupape principale.	Hauptventil.
» main scum —	Soupape d'extraction principale (Écumeur principal).	Hauptschaumventil.
» main stop —	Soupape d'arrêt principale.	Hauptabsperrventil.
» — motion	Mécanisme de soupape.	Steuerung. Ventilsteuerung.

Machinery.	Machines.	Maschinerie.
Valve, — motion block	Glissoir de coulisse de distribution.	Steuerungsblock.
» mushroom —	Soupape en champignon.	Pilzförmiges Ventil.
» non return —	Soupape articulée automatique fermée au retour.	Selbstschliessendes Ventil.
» outlet —	Soupape de sortie.	Auslassventil.
» overflow or return —	Soupape de trop-plein ; Soupape de retour.	Ueberlaufventil.
» pet —	Soupape d'essai de pompes.	Pumpen-Probirventil.
» piston —	Soupape à piston ; Soupape cylindrique.	Kolbenschieber ; Ventil in cylindrischer Form.
» priming relief — ; relief valve — ; escape — (of cylinder)	Soupape de sûreté ; Soupape d'échappement (de cylindre).	Sicherheitsventil (des Cylinders).
» regulating —	Soupape régulatrice.	Regulirventil.
» reversing —	Soupape de changement de marche.	Umsteuerungsventil.
» safety —	Soupape de sûreté.	Sicherheitsventil.
» dead weight safety —	Soupape de sûreté à charge directe avec un poids mort.	Sicherheitsventil mit Belastung.
» external safety —	Soupape de sûreté externe.	Aeusseres Sicherheitsventil.
» internal safety —	Soupape de sûreté interne ; Soupape atmosphérique.	Inneres Sicherheitsventil oder Luftventil.
» safety — box	Boite de soupape de sûreté.	Sicherheitsventilgehäuse.
» safety — lever	Levier de soupape de sûreté.	Sicherheitsventilhebel.
» safety — seat	Siége de soupape de sûreté.	Sicherheitsventilsitz.
» safety — spring	Ressort de soupape de sûreté.	Sicherheitsventilfeder.
» safety — weight or load	Charge ou contre-poids de soupape de sûreté.	Sicherheitsventilbelastung.
» — seat	Siége de soupape.	Ventilsitz; Ventillager.
» setting of —	Réglement de soupape.	Stellen des Ventils.
» shut off —	Soupape de fermeture ; Soupape d'arrêt.	Sperrventil.
» sliding —	Soupape glissante ; Vanne.	Gleitventil ; Gleitschieber.
» sliding stop —	Diaphragme ; Soupape d'arrêt glissante.	Absperrschieber.
» sluice —	Vanne ; Diaphragme.	Schleusenventil ; Schleusenschieber.
» sluice — rod	Tige de vanne.	Schleusenschieberstange.
» snifting —	Reniflard ; Rossignol.	Schnüffelventil ; Schnarchventil.
» spindle —	Soupape à guide.	Ventil mit Führungsstange.
» — spindle ; — rod	Tige de soupape ; Guide de soupape.	Schieberstange ; Ventilstange; Ventilspindel.
» high pressure—spindle	Tige de soupape de haute pression.	Hochdruck-Schieberstange.
» low pressure — spindle	Tige de soupape de basse pression.	Niederdruck-Schieberstange.
» — spindle wheel	Roue de tige de soupape.	Schieberstange-Handrad.
» starting —	Soupape de mise en train ; Soupape d'introduction directe.	Anlassventil.
» steam —	Soupape à vapeur; Registre de vapeur.	Dampfventil.

Machinery.	Machines.	Maschinerie.
Valve, steam reducing —	Soupape de réduction de vapeur; Soupape de modérateur.	Druckreduzierventil.
» — stem	Broche de clapet; Bouton de soupape.	Ventilscharnier; Klappenwirbel.
» stop —	Soupape d'arrêt.	Absperrventil.
» suction —	Soupape d'aspiration; Clapet d'aspiration.	Saugventil.
» suction — box	Boite de soupape d'aspiration.	Saugventilgehäuse.
» throttle —	Registre à vapeur, Papillon.	Drosselklappe; Drosselventil.
» throttle — rod	Tige de registre à vapeur.	Drosselklappen-Stange.
» trick —	Soupape Trick.	Schieber von Trick.
» water —	Soupape à eau.	Wasserventil.
» waste water — ; main discharge — (in ship's side).	Soupape de décharge principale (dans la muraille du navire).	Hauptabflussventil (in Schiffsseite).
Wheel	Roue.	Rad.
» — arm	Rayon de roue.	Radarm.
» bevel —	Roue d'angle; Roue d'engrenage cônique.	Konisches Zahnrad; Winkelrad.
» boss of a —	Moyeu de roue.	Radnabe, Mittelnerve eines Rades.
» cog —	Roue dentée.	Zahnrad.
» cog or tooth of a —	Dent de roue.	Radzahn.
» casing or cover of a cog —	Enveloppe de roue dentée.	Zahnrad-Deckel, Schutzdeckel.
» driving — ; leading —	Roue motrice; Roue menante.	Triebrad.
» flange of a —	Rebord de roue.	Radflansche.
» friction —	Roue à frottement (sans denture).	Frictionsrad (ohne Zähne).
» loose —	Roue folle.	Loses Rad.
» ratchet —	Roue à déclics; Roue d'encliquetage; Roue à rochet.	Sperrad.
» reversing —	Volant de changement de marche.	Umsteuerungsrad.
» rim of a —	Jante de roue.	Radkranz.
» spur —	Roue dentée droite. (*)	Gerades Zahnrad. (*)
» turning —	Roue de vireur.	Drehrad.
» worm —	Roue striée.	Schneckenrad.

(*) Roue dont les dents sont dans la direction des rayons.

(*) Rad, dessen Zähne gerade stehen d. h. mit den Radarmen in gleicher Richtung.

Machinery.	Machines.	Maschinerie.
Tools and sundries.	**Outils et divers.**	**Werkzeug und Diverses.**
Anvil	Enclume.	Amboss.
» — beak or horn	Bigorne ; Bec d'enclume.	Ambosshorn.
» — bed or block	Chabotte d'enclume ; Billot d'enclume.	Ambosstock ; Chabotte.
» — edge	Arête d'enclume.	Ambossrand.
Ashes	Escarbilles ; Cendres.	Asche.
Beam-grabs (*attached to beam for lifting*)	Griffe ; Pince à barrot.	Balkenklammer ; Balkenklemmen.
Bellows	Soufflet.	Blasebalg.
Bevel	Fausse équerre.	Schrägmaass.
Boring-machine	Alésoir ; Machine à forer.	Bohrmaschine.
Boss	Renflement ; Moyeu.	Nabe ; Verstärkung.
Brace	Étrier ; Lien ; Agrafe.	Klammer.
Brake	Frein.	Bremse.
Brasses	Coussinets.	Pfannen ; Schalen.
Breast-borer	Foret à arçon.	Brustbohrer ; Bohrwinde ; Brustleier.
Breast plate	Tôle-Plastron.	Brustplatte.
Buffer	Tampon ; Tampon de choc.	Buffer ; Stosskissen.
Bush	Boite ; Douille ; Bague.	Büchse ; Hülse.
Callipers	Compas de diamètre ; Compas d'épaisseur.	Dickzirkel ; Taster.
» inside —	Compas de diamètre intérieur dit Compas Maître de danse.	Lochtaster.
Calorimeter	Calorimètre.	Wärmemesser.
Caulking-tool	Matoir.	Stemmer.
Caulking-tools	Outils de matage.	Stemm-Werkzeug.
Chasing-tool	Peigne à fileter.	Gewindestahl.
Chisel	Ciseau ; Tranche.	Meissel.
» chipping —	Burin.	Abstechmeissel.
» cold —	Tranche à froid ; Ciseau à froid.	Kaltmeissel.
» cross cut —	Bec d'âne.	Kreuzmeissel.
» diamond pointed —	Bec d'âne à tranche angulaire.	Diamantmeissel.
» hot —	Tranche à chaud ; Ciseau à chaud.	Schrotmeissel ; Setzeisen.
» round nose —	Ciseau quart de rond.	Hohlkehlmeissel.
Cinder	Fraisil.	Schlacke.
Clamp	Sergent.	Schraubzwinge.
Claw	Bec de corbin.	Drahtzange ; Klaue.
Clinkers	Machefer.	Kohlenschlacken.
Coal	Charbon.	Kohle.
» anthracite —	Anthracite.	Anthracit ; Kohlenblende.
» bituminous —	Charbons bitumineux.	Rackkohle ; Fette Kohle.
Coal-measure	Mesure à charbon.	Kohlenmaass.
Combustibles	Combustibles.	Brennmaterial.
Compasses ; Pair of compasses	Compas.	Zirkel.
Collar	Collier.	Kragen ; Bund.
Cover ; Lid	Couvercle.	Deckel.
Crank-brace	Vilebrequin.	Kurbelbohrer.
Cutter	Clavette.	Keil ; Splint.

Machinery.	Machines.	Maschinerie.
Tools and sundries.	**Outils et divers.**	**Werkzeug und Diverses.**
Cutter, split —	Clavette fendue.	Gespaltener Keil, oder Splint.
Die	Filière ; Coussinet à fileter.	Gewindeschneid-Kluppe.
Disc	Disque.	Scheibe.
Disconnecting-apparatus	Appareil de désembrayage.	Entkuppelungs-Apparat.
Divider	Compas à vis ou à diviser.	Theilzirkel.
Drift	Repoussoir ; Chasse à percer ; Broche.	Durchschlag.
Drill	Mèche ; Foret ; Tarrière.	Bohrer ; Drillbohrer.
» countersink —	Fraise taillée ; Fraisoir.	Versenkbohrer.
» fiddle —	Foret à l'arçon.	Fiedelbohrer.
» hand —	Foret à main.	Handbohrer.
Driver ; Catch ; Peg.	Buttoir ; Toc.	Mitnehmer ; Knagge ; Dübel.
Dynamometer	Dynamomètre (Indicateur de puissance développée).	Dynamometer ; Kraftmesser.
Electric light apparatus	Appareil pour la production de lumière électrique.	Apparat für die Erzeugung von electrischem Licht.
Emery-paper	Papier éméri.	Schmirgelpapier.
Endless-screw	Vis sans fin.	Schraube ohne Ende.
Fan	Ventilateur.	Ventilator ; Luftzieher.
Feed apparatus	Appareil alimentaire.	Speisevorrichtung ; Füllapparat.
Feeding cistern	Réservoir d'alimentation.	Speise-Cisterne.
Ferrule	Virole ; Frette; Bague.	Zwinge ; Ring.
File	Lime.	Feile.
» flat — ; smooth —	Lime plate ; Lime douce.	Schlichtfeile.
» half round smooth —	Lime douce demi-ronde.	Halbrunde Schlichtfeile.
» flat bastard —	Lime plate bâtarde.	Schlichte Bastardfeile.
» half round bastard —	Lime demi-ronde bâtarde.	Halbrunde Bastardfeile.
» round —	Lime ronde, Queue de rat.	Rattenschwanz ; Runde Feile.
» saw —	Tiers-point.	Sägefeile.
» square —	Lime carrée.	Vierkantige Feile.
» three sided —	Trois-quarts ; Lime à trois carnes.	Dreieckige Feile, Dreikantige Feile.
Filings	Limaille.	Feilspähne.
Fire-bricks	Briques réfractaires.	Feuerfeste Steine.
Fire-clay	Argile réfractaire.	Feuerfester Thon.
Fire-engine	Pompe à incendie.	Feuerspritze.
Fire-picker	Ringard.	Feuerhaken ; Schürhaken.
Fire-rake	Rouable.	Feuerkrücke ; Krücke.
Fire-slice	Lance à feu.	Schüreisen ; Feuerspiess.
Fire-tools	Ustensiles de chauffe ; Outils de chauffe.	Feuerungsgeschirr.
Fittings	Garniture ; Montage.	Ausrüstung, Garnitur, Armatur.
Flange	Bride ; Collet ; Collerette ; Rebord.	Flansche ; Rand ; Kragen.
Friction-brake	Frein à frottement ; Frein de Prony.	Frictionszaum ; Prony'scher Zaum.
» — roller ; — pulley	Galet ; Rouleau.	Reibungsrolle; Frictionsrolle.
Fuel	Combustible.	Brennmaterial ; Brennstoff.

Machinery.	Machines.	Maschinerie.
Tools and sundries.	**Outils et divers.**	**Werkzeug und Diverses.**

Fusible-plug	Rondelle fusible ; Bouchon fusible.	Leicht schmelzbarer Pfropfen; Sicherheitspfropfen.
Gallon-measure	Mesure d'un gallon.	Gallonenmaass.
Gas	Gaz.	Gas.
Gasket	Tresse en chanvre ; Limande de garniture.	Geflochtene, flache Hanfliderung.
Gearing	Engrenage ; Transmission de mouvement.	Betriebsgestänge ; Treibwerk.
Gouge	Gouge.	Hohlmeissel ; Hohleisen.
Grease	Graisse.	Fett; Schmiere; Schmiermittel
Groove	Rainure ; Patte d'araignée.	Nuthe ; Nuth.
Hammer	Marteau.	Hammer.
» chipping —; scaling —	Picoche.	Pickhammer.
» coal —	Marteau à casser les charbons.	Kohlenhammer.
» flogging —	Marteau à frappeur devant.	Vorschlaghammer.
» hand —	Marteau à main.	Handhammer.
» holding up —	Mandrin d'abatage ; Abatage.	Nietstempel ; Vorhalter.
» riveting —	Marteau à river; Rivoir.	Niethammer.
» sledge —	Masse; Marteau à deux mains.	Grosser Schmiedehammer ; Vorschlaghammer ; Treibfäustel; Schlägel.
Hand-drill-machine	Bastringue.	Handbohrmaschine.
Hand-shears	Cisailles à main.	Handscheere.
Hand-vice	Étau à main.	Feilkloben.
Handle	Anse; Manche; Poignée; Manette ; Manivelle.	Handhabe; Handgriff.
Hinge	Penture; Charnière.	Scharnier; Gelenk; Hänge.
Hoisting-gear	Appareil de levage ; Élévateur.	Hebezeug ; Heissgeschirr.
Hydraulic-ram	Bélier hydraulique.	Hydraulische Ramme.
Hydrokineter	Hydrokinètre (variété d'éjecteur à cônes multiples).	Hydrokineter ; Dampfstrahlvorwärmer.
Hydrometer	Hydromètre ; Salinomètre.	Hydrometer ; Wassermesser.
Impermeator	Graisseur ; Lubrificateur de vapeur.	Impermeator (Dampfschmierapparat, welcher auf Kondensation beruht).
Incrustation	Incrustation.	Kesselstein ; Steinartige Bekrustung.
Iron-dog	Crampon ; Cavalier ; Pélican.	Eiserne Klammer.
Jack	Cric ; Vérin.	Hebemaschine; Winde.
» head —	Tête ; Mâchoire de cric.	Hebeschraube.
» hydraulic —	Vérin hydraulique.	Hydraulische Hebeschraube.
» — plane	Rabot.	Schrubhobel.
Key	Clavette ; Clef.	Schlüssel; Keil.
» tightening —	Clavette de dressage; Clavette de serrage.	Gegenkeil ; Stellkeil.
» — way	Mortaise pour le placement d'une clavette.	Keilnuthe.
Ladle, soldering —	Cuiller à souder.	Löthlöffel.
Lagging (of boilers, cylinders, etc.)	Garniture ; Revêtement (de chaudières, cylindres, etc. avec du bois).	Schalung, Bekleidung (von Kesseln, Cylindern, etc.)

Machinery.	Machines.	Maschinerie.
Tools and sundries.	**Outils et divers.**	**Werkzeug und Diverses.**

Lamp, bunker —	Lampe pour soutes.	Kohlenraum-Lampe.
Lamp-wick	Mèche de lampe.	Lampendocht.
Lathe	Tour.	Drehbank.
» — frame	Etablis d'un tour.	Drehbankgestell.
» — mandrel	Mandrin d'un tour.	Drehbankspindel.
» treadle of a —	Pedale d'un tour.	Trittbrett einer Drehbank.
Lignite	Lignite.	Braunkohle.
Lock-nut or Guard	Contre-écrou.	Contremutter; Gegenmutter.
Lubricants	Lubrifiant, Matière lubrifiante.	Geschmeidig, schlüpfrig machende Mittel.
Lubricator	Lubrifieur ; Godet-graisseur.	Schmierapparat ; Schmiervorrichtung ; Schmierbüchse.
Mandrel	Mandrin.	Dorn.
Metal, anti-friction —	Métal-anti-friction ; Métal doux.	Antifrictionsmetall.
Mud	Vase.	Schlamm.
» — rake	Rouable à vase.	Schlammharke ; Schlammkrücke.
» — shovel	Pelle à vase.	Schlammschaufel.
Nippers	Tenaille ; Pince.	Zange.
» cutting —	Pince coupante.	Beisszange.
» wire —	Pince, Ciseaux à fil métallique.	Drathzange.
Nozzle	Buse; Canon; Orifice; Bouche.	Düse ; Mundstück ; Rohrmundstück.
Nut	Ecrou.	Mutter ; Schraubenmutter.
Oil-box	Boite à huile.	Oelbüchse.
» — can	Broc à huile ; Cruche à huile.	Oelkanne.
» — cup or lubricator	Godet à huile ; Lubrifieur.	Schmierapparat ; Schmierbüchse.
» — feeder	Burette à huile.	Schmierkanne.
» — funnel	Entonnoir à huile.	Oeltrichter.
» — tank	Réservoir à huile.	Oelbehälter.
Packing-screw	Tire-bourrage ; Tire-étoupe.	Packungszieher.
Pan ; Drip-pan	Auge; Bassin à huile; Égouttoir	Oelfänger.
Patch	Plaque.	Flicken.
Patent-fuel	Briquette.	Gepresste Steinkohle ; Kohlenziegel.
Pewter (*alloy of lead and tin*)	Potée d'étain ; Potin.	Weissmetall ; Hartzinn.
Picker-bar ; Pricker-bar	Barre de ringard.	Prickerstange.
Pin	Soie ; Pivot ; Goupille.	Stift ; Vorstecknagel.
» split —	Goupille fendue.	Gespaltener Stift.
Pinch-bar	Pince ; Pied-de-biche ; Pied de chèvre.	Brechstange.
Pitch-chain	Chaine à la Vaucanson; Chaine calibrée.	Calibrirte Kette.
Pivot	Pivot	Zapfen ; Stehender Zapfen.
Poker	Ringard ; Tisonnier.	Schüreisen ; Stocher ; Poker.
Pulley	Poulie de renvoi; Galet; Poulie de transmission.	Kloben ; Rolle ; Rollkloben ; Leitrolle ; Riemscheibe.
Punch	Poinçon.	Ausschlagpunze; Durchschlag.

Machinery.	Machines.	Maschinerie.
Tools and sundries.	**Outils et divers.**	**Werkzeug und Diverses.**
Punch, centre —	Pointeau.	Körner.
Punching-machine	Emporte-pièce ; Machine à poinçonner ; Poinçonneuse.	Lochmaschine.
Putty	Mastic.	Kitt.
Rack (*in engine-room*)	Crémaillière (*de chambre de machine*).	Rechen zum Aufhängen der Schlüssel (*im Maschinenraum*).
Ram	Mouton ; Refouloir.	Ramme ; Stampfer.
Ratchet-brace ; Ratchet-drill.	Cliquet à percer ; Perçoir à rochet.	Bohrknarre ; Ratschbohrer.
Refrigerator	Réfrigérateur.	Kühlapparat.
Rimer	Alésoir.	Reibahle ; Räumahle.
Riveting-machine	Machine à river.	Nietmaschine.
Roller	Galet, Roulette.	Leitrolle ; Rolle ; Walze.
Rose	Crépine.	Sieb.
Rust	Rouille.	Rost.
Rust-putty	Mastic de fonte.	Rostkitt.
Saline-deposit	Dépôt de sel ; Dépôt salin.	Salzniederschlag ; Salzansatz.
Salinometer	Salinomètre ; Pèse-sel.	Salinometer ; Salzmesser.
Save-all	Auge ; Bassin à huile.	Oelfänger.
Saw	Scie.	Säge.
» frame —	Scie à arc ; Scie à chassis.	Gestellsäge, Spannsäge.
» hand —	Scie à main.	Handsäge.
Scale ; Sediment (*in boiler*)	Dépôts ; Sédiment (*dans la chaudière*).	Ansatz, Absatz. Niederschlag (*im Kessel*).
Scissors	Ciseaux.	Scheere.
Screw	Vis.	Schraube.
» set —	Vis de pression.	Druckschraube, Presschraube
» — driver	Tourne-vis.	Schraubenzieher.
Sediment	Sédiment.	Absatz ; Niederschlag.
Shaping-machine	Machine à fraiser; Étau limeur.	Fräsmaschine.
Shoot, coal —	Conduit, Manche à charbon.	Kohlenrinne ; Kohlenschub ; Kohlenlauf.
Shovel	Pelle.	Schaufel.
» coal —	Pelle à charbon.	Kohlenschaufel.
» trimming —	Pelle à arrimer et amener les charbons.	Trimmerschaufel.
Slag	Laitier ; Scorie.	Schlacke.
Smoke	Fumée.	Rauch.
Socket	Douille ; Socle ; Emboiture.	Hülse; Dille; Büchse.
Solder	Soudure.	Loth; Löthe.
» hard —	Soudure forte.	Hartloth.
Soldering-iron	Fer à souder.	Löthkolben.
Soot	Suie.	Russ.
Spanner	Clef (*à écrous*).	Schraubenschlüssel; Schlüssel
» box —	Clef à douille.	Hülsenschlüssel.
» crow-foot —	Clef à fourche.	Einseitiger Aufsatzschlüssel.
» double ended —	Clef à deux têtes.	Schlüssel mit doppelten Enden (*mit zwei Köpfen*).
» monkey —	Clef anglaise.	Universal-Schraubenschlüssel; Universalschlüssel.

Machinery.	Machines.	Maschinerie.
Tools and sundries.	**Outils et divers.**	**Werkzeug und Diverses.**
Spanner, shifting —	Clef à molette; Clef à machoires mobiles.	Verstellbarer Schraubenschlüssel.
Speaking-tube	Porte-voix.	Sprachrohr.
Speed indicator	Indicateur de vélocité ; Sillomètre.	Geschwindigkeit-Anzeiger.
Spigot (*fitted to blow-off cocks*)	Broche; Goujon (*de robinets de décharge*).	Zapfen; Keil (*an Abblashähnen*).
Spring	Ressort.	Feder.
» — balance	Balance à ressort.	Federwage.
» — for governor	Ressort pour régulateur.	Regulatorfeder.
» spiral —	Ressort en spirale, Ressort à boudin.	Spiralfeder.
» steel —	Ressort en acier.	Stählerne Feder.
Square	Equerre.	Winkelmaass.
Stay	Entretoise ; Tirant.	Stehbolzen ; Anker.
» diagonal —	Entretoise oblique ; Tirant diagonal.	Kreuz-oder Diagonal-Stehbolzen.
» gusset —	Tirant-console ; Tirant à gousset.	Eckanker.
» screwed —	Entretoise taraudée.	Geschraubter Stehbolzen.
Store tanks	Bacs à provisions.	Vorrathsbehälter.
Straight-brace (*to place tools on*)	Ratelier ; Porte-outil.	Werkzeughalter.
Strap	Courroie ; Chape.	Riemen ; Bügel.
Stretching-screw	Ridoir à vis.	Spannschraube.
Stud	Tourillon ; Boulon ; Prisonnier ; Entretoise.	Stiftschraube ; Steg.
Swage	Etampe.	Schlichthammer.
Syringe	Seringue.	Spritze.
Tallow	Suif.	Talg.
» — cup	Godet à suif.	Talgnapf.
» — tank	Bac à suif ; Bac à graisse.	Talgkasten ; Talgbehälter.
Tap or Screw-tap	Taraud.	Gewindebohrer ; Schraubenbohrer ; Schneidbohrer.
» — wrench	Tourne à gauche.	Wendeisen, Windeisen.
Tapered-bolt	Boulon cònique.	Kegelförmiger Bolzen ; Konischer Bolzen.
» — collar	Collier cònique.	Kegelförmiger Kragen.
» — pin	Pivot cònique	Kegelförmiger Zapfen, Stift oder Nadel.
Tell-tale apparatus	Axiomètre.	Mechanischer Hubzähler.
» » , dial of —	Cadran d'axiomètre.	Zifferblatt eines mechanischen Hubzählers.
Templet	Gabari ; Gabarit.	Schablone.
Tongs	Pinces.	Zange.
» forge —	Tenailles, Pinces.	Schmiedezange ; Feuerzange.
Tool	Outil.	Werkzeug.
Tube-brush	Ecouvillon de tube.	Rohrbürste.
» — expander	Tondin.	Rohrwalze.
» — scraper	Grattoir-tube ; Racloir.	Rohrschraper.

Machinery.	Machines.	Maschinerie.
Tools and sundries.	**Outils et divers.**	**Werkzeug und Diverses.**
Velometer (or *engine governor*).	Velomètre (*régulateur de machine*).	Velometer (*Maschinen-Regulator*).
Vice	Etau.	Schraubstock.
» — bench	Établi.	Feilbank.
» — jaws	Mâchoires d'étau.	Schraubstockbacken.
Washer	Rondelle.	Unterlegscheibe.
Waste-tank	Réservoir de décharge.	Abfluss-Cisterne ; Abfluss-Wasserbehälter.
» — water or condensed steam	Eau de condensation.	Kondensationswasser.
Web	Ame ; Bras ; Plat d'une pièce.	Steg ; Arm.
Wedge	Coin.	Keil.
Wick	Mèche.	Docht.
Wire (*iron*)	Fil de fer.	Eisendraht.
» brass —	Fil de laiton.	Messingdraht.
» — brush	Écouvillon en fil de fer.	Drahtbürste.
» copper —	Fil de cuivre.	Kupferdraht.
» lead —	Fil de plomb.	Bleidraht.
Worm	Serpentin ; Filet taraudé.	Schnecke.
Wrench	Clef à vis ; Clef à écrou.	Wendeisen, Windeeisen.
» fork —	Clef à fourche.	Gabelschlüssel.
» screw —	Clef à l'anglaise ; Clef à écrou.	Englischer Schraubenschlüssel.

Machinery.	Machines.	Maschinerie.
Mechanical expressions.	**Termes techniques de mécanique.**	**Technische Ausdrücke aus der Mechanik.**
Adjusting	Dressage ; Ajustage.	Anpassung; Zusammenpassen; Adjustirung.
Annealing	Recuit.	Ausglühen.
Aperture	Ouverture.	Oeffnung ; Falz.
Area	Aire.	Flächeninhalt.
Artificial draught	Tirage artificiel.	Künstlicher Zug.
Back-lash	Retard à l'introduction, Jeu.	Nacheilung (*bei Schiebern*) ; Spielraum.
Blister	Paille ; Moine.	Blase.
Blow-off the boiler	Vider la chaudière.	Den Kessel abblasen.
Boiling point	Point d'ébullition.	Siedepunkt.
Brine	Eau saturée.	Gesättigtes Wasser.
Bursting or Explosion (*of a boiler*)	Explosion (*d'une chaudière*)	Explodiren (*eines Kessels*).
Carbonic oxide	Gaz oxyde de carbone.	Kohlenoxydgas.
Centre ; Center	Centre.	Mittelpunkt ; Centrum.
» — of action	Centre d'action.	Mittelpunkt der Wirkung.
» — of gravity	Centre de gravité.	Schwerpunkt.
» — mark	Coup de pointeau.	Kernpunkt ; Körnerpunkt.
» — of motion	Centre de mouvement.	Mittelpunkt der Bewegung.
» — of oscillation	Centre d'oscillation.	Mittelpunkt der Schwingung.
Chamfered edge	Chanfrein ; Biseau.	Schrägkante ; Abgeschrägte Kante.
Choked	Engorgé.	Verstopft.
Coefficient	Coëfficient.	Coefficient.
Collapsing	Affaissement.	Eindrückung, Deformirung.
Combustion, spontaneous —	Combustion spontanée.	Selbstentzündung.
Condensation	Condensation.	Kondensation ; Condensation.
» surface —	Condensation à surface.	Oberflächen-Kondensation.
Conductibility	Conductibilité.	Leitungsfähigkeit.
Conductor (*of heat*)	Conducteur (*de la chaleur*)	Wärmeleiter.
Conical or Taper	Cônique.	Konisch ; Kegelförmig.
Connected	Conjugué ; Relié.	Verbunden.
Cooling	Refroidissement.	Abkühlung.
Corrosion	Corrosion.	Corrosion; Zerfressung; Zerbeizung.
Counter weight ; Balance weight ; Back-balance	Contre-poids	Gegengewicht.
Crack	Filure; Crique ; Cri (*de fer*).	Sprung; Riss.
Curve	Courbe.	Krümmung.
Dead-point	Point-mort.	Todter Punkt; Todtpunkt.
Density	Densité.	Dichtigkeit.
Diameter	Diamètre.	Durchmesser.
Dilatation	Dilatation	Ausdehnung (*durch Wärme*).
Disabled (*the Engine is —*)	Désemparé ; La machine a une avarie.	Die Maschine ist unbrauchbar, unfähig zu arbeiten.
Discharge	Décharge; Ecoulement; Expiration.	Ausfluss; Auslauf; Abfluss.
Disconnecting	Désembrayage; Désembréage.	Entkupplung; Ausrücken.

Machinery.	Machines.	Maschinerie.
Mechanical expressions.	**Termes techniques de mécanique.**	**Technische Ausdrücke aus der Mechanik.**
Distortion	Distorsion.	Verdrehung; Verzerrung; Verrenkung.
Draught	Tirage.	Zug.
» intensity of —	Intensité de tirage.	Intensität, Stärke des Zuges.
Drawing-point	Pointe à tracer.	Marke; Zeichen.
Dry condensation	Condensation à sec.	Trockene Kondensation.
Ductility	Ductilité.	Dehnbarkeit; Geschmeidigkeit.
Ease (to —)	Ralentir la marche.	Langsamer gehen lassen; Geschwindigkeit verringern.
Ebullition	Ébullition.	Sieden.
Eduction	Émission; Éduction.	Ausströmung; Ausfluss.
Effect	Effet.	Wirkung; Effekt.
» lost —	Effet perdu.	Verlorener Effekt.
» useful —	Effet utile.	Nutzeffekt; Nützlicher Effekt.
» whole —	Effet total; Effet absolu.	Totaleffekt.
Efficiency (of *Engine*)	Efficacité (*de la machine*).	Wirksamkeit; Leistungsfähigkeit (*der Maschine*).
Elasticity	Élasticité.	Elasticität.
Escape	Échappement.	Entweichung.
Evaporation	Évaporation; Vaporisation.	Verdampfung.
Exhaustion	Épuisement; Évacuation; Anihilation.	Ausströmung; Abführung; Erschöpfung.
Explosion	Explosion.	Explosion; Zersprengung.
External condensation	Condensation à l'extérieur.	Oberflächen-Kondensation.
Feeding	Alimentation.	Speisung (*Wasserzuleitung*)
Fire, to bank the —	Pousser les feux au fond des grilles.	Zurückstossen des Feuers; Feuer aufbänken.
» to light the —	Allumer les feux.	Anstecken des Feuers; Feuer anzünden.
» to force the —	Pousser les feux.	Durchstossen des Feuers, Auffeuern.
Flame	Flamme.	Flamme.
Force	Force.	Kraft.
» accelerating —	Force accélératrice.	Beschleunigende Kraft.
» bending —	Résistance à la flexion.	Biegkraft.
» constant —	Force constante.	Konstante Kraft; Beständige Kraft.
» expansive —	Force expansive.	Expansions-Kraft.
» moving —	Force motrice.	Bewegende Kraft; Treibkraft.
» percussive —	Force percussive.	Stosskraft; Percussive Kraft.
» shearing —	Résistance à la traction.	Ziehkraft.
» twisting —	Résistance à la torsion.	Torsionskraft.
Fracture	Cassure.	Bruch.
Freezing point	Point de congélation.	Gefrierpunkt.
Friction	Frottement.	Reibung; Friction.
Full stroke	Pleine admission; Coup entier.	Ganzer Hub.
Fusibility	Fusibilité.	Schmelzbarkeit.

Machinery.	Machines.	Maschinerie.
Mechanical expressions.	**Termes techniques de mécanique.**	**Technische Ausdrücke aus der Mechanik.**
Gear, to throw into —	Enclancher ; Embrayer.	Einrücken ; Ingangsetzen ; In Bewegung setzen.
Gear, to throw out of —	Déclancher ; Désembrayer.	Ausrücken ; Entkuppeln ; Ausser Bewegung setzen.
Go-ahead (to —)	En avant.	Vorwärtsgehen.
Go-astern (to —) or to back	En arrière.	Rückwärtsgehen.
Gradient	Pente ; Inclinaison.	Neigung ; Fall.
Gravity	Gravité.	Schwerkraft ; Schwere.
Heat	Chaleur ; Chaude.	Wärme ; Hitze.
» available —	Chaleur available.	Nutzbare Hitze ; Nützliche Hitze.
» evaporative —	Chaleur de vaporisation.	Verdampfungswärme.
» — by friction	S'échauffer par le frottement ; Chaleur par friction.	Warm werden durch Reibung ; Erhitzung durch Reibung.
» intense —	Chaleur intense.	Intensive Hitze.
» latent —	Chaleur latente.	Latente Wärme ; Gebundene Wärme.
» loss of —	Perte de chaleur.	Wärmeverlust.
» mechanical equivalent of —	Équivalent mécanique de la chaleur.	Mechanisches Aequivalent von Wärme.
» radiating —	Chaleur rayonnante.	Strahlende Wärme.
» red —	Chaleur rouge ; Chaude rouge ; Chaude au rouge.	Rothwarm ; Rothglühhitze.
» cherry red —	Chaude au rouge-cerise.	Kirschrothglühhitze.
» low cherry red —	Chaude au rouge-cerise naissante.	Anfangende Kirschrothglühhitze.
» sensible —	Chaleur sensible.	Sensible Wärme ; Empfundene Wärme.
» specific —	Chaleur spécifique.	Spezifische Wärme.
» transmission of —	Transmission de la chaleur.	Wärme-Uebertragung ; Wärme-Ueberführung.
» unit of —	Unité de chaleur ; Calorie.	Wärmeeinheit ; Kalorie.
» welding —	Chaude suante.	Schweisshitze.
» white —	Chaude blanche ; Chaude au blanc suant ; Chaude ressuante ; Chaude grasse.	Weissglühhitze.
Horse-power	Force en chevaux ; Force de cheval ; Cheval-vapeur.	Pferdestärke ; Pferdekraft.
» effective —	Force en chevaux effectifs.	Effektive Pferdekraft ; Wirkliche Pferdestärke.
» estimated —	Force en chevaux estimés.	Geschätzte Pferdestärke.
» indicated —	Force en chevaux indiqués.	Indizirte Pferdestärke.
» nominal —	Force en chevaux nominaux.	Nominelle Pferdestärke.
Hydraulic-test	Épreuve hydraulique.	Hydraulische Probe ; Wasserdruckprobe.
Hydrocarbons	Hydro-carbone.	Wasser-Kohlenstoff.
Inertia	Inertie.	Beharrungsvermögen ; Trägheit.
Injection	Injection.	Einspritzung.
Jar	Trépidation ; Vibration.	Zittern ; Schütteln ; Rütteln.

Machinery.	Machines.	Maschinerie.
Mechanical expressions.	**Termes techniques de mécanique.**	**Technische Ausdrücke aus der Mechanik.**

Jerk ; Shock	Choc ; Secousse ; Poussée ; Coup soudain.	Stoss ; Ruck.
Lead (*of slide valve*)	Avance (*du tiroir*).	Voreilung (*des Schiebers*).
Leak	Fuite.	Leck.
Lift the propeller (*to —*)	Remonter l'hélice ; Soulever l'hélice.	Die Schraube heben.
Lower the propeller (*to —*)	Descendre l'hélice.	Die Schraube niederlassen, senken.
Line, atmospheric —	Ligne atmosphérique.	Atmosphärische Linie.
Line up the brasses (*to —*)	Dresser, Caler les coussinets.	Lagerschalen auffüllen.
Liquefaction	Liquéfaction.	Flüssigwerden (*der Akt des Flüssigwerdens*).
Malleability	Maléabilité.	Dehnbarkeit ; Streckbarkeit; Hämmerbarkeit.
Melting-point	Point de fusion.	Schmelzpunkt.
Momentum of piston	Moment de la force développée sur le piston.	Kraftmoment des Kolbens.
Mortise	Mortaise ; Entaille.	Zapfenloch; Nuthe; Keilnuthe.
Mortising	Assemblage à mortaise.	Verzapfung.
Motion	Mouvement.	Bewegung.
» ahead —	Mouvement en avant.	Vorwärtsgehende Bewegung ; Vorausgang.
» alternative —; reciprocating —	Mouvement de va-et-vient ; Mouvement alternatif.	Hin- und hergehende Bewegung; Wechselweise Bewegung.
» angular —	Mouvement angulaire.	Winkelbewegung.
» astern —; retrograde—	Mouvement en arrière ; Mouvement retrograde.	Rückgehende Bewegung ; Rückwärtsbewegung.
» decreasing —	Mouvement retardé.	Verzögerte Bewegung.
» eccentric —	Mouvement excentrique.	Excentrische Bewegung.
» increasing — ; accelerated —	Mouvement accéléré.	Beschleunigte Bewegung.
» — of piston	Mouvement du piston.	Kolbenbewegung.
» reverse —	Mouvement de changement de marche.	Umsteuerungs-Bewegung ; Umsteuerung.
» rotary —	Mouvement de rotation.	Drehende Bewegung; Rotirende Bewegung.
Motor	Moteur.	Motor.
Non-conductor	Mauvais conducteur.	Nichtleiter ; Nicht leitender Körper.
Notch ; Gab	Encoche ; Entaille ; Rainure.	Kerbe ; Ausschnitt.
Notching up ; Linking up (*reducing the travel of valve*)	Réduction de la course du tiroir ; Réduction de l'admission de vapeur.	Verminderung des Schieberhubes.
Oscillation	Oscillation.	Schwingung.
Percussive action	Action percussive.	Stossende Wirkung.
Pitch (*of screw-propeller*)	Pas (*de l'hélice*)	Steigung (*der Schraube*).
Pitting of tube	Corrosion de tube ; Morsure du tube par la corrosion.	Anfressung eines Rohres.
Play (*of parts in motion*)	Jeu ; Liberté.	Spielraum.

Machinery.	Machines.	Maschinerie.
Mechanical expressions.	**Termes techniques de mécanique.**	**Technische Ausdrücke aus der Mechanik.**
Power	Force; Puissance.	Kraft; Stärke.
» centrifugal —; Centrifugal force	Puissance centrifique; Force centrifuge.	Centrifugal-Kraft.
» effective —	Puissance effective.	Effektive Kraft.
» evaporative —	Puissance de vaporisation; Puissance d'évaporation.	Verdampfungsfähigkeit; Verdampfungskraft.
» expansive —	Force expansive; Puissance d'expansion.	Expansionskraft.
» full —	A toute puissance, à toute volée.	Ganze Kraft; Volle Kraft.
» heating —	Puissance calorifique; Pouvoir calorifique.	Heizkraft.
» indicated —	Puissance indiquée.	Indizirte Kraft.
» mechanical —	Travail mécanique; Quantité de travail.	Mechanische Kraft.
» nominal —	Puissance nominale; Force nominale.	Nominalkraft.
» propelling —; moving —	Force de propulsion; Force motrice.	Treibkraft; Triebkraft.
» steam —	Puissance, Force de la vapeur.	Dampfkraft.
» auxiliary steam —	Force de la vapeur auxiliaire.	Auxiliar-Dampfkraft.
» transmission of —	Transmission de force.	Kraftübertragung.
Preservation	Préservation.	Konservirung, Verwahrung, Erhaltung.
Pressure	Pression.	Druck.
» absolute —	Pression absolue.	Absoluter Druck; Unbeschränkter Druck.
» accumulation of —	Accumulation de pression.	Druck-Ansammlung.
» actual —	Pression actuelle.	Wirklicher Druck; Vorhandener Druck.
» air —; atmospheric —	Pression atmosphérique.	Luftdruck; Atmosphärischer Druck.
» back —	Contre-pression.	Gegendruck.
» boiler —	Pression dans une chaudière.	Druck im Kessel.
» constant —	Pression constante.	Konstanter Druck; Beständiger Druck.
» effective — (unbalanced pressure)	Pression effective.	Effektiver Druck; Wirklicher Druck.
» excessive —	Pression excessive.	Uebermässiger Druck; Uebertriebener Druck; Zu starker Druck.
» external —	Pression extérieure (Pression nécessaire pour surmonter les frottements).	Auswendiger Druck.
» full —	Pleine pression.	Volldruck.
» high —	Haute pression.	Hochdruck.
» hydraulic —; water —	Pression hydraulique.	Hydraulischer Druck; Wasserdruck.
» increase of —	Augmentation de pression.	Drucksteigerung.
» initial —	Pression initiale.	Anfangs-Druck.
» insufficient —	Pression insuffisante.	Zu niedriger Druck.

Machinery.	Machines.	Maschinerie.
Mechanical expressions.	**Termes techniques de mécanique.**	**Technische Ausdrücke aus der Mechanik.**

Pressure, internal —	Pression intérieure.	Inwendiger Druck.
» low —	Basse pression.	Niederdruck.
» maximum —	Maximum de pression.	Maximaldruck.
» mean —	Moyenne pression.	Mitteldruck.
» minimum —	Minimum de pression.	Minimaldruck.
» normal —	Pression normale.	Normaler Druck.
» over —	Pression trop élevée.	Ueberdruck.
» reduction of —	Réduction de pression.	Druckverminderung.
» required —	Pression requise ; Pression exigée ; Pression voulue.	Erforderlicher Druck.
» scale of —	Échelle de pression.	Druckscala.
» — on slide bars	Pression sur les guides du tiroir, sur les glissières.	Druck auf die Führungsstangen.
» — on slide blocks	Pression sur les glissoirs, sur les coulisseaux de glissière.	Druck auf die Führungsblöcke.
» steam —	Pression de vapeur.	Dampfdruck.
» terminal —	Pression finale.	Enddruck.
» total —	Pression totale ; Pression absolue.	Totaldruck ; Gänzlicher Druck.
» uniform —	Pression uniforme.	Gleichmässiger Druck.
» working —	Pression de travail.	Arbeitsdruck.
Priming	Projection d'eau ; Entrainement d'eau ; Ébullition.	Sprudeln ; Ueberkochen ; Preimen.
Propulsion ; Propelling	Propulsion.	Vorwärtstreiben.
Radiation (of heat)	Rayonnement (de chaleur).	Strahlung (Wärmestrahlung)
Radius	Rayon.	Halbmesser.
Rarefaction	Raréfaction.	Verdünnung.
Reciprocating action	Action réciproque.	Wechselweise Wirkung.
Rent (fissure)	Fissure ; Félure ; Déchirure.	Riss ; Sprung.
Resistance	Résistance.	Widerstand ; Widerstehende Kraft.
» frictional —	Résistance provenant du frottement de l'eau.	Widerstand durch Reibung des Wassers an den Schiffsseiten entstehend.
» wave making —	Résistance provenant du mouvement des vagues.	Widerstand durch die Wellen entstehend.
Resultant	Résultante.	Resultante ; Diagonalkraft.
Reversing or to reverse	Renverser la marche.	Umsteuern.
Revolutions of engine	Révolutions, Tours, Pulsations de machine.	Umdrehungen der Maschine.
Rigid	Raide.	Steif ; Unbiegsam.
Rupture	Rupture.	Bruch (durch Gewalt entstandene Oeffnung).
Salts, soluble and insoluble —	Sels solubles et insolubles.	Auflösbare und unauflösbare Salze.
Saturation	Saturation.	Sättigung.
Scale (measurement)	Échelle; Échelle de proportion.	Skala ; Eintheilung.
Screw down a packing (to —)	Serrer une garniture.	Eine Liderung anziehen, antreiben.
Seam	Couture.	Fuge ; Naht.

Machinery.	Machines.	Maschinerie.
Mechanical expressions.	**Termes techniques de mécanique.**	**Technische Ausdrücke aus der Mechanik.**
Ship the propeller (*to* —)	Embrayer l'hélice ; Monter l'hélice.	Schraube auf die Schraubenwelle setzen, befestigen.
Unship the propeller (*to* —)	Désembrayer l'hélice; Démonter l'hélice.	Schraube von der Schraubenwelle abnehmen.
Shock	Secousse ; Choc.	Stoss ; Erschütterung.
Slip	Recul.	Slip (*Rücklauf, Gleiten*).
» apparent –	Recul apparent.	Scheinbarer Slip.
» negative —	Recul négatif.	Negativer Slip.
» real —	Recul réel.	Positiver Slip.
Specific-weight	Poids spécifique.	Spezifisches Gewicht.
» — gravity	Gravité spécifique ; Pesanteur spécifique.	Spezifische Schwere.
Speed	Vitesse.	Geschwindigkeit.
» full —	Pleine vitesse ; Pleine vapeur.	Ganze Geschwindigkeit.
» half —	Demi-vitesse.	Halbe Geschwindigkeit.
» normal —	Vitesse normale.	Normalgeschwindigkeit.
» or velocity of piston	Vitesse du piston.	Kolbengeschwindigkeit.
Steam	Vapeur.	Dampf.
» auxiliary —	Vapeur auxiliaire.	Auxiliardampf ; Hülfsdampf.
» combined —	Vapeur combinée.	Verbundener Dampf.
» condensed —	Vapeur condensée.	Kondensirter Dampf.
» cut off —	Vapeur coupée ; Vapeur interceptée.	Abgesperrter Dampf ; Abgeschnittener Dampf.
» — consumption	Consommation de vapeur.	Dampfverbrauch.
» drying of the —	Séchage de la vapeur.	Dampftrocknung.
» efficiency of —	Efficacité de vapeur.	Wirksamkeit des Dampfes ; Kraft des Dampfes.
» exhaust —	Vapeur de décharge.	Abdampf.
» exhaustion or eduction of —	Éduction de la vapeur ; Décharge de la vapeur.	Dampfausströmung ; Dampfabführung.
» — expansion	Tension de la vapeur ; Expansion de la vapeur.	Dampfspannung.
» expansive efficiency of - –	Efficacité expansive de vapeur.	Spannkraft des Dampfes.
» heated —	Vapeur échauffée.	Erhitzter Dampf.
» — jet	Jet de vapeur.	Dampfstrahl.
» let off, blow off the —	Laisser échapper la vapeur.	Abblasen ; Den Dampf ablassen.
» saturated —	Vapeur saturée.	Gesättigter Dampf.
» superheated —	Vapeur surchauffée.	Ueberhitzter Dampf.
» — tight	Étanche à la vapeur.	Dampfdicht.
» wet — ; moist —	Vapeur humide.	Nasser Dampf.
» wire drawing of —	Étranglement de la vapeur.	Dampfdrosselung ; Drosseln des Dampfes.
Stop (*to* —)	Stopper ; Arrêter.	Halten ; Anhalten.
Strain	Tension.	Kraft ; Zugspannung.
» breaking —	Effort de rupture.	Bruchkraft ; Bruchspannung.
» proof —	Effort d'épreuve.	Prüfungskraft; Prüfungsspannung.
Strength	Force ; Résistance.	Stärke.

Machinery.	Machines.	Maschinerie.
Mechanical expressions.	**Termes techniques de mécanique.**	**Technische Ausdrücke aus der Mechanik.**

Srength, adequate —	Force en proportion ; Force équivalente.	Angemessene Stärke (*Stärke im richtigen Verhältniss*).
Stress, compressive —	Force compressive. (*Force, effort qui tend à écraser*).	Druckkraft (*Die Kraft, welche einen Körper zu zerdrücken sucht*).
Stroke (*of piston*)	Coup (*de piston*).	Kolbenhub.
Suction	Aspiration.	Saugen ; Einsaugen.
Surface	Surface.	Fläche ; Oberfläche.
» cooling —	Surface refroidissante ; Surface refrigérante.	Kühlfläche.
» heating —	Surface de chauffe.	Heizfläche.
Temperature	Température.	Temperatur ; Wärmebeschaffenheit.
» increased —	Température augmentée.	Erhöhte Temperatur.
» reduced —	Température réduite ; Température diminuée.	Erniedrigte Temperatur; Verminderte Temperatur.
» uniform —	Température uniforme.	Gleichmässige Temperatur.
Tempering (*of tools*)	Adoucissement ; Trempe (*des outils*).	Adouciren (*von Werkzeug*).
Tenacity	Ténacité.	Zähigkeit.
Tension	Tension.	Spannung.
Tensile strain; Tensile strength	Effort de traction ; Force de traction.	Spannkraft ; Dehnbare Kraft; Zugkraft.
Test	Épreuve ; Essai.	Probe ; Prüfung.
» by water pressure	Épreuve à pression hydraulique.	Wasserdruckprobe ; Prüfung mittelst Wasserdruck.
Testing of boiler	Épreuve de chaudière.	Probe, Prüfung des Kessels.
Throw (*of eccentric*)	Course (*de l'excentrique*).	Hub, Schlag (*des Excentrik*)
Thrust (*of propeller*)	Poussée ; Buttée (*de l'hélice*).	Druck (*der Schraube*)
» indicated —	Poussée indiquée.	Indicirter Druck.
» normal mean —	Poussée normale moyenne.	Normaler Mitteldruck.
Torsion (*twisting strain*)	Torsion ; Action de tordre.	Torsion ; Drehung.
Transmission	Transmission.	Uebertragung.
Travel (*of valve*)	Course du tiroir.	Schieberweg.
Unit of force; Unit of power	Unité de puissance.	Krafteinheit.
» of heat	Unité de chaleur (*calorie*).	Wärmeeinheit (*Kalorie*)
» of work	Unité de travail mécanique.	Einheit der Leistung; Einheit der Arbeit.
Vacuum	Vide.	Vacuum ; Luftleere.
Velocity	Vitesse.	Geschwindigkeit.
Water-level	Niveau d'eau.	Wasserstand ; Wasserspiegel.
Water-tight	Étanche d'eau ; Imperméable.	Wasserdicht.
Return of water	Retour d'eau.	Wasserrücklauf.
Wear and tear	Usure; Détérioration.	Abnutzung.
Weep ; Weeping	Suintement par les coutures ou les fentes.	Schwitzen ; Tröpfeln durch Fugen &c.
Welding	Joindre à chaud ; Corroyage ; Soudure.	Geschweisst ; Zusammengeschweisst.

ANCHORS.—ANCRES.—ANKER.

BOWER (common)

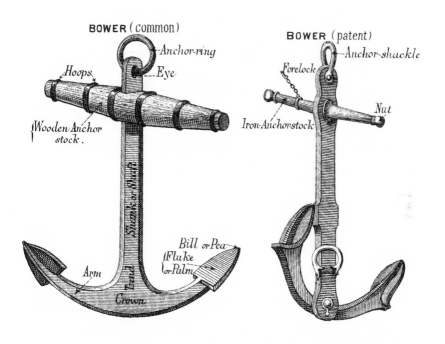

Anchor-ring

Eye

Hoops

Wooden Anchor stock.

Shank or Shaft

Bill or Pea

Fluke or Palm

Arm

Trend

Crown

BOWER (patent)

Anchor-shackle

Forelock

Nut

Iron-Anchor stock

STREAM-ANCHOR.

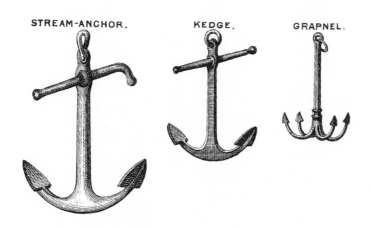

KEDGE.

GRAPNEL.

CHAIN-CABLE—CÂBLE-CHAINE—ANKERKETTE.

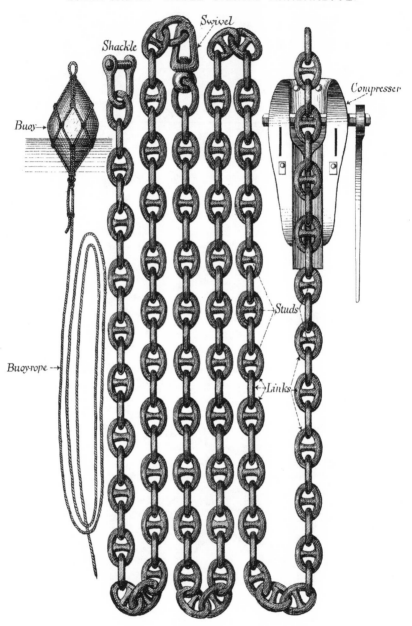

Buoy→

Buoy-rope ⤏

Shackle

Swivel

Compresser

Studs

←Links

BOAT . EMBARCATION . BOOT .

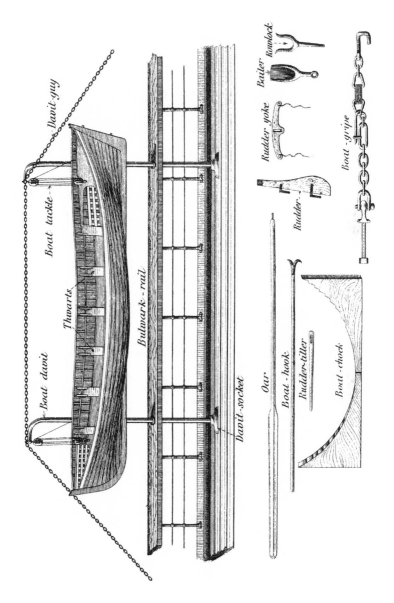

Davit-guy

Boat tackle

Thwarts

Boat davit

Bulwark - rail

Davit-socket

Bailer

Rowlock

Rudder yoke

Rudder

Boat-gripe

Oar

Boat - hook

Rudder-tiller

Boat - chock

CAPSTAN — CABESTAN — GANGSPILL.

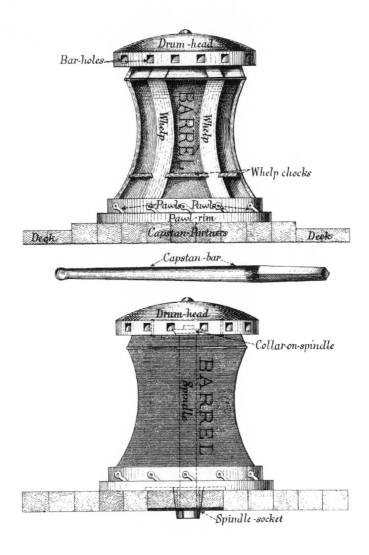

Drum-head

Bar-holes

Whelp

BARREL

Whelp

Whelp chocks

Pawls Pawls

Pawl-rim

Deck

Capstan-Partners

Deck

Capstan-bar

Drum-head

Collar-on-spindle

BARREL

Spindle

Spindle-socket

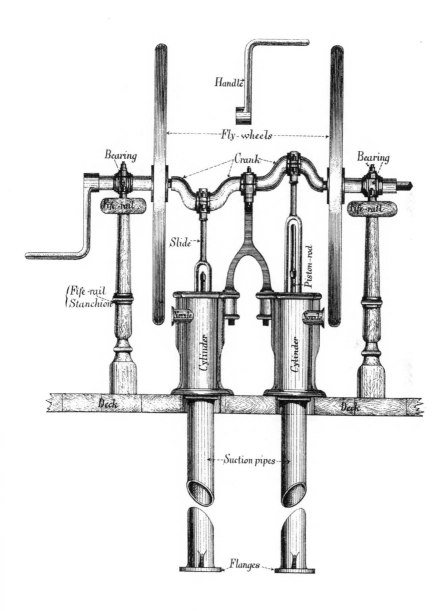

Handle

Fly-wheels

Bearing

Crank

Bearing

Fife-rail

Fife-rail

Slide

Piston-rod

Fife-rail
Stanchion

Nozzle

Nozzle

Cylinder

Cylinder

Deck

Deck

Suction pipes

Flanges

WINCH—TREUIL—WINDE.

1 Clutch lever
2 Brake
3 Barrels
4 Pinion
5 Spur Wheels

6 Framing
7 Ratchet-wheel
8 Pawls
9 Tie rod
10 Warping ends

CRAB-WINCH—PETIT TREUIL—KRÜPPELSPILL.

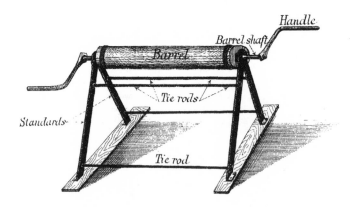

Handle

Barrel shaft

Barrel

Tie rods

Standards

Tie rod

WINDLASS — GUINDEAU — ANKERSPILL.

1. Pawl-Bitt
2. Carrick-Bitts
3. Cheeks of Carrick-Bitts
4. Standard Knees
5. Windlass-ends

6. Iron Whelps
7. Strong Back
8. Crosshead
9. Purchase-rods
10. Pawl

11. Pawl-rim
12. Purchase rims
13. Hand-levers
14. Chain-stopper

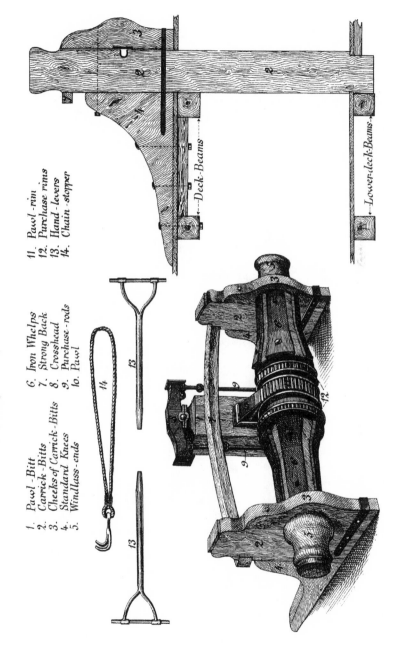

PATENT WINDLASS.——GUINDEAU BRÊVETÉ.——PATENT SPILL.

(Emerson, Walker & Cº)

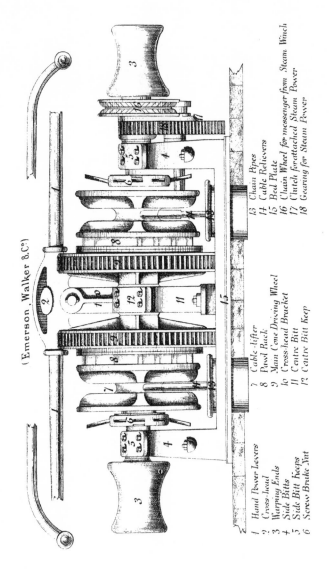

1 Hand Power Levers
2 Cross-head
3 Warping Ends
4 Side Bitts
5 Side Bitt Keeps
6 Screw Brake Nut

7 Cable-lifter
8 Pawl Rack
9 Main Cone Driving Wheel
10 Cross-head Bracket
11 Centre Bitt
12 Centre Bitt Keep

13 Chain Pipes
14 Cable Relievers
15 Bed Plate
16 Chain Wheel for messenger from Steam Winch
17 Clutch for attached Steam Power
18 Gearing for Steam Power

EQUIPMENT.	ÉQUIPEMENT.	AUSRÜSTUNG.

Anchors. | **Ancres.** | **Anker.**

The Anchors on board of Merchant-Vessels are styled :

Les ancres à bord des Navires-Marchands sont désignées:

Die Anker an Bord von Kauffahrtei-Schiffen werden mit den Namen :

Bowers — Stream — Kedges.

Ancres de bossoir — Ancres de touée — Ancres à jet.

Buganker — Stromanker und Wurfanker bezeichnet.

They vary in number and weight, according to the size of the ship, the usual complement being,

Elles varient en nombre et en poids, suivant les dimensions des navires ; l'usage général est :

Dieselben sind je nach der Grösse des Schiffes in Zahl und Gewicht verschieden.
Das Gebräuchliche ist :

for a Sailing-Vessel of 100 tons | **pour un voilier de 100 tonneaux** | **für ein Segelschiff von 100 Tons**

2 Bowers, from 5 to 6 Cwt. each | 2 ancres de bossoir de 250 à 300 kilos chacune | 2 Buganker, von je 250 bis 300 kilos

1 Stream, about 2 Cwt. | 1 ancre de touée d'environ 100 kilos | 1 Stromanker von ungefähr 100 kilos

1 Kedge, » 70 lbs. | 1 ancre à jet, d'environ 35 kilos | 1 Wurfanker von ca 35 kilos

for a Sailing-Vessel of 1000 tons | **pour un voilier de 1000 tonneaux** | **für ein Segelschiff von 1000 Tons**

3 Bowers, from 30 to 36 Cwt. each | 3 ancres de bossoir, de 1500 à 1800 kilos chacune | 3 Buganker, von je 1500 bis 1800 kilos

1 Stream, about 11 Cwt. | 1 ancre de touée, d'environ 550 kilos | 1 Stromanker, von ca 550 kilos

2 Kedges, one of 6 Cwt. and one of 3 Cwt. | 2 ancres à jet, dont une de 300 et l'autre de 150 kilos | 2 Wurfanker, einer von 300 und einer von 150 kilos

for a Sailing-Vessel of 3000 tons | **pour un voilier de 3000 tonneaux** | **für ein Segelschiff von 3000 Tons**

(the largest existing) | *(les plus grands existant)* | *(die Grössten, die es giebt).*

3 Bowers, from 45 to 50 Cwt. each. | 3 ancres de bossoir, de 2200 à 2500 kilos chacune | 3 Buganker, von je 2200 bis 2500 kilos

1 Stream, about 18 Cwt. | 1 ancre de touée, d'environ 900 kilos | 1 Stromanker, von ca 900 kilos

2 Kedges, one of 12 Cwt. and one of 4 Cwt. nearly. | 2 ancres à jet, dont une de 600 et l'autre de 200 kilos environ. | 2 Wurfanker, einer von ca 600 und einer von ca 200 kilos.

The Anchors of **Steamers** are equal in number with those of Sailing-Vessels, but usually 1/3rd less in weight.

Les Ancres des **Bateaux à vapeur** sont en nombre égal à celles des voiliers, mais leur poids est généralement d'un tiers de moins.

Dampfschiffe haben die gleiche Anzahl Anker wie Segelschiffe, aber das Gewicht derselben ist gewöhnlich um 1/3 geringer.

A **Steamer of 6000 tons** carries generally :

Un **Bateau à vapeur de 6000 tonneaux** a généralement :

Ein **Dampfschiff von 6000 Tons** hat gewöhnlich :

4 Bowers, from 50 to 60 Cwt. each. | 4 ancres de bossoir de 2500 à 3000 kilos chacune | 4 Buganker, von je 2500 bis 3000 kilos

1 Stream, about 26 Cwt. | 1 ancre de touée d'environ 1300 kilos | 1 Stromanker, von ca 1300 kilos

2 Kedges, one of 12 Cwt. and one of 5 to 6 Cwt. | 2 ancres à jet, dont une de 600 et l'autre de 250 à 300 kilos. | 2 Wurfanker, einer von 600, und einer von 250/300 kilos.

Equipment.	Équipement.	Ausrüstung.
Anchors.	**Ancres.**	**Anker.**

Anchor	Ancre	Anker.
» — arm	Bras d'ancre.	Ankerarm.
» — bed (*placed under the flukes for protection of the deck*)	Savate, Lit d'ancre (*placé en-dessous des pattes, pour protéger le pont*).	Ankerbett (*unter die Anker-flügel, zum Schutze des Deck's gelegt*).
» back —	Empenelle ; Ancre d'empe-nelle.	Beianker ; Kattanker.
» — bill ; pea of an anchor	Bec d'ancre.	Ankerspitze.
» boat —	Ancre d'embarcation.	Bootsanker.
» bower — ; Bower ;	Ancre de bossoir.	Buganker.
» best bower —	Grosse ancre de bossoir.	Schwerer Buganker.
» second bower —	Seconde ou petite ancre de bossoir.	Taglicher Anker ; Täglicher Anker.
» third bower —	Troisième ancre de bossoir.	Dritter Buganker.
» fourth bower —	Quatrième ancre de bossoir.	Vierter Buganker.
» — buoy	Bouée d'ancre.	Ankerboje.
» — buoy rope	Orin.	Ankerbojereep.
» — chock	Poste d'ancre; Flasque d'ancre.	Schweinsrücken.
» — crane	Grue d'ancre.	Ankerkrahn.
» crown of an —	Collet d'ancre ; Diamant d'ancre.	Ankerkrone ; (*Der Theil eines Ankers, wo Schaft and Arme zusammentreffen*).
» — davit	Davier d'ancre.	Ankerdavid.
» ebb —	Ancre de jusant.	Ebbanker.
» eye of an —	Oeil d'une ancre.	Ankerauge.
» floating — ; driv-ing — (*)	Ancre flottante ; Ancre de cape (*).	Treibanker. (*)
» flood —	Ancre de flot.	Fluthanker.
» fluke of an —; palm of an —	Patte d'ancre ; Oreille d'ancre.	Ankerflügel ; Ankerhand.
» grapnel	Grappin.	Dreganker.
» hand grapnel	Grappin à main.	Enterdreg.
» kedge —	Ancre à jet.	Wurfanker ; Warpanker.
» second kedge —	Seconde ancre à jet.	Kleiner Wurfanker.
» — lashing	Saisine d'ancre.	Ankerzurrung.
» lee —	Ancre sous le vent.	Leeanker.
» — lining	Renfort, Soufflage, Coussin d'ancre.	Ankerscheuer ; Ankerfütte-rung.
» mooring — (**)	Ancre d'affourche. (**)	Vertäuanker. (**)
» offing — ; sea —	Ancre du large.	Seeanker ; Aussenanker.
» one armed —	Ancre borgne.	Einarmiger Anker.
» patent —	Ancre brêvetée.	Patentanker.

(*) A driving Apparatus, made of canvas, wood, iron etc.; in some vessels used during heavy gales for the purpose of keeping the ship's head to the sea.

(**) Mooring-anchors are Bowers by which a vessel is moored.

(*) Appareil flottant fait de toile, bois, fer, etc., employé par quelques navires, pour tenir debout à la lame pendant le gros temps.

(**) Les ancres d'affourche sont celles de bossoir, employées pour affourcher un navire.

(*) Treibender Apparat aus Segeltuch-Holz, Eisen u. s. w. verfertigt, welcher bei einigen Schiffen in schweren Stür-men ausgeworfen wird, damit das Schiff besser beiliegt.

(**) Vertäuanker sind diejenigen Buganker, welche zum Vertiuen eines Schiffes gebraucht werden.

Equipment.	Équipement.	Ausrüstung.
Anchors.	**Ancres.**	**Anker.**
Anchor, port — (*larboard*)	Ancre de bâbord.	Backbordanker.
» — ring	Organeau d'ancre.	Ankerring.
» puddening of an — ring	Emboudinure sur l'organeau d'une ancre.	Ankerrührung.
» — shackle (*Jew's harp*)	Cigale d'ancre ; Manille d'ancre.	Ankerschäkel.
» — shank ; — shaft	Verge d'ancre.	Ankerschaft ; Ankerruthe.
» — shoe	Semelle d'ancre ; Savate d'ancre.	Ankerschuh.
» shore —	Ancre de terre.	Landanker ; Wallanker.
» spare —	Ancre de réserve ; Ancre de miséricorde.	Reserveanker.
» — stock	Jas d'ancre.	Ankerstock.
» fore-lock or key of an (*iron*) — stock	Clavette, Esse, Goupille de jas (*en fer*) d'ancre.	Splint eines (*eisernen*) Ankerstock's.
» hoop of a (*wooden*) — stock	Cercle de jas (*en bois*) d'ancre.	Band eines (*hölzernen*) Ankerstock's.
» nut of an (*iron*) — stock	Tenon de jas (*en fer*) d'ancre.	Nuss eines (*eisernen*) Ankerstock's.
» starboard —	Ancre de tribord.	Steuerbord-Anker.
» stream —	Ancre de touée.	Stromanker.
» trend of an —; throat of an —	Aisselle d'ancre.	Ankerhals.
» weather —	Ancre du côté du vent.	Luvanker.

Equipment.	Équipement.	Ausrüstung.
Chain-cable	**Câble-chaine.**	**Ankerkette.**

Chain-cable	Câble-chaine.	Ankerkette.
» — compresser ; — controller	Étrangloir à lunette ; Compresseur de câble-chaine.	Ankerketten-Stopper ; Patent Stopper.
» link of a —	Maillon, Chainon de câble-chaine.	Ankerkettenglied.
» stud link —	Câble-chaine étançonnée (avec entretoises, ou étais).	Ankerkette mit Stegen oder Stützen.
» unstudded — ; short link —	Câble-chaine non étançonnée (sans entretoises).	Ankerkette ohne Stege.
» stud in a — link	Étançon, Entretoise d'un maillon d'une câble-chaine.	Steg oder Stütze eines Ankerkettengliedes.
» — locker	Soute, Puits à chaine.	Kettenkasten.
» — pipe	Écubier de pont.	Deckklüse der Ankerketten.
» joining shackle of a —	Manille.	Verbindungsschäkel der Ankerkette.
» shackle bolt of a —	Boulon de manille.	Ankerkettenschäkel-Bolzen.
» shackle bolt pin of a —	Goupille de boulon de manille de câble-chaine.	Pinne oder Stift des Ankerkettenschäkel-Bolzens.
» — stopper	Pince, Bosse de câble-chaine.	Kettenstopper.
» stream — ; Stream-cable	Câble-chaine de touée ; Chaine de touée.	Stromanker-Kette.
» swivel in a —	Émerillon de câble-chaine.	Ankerketten-Wirbel.
» mooring swivel	Émerillon d'affourche.	Vertäuwirbel.
» tested —	Câble-chaine éprouvée.	Geprüfte Ankerkette.

The size and length of chain-cables for Merchant-Vessels vary with the dimensions of the Ships ; the following are the usual proportions:

For small **Sailing-Vessels** from 5o to 100 tons, 120 to 135 fathoms of 3/4 inch.

For a sailing-vessel of 1000 tons, 270 fathoms of 1 3/4 inch.

For the largest sailing-vessels, say 3000 tons, 300 fathoms of 2 1/4 inch.

Steamers have generally the same length of chain-cable as sailing-vessels of similar tonnage, but the size is a trifle less.

Les dimension et longueur des câbles-chaines des Navires-Marchands varient d'après la grandeur du navire ; ainsi les petits **Voiliers** de 5o à 100 tonneaux auront de 215 à 250 mètres de chaine, de 17 à 20 millimètres de diamètre.

Un Voilier de 1000 tonneaux aura 494 mètres de chaine de 44 millimètres de diamètre.

Les plus grands Voiliers d'environ 3000 tonneaux auront 548 mètres de chaine, de 59 millimètres de diamètre.

Les **Bateaux à vapeur** ont généralement même longueur de câble-chaine que les Voiliers des mêmes dimensions, mais leur diamètre est légèrement reduit.

Die Ankerketten für Kauffahrtei-Schiffe sind je nach der Grösse der Schiffe in Dimension und Länge verschieden ; die gewöhnlichen Proportionen sind die Folgenden :

Für kleine **Segelschiffe** von 5o bis 100 Tons, 120 bis 135 Faden von 3/4 Zoll.

Für ein **Segelschiff** von 1000 Tons 270 Faden von 1 3/4 Zoll.

Für die grössten Segelschiffe von circa 3000 Tons, 300 Faden von 2 1/4 Zoll.

Dampfschiffe haben im Allgemeinen dieselbe Faden-Anzahl Ankerkette wie Segelschiffe von gleichem Tonnengehalt, nur ist die Dimension eine Kleinigkeit geringer.

Equipment.	Équipement.	Ausrüstung.
Different Kinds of Boats.	**Différentes Sortes d'embarcations.**	**Verschiedene Arten Böte.**
Cutter	Côtre.	Kutter.
Gig	Guigue.	Gig.
Jolly-boat	Petit canot ; Yole.	Jolle.
Launch	Chaloupe.	Barkasse ; Lanche.
Steam-launch	Canot à vapeur.	Dampfbarkasse.
Life-boat	Canot de sauvetage.	Rettungsboot.
Long-boat	Grand canot.	Grosses Boot.
Pinnace.	Pinasse.	Pinasse.
Whale-boat	Baleinière.	Walboot (*beim Wallfischfang verwendet*).
Details and Appurtenances of Boats.	**Détails et Accessoires d'embarcations.**	**Bootstheile und Zubehör.**
Boat	Embarcation ; Canot.	Boot
» — awning	Tente d'embarcation.	Boots-Sonnensegel.
» back-board in a —	Dossier d'une embarcation.	Lehnbrett, Rückenbrett eines Bootes.
» — bailer	Sasse, Écope, Escope à main d'une embarcation.	Oesfass, Oehsfass eines Bootes
» carvel-built —	Embarcation à franc-bord.	Karvielweise gebautes Boot.
» clinch built —	Embarcation à clin.	Klinkerweise gebautes Boot.
» — chock	Chantier d'embarcation.	Bootsklampe.
» — chock skids	Support, Chandelier de chantier d'embarcation.	Bootsklampenträger ; Bootsklampenpfeiler.
» — compass	Volet.	Bootskompass.
» — cover	Couverture d'embarcation.	Ueberzug eines Bootes; Bootskleid.
» — davit	Davier, Bossoir d'embarcation.	Bootsdavid.
» — davit tackle	Palan de davier d'une embarcation.	Bootstalje.
» foot grating in a —	Plafonds, Plate-forme en caillebotis d'une embarcation.	Fussrösterwerk in einem Boote.
» frames of a —	Membrures d'une embarcation.	Inhölzer eines Bootes.
» — gripe	Saisine à croc d'une embarcation.	Bootskrabber; Bootsklauer.
» — hook	Gaffe d'une embarcation.	Bootshaken.
» tank of a (*life*) —	Caisson à air d'un canot (*de sauvetage*)	Luftleerer Kasten eines (*Rettungs*) Bootes.
—- mast	Mât d'embarcation.	Bootsmast.
» — oar	Aviron, Rame d'une embarcation.	Bootsriemen.
» — oar blade	Pelle d'aviron d'une embarcation.	Blatt eines Bootsriemen.
» — oar handle	Poignée d'aviron d'une embarcation.	Heft, Griff eines Bootsriemen.
» — oar loom (*the part of an oar between rowlock and handle*)	Manche d'aviron d'une embarcation.	Theil eines Bootsriemen innenbords, excl. Griff.

Equipment.	Équipement.	Ausrüstung.
Boat.	**Embarcation.**	**Boot.**
Boat, — oar web *(the part of an oar between rowlock and blade)*	Bras d'aviron d'une embarcation.	Theil eines Bootsriemen aussenbords, excl. Blatt.
» — sculling oar, Scull ;	Godille d'une embarcation.	Wrickriemen eines Bootes.
» — 's painter	Bosse d'embarcation.	Fangleine eines Bootes.
» — planking	Bordé, Revêtement d'une embarcation.	Bootsbeplankung.
» plank sheer of a —	Plat-bord d'une embarcation.	Schandeck eines Bootes.
» plug of a —	Tampon de nable d'une embarcation.	Bootspfropfen.
» quarter —	Embarcation de côté.	Seitenboot ; Seitenhanger.
» rowlock of a —	Chandelier d'aviron, Porte-rame d'une embarcation.	Rojeklampe, Scepter eines Bootes.
» row port of a —	Sabord des avirons ; Sabord de nage d'une embarcation.	Rojepforte eines Bootes.
» — rudder	Gouvernail d'une embarcation	Bootsruder.
» — rudder tiller	Barre du gouvernail d'une embarcation.	Bootsruderpinne.
» — rudder yoke	Croissant du gouvernail d'une embarcation.	Joch, Jug eines Bootsruders.
» — rudder yoke line	Tire-veille du gouvernail d'une embarcation.	Jochleine, Steuerleine eines Bootes.
» — sail	Voile d'une embarcation.	Bootsegel.
» sheerstrake of a —	Carreau d'une embarcation.	Farbegang eines Bootes.
» — skids	Potence d'embarcation.	Bootsgalgen.
» stern —	Canot de l'arrière.	Heckboot.
» swifter of a —	Ceinture d'une embarcation.	Stosstau, Fendertau um ein Boot.
» thole-board of a —	Toletière d'une embarcation.	Dollbord, Rojeplatte eines Bootes.
» thole-pin of a —	Tolet d'une embarcation.	Bootsdolle ; Bootsdulle.
» thwart of a —	Banc de nage d'une embarcation.	Ruderducht ; Bootsducht.
» wash-board of a —	Fargue d'embarcation.	Waschplanke, Setzbord eines Bootes.
» well-room in a —	Ousseau, Sentine d'une embarcation.	Oesgatt eines Bootes.
Davit	**Davier.**	**David ; Davit.**
Davit, anchor — ; cat —	Davier d'ancre *(Davier de bossoir).*	Ankerdavid.
» boat —	Davier d'embarcation.	Bootsdavid.
» fish —	Davier de traversière.	Fischdavid.
» — guy	Balancine de suspente du davier.	Davidguy.
» — socket	Douille du davier.	David-Dülle *(halb offenes Gehäuse, worin der David steht und sich dreht).*
» stern —	Davier de la poupe.	Heckdavid.

Equipment.	Équipement.	Ausrüstung.
Capstan.	**Cabestan.**	**Gangspill.**

Capstan, after —	Cabestan de l'arrière.	Hinter Gangspill.
» — bar	Barre du cabestan.	Gangspillspake.
» — bar holes	Mortaises de la tête du cabestan.	Gangspillspaken-Löcher.
» — barrel	Cloche du cabestan.	Gangspillwelle.
» double —	Cabestan double ; Cabestan à deux cloches.	Doppeltes Gangspill.
» drum head of —	Tête, Cloche supérieure, Chapeau du cabestan.	Kopf des Gangspills.
» jeer —	Petit cabestan.	Kleines Gangspill.
» main —	Grand cabestan.	Grosses Gangspill.
» — messenger	Tournevire du cabestan.	Kabelaring eines Gangspills.
» — partners	Étambrais du cabestan.	Gangspillfischung.
» — pawls, — pauls, — palls	Linguets du cabestan.	Gangspill-Pallen.
» — pawl head	Arète saillante du saucier du cabestan.	Pallstopper des Gangspills.
» pawl-rim of —	Couronne creuse, Saucier de cabestan.	Pallring des Gangspills.
» — spindle	Mêche, Axe du cabestan.	Achse, Spindel, Schaft des Gangspills
» collars or stops on — spindle	Collier de la mêche du cabestan.	Kragen der Gangspillachse.
» socket or bush of — spindle	Écuelle, Saucier du cabestan.	Pfanne, Sockel der Gangspillachse.
» sprocket wheel of a —	Roue à empreinte d'un cabestan.	Kettenrad eines Gangspills.
» step of —	Emplanture du cabestan.	Gangspillspur.
» — whelp	Taquet, Flasque, Joue du cabestan.	Gangspillklampe.
» — whelp chocks	Entremises de taquet du cabestan.	Zwischenklötze der Gangspillklampen.

Equipment.	Équipement.	Ausrüstung.
Pump.	**Pompe.**	**Pumpe.**

Pump	Pompe.	Pumpe.
» appurtenances of a — (pump-gear)	Attirails, Garniture d'une pompe.	Pumpengeräth ; Pumpenzubehör ; Pumpengeschirr.
» bilge —	Pompe de bouchains	Kimmpumpe ; Schlagpumpe.
» brake of a —	Bringuebale de pompe.	Pumpenhebel.
» — bucket ; — box (lower bucket)	Chopine de pompe.	Pumpeneimer.
» upper bucket of a — top-bucket of a —	Heuse de pompe.	Pumpenschuh ; Pumpensauger.
» bucket rod of a —	Tige de la heuse de pompe.	Pumpenschuh-Stange.
» — casing ; — well	Archipompe.	Pumpensood ; Pumpenkasten ; Pumpenkoker,
» — coat	Braie de pompe.	Pumpenkragen.
» — cover	Chape, Couvercle de pompe.	Pumpendeckel.
» — crank	Manivelle de pompe.	Pumpenkurbel.
» — crank bearing	Portée de manivelle de pompe.	Pumpenkurbel-Lager.
» — cylinder, — barrel, — chamber	Cylindre de pompe ; Corps de pompe.	Pumpencylinder ; Pumpenstiefel.
» double acting —	Pompe à double action ; Pompe à double effet.	Doppelt wirkende Pumpe.
» fixed —	Pompe fixée.	Feststehende Pumpe.
» flush deck —	Pompe établie au ras du bordé de pont.	Pumpe, deren Oberrand nicht über dem Deck hervorragt.
» fly wheel of a —	Volant d'une pompe.	Schwungrad einer Pumpe.
» foot of a —	Pied d'une pompe ; Bas d'une pompe.	Fuss, Unterende einer Pumpe.
» hand —	Pompe à bras.	Handpumpe.
» — handle	Manivelle de pompe.	Pumpenschwengel ; Pumpenhandhabe.
» head — ; bow —	Pompe d'étrave.	Bugpumpe ; Vorderstevenpumpe.
» — hook	Canne, Croc de pompe.	Pumpenhaken.
» lift and force —	Pompe aspirante et foulante.	Saug- und Druckpumpe.
» nozzle of a —; jet-pipe of a —	Bouche, Orifice, Bec d'une pompe.	Pumpen-Mundstück.
» — partners	Étambrais de pompe.	Pumpenfischung.
» — piston	Piston de pompe.	Pumpenkolben.
» piston rod of a —	Tige de piston de pompe.	Pumpen-Kolbenstange.
» portable —	Pompe portative.	Versetzbare Pumpe.
» — scraper	Curette de pompe.	Pumpenschraper.
» single acting —	Pompe à simple action ; Pompe à simple effet.	Einfach wirkende Pumpe.
» — slide	Guide de tige de piston de pompe.	Geradführung der Kolbenstange einer Pumpe.
» sounding pipe of a —	Tuyau de sonde de pompe.	Peilrohr einer Pumpe.
» stern —	Pompe d'étambot.	Heckpumpe ; Hinterstevenpumpe.
» — stroke	Coup de pompe ; Course du plongeur.	Pumpenhub ; Pumpenschlag.

Equipment.	Équipement.	Ausrüstung.
Pump.	**Pompe.**	**Pumpe.**

Pump, suction pipe of a —	Tuyau d'aspiration d'une pompe.	Saugrohr einer Pumpe.
» suction pipe flange of a —	Collet de tuyau d'aspiration d'une pompe.	Saugrohrflansche einer Pumpe.
» wind mill —	Pompe à moulin à vent.	Windmühlen-Pumpe.

Winch.	**Treuil. Vireveau.**	**Winde. Winsch.**

Winch	Treuil.	Winde.
» brake of —	Frein de treuil.	Winden-Bremse.
» double purchase —	Treuil à double puissance.	Doppelte Winde.
» clutch lever of —	Levier d'embrayage de treuil.	Aus- und Einrückhebel einer Winde.
» — barrel	Tambour de treuil.	Trommel einer Winde.
» — barrel shaft	Arbre de tambour de treuil.	Trommelwelle einer Winde.
» spur wheels of —	Roues dentées de treuil.	Zahnräder einer Winde.
» — pawls ; — palls	Linguets de treuil.	Pallen einer Winde ; Winde-pallen.
» pinion of —	Pignon de treuil.	Drehling einer Winde.
» ratchet wheel of — ; pawl wheel of —	Roue à rochet de treuil ; Roue à cliquet de treuil.	Sperrad einer Winde. (*Pallkranz*).
» side frames, framing of —	Bâtis de treuil.	Gestell einer Winde.
» single purchase — (*Crab winch*)	Treuil à simple puissance ; (*Petit treuil*).	Einfache Winde (*Krüppel-spill, Krüppelwinde*).
» tie rod of —	Tirant de treuil.	Verbindungstange einer Winde.
» warping ends of —	Tambours extérieurs de treuil.	Köpfe oder Aussentrommel der Winde.

Equipment.	Équipement	Ausrüstung.
Common-Windlass.	**Guindeau ordinaire, Vireveau.**	**Gewöhnliches Ankerspill, Bratspill, Ankerwinde, Pumpspill.**
Windlass — carrick-bitts ; — side bitts	Bittes latérales ; Petites bittes ; Dames du guindeau ; Bittes de guindeau.	Betinge des Ankerspills.
» cheeks of carrick bitts	Demoiselles du guindeau ; Joues de bittes.	Betingklampen.
» standard knees of carrick-bitts	Taquets de buttée ; Courbes-taquets de bittes.	Betingkniee.
» — pawl boxes	Boites à cliquet ; Leviers à fourche de guindeau.	Pallkasten, Hebeklauen des Ankerspills.
» — connecting rods — purchase rods	Bielles des leviers à cliquet du guindeau.	Hebestangen, Verbindung-stangen des Ankerspills.
» — crosshead	Balancier, Traverse de tête du guindeau.	Balanzier, Kreuzkopf des Ankerspills.
» — ends ; — heads	Poupées du guindeau ; Têtes de guindeau.	Spillköpfe.
» — hand levers	Bringuebales, Leviers à main de guindeau.	Handhebel des Ankerspills (*Pumparme*).
» main piece of —	Pièce principale, Mèche en bois de guindeau.	Spillstamm ; Welle eines Ankerspills.
» — pawls ; — palls ; — pauls	Linguets, Élinguets, Palmes du guindeau.	Pallen eines Ankerspills.
» — pawl bitt ; — pall bitt	Maîtresse-bitte, Bitte principale, Bitte de palmes du guindeau.	Pallstütze, Pallbeting des Ankerspills.
» — pawl rim ; — pawl rack	Cercle, Roue dentée des palmes du guindeau.	Pallring eines Ankerspills.
» — purchase rims	Cercles à rochet, Cercles à cliquet du guindeau.	Treibräder, Zahnräder des Ankerspills.
» spindle of —	Mèche en fer, Axe de guindeau.	Spindel, Achse des Ankerspills.
» strong back of a —	Traversin des bittes du guindeau.	Querbalken der Spillbetinge.
» iron whelps on —	Taquets (*Doublure*) en fer de guindeau.	Eiserne Klampen auf dem Ankerspill.
» woodlining on —	Soufflage de guindeau (*Doublure*).	Spillfütterung.

Equipment.	Équipement.	Ausrüstung.
Patent-Windlass.	**Guindeau breveté.**	**Patent-Ankerspill.**
Bed plate	Plaque de fondation.	Grundplatte ; Fundament-platte.
Cable lifter ; Cable holder	Noix d'entrainement de la chaine ; Roue Barbotin.	Kettenhebe ; Kettenaufnehmer; Kettenscheibe.
Cable relievers	Retenues de câble-chaine.	Ketten-Ausrücker ; Ketten-Austreiber.
Centre bitt	Bitte centrale.	Mittelbeting ; Mittelträger, Mittellagerbock.
Centre bitt bearing	Palier de la bitte centrale.	Mittelbeting-Wellenlager.
Centre bitt keep or cap	Chapeau du palier de la bitte centrale.	Wellen-Lagerdeckel des Mittelbeting.
Chain wheel for messenger from steam winch	Roue Barbotin pour la chaine de transmission au treuil à vapeur.	Kettenrad für Kabelaring von der Dampfwinde.
Chain pipe	Puits à chaines.	Deckklüse der Ankerketten.
Clutch for attached steam power	Embrayage pour commande à vapeur.	Einrück-Vorrichtung für Hinzuziehung von Dampfkraft.
Connecting-rods ; Purchase rods	Bielles de leviers à cliquet.	Verbindungstangen ; Hebestangen.
Cross-head	Traverse de tête ; Balancier.	Kreuzkopf ; Balanzier.
Cross-head bracket	Support du balancier.	Kreuzkopfträger.
Gearing for steam power	Engrenage pour commande à vapeur.	Triebwerk für Dampfkraft.
Hand power levers	Leviers à main ; Bringuebales.	Handhebel. (*Pumparme*).
Main cone driving wheel	Roue cònique menante.	Haupt-Treibrad.
Pawls ; Palls ; Pauls.	Linguets ; Élinguets ; Palmes.	Pallen.
Pawl-boxes.	Boites à cliquet.	Pallkasten.
Pawl rack	Roue à rochet ; Roue à cliquet.	Pallring.
Screw brake nut	Embrayage à écrou du cône de friction.	Bremsen-Mutter für Kettenscheibe.
Side bitts	Bittes latérales ; Supports latéraux.	Seitenbetinge ; Seitenlagerböcke.
Side bitt bearings.	Paliers des bittes latérales.	Wellenlager der Seitenbetinge.
Side bitt keeps or caps	Chapeaux des portées des bittes latérales.	Wellen-Lagerdeckel der Seitenbetinge.
Spindle ; Shaft.	Mèche ; Arbre.	Spindel ; Welle ; Achse.
Warping ends	Poupées de guindeau.	Spillköpfe.

Equipment.	Équipement.	Ausrüstung.
Masts, Spars &c.	**Mâts, Espars etc.**	**Masten, Spieren etc.**

Boom	Bout-dehors; Bôme; Gui.	Baum; Spiere.
» — crutch	Support, Repos de gui.	Baumkrücke ; Bock eines Baumes.
» goose neck of a —	Cou de cygne, Crapaud de gui.	Schwanenhals eines Baumes.
» jaw or throat of a —	Mâchoire de bôme.	Klaue eines Baumes.
» jaw-rope of a —	Bâtard de racage d'un gui.	Racktau, Schmierrack eines Baumes.
» reefing cleat of a —	Taquet de ris d'un gui.	Reffklampe, Schmeerreepklampe eines Baumes.
» saddle of a —	Taquet de mât pour soutenir le gui.	Baumkragen (*Kranz um einem Mast, worauf die Klaue eines Baumes ruht*).
» fore —; gaff-fore sail — (*of a schooner*)	Gui de misaine ; Bôme de misaine (*d'une goëlette*).	Schoonersegelbaum (*eines Schooners*).
» (*square*) fore sail —	Bôme d'une misaine carrée.	Baumfock-Spiere.
» load —; Derrick ;	Mât de charge.	Ladebaum.
» main — (*of a schooner, brigantine, barquentine or three-masted schooner*)	Gui de grande voile (*d'une goëlette, brigantin, barquentin ou goëlette à trois-mâts*).	Grosser Baum (*eines Schooners, einer Schoonerbrigg, Schoonerbark oder eines Dreimast-Schooners*).
» main — (*of a brig*)	Gui de brigantine ; Bôme de brigantine (*d'un brick*)	Briggsbaum (*einer Brigg*)
» main — (*of a sloop or cutter*)	Gui de grande voile (*d'un sloop ou côtre*).	Grosser Baum (*einer Slup oder eines Kutters*).
» mizen — (*of a barquentine or a three-masted schooner*)	Gui de brigantine (*d'un barquentin ou d'une goëlette à trois-mâts*).	Besahnbaum (*einer Schoonerbark oder eines Dreimast-Schooners*).
» ring tail —	Bout-dehors de tapecul.	Brotwinner-Spiere.
» spanker —	Gui d'artimon ; Gui de brigantine.	Besahnbaum.
» studding-sail —	Bout-dehors de bonnette.	Leesegelspiere.
» studding-sail — iron (*boom-iron*)	Blin de bout-dehors de bonnette ; Cercle de bout de vergue.	Leesegelspierenbügel.
» lower studding-sail —; swing —	Tangon, Arc-boutant de bonnette basse.	Unter-Leesegelspiere ; Schwingbaum.
» royal studding-sail —	Bout-dehors de bonnette de cacatois.	Royal-Leesegelspiere.
» fore royal studding-sail —	Bout-dehors de bonnette de petit cacatois.	Vor-Royal-Leesegelspiere.
» main royal studding-sail —	Bout-dehors de bonnette de grand cacatois.	Gross-Royal-Leesegelspiere.
» topgallant studding-sail —	Bout-dehors de bonnette de perroquet.	Bram-Leesegelspiere.
» fore topgallant studdingsail —	Bout-dehors de bonnette de petit perroquet.	Vor-Bram-Leesegelspiere.
» main topgallant studdingsail —	Bout-dehors de bonnette de grand perroquet.	Gross-Bram-Leesegelspiere.
» topmast studdingsail —	Bout-dehors de bonnette de hunier.	Ober-Leesegelspiere.

Equipment.	Équipement.	Ausrüstung.
Masts, Spars &c.	**Mâts, Espars, etc.**	**Masten, Spieren etc.**
Boom, fore topmast studding-sail —	Bout-dehors de bonnette de petit hunier.	Vor-Ober-Leesegelspiere.
» main topmast studding-sail —	Bout-dehors de bonnette de grand hunier.	Gross-Ober-Leesegelspiere.
Bowsprit	Beaupré ; Mât de beaupré.	Bugspriet.
» bed of —	Lit d'un beaupré.	Bettung, Bett des Bugspriets. (*Kopf des Vorstevens, worauf das Bugspriet ruht*).
» bees or cheeks of —	Violons, Taquets du beaupré.	Violinen, Backen des Bugspriets.
» gammoning of —	Liûres de beaupré.	Sorring, Zurring, Wuhling des Bugspriets.
» screw-gammoning-hoop of —	Liûre à vis de beaupré.	Bugsprietbügel. (*)
» housing of — (*the part inside of stem*)	Partie du beaupré en dedans de l'étrave.	Bugspriet-Hausung (*Theil des Bugspriets innenbords*).
» — partners	Étambrais de beaupré.	Bugsprietfischung.
» running — (*in small vessels*)	Beaupré volant ; Beaupré en bout-dehors (*dans les petits navires*).	Loses Bugspriet (*in kleinen Fahrzeugen*).
» saddle of —	Taquet pour le bout-dehors de foc sur le beaupré.	Sattel des Klüverbaum's(*Klotz auf dem Bugspriet mit Einschnitt, in welchem das innere Ende des Klüverbaum's ruht*).
» steeve of —	Élancement du beaupré ; Relévement, Tonture de beaupré.	Aufsteigende Richtung des Bugspriets.
» step of —	Chambrage de beaupré ; Emplanture de beaupré.	Bugsprietspur.
» tenon of —	Tenon de beaupré.	Bugsprietzapfen.
Bumpkin ; Bumkin ; Boomkin	Porte-lof ; Pistolet d'amure ; Minot.	Auslieger des Fockhalses.
» quarter — ; Outrigger (*for main braces*)	Pistolet des grands bras.	Brassbaum ; Auslieger für die grossen Brassen.
Cap	Chouquet ; Chouque.	Eselshaupt.
» bowsprit —	Chouquet de beaupré.	Bugspriet-Eselshaupt.
» lower —	Chouquet d'un bas-mât.	Eselshaupt eines Untermastes.
» fore-mast — (*in any vessel*)	Chouquet de mât de misaine (*de tout navire*).	Fockmast-Eselshaupt (*bei allen Schiffen*).
» main-mast — (*in any vessel*)	Chouquet de grand mât (*de tout navire*).	Grossmast-Eselshaupt (*bei allen Schiffen*).
» mizen-mast — (*of a ship*)	Chouquet de mât d'artimon (*d'un trois-mâts*).	Kreuzmast-Eselshaupt (*eines Vollschiffes*).
» mizen-mast — (*of a barque, barquentine or three-masted schooner*)	Chouquet de mât d'artimon (*d'une barque, barquentin ou goëlette à trois-mâts*).	Besahnmast-Eselshaupt (*einer Bark, Schoonerbark oder eines Dreimast-Schooners*).

(*) Eisernes Band mit Schrauben zum Niederhalten des Bugspriet's, anstatt Sorring benutzt.

Equipment.	Équipement.	Ausrüstung.
Masts, Spars &c.	**Mâts, Espars etc.**	**Masten, Spieren etc.**
Cap — stanchion	Épontille de chouquet ; Accore de chouquet.	Eselshauptstütze.
» topgallant mast —	Chouquet de mât de perroquet.	Bramstenge-Eselshaupt.
» fore topgallant mast —	Chouquet de petit mât de perroquet.	Vor-Bramstenge-Eselshaupt.
» main topgallant mast —	Chouquet de grand mât de perroquet.	Gross-Bramstenge-Eselshaupt.
» mizen topgallant mast —	Chouquet de mât de perruche.	Kreuz-Bramstenge-Eelshaupt.
» topmast —	Chouquet de mât de hune.	Marsstenge-Eselshaupt.
» fore topmast —	Chouquet de petit mât de hune.	Vor-Marsstenge-Eselshaupt.
» main topmast —	Chouquet de grand mât de hune.	Gross-Marsstenge-Eselshaupt
» mizen topmast —	Chouquet de mât de perroquet de fougue.	Kreuz-Marsstenge-Eselshaupt
Cross-trees	Barres ; Barres traversières.	Saling ; Quersaling ; Dwarssaling.
» fore mast — ; fore lower — (*in any vessel*)	Barres de mât de misaine (*de tout navire*).	Fockmast-Quersaling (*bei allen Schiffen*),
» main mast — ; main lower — (*in any vessel*)	Barres de grand mât (*de tout navire*).	Grossmast-Quersaling (*bei allen Schiffen*).
» mizen mast— ; mizen lower— (*of a ship*)	Barres de mât d'artimon (*d'un trois-mâts*).	Kreuzmast-Quersaling (*eines Vollschiffes*).
» mizen mast — ; (*of a barque, barquentine or three-masted schooner*)	Barres de mât d'artimon (*d'une barque, barquentin ou goëlette à trois-mâts*).	Besahnmast-Quersaling (*einer Bark, Schoonerbark oder eines Dreimast-Schooners*).
» topgallant — (*)	Barres de cacatois. (*)	Royal-Saling (*) (*Quersaling auf der Bramstenge*).
» fore topgallant — (*)	Barres de petit cacatois ; Croisette. (*)	Vor-Royal-Saling (*) (*Quersaling auf der Vor-Bramstenge*).
» main topgallant — (*)	Barres de grand cacatois. (*)	Gross-Royal-Saling (*) (*Quersaling auf der Gross-Bramstenge*).
» mizen topgallant - (*)	Barres de cacatois de perruche. (*)	Kreuz-Royal-Saling (*) (*Quersaling auf der Kreuz-Bramstenge*).

(*) The "Topmast-cross-trees" are by the French and Germans called „Topgallant cross-trees" and the Topgallant-cross-trees (which are rarely fitted, but in very large Sailing-ships) are by them styled „Royal-cross-trees".

(*) Les barres de perroquet, qui sont en réalité les barres du mât de hune sont désignées par les Anglais sous le nom de „Barres de hune" et les barres de cacatois, rarement et uniquement employées par les très grands Voiliers, sont dénommées par eux „Barres de perroquet."

(*) Die Bramsaling, d. h. die Saling auf der Marsstenge, wird von den Engländern richtiger „Marsstengesaling" und die Royalsaling die, ausser auf sehr grossen Segelschiffen, nur selten vorkommt, „Bramsaling" genannt

Equipment.	Équipement.	Ausrüstung.
Masts, Spars &c.	**Mâts, Espars etc.**	**Masten, Spieren etc.**

Cross-trees, topmast — (*)	Barres de perroquet. (*)	Bramsaling (*) (*Quersaling auf der Marsstenge*).
» fore topmast — (*)	Barres de petit perroquet. (*)	Vor-Bramsaling (*) (*Quersaling auf der Vor-Marsstenge*).
» main topmast—(*)	Barres de grand perroquet.(*)	Gross-Bramsaling (*) (*Quersaling auf der Gross-Marsstenge*).
» mizen topmast—(*)	Barres de perruche. (*)	Kreuz-Bramsaling (*) (*Quersaling auf der Kreuz-Marsstenge*).
Flying jib-boom	Bout-dehors de clin-foc ; Bâton de clin-foc.	Aussenklüverbaum.
» » loose or sliding —	Bout-dehors volant de clin-foc. (*Baïonnette de clin-foc.*)	Loser Aussenklüverbaum.
Gaff	Corne.	Gaffel.
» jackstay on a —	Filière d'envergure d'une corne.	Jäckstag einer Gaffel.
» jaw of a — ; clutch of a —	Mâchoire d'une corne.	Gaffelklaue ; Gaffelmick.
» jaw-rope of a —	Bâtard de racage d'une corne.	Racktau, Schmierrack einer Gaffel.
» peak of a — ; end of a —	Pic d'une corne.	Piek einer Gaffel.
» — pole ; Pole of a —	Bout de pic d'une corne.	Nock einer Gaffel.
» throat-bolt of a —	Piton, Cheville de mâchoire de corne.	Klaubolzen, Klaufallbolzen einer Gaffel.
» — traveller ; Traveller on a —	Rocambeau d'une corne.	Ausholring an einer Gaffel.
» fore — ; boom fore-sail — (*of a schooner*)	Corne de goëlette ; Corne de voile de goëlette.	Schoonersegel-Gaffel (*eines Schooners*).
» main — (*of a schooner, barquentine, brigantine or three-masted schooner*).	Corne de grande voile (*d'une goëlette, barquentin, brigantin ou goëlette à trois-mâts*).	Grosse Gaffel (*eines Schooners, einer Schoonerbark, Schoonerbrigg oder eines Dreimast-Schooners*).
» main — ; main boom sail — (*of a brig*)	Corne de brigantine (*d'un brick*).	Briggsegel-Gaffel (*einer Brigg*).
» mizen — *of a barquentine or three-masted schooner*)	Corne de brigantine (*d'un barquentin ou d'une goëlette à trois-mâts*).	Besahn-Gaffel(*einer Schoonerbark oder eines Dreimast-Schooners*).
» monkey —	Corne à pavillon,	Flaggengaffel.
» trysail —	Corne de voile de goëlette ; Corne de voile de senau.	Treisegel-Gaffel ; Gaffelsegel-Gaffel.
» fore trysail —	Corne de misaine-goëlette.	Vor-Treisegel-Gaffel.
» main trysail —	Corne de grande voile-goëlette	Gross-Treisegel-Gaffel.
» spanker —	Corne de brigantine.	Besahn-Gaffel.
Jib-boom	Bout-dehors de foc ; Bâton de foc ; Bâton de grand foc.	Klüverbaum.
» » —traveller (*Jib-traveller*)	Rocambeau de foc.	Ausholring eines Klüvers.

Equipment.	Équipement.	Ausrüstung.
Masts, Spars &c.	**Mâts, Espars etc.**	**Masten, Spieren etc.**
Martingale-boom ; Dolphin-striker.	Arc boutant de martingale ; Bâton de martingale.	Stampfstock.
Mast	Mât.	Mast.
» lower —	Bas-mât.	Untermast.
» built—; wooden built —	Mât d'assemblage (*en bois*).	Gebauter, zusammengesetzter (*hölzerner*) Mast.
» side-pieces of a built —	Jumelles ou pièces de côté d'un mât d'assemblage.	Schwalpen, Seitenstücke eines gebauten Mastes.
» spindle, heart or middle-piece of a built —	Mêche, Pièce centrale d'un mât d'assemblage	Herz, Zunge, Mittelstück eines gebauten Mastes.
» — carlings; Fore and aft partners of a —	Entremises des étambrais de mât.	Mastschlingen (*zwischen den Deckbalken an jeder Seite des Mastes*).
» — cheek ; — bibb ; or Hound-piece ;	Jotereau de mât ; Flasque de mât.	Mastbacke.
» — coat	Braie de mât.	Mastkragen.
» fish front, or rubbing paunch of a —	Jumelle de racage d'un mât ; Gaburon.	Schalung, Schwalpe an der Vorderseite eines Mastes.
» foot of a — ; heel of a —	Pied d'un mât.	Fuss eines Mastes.
» tenon (*of the foot*) of a —	Tenon d'emplanture d'un mât.	Fusszapfen eines Mastes.
» — head	Ton de mât.	Masttopp ; Topp des Mastes.
» — head tenon ; tenon of — head	Tenon du chouquet d'un mât.	Masttoppzapfen (*für Eselshaupt*).
» — head battens	Lattes du ton d'un mât.	Masttopp-Latten ; Masttopp-Verschalung.
» — head cover	Coiffe du ton d'un mât	Mastkappe ; Kappe über dem Masttopp.
» — hole	Trou de mât.	Mastloch.
» — hoop	Cercle de mât.	Mastband ; Mastbügel.
» spider hoop around a —	Cercle de tournage de mât.	Coffeinagel-Bügel um einem Mast.
» — hound ; hound of a —	Noix d'un mât ; Épaulette.	Schulter des Mastes. (*)
» hounding of a — (*part of a mast between upper-deck and trestle-trees*)	Guindant d'un mât (*Partie d'un mât entre le pont supérieur et les élongis*).	Theil des Mastes zwischen Oberdeck und Langsaling).
» housing of a — (*part of a mast under deck*)	Partie du mât en-dessous du pont.	Masthausung (*Theil des Mastes unter Deck*).
» iron — ; iron built —	Mât en fer ; Mât construit en fer.	Eiserner Mast ; Gebauter eiserner Mast.
» jackstay on a —	Filière d'envergure d'un mât.	Jäckstag am Mast.
» patent jackstay or slide on a —	Filière forme chemin de fer le long d'un mât.	Patent-Jäckstag an einem Mast.
» knee of a —	Courbe de jotereau de mât.	Mastbackenknie.
» — partners	Étambrais de mât.	Mastfisch ; Fischung des Mastes.
» — partner chocks	Clefs des étambrais de mât.	Kalben des Mastfisches; Mastfisch-Kalben.

(*) Derjenige Theil des Mastes worauf die Salingen ruhen.

Equipment.	Équipement.	Ausrüstung.
Masts, Spars &c.	**Mâts, Espars etc.**	**Masten, Spieren etc.**

Mast, rake of a —	Inclinaison d'un mât.	Ueberhängen, Neigung eines Mastes.
» single tree —	Mât d'une pièce.	Mast aus einem Stück.
» steel —	Mât en acier.	Stählerner Mast ; Mast aus Stahlplatten gebaut.
» — step; step of a —	Emplanture de mât.	Mastspur.
» — step cheek	Flasque d'emplanture de mât.	Mastspurbacke ; Mastspurwange.
» — step cleat	Taquet d'emplanture de mât.	Mastspurklampe.
» — trunk	Cornet d'un mât; Gobelet d'un mât.	Mastkoker.
» — wedges	Coins de mât.	Mastkeile.
Fore-mast (*of a ship, barque, brig,brigantine, schooner etc.*)	Mât de misaine (*d'un trois-mâts, barque, brick, brigantin, goëlette etc.*)	Fockmast (*eines Vollschiffes, einer Bark, Brigg, Schoonerbrigg, eines Schooners etc.*)
» (*of a lateen vessel*)	Trinquet (*de navires dits latins*).	Fockmast (*einer Schebecke*).
Jigger-mast (*hindmost mast in a four masted ship*)	Mât de poupe (*le mât de l'arrière d'un navire à quatre mâts*).	Jagermast ; Treibermast ; Besahnmast (*der Hintermast eines viermastigen Schiffes*).
Jigger-mast (*in the stern of a small craft*)	Mât de tapecul (*mât de l'extrème arrière d'un petit batiment*).	Treibermast (*ganz hinten in kleinen Fahrzeugen*).
Jury-mast	Mât de fortune.	Nothmast.
Main-mast (*in any vessel*)	Grand mât (*de tout navire*).	Grossmast (*in allen Schiffen*).
Mizen-mast (*of a ship*)	Mât d'artimon (*d'un trois-mâts*).	Kreuzmast (*eines Vollschiffes*).
Mizen-mast (*of a barque, barquentine or three-masted schooner*)	Mât d'artimon (*d'une barque, d'un barquentin ou trois-mâts-goëlette*).	Besahnmast (*einer Bark , Schoonerbark oder eines dreimastigen Schooners*).
Pole-mast	Mât à pible.	Pfahlmast (*Mast ohne Stengen*).
Royal-mast	Mât de cacatois.	Royalstenge; Reilstenge.
» fore —	Petit mât de cacatois.	Vor-Royalstenge.
» main —	Grand mât de cacatois.	Gross-Royalstenge.
» mizen —	Mât de cacatois de perruche ; Mât de contre-perruche.	Kreuz-Royalstenge.
Skysail-mast	Mât de contre-cacatois.	Scheisegelstenge.
» fore —	Petit mât de contre-cacatois.	Vor-Scheisegelstenge.
» main —	Grand mât de contre-cacatois.	Gross-Scheisegelstenge.
» mizen —	Mât de contre-cacatois de perruche.	Kreuz-Scheisegelstenge.
Snow-mast ; Trysail-mast	Mât de senau ; Baguette de senau.	Schnaumast.
Topgallant-mast	Mât de perroquet.	Bramstenge.
» » — fid	Clef d'un mât de perroquet.	Schlossholz einer Bramstenge.
» » fid hole in a —	Mortaise de la clef d'un mât de perroquet.	Schlossholzgatt einer Bramstenge.
» » sheave-hole for top-rope in a —	Clan pour la guinderesse d'un mât de perroquet.	Scheibgatt für den Bramstengewindreep.

Equipment.	Équipement.	Ausrüstung.
Masts, Spars &c.	**Mâts, Espars etc.**	**Masten, Spieren etc.**
Topgallant-mast, sheave-hole for tye in a —	Mortaise de l'itague d'un mât de perroquet.	Scheibgatt für den Bramstengedrehreep.
» » fore —	Petit mât de perroquet.	Vor-Bramstenge.
» » main —	Grand mât de perroquet.	Gross-Bramstenge.
» » mizen —	Mât de perruche.	Kreuz-Bramstenge.
» » long — (topgallant-mast with royalmast in one length)	Mât de perroquet (mât de perroquet et mât de cacatois en une pièce).	Lange Bramstenge (Bramstenge und Royalstenge aus einem Stück).
» » short —	Bâton d'hiver ; Mât d'hiver.	Kurze Bramstenge.
Top-mast	Mât de hune. resp. Mât de flèche-en-cul.	Marsstenge. resp Stenge.
» — fid	Clef d'un mât de hune resp. d'un mât de flèche.	Schlossholz einer Stenge.
» fid hole in a —	Mortaise de la clef d'un mât de hune resp. d'un mât de flèche).	Schlossholzgatt einer Stenge.
» — head	Ton de mât de hune.	Topp der Marsstenge.
» — heel	Talon, Pied d'un mât de hune ou d'un mât de flèche-en-cul.	Hacke, Fuss einer Stenge.
» — hound	Noix de mât de hune.	Schulter der Marsstenge.
» — hounding (the part between lower cap and topmast trestle-trees)	Guindant de mât de hune (la partie entre le chouquet de bas-mât et les élongis de mât de hune).	Theil der Marsstenge zwischen Untermast-Eselshaupt und Bramsaling.
» sheave-hole for top rope in a —	Clan pour la guinderesse d'un mât de hune resp. d'un mât de flèche-en-cul.	Scheibgatt für den Stengewindreep.
» sheave-hole for topsail-tye in a —	Mortaise de l'itague d'un mât de hune.	Scheibgatt der Marsstenge für Drehreep.
» fore — (when fitted with yards)	Petit mât de hune (Lorsqu'il est muni de vergues).	Vor-Marsstenge (wenn Raaen daran gefahren werden).
» fore — (when not fitted with any yards)	Petit mât de flèche-en-cul (Lorsqu'il n'est pas muni de vergues).	Vorstenge (wenn nicht mit Raaen versehen).
» jury —	Mât de hune de fortune resp. Mât de flèche de fortune.	Noth-Stenge; Borg-Stenge.
» main — (of a ship, barque or brig)	Grand mât de hune (d'un trois-mâts, barque ou brick).	Gross-Marsstenge (eines Vollschiffes, Bark oder Brigg).
» main — (of a brigantine or schooner)	Grand mât de flèche-en-cul ; (d'un brigantin ou d'une goëlette).	Grosse Stenge (einer Schoonerbrigg oder eines Schooners).
» main — (of a barquentine or three-masted schooner)	Grand mât de flèche-en-cul (d'un barquentin ou d'une goëlette à trois-mâts).	Grosse Stenge (einer Schoonerbark oder eines dreimastigen Schooners).
» mizen — (of a ship)	Mât de perroquet de fougue ; Mât d'hune d'artimon (d'un trois-mâts).	Kreuz-Marsstenge ; Kreuzstenge (eines Vollschiffes).

Equipment.	Équipement.	Ausrüstung.
Masts, Spars &c.	**Mâts, Espars etc.**	**Masten, Spieren etc.**
Top-mast, mizen — (*of a barque, barquentine or three masted-schooner*)	Mât de flèche d'artimon (*d'une barque, barquentin ou goëlette à trois-mâts*).	Besahn-Stenge (*einer Bark, Schoonerbark oder eines Dreimast-Schooners*).
» spare —	Mât de hune de rechange ; Mât de flèche de rechange.	Reserve-Marsstenge ; Reserve-Stenge.
Outrigger	Arc-boutant.	Ausleger ; Ausrigger.
Pole ; Flag-pole (*)	Flèche ; Flèche d'enseigne. (*)	Flaggentopp. (*)
» mast —	Flèche de mât.	Flaggentopp eines Mastes.
» fore mast —	Flèche de l'avant ; Flèche du mât de misaine.	Flaggentopp des Fockmastes.
» jigger mast —	Flèche du mât de poupe.	Flaggentopp des Jagermastes oder Treibermastes.
» main mast —	Flèche de grand mât.	Flaggentopp des Gross-Mastes.
» mizen mast —	Flèche de mât d'artimon.	Flaggentopp des Besahn-Mastes.
» royal —	Flèche de cacatois.	Flaggentopp der Royalstenge.
» fore royal —	Flèche de petit cacatois.	Flaggentopp der Vor-Royalstenge.
» main royal —	Flèche de grand cacatois.	Flaggentopp der Gross-Royalstenge.
» mizen royal —	Flèche de cacatois de perruche.	Flaggentopp der Kreuz-Royalstenge.
» skysail —	Flèche de contre-cacatois.	Flaggentopp der Scheisegelstenge.
» fore skysail —	Flèche de petit contre-cacatois	Flaggentopp der Vor-Scheisegelstenge.
» main skysail —	Flèche de grand contre-cacatois.	Flaggentopp der Gross-Scheisegelstenge.
» mizen skysail —	Flèche de contre-cacatois de perruche.	Flaggentopp der Kreuz-Scheisegelstenge.
» stump —	Flèche courte.	Stumpfer Flaggentopp.
» topgallant —	Flèche de perroquet.	Flaggentopp der Bramstenge.
» fore topgallant —	Flèche de petit perroquet.	Flaggentopp der Vor-Bramstenge.
» main topgallant —	Flèche de grand perroquet.	Flaggentopp der Gross-Bramstenge.
» mizen topgallant —	Flèche de perruche.	Flaggentopp der Kreuz-Bramstenge.
» topmast —	Flèche de mât de hune ou de mât de flèche-en-cul.	Flaggentopp einer Stenge.
» fore topmast —	Flèche de petit mât de hune ou de petit mât de flèche.	Flaggentopp einer Vorstenge.

(*) **Pole** is the pointed portion of a mast above the eyes of the rigging, when there is no topmast fitted ; or the upper pointed part of a topmast (*when there is no topgallant mast*), or of a topgallant-mast (*when there is no royal-mast*) etc. etc.

(*) **Flèche** est la partie effilée d'un bas-mât au-dessus de son capelage, quand il n'y a pas de mât de hune ; la flèche de hune est la partie effilée d'un mât de hune sans perroquet ; la flèche de perroquet est la partie effilée d'un mât de perroquet sans cacatois et la flèche de cacatois est la partie effilée du mât portant ce nom.

(*) **Flaggentopp** ist der spitzzulaufende Theil eines Mastes oberhalb der Augen des stehenden Gutes, wenn keine Stenge da ist ; oder aber der obere, spitzzulaufende, — gewöhnlich mit einem Flaggenknopfe versehene — Theil irgend einer Stenge.

Masts, Spars &c. | Mâts, Espars etc. | Masten, Spieren, etc.

Equipment.	Équipement.	Ausrüstung.
Masts, Spars &c.	**Mâts, Espars etc.**	**Masten, Spieren, etc.**
Pole, main topmast —	Flèche de grand mât de hune ou de grand mât de flèche.	Flaggentopp einer grossen Stenge.
» mizen topmast —	Flèche d'un mât de flèche-en-cul d'artimon.	Flaggentopp der Besahn-stenge.
Sheer	Bigue.	Bock.
Sliding gunter mast	Mât de flèche-en-l'air.	Schiebstenge ; Schiebstock.
Spar	Espar.	Spiere.
» reserve —	Espar de rechange.	Reservespiere.
» rough — ; rough tree —	Mâtereau brut.	Unbehauene, unbearbeitete Spiere.
Sprit	Baleston ; Livarde.	Spriet ; Sprett.
Staff	Bâton ; Petit mât.	Stock ; Stab.
» flag — ; ensign —	Bâton de pavillon ; Gaule ; Hampe de drapeau.	Flaggenstock.
» jack —	Bâton, Hampe de pavillon de beaupré.	Göschstock ; Flaggenstock auf dem Bugspriet.
Top	Hune.	Mars.
» close planked —	Hune pleine.	Dichter Mars.
» grated —	Hune à caillebottis.	Röster-Mars.
» lubber hole in a —	Trou de chat d'une hune.	Soldatengatt in einem Mars.
» netting of a — ; Top-netting	Filet de hune.	Netz oder Flechtwerk um einem Mars.
» rail of a —; Top-rail	Lisse, Garde-corps d'une hune.	Reling oder Geländer um einem Mars.
» rim of —; Top-rim	Guérite de hune ; Rebord de hune.	Marsrand; Rand des Mars.
» fore —	Hune de misaine.	Vormars.
» main —	Grande hune; Grand'hune.	Grossmars.
» mizen –	Hune d'artimon.	Kreuzmars.
Trestle-trees	Élongis ; Élongis des jotte-reaux.	Langsaling; Langsahling.
» bolster, or pillow on top of — (under the eyes of rigging)	Coussin des élongis ; Coussin de capelage.	Salingkissen (Kissen von wei-chem Holz auf den Lang-salingen unter den Want-augen).
» fore mast —	Élongis de mât de misaine.	Fockmast-Langsaling.
» main mast —	Élongis de grand mât.	Grossmast-Langsaling.
» mizen mast — (of a ship)	Élongis de mât d'artimon (d'un trois-mâts).	Kreuzmast-Langsaling (eines Vollschiffes.)
» mizen mast — (of a barque, barquen-tine or three mast-ed schooner)	Élongis de mât d'artimon (d'une barque, barquentin ou goëlette à trois-mâts).	Besahnmast-Langsaling (einer Bark, Schoonerbark oder eines Dreimast-Schooners).
» topgallant — (*)	Élongis de cacatois. (*)	Royal-Langsaling. (*)
» fore topgallant —	Élongis de petit cacatois.	Vor-Royal-Langsaling.
» main topgallant —	Élongis de grand cacatois.	Gross-Royal-Langsaling.
» mizen topgallant —	Élongis de cacatois de per-ruche.	Kreuz-Royal-Langsaling.
» topmast — (*)	Élongis de perroquet. (*)	Bram-Langsaling. (*)

(*) See foot-note under cross-trees, page 116.

(*) Voir remarque concernant les barres traversières, page 116.

(Siehe Anmerkung unter Quersaling, Seite 116.

Equipment.	Équipement.	Ausrüstung.
Masts, Spars, &c.	**Mâts, Espars etc.**	**Masten, Spieren etc.**

Trestle-trees, fore topmast —	Élongis de petit perroquet.	Vorbram-Langsaling.
» » main topmast —	Élongis de grand perroquet.	Grossbram-Langsaling.
» » mizen topmast —	Élongis de mât de perruche.	Kreuzbram-Langsaling.
Yard	Vergue.	Raa.
» — arm	Bout de vergue.	Raanock; Nock einer Raa.
» — arm cleat	Taquet de bout de vergue ; Adent d'envergure.	Raanock-Klampe.
» — arm hoop *(for lift, brace etc.)*	Cercle de bout de vergue *(pour balancine, bras etc.).*	Raanock-Band *(für Toppenant, Brasse etc.).*
» — arm iron	Cercle extérieur, Blin extérieur de bout-dehors de bonnette.	Aeusserer Leesegelspieren-Bügel.
» roller in — arm iron	Rouleau de cercle de bout-dehors de bonnette.	Rolle, Walze im Leesegelspieren-Bügel.
» — batten	Jumelle de brasséyage d'une vergue.	Stosschale einer Raa.
» centre, bunt, or sling of a —	Centre d'une vergue ; Milieu d'une vergue.	Raa-Mitte ; Mitte einer Raa.
» iron —	Vergue en fer.	Eiserne Raa.
» jackstay on a —	Filière d'envergure d'une vergue.	Jäckstag einer Raa.
» parrel of an *(upper)* —	Racage d'une vergue *(supérieure).*	Rack einer *(Ober-)* Raa *(womit eine Stenge umschlossen wird).*
» patent parrel of a —	Racage en *(forme de)* baril d'une vergue.	Tonnenrack einer Raa.
» parrel-rope of a —	Bâtard de racage d'une vergue.	Racktau einer Raa.
» quarter of a —	Quart de vergue ; Brasséyage d'une vergue.	Achtkant einer Raa *(auch Mitte zwischen Hanger und Nock).*
» — quarter iron	Cercle intérieur, Blin intérieur de bout-dehors de bonnette.	Innerer Leesegelspierenbügel.
» sheave-hole in a —	Clan *(pour loger un rouet)* dans une vergue.	Scheibgatt, Scheibengatt in einer Raa.
» sling of a lower —	Suspente d'une basse vergue.	Hanger einer Unterraa.
» sling-cleat of a *(lower)*—	Taquet de suspente d'une *(basse)* vergue.	Hangerklampe, Rackklampe einer *(Unter-)* Raa.
» sling-hoop of a *(lower)*—	Cercle de suspente d'une *(basse)* vergue.	Hangerband einer *(Unter-)* Raa.
» standard or crane of a lower topsail —	Support. Grue de vergue d'hunier fixe.	Träger, Bock, Krahn einer Untermarsraa.
» steel —	Vergue en acier.	Stählerne Raa.
» truss of a *(lower)* —	Drosse d'une *(basse)* vergue ; Drosse de racage d'une *(basse)* vergue.	Rack einer *(Unter-)* Raa.
» truss-hoop of a *(lower)*—	Cercle de la drosse d'une *(basse)* vergue.	Rackband einer *(Unter-)* Raa.
» wooden —	Vergue en bois.	Hölzerne Raa.

Equipment.	Équipement.	Ausrüstung.
Masts, Spars, &c.	**Mâts, Espars, etc.**	**Masten, Spieren, etc.**
After-yards	Vergues de l'arrière. (*Vergues d'artimon d'un trois-mâts ou les vergues du grand mât d'une barque ou d'un brick*).	Hinterraaen ; Achterraaen.
Cross-jack-yard	Vergue barrée ; Vergue sèche; Vergue d'artimon.	Bagienraa.
Fore-yards	Vergues de l'avant (*Vergues du mât de misaine*).	Vorraaen
Fore-yard	Vergue de misaine.	Fockraa.
Gaff-topsail-yard	Vergue de flèche-en cul.	Gaffeltoppsegelraa.
Lateen-yard	Antenne ; Vergue latine.	Raa eines lateinischen Segels.
Lower-yard	Basse vergue.	Unterraa.
Main-yard	Grande vergue.	Grossraa.
Royal yard	Vergue de cacatois.	Royalraa.
» fore —	Vergue de petit cacatois.	Vor-Royalraa.
» main —	Vergue de grand cacatois.	Gross-Royalraa.
» mizen —	Vergue de cacatois de perruche.	Kreuz-Royalraa.
Skysail-yard	Vergue de contre-cacatois.	Scheisegelraa.
» fore —	Vergue de petit contre-cacatois.	Vor-Scheisegelraa.
» main —	Vergue de grand contre-cacatois.	Gross-Scheisegelraa.
» mizen —	Vergue de contre-cacatois de perruche.	Kreuz-Scheisegelraa.
Spare-yard	Vergue de rechange.	Reserveraa.
Spritsail-yard	Vergue de civadière.	Blinde Raa.
Square-sail-yard (*the yard of a schooner or of a sloop, cutter, &c*).	Vergue de fortune ; Vergue de misaine volante.	Breitfockraa.
Studdingsail-yard	Vergue de bonnette.	Leesegelraa.
» » lower —	Vergue de bonnette basse.	Unter-Leesegelraa.
» » royal —	Vergue de bonnette de cacatois.	Royal-Leesegelraa.
» » topgallant--	Vergue de bonnette de perroquet.	Bram-Leesegelraa.
» » topmast —	Vergue de bonnette de hunier.	Ober-Leesegelraa
Topgallant-yard	Vergue de perroquet.	Bramraa.
» » fore —	Vergue de petit perroquet.	Vor-Bramraa.
» » lower fore —	Vergue de petit perroquet fixe ou inférieur.	Vor-Unter-Bramraa.
» » upper fore—	Vergue de petit perroquet volant ou supérieur.	Vor-Ober-Bramraa.
» » lower —	Vergue de perroquet fixe ou inférieur.	Unter-Bramraa.
» » main —	Vergue de grand perroquet.	Gross-Bramraa.
» » lower main--	Vergue de grand perroquet fixe ou inférieur.	Gross-Unter-Bramraa.
» » upper main--	Vergue de grand perroquet volant ou supérieur.	Gross-Ober-Bramraa.

Equipment.	Équipement	Ausrüstung.
Masts, Spars &c.	**Mâts, Espars etc.**	**Masten, Spieren etc.**
Topgallant-yard, mizen —	Vergue de perruche *(perroquet d'artimon)*.	Kreuz-Bramraa.
» » lower mizen—	Vergue de perruche fixe ou inférieure.	Kreuz-Unter-Bramraa.
» » upper mizen—	Vergue de perruche volante ou supérieure.	Kreuz-Ober-Bramraa.
» » upper —	Vergue de perroquet volant ou supérieur.	Ober-Bramraa.
Topsail-yard	Vergue de hunier.	Marsraa.
» » *(of a schooner)*	Vergue de hunier *(d'une goëlette)*.	Toppsegelraa *(wenn Schooner)*.
» » fore —	Vergue de petit hunier.	Vor-Marsraa.
» » lower fore —	Vergue de petit hunier fixe ou inférieur.	Unter-Vormarsraa.
» » upper fore —	Vergue de petit hunier volant ou supérieur.	Ober-Vormarsraa.
» » lower —	Vergue de hunier fixe ou inférieur.	Unter-Marsraa.
» » main —	Vergue de grand hunier.	Gross-Marsraa.
» » lower main —	Vergue de grand hunier fixe ou inférieur.	Gross-Unter-Marsraa.
» » upper main —	Vergue de grand hunier volant ou supérieur.	Gross-Ober-Marsraa.
» » mizen —	Vergue de perroquet de fougue *(hunier d'artimon)*.	Kreuz-Marsraa.
» » lower mizen —	Vergue de perroquet de fougue fixe ou inférieur.	Kreuz-Unter-Marsraa.
» » upper mizen —	Vergue de perroquet de fougue volant ou supérieur.	Kreuz-Ober-Marsraa.
» » upper —	Vergue de hunier volant ou supérieur.	Ober-Marsraa.
Upper-Yards	Vergues supérieures; Vergues volantes.	Oberraaen.

Equipment.	Équipement.	Ausrüstung.
Standing-rigging.	**Manoeuvres dormantes.**	**Stehendes Tauwerk.**
Backstay	Galhauban.	Pardune.
» after —; standing —	Galhauban arrière.	Hinterpardune.
» breast — ; fore-most —	Galhauban avant ; Premier galhauban.	Vorderpardune.
» cap —	Galhauban de chouque.	Eselshauptpardune.
» lee —	Galhauban sous le vent.	Leepardune.
» pair of — s	Paire de galhaubans.	Ein Spann-Pardunen.
» eye of a pair of — s	Capelage ou boucle d'une paire de galhaubans.	Auge eines Spann-Pardunen.
» preventer —	Galhauban à croc.	Borgpardune ; Schlingerpardune.
» royal — s	Galhaubans de cacatois.	Royalpardunen ; Royalstengepardunen.
» fore royal — s	Galhaubans de petit cacatois.	Vor-Royalpardunen ; Vor-Royalstengepardunen.
» main royal — s	Galhaubans de grand cacatois.	Gross-Royalpardunen; Gross-Royalstengepardunen.
» mizen royal — s	Galhaubans de cacatois de perruche.	Kreuz-Royalpardunen; Kreuz-Royalstengepardunen.
» shifting —, loose —	Galhauban volant.	Lose Pardune.
» skysail — s	Galhaubans de contre-cacatois.	Scheisegelpardunen ; Scheisegelstengepardunen.
» fore skysail — s	Galhaubans de petit contre-cacatois.	Vor-Scheisegelpardunen; Vor-Scheisegelstengepardunen.
» main skysail — s	Galhaubans de grand contre-cacatois.	Gross-Scheisegelpardunen ; Gross-Scheisegelstengepardunen.
» mizen skysail — s	Galhaubans de contre-perruche.	Kreuz-Scheisegelpardunen ; Kreuz-Scheisegelstengepardunen.
» standing —	Galhauban fixe ou dormant.	Feste Pardune ; Stehende Pardune.
» topgallant — s	Galhaubans de perroquet.	Brampardunen ; Bramstengepardunen.
» fore topgallant — s	Galhaubans de petit perroquet.	Vor-Brampardunen ; Vor-Bramstengepardunen.
» main topgallant — s	Galhaubans de grand perroquet.	Gross-Brampardunen ; Gross-Bramstengepardunen.
» mizen topgallant—s	Galhaubans de perruche.	Kreuz-Brampardunen; Kreuz-Bramstengepardunen.
» topmast — s (of a square rigged mast)	Galhaubans de hune (*Lorsque le mât est muni de vergues*).	Marsstenge-Pardunen (*wenn eine Marsraa an der Stenge gefahren wird*).
» topmast — s (of a topmast, not fitted with any yards)	Galhaubans de mât de flèche (*Lorsque ce mât n'est pas muni de vergues*).	Stenge-Pardunen (*wenn keine Raaen an der Stenge gefahren werden*).
» fore topmast — s (of a square rigged mast)	Galhaubans de petit hunier (*Lorsque le mât est muni de vergues*).	Vor-Marsstenge-Pardunen (*wenn eine Marsraa an der Stenge gefahren wird*).

Equipment.	Équipement.	Ausrüstung.
Standing-rigging.	**Manœuvres dormantes.**	**Stehendes Tauwerk.**

Backstays, fore topmast — s (of a fore and aft schooner)	Galhaubans de petit mât de flèche (d'une goëlette franche)	Vor-Stenge-Pardunen (eines Vor- und Hinter Schooners).
» main topmast — s (of a ship, barque or brigg)	Galhaubans de grand hunier (d'un trois-mâts, d'une barque ou d'un brick).	Gross-Marsstenge-Pardunen (eines Vollschiffes, einer Bark oder Brigg).
» main topmast — s (of a barquentine, brigantine or schooner)	Galhaubans de grand mât de flèche (d'un barquentin, brigantin ou d'une goëlette).	Gross-Stenge-Pardunen (einer Schoonerbark, Schoonerbrigg oder eines Schooners).
» mizen topmast — s (of a ship)	Galhaubans de perroquet de fougue (d'un trois-mâts).	Kreuz-Stenge-Pardunen (eines Vollschiffes).
» mizen topmast — s (of a barque, barquentine or three-masted schooner)	Galhaubans de mât de flèche d'artimon (d'une barque, d'un barquentin ou d'une goëlette à trois-mâts).	Besahn-Stenge-Pardunen (einer Bark, Schoonerbark oder eines Dreimast-Schooners).
» weather — s	Galhaubans du vent.	Luvpardunen.
Bobstay	Sous-barbe de beaupré; Sous-barbe.	Wasserstag.
Flemish-horse ; Yard-arm-horse	Marche-pied de bout de vergue.	Nockpeerd.
Foot-rope	Marche-pied.	Peerd.
» cross-jack – ; cross-jack yard —	Marche-pied d'artimon.	Bagienraa-Peerd.
» fore —; fore yard –	Marche-pied de misaine.	Fockpeerd ; Fockraapeerd.
» main — ; main yard —	Marche-pied de grande vergue.	Grosses Peerd ; Gross-Raapeerd.
» topsail — ; topsail yard —	Marche-pied de hunier.	Marspeerd ; Marsraapeerd.
» topgallant — ; topgallant yard —	Marche-pied de perroquet.	Brampeerd ; Bramraapeerd.
» royal — ; royal yard —	Marche-pied de cacatois.	Royalpeerd ; Royalraapeerd.
» skysail — ; skysail-yard —	Marche-pied de contre-cacatois.	Scheisegelpeerd ; Scheisegelraapeerd.
» jib-boom —	Marche-pied de bout-dehors de foc.	Klüverpeerd ; Klüverbaumpeerd.
» flying jib-boom —	Marche-pied de bout-dehors de clin-foc.	Aussenklüverpeerd ; Aussenklüverbaumpeerd.
» stirrup in a —	Estrope de marche-pied ; Étrier de marche-pied.	Springpeerd.
Futtock-rigging ; Futtock-shrouds	Gambes, Haubans de revers.	Püttingswanten.
» fore —	Gambes de misaine.	Vor-Püttingswanten.
» main —	Gambes de grand mât.	Gross-Püttingswanten.
» mizen — (of a ship)	Gambes d'artimon (d'un trois-mâts).	Kreuz-Püttingswanten (eines Vollschiffes).
» mizen — (of a barque, barquentine or three-masted schooner)	Gambes d'artimon (d'une barque, d'un barquentin ou d'une goëlette à trois-mâts).	Besahn-Püttingswanten (einer Bark, Schoonerbark oder eines Dreimast-Schooner's).

Equipment.	Équipement.	Ausrüstung.
Standing-rigging.	**Manœuvres dormantes.**	**Stehendes Tauwerk.**

Futtock-rigging, topgallant —	Gambes de perroquet.	Bram-Püttingswanten.
» » fore topgallant —	Gambes de petit perroquet.	Vor-Bram-Püttingswanten.
» » main topgallant—	Gambes de grand perroquet.	Gross-Bram-Püttingswanten.
» » mizen topgallant—	Gambes de perruche.	Kreuz-Bram-Püttingswanten.
Guy ; Back-rope	Retenue.	Gei ; Guy ; Backstag.
» boom —	Retenue de gui.	Baumstopper ; Bullentau.
» davit —	Retenue de davier.	Davidgei; Backstag des David.
» jib-boom —	Hauban de bout-dehors ; Hauban du bâton de foc.	Klüvergei ; Klüverbackstag.
» flying-jib-boom —	Hauban du bout-dehors de clin-foc.	Aussenklüvergei (*Backstag des Aussenklüverbaum's*).
» martingale —	Hauban de martingale.	Stampfstockgei ; Achtergei des Stampfstock's.
» lower studding-sail boom —	Hauban d'arc boutant ferré.	Gei des Schwingbaum's ; Kehrtau des Schwingbaum's.
Jacobs-ladder	Échelle de revers ; Échelle de hauban.	Jakobsleiter.
» rounds of —	Échellons d'une échelle de hauban.	Stufen der Jakobsleiter;Knüppel der Jakobsleiter.
Lanyard ; Laniard	Ride.	Taljereep.
Man-rope ; Ridge-rope of the bowsprit ; Bowsprit-horse.	Sauve-garde du beaupré ; Garde-corps du beaupré ; Filière de beaupré.	Laufstag des Bugspriets ; Klimstag des Bugspriets.
Martingale-stay ; Martingale.	Martingale.	Stampfstag.
» » jib-boom —	Martingale de grand foc.	Klüverstampfstag.
» » flying jib-boom —	Martingale de clin-foc.	Aussen-Klüverstampfstag.
Pendant	Pantoire.	Hanger ; Schenkel.
» boom guy —	Pantoire de retenue de gui ; Dormant de retenue de gui.	Bullentau-Schenkel ; Baumstopper-Schenkel.
» brace —	Pantoire de bras.	Brass-Schenkel.
» fish tackle —	Pantoire de la candelette ; Pantoire de la traversière.	Fischtakel-Hanger.
» fork and lashing eyes of a —	Pantoire en fourche à deux oeillets.	Spann, Hahnpoot mit Augen eines Hangers.
» jib sheet —	Pantoire de l'écoute de foc.	Klüverschoten-Schenkel.
» mast head —	Pantoire de ton de mât.	Hanger des Seitentakels.
» staysail sheet —	Pantoire d'écoute d'une voile d'étai.	Stagsegel-Schoten-Schenkel.
» topmast head —	Pantoire de ton du mât de hune	Marsstenge-Hanger.
Ratline	Enflèchure.	Webeleine.
Rigging	Gréement; Haubans.	Takelage ; Wanten.
» lower —	Haubans des bas mâts.	Unterwanten.
» fore — ; fore lower —	Haubans de misaine.	Fockwanten.
» main—; main lower—	Haubans de grand mât.	Grosswanten.
» mizen —; mizen lower — (*of a ship*)	Haubans d'artimon (*d'un trois-mâts*).	Kreuzwanten (*eines Vollschiffes*).
» mizen — (*of a barque, barquentine or three-masted schooner*)	Haubans d'artimon (*d'une barque, d'un barquentin ou d'une goëlette à trois-mâts*).	Besahnwanten (*einer Bark, Schoonerbark oder eines Dreimast-Schooners*).

Equipment.	Équipement.	Ausrüstung.
Standing-rigging.	**Manœuvres dormantes.**	**Stehendes Tauwerk.**

Equipment.	Équipement.	Ausrüstung.
Rigging, topmast—*(of a square rigged mast)*	Haubans de hune ; Haubans du mât de hune (*Lorsque ce mât est muni de vergues*).	Stengewanten *(wenn Raaen an der Stenge gefahren werden).*
» topmast — *(of a topmast not fitted with any yards)*	Haubans de mât de flèche (*Lorsque ce mât n'est pas muni de vergues*).	Stengewanten *(wenn keine Raaen an der Stenge gefahren werden).*
» fore topmast — *(of a square rigged mast)*	Haubans du petit mât de hune (*Lorsque ce mât est muni de vergues*).	Vor-Stengewanten *(wenn Raaen an der Stenge gefahren werden).*
» fore topmast — *(of a topmast not fitted with any yards)*	Haubans de petit mât de flèche (*Lorsque ce mât n'est pas muni de vergues).*	Vor-Stengewanten *(wenn keine Raaen an der Stenge gefahren werden).*
» main topmast — *(of a square rigged mast)*	Haubans de grand mât de hune (*Lorsque ce mât est muni de vergues*).	Gross-Stengewanten *(wenn Raaen an der Stenge gefahren werden).*
» main topmast — *(of a topmast not fitted with any yards)*	Haubans de grand mât de flèche (*Lorsque ce mât n'est pas muni de vergues).*	Gross-Stengewanten *(wenn keine Raaen an der Stenge gefahren werden).*
» mizen topmast— *(of a ship)*	Haubans de perroquet de fougue (*d'un trois-mâts*).	Kreuz-Stengewanten *(eines Vollschiffes).*
» mizen topmast — *(of a barque, barquentine or three-masted schooner)*	Haubans de mât de flèche d'artimon (*d'une barque, d'un barquentin ou d'une goëlette à trois-mâts).*	Besahn-Stengewanten *(einer Bark, Schoonerbark oder eines Dreimast-Schooners).*
» topgallant —	Haubans de perroquet.	Bramwanten.
» fore topgallant —	Haubans de petit perroquet.	Vor-Bramwanten.
» main topgallant —	Haubans de grand perroquet.	Gross-Bramwanten.
» mizen topgallant —	Haubans de perruche.	Kreuz-Bramwanten.
» lee —	Haubans sous le vent.	Leewanten.
» weather —	Haubans du vent.	Luvwanten.
» upper —	Dormants des mâts supérieurs	Oberes, stehende Gut; Stehendes Tauwerk der Stengen.
» lower mast — *(all the standing rigging of a lower mast, including stay and mast-head pendants)*	Dormants d'un bas-mât.	Sämmtliches stehende Gut eines Untermastes.
» topmast — *(all the standing rigging of a topmast, including backstays and stay)*	Dormants d'un mât de hune resp. d'un mât de flèche-en-cul.	Marsgut resp. Stengegut. (*Sämmtliches stehende Gut einer Marsstenge resp. Stenge*).
» topgallant mast — *(all the standing rigging of a topgallant-mast, including backstays and stay)*	Dormants d'un mât de perroquet ou d'un mât de perruche.	Bramgut (*Sämmtliches stehende Gut einer Bramstenge*).

Equipment.	Équipement.	Ausrüstung.

Standing-rigging.	Manœuvres dormantes.	Stehendes Tauwerk.

Shroud (*)	Hauban. (*)	Wanttau. (*)
» bowsprit —	Hauban de beaupré.	Bugstag.
» fore lower — s	Haubans de misaine.	Wanttaue des Fockmastes.
» foremost —; Swifter;	Premier hauban (d'un bas-mât, mât de hune, mât de perroquet etc.)	Hoofdtau.
» futtock — s	Gambes ; Haubans de revers.	Püttingstaue ; Püttingsstangen.
» lower — s	Haubans des bas-mâts.	Wanttaue der Untermasten.
» main — s	Haubans de grand-mât.	Wanttaue des Grossmastes.
» mizen — s (of a ship)	Haubans d'artimon (d'un trois-mâts).	Wanttaue des Kreuzmastes (eines Vollschiffes).
» mizen — s (of a barque, barquentine or three-masted-schooner)	Haubans d'artimon (d'une barque, d'un barquentin ou d'une goëlette à trois-mâts).	Wanttaue des Besahnmastes (einer Bark, Schoonerbark oder eines Dreimast-Schooners).
» a pair of — s	Une paire de haubans.	Ein Spann Wanttaue.
» eye of a pair of — s	Œillet de haubans ; Boucle de haubans.	Want-Auge.
» preventer —	Pataras ; Hauban supplémentaire ; Hauban de fortune.	Borg-Wanttau.
» topgallant — s	Haubans de perroquet.	Wanttaue der Bramstenge.
» topmast — s	Haubans de hune; aussi Haubans d'un mât de flèche.	Wanttaue der Marsstenge resp. Stenge.
Stay	Étai ; Draille.	Stag ; Leiter.
» bumpkin — ; bumpkin-shroud ;	Sous-barbe de minot ; Sous-barbe de porte-lof.	Butluvschenkel.
» eye of a —	Œillet d'étai ; Boucle d'étai.	Stag-Auge.
» fore —	Étai de misaine.	Fockstag.
» fore — (of a schooner, cutter, etc)	Draille de trinquette (d'une goëlette, d'un côtre, etc.).	Fockstag ; Stagfockstag (eines Schooners, Kutters etc.).
» jib —	Draille de foc.	Klüverleiter.
» flying-jib —	Draille de clin-foc.	Aussen-Klüverleiter.
» inner-jib — ; middle jib —	Draille de faux-foc.	Binnen-Klüverleiter ; Mittel-Klüverleiter.
» jumping — ; pitching —	Étai de tangage ; Étai supplémentaire.	Stampfstag.
» main —	Grand étai.	Grosstag.
» middle staysail —	Draille de contre voile d'étai.	Mittelstagsegel-Stag.
» mizen — (of a ship)	Étai d'artimon (d'un trois-mâts).	Kreuzstag (eines Vollschiffes).

(*) A Shroud is any one of the ropes, — hemp or wire — of which the « rigging », as lower-rigging, topmast-rigging, topgallant-rigging etc. is formed. — The Bowsprit-, Futtock-, Funnel-shrouds etc. are often made of Chain and sometimes of Bar-iron.

(*) « Shroud » (Hauban) est l'un ou l'autre des cordages — en chanvre ou en fil de fer — composant les haubans, comme haubans des bas-mâts, de hune, de perroquet etc. — Les Haubans de beaupré, Haubans de revers, Haubans de cheminée etc. sont souvent en chaine et quelques fois en barres de fer.

(*) « Shroud » (Wanttau) ist irgend eines derjenigen Taue — Hanf oder Draht — woraus die Wanten, nämlich die Unterwanten, Stengewanten, Bramwanten etc. hergestellt werden. — Für Bowsprit-shrouds (Bugstagen), Futtock-shrouds (Püttingswanten) und Funnel-shrouds(Schornsteinstagen) werden häufig Ketten und mitunter auch eiserne Stangen verwendet.

Equipment.	Équipement.	Ausrüstung.
Standing-rigging.	**Manœuvres dormantes.**	**Stehendes Tauwerk.**

Stay, mizen — *(of a barque, barquentine or three-masted schooner)*	Étai d'artimon *(d'une barque, d'un barquentin ou d'une goëlette à trois-mâts).*	Besahnstag *(einer Bark, Schoonerbark oder eines Dreimast-Schooners).*
» royal —	Étai de cacatois.	Royalstag.
» fore royal —	Étai de petit cacatois.	Vor-Royalstag.
» main royal —	Étai de grand cacatois.	Gross-Royalstag.
» mizen royal —	Étai de cacatois de perruche.	Kreuz-Royalstag.
» skysail —	Étai de contre-cacatois.	Scheisegelstag.
» fore skysail —	Étai de petit contre-cacatois.	Vor-Scheisegelstag.
» main skysail —	Étai de grand contre-cacatois.	Gross-Scheisegelstag.
» mizen skysail —	Étai de contre-cacatois de perruche.	Kreuz-Scheisegelstag.
» spring —	Faux-étai.	Springstag ; Knickstag.
» topgallant —	Étai de perroquet.	Bramstag ; Bramstengestag.
» fore topgallant —	Étai de petit perroquet.	Vor-Bramstag ; Vor-Bramstengestag.
» main topgallant —	Étai de grand perroquet.	Gross-Bramstag; Gross-Bramstengestag.
» mizen topgallant —	Étai de perruche.	Kreuz-Bramstag; Kreuz-Bramstengestag.
» (*)topmast—*(of a square rigged mast)*	(*) Étai de hune ; Étai du mât de hune *(Lorsque ce mât est muni de vergues).*	(*) Stengestag ; Marsstengestag *(wenn Raaen an der Stenge gefahren werden).*
» topmast — *(of a topmast not fitted with any yards)*	Étai du mât de flèche *(Lorsque ce mât n'est pas muni de vergues).*	Stengestag *(wenn keine Raaen an der Stenge gefahren werden).*
» fore topmast — *(of a square rigged mast)*	Étai du petit mât de hune. *(Lorsque ce mât est muni de vergues).*	Vor-Stengestag *(wenn Raaen an der Stenge gefahren werden).*
» fore topmast — *(of a topmast not fitted with any yards)*	Étai du petit mât de flèche *(Lorsque ce mât n'est pas muni de vergues).*	Vor-Stengestag *(wenn keine Raaen an der Stenge gefahren werden).*
» main topmast — *(of a square rigged mast)*	Étai du grand mât de hune *(Lorsque ce mât est muni de vergues).*	Gross-Stengestag *(wenn Raaen an der Stenge gefahren werden).*
» main topmast — *(of a topmast not fitted with any yards)*	Étai du grand mât de flèche *(Lorsque ce mât n'est pas muni de vergues).*	Gross-Stengestag *(wenn keine Raaen an der Stenge gefahren werden).*
» mizen topmast — *(of a ship)*	Étai du mât de perroquet de fougue *(d'un trois-mâts).*	Kreuz-Stengestag *(eines Vollschiffes).*
» mizen topmast — *(of a barque, barquentine or three-masted schooner)*	Étai du mât de flèche d'artimon *(d'une barque, d'un barquentin ou d'une goëlette à trois-mâts).*	Besahn-Stengestag *(einer Bark, Schoonerbark oder eines Dreimast-Schooners).*

(*) The English call „Topmast" the first mast above any lower mast, whether a topgallant-mast is fitted above the topmast or not. — The French and Germans have various names for the different kinds of topmasts.

(*) Les Anglais nomment indistinctement „Topmast" le premier mât supérieur à un bas-mât, n'importe que ce soit un mât de hune ou un mât de flèche-en-cul.

(*) Die Engländer nennen die erste Stenge oberhalb eines Untermastes in allen Schiffen „Topmast", ganz gleich ob eine Bramstenge darüber ist oder nicht.

Equipment.	Équipement.	Ausrüstung.
## Running-rigging.	## Manœuvres courantes.	## Laufendes Tauwerk.
Bowline	Bouline.	Bulien ; Buleine.
» — bridle	Branche de bouline.	Buliensprut.
» cross-jack —	Bouline de la voile-barrée.	Bagienbulien.
» fore —	Bouline de misaine.	Fockbulien.
» lee —	Bouline sous le vent ; Bouline de revers.	Leebulien.
» main —	Bouline de grande voile.	Grosse Bulien.
» top — (*)	Bouline de hunier. (*)	Marsbulien. (*)
» fore top — (*)	Bouline de petit hunier ; Boulinette. (*)	Vor-Marsbulien. (*)
» main top — (*)	Bouline de grand hunier. (*)	Gross-Marsbulien. (*)
» mizen top — (*)	Bouline de hunier d'artimon(*)	Kreuz-Marsbulien. (*)
» topgallant — (*)	Bouline de perroquet. (*)	Brambulien. (*)
» fore topgallant — (*)	Bouline de petit perroquet.(*)	Vor-Brambulien. (*)
» main topgallant —(*)	Bouline de grand perroquet(*)	Gross-Brambulien. (*)
» mizen topgallant —(*)	Bouline de perruche. (*)	Kreuz-Brambulien. (*)
» weather —	Bouline du vent.	Luvbulien.
Brace	Bras.	Brasse.
» cross-jack —	Bras-barré.	Bagienbrasse.
» fore —	Bras de misaine.	Fockbrasse.
» lee —	Bras sous le vent.	Leebrasse.
» main —	Grand bras.	Grossbrasse.
» moon-sail —	Bras de voile mie-lune.	Mondguckerbrasse.
» — pendant	Pantoire de bras.	Brass-Schenkel.
» preventer —	Faux bras; Bras de gros temps.	Borgbrasse ; Contrebrasse.
» royal —	Bras de cacatois.	Royalbrasse.
» fore royal —	Bras de petit cacatois.	Vor-Royalbrasse.
» main royal —	Bras de grand cacatois.	Gross-Royalbrasse.
» mizen royal —	Bras de cacatois de perruche.	Kreuz-Royalbrasse.
» skysail —	Bras de contre-cacatois.	Scheisegelbrasse.
» fore skysail —	Bras de petit contre-cacatois.	Vor-Scheisegelbrasse.
» main skysail —	Bras de grand contre-cacatois.	Gross-Scheisegelbrasse.
» mizen skysail —	Bras de contre-cacatois de perruche.	Kreuz-Scheisegelbrasse.
» studding-sail boom —	Bras de bout-dehors de bonnette.	Leesegelspierenbrasse.
» topgallant —	Bras de perroquet.	Brambrasse.
» fore topgallant —	Bras de petit perroquet.	Vor-Brambrasse.
» lower fore topgallant—	Bras de petit perroquet fixe.	Vor-Unter-Brambrasse.
» upper fore topgallant—	Bras de petit perroquet volant	Vor-Ober-Brambrasse.
» lower topgallant —	Bras de perroquet fixe.	Unter-Brambrasse.
» main topgallant —	Bras de grand perroquet.	Gross-Brambrasse.
» lower main topgallant —	Bras de grand perroquet fixe.	Gross-Unter-Brambrasse.
» upper main topgallant —	Bras de grand perroquet volant.	Gross-Ober-Brambrasse.
» mizen topgallant —	Bras de perruche.	Kreuz-Brambrasse.

(*) Very unusual in Merchant-Vessels.

(*) Rarement ou point employé par les Navires-marchands.

(*) Selten oder nie auf Kauffahrteischiffen angewendet.

Equipment.	Équipement.	Ausrüstung.
Running-rigging.	**Manœuvres courantes.**	**Laufendes Tauwerk.**
Brace, lower mizen topgallant —	Bras de perruche fixe.	Kreuz-Unter-Brambrasse.
» upper mizen topgallant —	Bras de perruche volante.	Kreuz-Ober-Brambrasse.
» upper topgallant —	Bras de perroquet volant.	Ober-Brambrasse.
» topsail —	Bras de hunier.	Marsbrasse.
» topsail — (of a schooner)	Bras de hunier (d'une goëlette).	Toppsegelbrasse (eines Schooners).
» fore topsail —	Bras de petit hunier.	Vor-Marsbrasse.
» lower fore topsail —	Bras de petit hunier fixe.	Vor-Unter-Marsbrasse.
» upper fore topsail —	Bras de petit hunier volant.	Vor-Ober-Marsbrasse.
» lower topsail —	Bras de hunier fixe.	Unter-Marsbrasse.
» main topsail —	Bras de grand hunier.	Gross-Marsbrasse.
» lower main topsail —	Bras de grand hunier fixe.	Gross-Unter-Marsbrasse.
» upper main topsail —	Bras de grand hunier volant.	Gross-Ober-Marsbrasse.
» mizen topsail —	Bras de perroquet de fougue.	Kreuzbrasse; Kreuzmarsbrasse
» lower mizen topsail —	Bras de perroquet de fougue fixe.	Kreuz-Unter-Marsbrasse.
» upper mizen topsail —	Bras de perroquet de fougue volant.	Kreuz-Ober-Marsbrasse.
» upper topsail —	Bras de hunier volant.	Ober-Marsbrasse.
» weather —	Bras du vent.	Luvbrasse.
Brail	Cargue.	Dempgording ; Brokh.
» foot —	Cargue basse.	Untere Dempgording.
» peak —	Cargue haute.	Nock-Dempgording.
» preventer —	Passeresse.	Borgbrokh.
» spanker —	Cargue de brigantine.	Besahn-Dempgording.
» throat —	Étrangloir.	Hals-Dempgording.
» trysail —	Cargue de voile-goëlette ; Cargue de voile de senau.	Treisegel-Dempgording.
» fore trysail —	Cargue de misaine-goëlette.	Vor-Treisegel-Dempgording.
» main trysail —	Cargue de grande voile-goëlette.	Gross-Treisegel-Dempgording
Bridle	Patte d'oie.	Sprut.
Bunt-line	Cargue-fond.	Bauchgording, Buggording.
» — lizard	Manchette de cargue-fond.	Bauchgordingbrille.
» cross-jack —	Cargue-fond de la voile barrée.	Bagien-Bauchgording.
» fore —	Cargue-fond de misaine.	Fock-Bauchgording.
» lower — s	Cargues-fonds des basses voiles.	Bauchgording der Untersegel.
» main —	Cargue-fond de grande voile.	Gross-Bauchgording.
» royal —	Cargue-fond de cacatois.	Royal-Bauchgording.
» fore royal —	Cargue-fond de petit cacatois.	Vor-Royal-Bauchgording.
» main royal —	Cargue-fond de grand cacatois.	Gross-Royal-Bauchgording.
» mizen royal —	Cargue-fond de cacatois de perruche.	Kreuz-Royal-Bauchgording.
» topgallant —	Cargue-fond de perroquet.	Bram-Bauchgording.
» fore topgallant —	Cargue-fond de petit perroquet.	Vor-Bram-Bauchgording.
» main topgallant —	Cargue-fond de grand perroquet.	Gross-Bram-Bauchgording.

Equipment.	Équipement.	Ausrüstung.
Running-rigging.	**Manœuvres courantes.**	**Laufendes Tauwerk.**
Bunt-line, mizen topgallant —	Cargue-fond de perruche.	Kreuz-Bram-Bauchgording.
» topsail —	Cargue-fond de hunier.	Mars-Bauchgording.
» topsail — (of a schooner)	Cargue-fond de hunier (d'une goëlette).	Toppsegel-Bauchgording (eines Schooners).
» fore topsail —	Cargue-fond de petit hunier.	Vor-Mars-Bauchgording.
» main topsail —	Cargue-fond de grand hunier.	Gross-Mars-Bauchgording.
» mizen topsail —	Cargue-fond de hunier d'artimon.	Kreuz-Mars-Bauchgording. Kreuzsegel-Bauchgording.
Cat-back ; Back-rope of a Cat-block.	Cargue de capon.	Kattblocksteert.
Clew-garnet	Cargue-point d'une basse voile.	Geitau eines Untersegels.
» cross-jack —	Cargue-point de la voile barrée.	Bagiengeitau.
» fore —	Cargue-point de misaine.	Fockgeitau.
» main —	Cargue-point de grande voile.	Grossgeitau.
Clew-line or Clue-line	Cargue-point.	Geitau.
» royal —	Cargue-point de cacatois.	Royal-Geitau.
» fore royal —	Cargue-point de petit cacatois.	Vor-Royal-Geitau.
» main royal —	Cargue-point de grand cacatois.	Gross-Royal-Geitau.
» mizen royal —	Cargue-point de cacatois de perruche.	Kreuz-Royal-Geitau.
» skysail —	Cargue-point de contre-cacatois.	Scheisegel-Geitau.
» fore skysail —	Cargue-point de petit contre-cacatois.	Vor-Scheisegel-Geitau.
» main skysail —	Cargue-point de grand contre-cacatois.	Gross-Scheisegel-Geitau.
» mizen skysail —	Cargue-point de contre-cacatois de perruche.	Kreuz-Scheisegel-Geitau.
» topgallant —	Cargue-point de perroquet.	Bramgeitau.
» fore topgallant —	Cargue-point de petit perroquet.	Vor-Bramgeitau.
» main topgallant —	Cargue-point de grand perroquet.	Gross-Bramgeitau.
» mizen topgallant —	Cargue-point de perruche.	Kreuz-Bramgeitau.
» topsail —	Cargue-point de hunier.	Marsgeitau.
» topsail— (of a schooner)	Cargue-point de hunier (d'une goëlette).	Toppsegel-Geitau (eines Schooners).
» fore topsail —	Cargue-point de petit hunier.	Vor-Marsgeitau.
» main topsail —	Cargue-point de grand hunier.	Gross-Marsgeitau.
» mizen topsail —	Cargue-point de perroquet de fougue.	Kreuzsegelgeitau.
Downhaul	Hale-bas.	Niederholer.
» gaff-topsail —	Hale-bas de flèche-en-cul.	Gaffeltoppsegel-Niederholer.
» jib —	Hale-bas de foc ; Hale-bas de grand foc.	Klüver-Niederholer.
» flying-jib —	Hale-bas de clin-foc.	Aussenklüver-Niederholer.
» peak —	Hale-bas de pic.	Piek-Niederholer.

Equipment.	Équipement.	Ausrüstung.
Running-rigging.	**Manœuvres courantes**	**Laufendes Tauwerk.**

Equipment.	Équipement.	Ausrüstung.
Downhaul, fore-stay-sail —	Hale-bas de trinquette.	Stagfock-Niederholer.
» staysail —	Hale-bas de voile d'étai.	Stagsegel-Niederholer.
» main staysail —	Hale-bas de grande voile d'étai.	Grosstagsegel-Niederholer.
» middle staysail —	Hale-bas de contre voile d'étai.	Mittelstagsegel-Niederholer.
» mizen staysail — (of a ship)	Hale-bas de foc d'artimon (d'un trois-mâts).	Kreuzstagsegel-Niederholer (eines Vollschiffes).
» mizen staysail — (of a barque, barquentine or three-masted schooner)	Hale-bas de foc d'artimon (d'une barque, d'un barquentin ou d'une goëlette à trois-mâts).	Besahnstagsegel-Niederholer (einer Bark, Schoonerbark oder eines Dreimast-Schooners).
» main royal staysail —	Hale-bas de voile d'étai de grand cacatois.	Gross-Royalstagsegel-Niederholer.
» mizen royal staysail —	Hale-bas de voile d'étai de cacatois de perruche.	Kreuz-Royalstagsegel-Niederholer.
» fore top staysail —	Hale-bas de second foc.	Klüfock-Niederholer.
» main topgallant staysail —	Hale-bas de voile d'étai de grand perroquet.	Gross-Bramstagsegel-Niederholer.
» mizen topgallant staysail —	Hale-bas de voile d'étai de perruche.	Kreuz-Bramstagsegel-Niederholer.
» fore topmast staysail —	Hale-bas de petit foc.	Vor-Stengestagsegel-Niederholer.
» main topmast staysail —	Hale-bas de voile d'étai de grand hunier.	Gross-Stengestagsegel-Niederholer.
» mizen topmast staysail — (of a ship)	Hale-bas de diablotin (d'un trois-mâts).	Kreuz-Stengestagsegel - Niederholer (eines Vollschiffes)
» mizen topmast staysail — (of a barque, barquentine or three-masted-schooner)	Hale-bas de diablotin (d'une barque, d'un barquentin ou d'une goëlette à trois-mâts).	Besahn-Stengestagsegel-Niederholer (einer Bark, Schoonerbark oder eines Dreimast-Schooners).
» studdingsail —	Hale-bas de bonnette.	Leesegel-Niederholer; Bekaier
» fore lower studdingsail —	Hale-bas de bonnette basse de misaine.	Vor-Unterleesegel - Niederholer.
» main lower studdingsail —	Hale-bas de grande bonnette basse.	Gross-Unterleesegel-Niederholer.
» lower studdingsail —	Hale-bas de bonnette basse.	Unterleesegel-Niederholer.
» royal studdingsail —	Hale-bas de bonnette de cacatois.	Royalleesegel-Niederholer.
» fore royal studdingsail —	Hale-bas de bonnette de petit cacatois.	Vor-Royalleesegel-Niederholer.
» main royal studdingsail —	Hale-bas de bonnette de grand cacatois.	Gross-Royalleesegel - Niederholer.
» topgallant studdingsail —	Hale-bas de bonnette de perroquet.	Bramleesegel-Niederholer.
» fore topgallant studdingsail —	Hale-bas de bonnette de petit perroquet.	Vor-Bramleesegel-Niederholer.
» main topgallant studdingsail —	Hale-bas de bonnette de grand perroquet.	Gross-Bramleesegel - Niederholer.

Equipment.	Équipement.	Ausrüstung.
Running-rigging.	**Manœuvres courantes.**	**Laufendes Tauwerk.**

Downhaul, topmast studding-sail —	Hale-bas de bonnette de hunier.	Oberleesegel-Niederholer.
» fore topmast studdingsail —	Hale-bas de bonnette de petit hunier.	Vor-Oberleesegel-Niederholer.
» main topmast studdingsail —	Hale-bas de bonnette de grand hunier.	Gross-Oberleesegel-Niederholer.
Fall	Garant.	Läufer.
» cat —	Garant de capon.	Kattläufer.
» purchase —	Garant de caliorne.	Gienläufer.
» tackle —	Garant de palan.	Taljeläufer.
» fish tackle —	Garant de candelette ou de traversière.	Fischgienläufer.
» top tackle —	Garant de palan de guinderesse	Stengewindreep-Gienläufer.
Fancy-line	Hale-breu ; Lève-nez ; Hale-bas d'une corne.	Halsaufholer ; Klau-Niederholer.
Halliard	Drisse.	Fall.
» jib —	Drisse de foc.	Klüverfall.
» flying jib —	Drisse de clin-foc.	Aussen-Klüverfall.
» inner jib —; middle jib —	Drisse de faux-foc.	Binnen-Klüverfall ; Mittel-Klüverfall.
» main-jib —	Drisse de grand foc.	Fall des grossen Klüvers.
» outer —	Drisse d'en dehors.	Aussenfall.
» peak —	Drisse de pic.	Piekfall.
» fore peak —	Drisse de pic de voile-goëlette.	Vor-Piekfall.
» main peak —	Drisse de pic de la grande voile	Gross-Piekfall.
» spanker or mizen peak —	Drisse de pic de brigantine.	Besahn-Piekfall.
» royal —	Drisse de cacatois.	Royalfall.
» fore royal —	Drisse de petit cacatois.	Vor-Royalfall.
» main royal —	Drisse de grand cacatois.	Gross-Royalfall.
» mizen royal —	Drisse de cacatois de perruche.	Kreuz-Royalfall.
» signal — ; ensign —	Drisse de pavillon ; Drisse d'enseigne.	Flaggenleine.
» skysail —	Drisse de contre-cacatois.	Scheisegelfall.
» fore skysail —	Drisse de petit contre-cacatois.	Vor-Scheisegelfall.
» main skysail —	Drisse de grand contre-cacatois.	Gross-Scheisegelfall.
» mizen skysail —	Drisse de contre-cacatois de perruche.	Kreuz-Scheisegelfall.
» stay fore-sail —	Drisse de trinquette.	Stagfockfall.
» staysail —	Drisse de voile d'étai.	Stagsegelfall.
» fore top staysail —	Drisse de second foc.	Klüfockfall.
» main staysail —	Drisse de grande voile d'étai.	Grosstagsegelfall.
» middle staysail —	Drisse de contre-voile d'étai.	Mittelstagsegelfall.
» mizen staysail — (of a ship)	Drisse de foc d'artimon (d'un trois-mâts).	Kreuzstagsegelfall (eines Vollschiffes).
» mizen staysail — (of a barque, barquentine or three-masted schooner)	Drisse de foc d'artimon (d'une barque, d'un barquentin ou d'une goëlette à trois-mâts).	Besahnstagsegelfall (einer Bark, Schoonerbark oder eines Dreimast-Schooners).

Equipment.	Équipement.	Ausrüstung.
Running-rigging.	**Manœuvres courantes.**	**Laufendes Tauwerk.**

Halliard, main royal staysail--	Drisse de voile d'étai de grand cacatois.	Gross-Royalstagsegelfall.
» mizen royal staysail —	Drisse de voile d'étai de cacatois de perruche.	Kreuz-Royalstagsegelfall.
» main topgallant staysail —	Drisse de voile d'étai de grand perroquet.	Gross-Bramstagsegelfall.
» mizen topgallant staysail —	Drisse de voile d'étai de perruche.	Kreuz-Bramstagsegelfall.
» fore topmast staysail —	Drisse de petit foc.	Vor-Stengestagsegelfall.
» main topmast staysail —	Drisse de voile d'étai de grand hunier.	Gross-Stengestagsegelfall.
» mizen topmast staysail — *(of a ship)*	Drisse de diablotin *(d'un trois-mâts)*.	Kreuz-Stengestagsegelfall *(eines Vollschiffes)*.
» mizen topmast staysail — *(of a barque, barquentine or three-masted schooner)*	Drisse de diablotin *(d'une barque, d'un barquentin ou d'une goëlette à trois-mâts)*.	Besahn-Stengestagsegelfall *(einer Bark, Schoonerbark oder eines Dreimast-Schooners)*.
» studdingsail —	Drisse de bonnette.	Leesegelfall.
» fore lower studdingsail —	Drisse de bonnette basse de misaine.	Vor-Unterleesegelfall.
» fore lower studdingsail inner —	Drisse d'en-dedans de bonnette basse de misaine.	Vor-Unterleesegel-Binnenfall.
» fore lower studdingsail outer —	Drisse d'en-dehors de bonnette basse de misaine.	Vor-Unterleesegel-Aussenfall.
» main royal studdingsail —	Drisse de bonnette de grand cacatois.	Gross-Royalleesegelfall.
» topgallant studdingsail —	Drisse de bonnette de perroquet.	Bramleesegelfall.
» fore topgallant studdingsail —	Drisse de bonnette de petit perroquet.	Vor-Bramleesegelfall.
» main topgallant-studdingsail —	Drisse de bonnette de grand perroquet.	Gross-Bramleesegelfall.
» topmast studdingsail —	Drisse de bonnette de hunier.	Oberleesegelfall.
» fore topmast studdingsail —	Drisse de bonnette de petit hunier.	Vor-Oberleesegelfall.
» main topmast studdingsail —	Drisse de bonnette de grand hunier.	Gross-Oberleesegelfall.
» throat —	Drisse de mâchoire.	Klaufall.
» fore-sail throat —	Drisse de mâchoire de la misaine-goëlette.	Vor-Klaufall.
» main throat —	Drisse de mâchoire de la grande voile.	Gross-Klaufall.
» spanker or mizen throat —	Drisse de mâchoire de brigantine.	Besahn-Klaufall.
» topgallant --	Drisse de perroquet.	Bramfall ; Bramsegelfall.
» fore topgallant —	Drisse de petit perroquet.	Vorbramfall.
» main topgallant —	Drisse de grand perroquet.	Grossbramfall.
» mizen topgallant —	Drisse de perruche.	Kreuzbramfall.

Equipment.	Équipement.	Ausrüstung.
Running-rigging.	**Manœuvres courantes.**	**Laufendes Tauwerk.**

Halliard, topsail —	Drisse de hunier.	Marsfall; Marssegelfall.
» topsail—(of a schooner)	Drisse de hunier (d'une goëlette).	Toppsegelfall (eines Schooners).
» fore topsail —	Drisse de petit hunier.	Vormarsfall.
» main topsail —	Drisse de grand hunier.	Grossmarsfall.
» mizen topsail —	Drisse de hunier d'artimon.	Kreuzmarsfall.
Inhaul	Hale-dedans.	Einholer.
» spanker —	Hale-dedans de brigantine.	Besahn-Einholer.
» trysail —	Hale-dedans de voile de senau.	Treisegel-Einholer.
» fore trysail —	Hale-dedans de misaine-goëlette.	Vor-Treisegel-Einholer.
» main trysail —	Hale-dedans de grande voile-goëlette.	Gross-Treisegel-Einholer.
Jib-heel-rope; Jib-boom-heel-rope	Cartahu de bâton de foc.	Jollentau (zum Ausbringen des Klüverbaum's).
Leech-line	Cargue-bouline.	Nockgording.
» cross-jack —	Cargue-bouline de voile-barrée	Bagien-Nockgording.
» fore —	Cargue-bouline de misaine.	Fock-Nockgording.
» main —	Cargue-bouline de grande voile.	Gross-Nockgording.
» preventer —	Égorgeoir.	Schmiergording.
Lift	Balancine.	Toppenant.
» boom —; boom topping —	Balancine de gui; Balancine de bôme.	Baumtoppenant, Dirk; Krahnleine eines Baumes.
» cross-jack —	Balancine de vergue-barrée;	Bagien-Toppenant.
» fore —	Balancine de vergue de misaine.	Fock-Toppenant.
» fore sail boom — ; fore boom topping —	Balancine de goëlette de l'avant.	Schoonersegelbaum-Toppenant oder Dirk.
» lower —	Balancine de basse vergue.	Unterraa-Toppenant.
» lower studdingsail boom topping —	Balancine de tangon.	Toppenant des Schwingbaumes.
» main —	Balancine de grande vergue.	Gross-Toppenant.
» main boom — ; main boom topping —	Balancine de grand gui.	Gross-Toppenant; Krahnleine des grossen Baum's.
» royal —	Balancine de cacatois.	Royal-Toppenant.
» fore royal —	Balancine de petit cacatois.	Vor-Royal-Toppenant.
» main royal —	Balancine de grand cacatois.	Gross-Royal-Toppenant.
» mizen royal —	Balancine de cacatois de perruche.	Kreuz-Royal-Toppenant.
» skysail —	Balancine de contre-cacatois.	Scheisegel-Toppenant.
» fore skysail —	Balancine de petit contre-cacatois.	Vor-Scheisegel Toppenant.
» main skysail —	Balancine de grand contre-cacatois.	Gross-Scheisegel Toppenant.
» mizen skysail —	Balancine de contre-cacatois de perruche.	Kreuz-Scheisegel Toppenant.
» spanker boom topping—; mizen boom topping —	Balancine de gui de brigantine.	Besahn-Krahnleine; Besahn-Baum-Toppenant.
» topgallant —	Balancine de perroquet.	Bram-Toppenant.
» fore topgallant —	Balancine de petit perroquet.	Vor-Bram-Toppenant.

Equipment.	Équipement.	Ausrüstung.
Running-rigging.	**Manœuvres courantes.**	**Laufendes Tauwerk.**
Lift, main topgallant —	Balancine de grand perroquet.	Gross-Bram-Toppenant.
» mizen topgallant —	Balancine de perruche.	Kreuz-Bram-Toppenant.
» topsail —	Balancine de hunier.	Mars-Toppenant.
» fore topsail —	Balancine de petit hunier.	Vor-Mars-Toppenant.
» main topsail —	Balancine de grand hunier.	Gross-Mars-Toppenant.
» mizen topsail —	Balancine de perroquet de fougue.	Kreuz-Mars-Toppenant.
Outhaul	Tire-bout ; Tire-dehors.	Ausholer.
» spanker —	Tire-bout de brigantine.	Besahn-Ausholer.
» trysail —	Tire-bout de voile de senau.	Treisegel-Ausholer.
» fore trysail —	Tire-bout de misaine-goëlette.	Vor-Treisegel-Ausholer.
» main trysail —	Tire-bout de grande voile-goëlette.	Gross-Treisegel-Ausholer.
Reef-tackle	Palanquin de ris ; Palanquin.	Refftalje.
» cross-jack —	Palanquin de ris de la voile barrée.	Bagien-Refftalje ; Bagiensegel-Refftalje.
» fore —	Palanquin de ris de la misaine.	Fock-Refftalje.
» main —	Palanquin de ris de la grande voile.	Grossegel-Refftalje.
» topsail —	Palanquin de ris de hunier.	Mars-Refftalje.
» topsail — (of a schooner)	Palanquin de ris de hunier (d'une goëlette).	Toppsegel-Refftalje (eines Schooners).
» fore topsail —	Palanquin de ris du petit hunier.	Vor-Mars-Refftalje.
» main topsail —	Palanquin de ris du grand hunier.	Gross-Mars-Refftalje.
» mizen topsail —	Palanquin de ris du perroquet de fougue.	Kreuz-Mars-Refftalje.
Sheet	Écoute.	Schote.
» boom fore sail —	Écoute de misaine-goëlette.	Schoonersegelschote.
» brig's boom sail —	Écoute de brigantine.	Briggsegelschote.
» cross-jack —	Écoute de la voile barrée.	Bagienschote.
» fore —	Écoute de misaine.	Fockschote.
» head — s	Écoutes des voiles de l'avant.	Vorschoten.
» jib —	Écoute de foc.	Klüverschote.
» flying jib —	Écoute de clin-foc.	Aussen-Klüverschote.
» inner jib — ; middle jib —	Écoute de faux-foc.	Binnen-Klüverschote ; Mittel-Klüverschote.
» lee —	Écoute sous le vent ; Écoute de revers.	Leeschote.
» main —	Écoute de grande voile.	Grosse Schote.
» moon sail —	Écoute de voile mie-lune.	Mondsegelschote.
» preventer —	Fausse écoute.	Borgschote.
» ringtail —	Écoute de tapecul.	Brotwinner Schote.
» royal —	Écoute de cacatois.	Royalschote.
» fore royal —	Écoute de petit cacatois.	Vor-Royalschote.
» main royal —	Écoute de grand cacatois.	Gross-Royalschote.
» mizen royal —	Écoute de cacatois de perruche	Kreuz-Royalschote.
» skysail —	Écoute de contre-cacatois.	Scheisegelschote.
» fore skysail —	Écoute de petit contre-cacatois	Vor-Scheisegelschote.

Equipment.	Équipement.	Ausrüstung.
Running-rigging.	**Manœuvres courantes.**	**Laufendes Tauwerk.**
Sheet, main skysail —	Écoute de grand contre-cacatois.	Gross-Scheisegelschote.
» mizen skysail —	Écoute de contre-cacatois de perruche.	Kreuz-Scheisegelschote.
» spanker —	Écoute de brigantine.	Besahnschote.
» square sail —	Écoute de voile de fortune.	Breitfock Schote.
» stay fore sail —	Écoute de trinquette.	Stagfockschote.
» staysail —	Écoute de voile d'étai.	Stagsegelschote.
» main staysail —	Écoute de grande voile d'étai.	Gross-Stagsegelschote.
» middle staysail —	Écoute de contre voile d'étai.	Mittel-Stagsegelschote.
» mizen staysail — (of a ship)	Écoute de foc d'artimon (d'un trois-mâts)	Kreuz-Stagsegelschote (eines Vollschiffes).
» mizen staysail — (of a barque, barquentine or three-masted-schooner)	Écoute de foc d'artimon (d'une barque, d'un barquentin ou d'une goëlette à trois-mâts).	Besahn-Stagsegelschote (einer Bark, Schoonerbark oder eines Dreimast-Schooners).
» main royal staysail —	Écoute de voile d'étai de grand cacatois.	Gross-Royal-Stagsegelschote.
» mizen royal staysail -—	Écoute de voile d'étai de cacatois de perruche.	Kreuz-Royal-Stagsegelschote.
» main topgallant staysail —	Écoute de voile d'étai de grand perroquet.	Gross-Bram-Stagsegelschote.
» mizen topgallant staysail —	Écoute de voile d'étai de perruche.	Kreuz-Bram-Stagsegelschote.
» fore topmast staysail —	Écoute de petit foc.	Vor-Stenge-Stagsegelschote.
» main topmast staysail—	Écoute de voile d'étai de grand hunier.	Gross-Stenge-Stagsegelschote.
» mizen topmast staysail — (of a ship)	Écoute de diablotin (d'un trois-mâts).	Kreuz-Stenge-Stagsegelschote (eines Vollschiffes)
» mizen topmast staysail — (of a barque, barquentine or three-masted-schooner)	Écoute de diablotin (d'une barque, d'un barquentin ou d'une goëlette à trois-mâts).	Besahn-Stenge-Stagsegel-schote (einer Bark, Schoonerbark oder eines Dreimast Schooners).
» storm sail —	Écoute de voile de cape.	Sturmsegelschote.
» studdingsail —	Écoute de bonnette.	Leesegel-Binnenschote.
» fore lower studdingsail —	Écoute de bonnette basse de misaine.	Wasserschote.
» fore royal studdingsail —	Écoute de bonnette de petit perroquet.	Vor-Royal-Leesegel-Binnenschote.
» main royal studdingsail —	Écoute de bonnette de grand cacatois.	Gross-Royal-Leesegel-Binnenschote.
» fore topgallant studdingsail —	Écoute de bonnette de petit perroquet.	Vor-Bram-Leesegel-Binnenschote.
» main topgallant studdingsail —	Écoute de bonnette de grand perroquet.	Gross-Bram-Leesegel-Binnenschote.
» fore topmast studdingsail —	Écoute de bonnette de petit hunier.	Vor-Ober-Leesegel-Binnenschote.
» main topmast studdingsail —	Écoute de bonnette de grand hunier.	Gross-Ober-Leesegel-BinnenSchote.

Equipment.	Équipement.	Ausrüstung.
Running-rigging.	**Manœuvres courantes.**	**Laufendes Tauwerk.**
Sheet, topgallant —	Écoute de perroquet.	Bramschote ; Bram-Segel-schote.
» fore topgallant —	Écoute de petit perroquet.	Vor-Bramschote.
» main topgallant —	Écoute de grand perroquet,	Gross-Bramschote.
» mizen topgallant —	Écoute de perruche.	Kreuz-Bramschote.
» topsail —	Écoute de hunier.	Marsschote ; Marssegelschote.
» topsail—(of a schooner)	Écoute de hunier (d'une goëlette).	Toppsegelschote (eines Schooners).
» fore topsail —	Écoute de petit hunier.	Vor-Marsschote.
» main topsail —	Écoute de grand hunier.	Gross-Marsschote.
» mizen topsail —	Écoute de perroquet de fougue	Kreuz-Marsschote.
» trysail —	Écoute de voile-goëlette.	Treisegelschote ; Gaffel-segelschote.
» fore trysail —	Écoute de misaine-goëlette.	Vor-Treisegelschote.
» main trysail —	Écoute de grande voile-goëlette	Gross-Treisegelschote.
» weather —	Écoute du vent.	Luvschote.
Slab-line	Cargue-à-vue.	Schlappleine.
Span	Pendeur à deux branches (entre deux mâts).	Toppreep.
Spilling-line	Fausse-cargue.	Nothgording.
Tack	Amure.	Hals (Aussenschote bei Leesegeln).
» cross-jack —	Amure de la voile barrée.	Bagienhals ; Hals des Bagiensegels.
» fore —	Amure de misaine.	Fockhals.
» gaff topsail —	Amure de flèche-en-cul.	Gaffel-Toppsegelhals.
» jib —	Amure de foc.	Klüverhals.
» flying-jib —	Amure de clin-foc.	Aussen-Klüverhals.
» inner jib — ; middle jib —	Amure de faux-foc.	Binnen-Klüverhals ; Mittel-Klüverhals.
» main —	Amure de grande voile.	Gross-Hals; Hals des Gross-Segels.
» spanker —	Amure de brigantine.	Besahnhals.
» stay fore sail -	Amure de trinquette.	Stagfockhals.
» staysail —	Amure de voile d'étai.	Stagsegelhals.
» main staysail —	Amure de grande voile d'étai.	Gross-Stagsegelhals.
» mizen staysail —	Amure de foc d'artimon.	Kreuz-Stagsegelhals ; Besahn-Stagsegelhals.
» main royal staysail —	Amure de voile d'étai de grand cacatois.	Gross-Royal-Stagsegelhals.
» mizen royal staysail —	Amure de voile d'étai de cacatois de perruche.	Kreuz-Royal-Stagsegelhals.
» main topgallant staysail —	Amure de voile d'étai de grand perroquet.	Gross-Bram-Stagsegelhals.
» mizen topgallant staysail —	Amure de voile d'étai de perruche.	Kreuz-Bram-Stagsegelhals.
» fore topmast staysail —	Amure de petit foc.	Vor-Stenge-Stagsegelhals.
» main topmast staysail —	Amure de voile d'étai du grand hunier.	Gross-Stenge-Stagsegelhals.
» mizen topmast staysail -- (of a ship)	Amure de diablotin (d'un trois-mâts).	Kreuz-Stenge-Stagsegelhals (eines Vollschiffes).

Equipment.	Équipement.	Ausrüstung.
Running-rigging.	**Manœuvres courantes.**	**Laufendes Tauwerk.**
Tack, mizen topmast staysail-- (of a barque, barquentine or three-masted schooner)	Amure de diablotin (d'une barque, d'un barquentin ou d'une goëlette à trois-mâts).	Besahn-Stenge-Stagsegelhals (einer Bark, Schoonerbark oder eines Dreimast-Schooners).
» studdingsail —	Amure de bonnette.	Leesegel-Aussenschote.
» fore royal studdingsail —	Amure de bonnette de petit cacatois.	Vor-Royal-Leesegel-Aussenschote.
» main royal studdingsail —	Amure de bonnette de grand cacatois.	Gross-Royal-Leesegel-Aussenschote.
» fore topgallant studdingsail —	Amure de bonnette de petit perroquet.	Vor-Bramleesegel-Aussenschote.
» main topgallant studdingsail —	Amure de bonnette de grand perroquet.	Gross-Bramleesegel-Aussenschote.
» fore topmast studdingsail —	Amure de bonnette de petit hunier.	Vor-Oberleesegel-Aussenschote.
» main topmast studdingsail —	Amure de bonnette de grand hunier.	Gross-Oberleesegel-Aussenschote.
Tack-tracing-line	Cartahu d'amure.	Hals-Aufholer.
Tye or Tie	Itague.	Drehreep.
» topsail —	Itague de vergue de hunier.	Marsdrehreep.
» topsail — (of a schooner)	Itague de vergue de hunier (d'une goëlette).	Toppsegel-Drehreep (eines Schooners).
» fore topsail —	Itague de vergue de petit hunier.	Vor-Marsdrehreep.
» main topsail —	Itague de vergue de grand hunier.	Gross-Marsdrehreep.
» mizen topsail —	Itague de vergue de hunier d'artimon.	Kreuz-Marsdrehreep.
» topgallant —	Itague de vergue de perroquet.	Bramdrehreep.
» fore topgallant —	Itague de vergue de petit perroquet.	Vor-Bramdrehreep.
» main topgallant —	Itague de vergue de grand perroquet.	Gross-Bramdrehreep.
» mizen topgallant —	Itague de vergue de perruche.	Kreuz-Bramdrehreep.
Topgallant mast-rope	Guinderesse de mât de perroquet.	Bramstenge-Windreep.
Topping-lift	Balancine.	Toppenant; Krahnleine; Dirk.
Top-rope	Guinderesse de mât de hune.	Stengewindreep.
Tripping-line	Lève-nez.	Aufholer; Kailien.
Vang	Palan de garde.	Geerd; Geer.
» — fall ; Fall of a —	Garant de palan de garde.	Geerdläufer.
» pendant of a —	Pendeur de palan de garde.	Geerdschenkel.
» preventer —	Faux palan de garde.	Reservegeerd ; Stossgeerd.
» spanker —	Palan de garde de brigantine.	Besahngeerd.
» trysail —	Palan de garde de voilegoëlette.	Treisegelgeerd ; Gaffelsegelgeerd.
» fore trysail —	Palan de garde de misainegoëlette.	Vor-Treisegelgeerd ; Vor-Gaffelsegelgeerd.
» main trysail —	Palan de garde de grande voile-goëlette.	Gross-Treisegelgeerd ; Gross-Gaffelsegelgeerd.

MASTS — MÂTS — MASTEN.

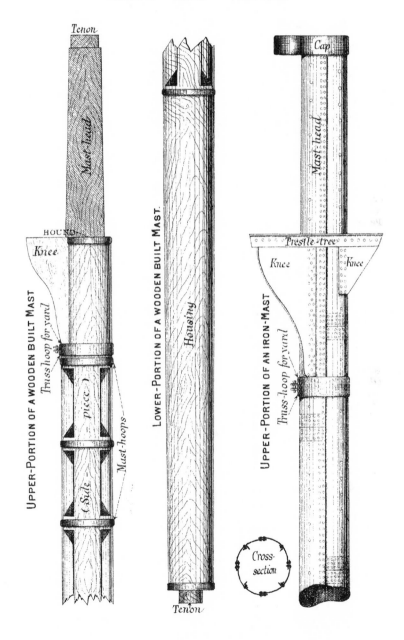

Tenon

Mast-head

HOUND.

Knee

Truss-hoop for yard

UPPER-PORTION OF A WOODEN BUILT MAST

-piece-

(Side

Mast-hoops

LOWER-PORTION OF A WOODEN BUILT MAST.

Housing

Tenon

Cap

Mast-head

Prestle-tree

Knee   Knee

Truss-hoop for yard

UPPER-PORTION OF AN IRON-MAST.

Cross-section

MASTS, SPARS ETC — MÂTS, ESPARS ETC. — MASTEN, SPIEREN, ETC.

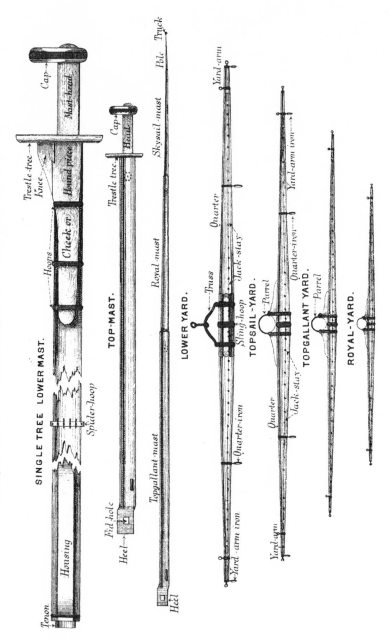

SINGLE TREE LOWER MAST.

Cap. — Mast-head — Trestle-tree — Knee — Hoops — Cheek or Hound-piece — Spider-hoop — Housing — Tenon

TOP-MAST.

Cap. — Head — Trestle-tree — Fid-hole — Heel

Truck — Pole — Skysail-mast — Royal-mast — Topgallant-mast — Heel

LOWER YARD.

Yard-arm — Quarter — Jack-stay — Truss — Sling-hoop — Quarter-iron — Yard-arm iron — Heel

TOPSAIL-YARD.

Parrel — Quarter — Jack-stay

TOPGALLANT YARD.

Yard-arm — Quarter-iron — Parrel — Quarter

ROYAL-YARD.

MASTS.SPARS.ETC.——MÂTS.ESPARS.ETC.——MASTEN.SPIEREN.ETC.

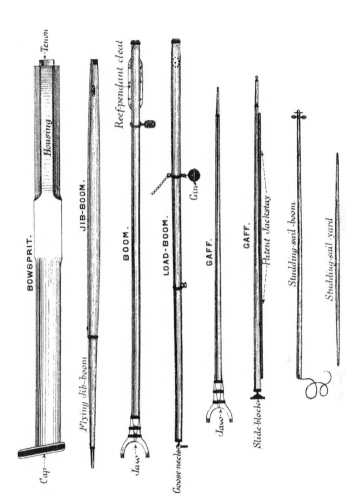

MASTS, YARDS, STANDING-RIGGING, ETC.
MÂTS, VERGUES, MANŒUVRES DORMANTES, ETC.
MAST, STENGE, RAAEN, STEHENDES TAUWERK, ETC.

1. Lower mast
2. Top
3. Mast-head
4. Lower cap
5. Topmast
6. Topmast crosstrees
7. Topmast head
8. Topmast cap
9. Lower yard
10. Topsail yard
11. Topmast studdingsail boom
12. Topgallant studdingsail boom
13. Lower rigging
14. Swifter (foremost shroud)
15. Sheer-batten
16. Ratlines
17. Dead-eyes

18. Lanyards
19. Chain-plates
20. Topmast backstays
21. Lower futtocks
22. Topmast rigging
23. Topgallant futtocks
24. Sling of lower-yard
25. Topsail tye
26. Lower lifts
27. Topsail lifts
28. Lower foot-ropes
29. Topsail-foot-ropes
30. Stirrups
31. Flemish horse
32. Quarter irons
33. Yard-arm irons
34. Lift purchase

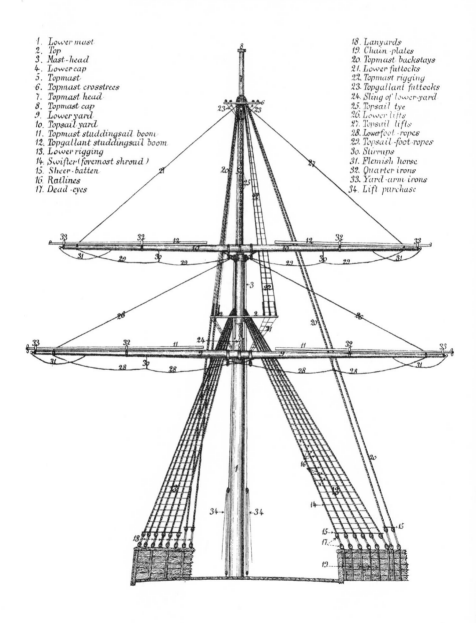

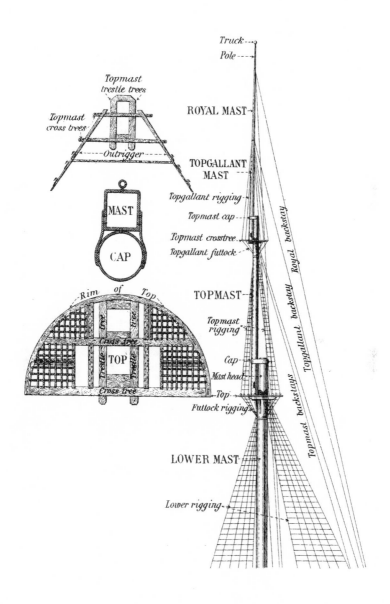

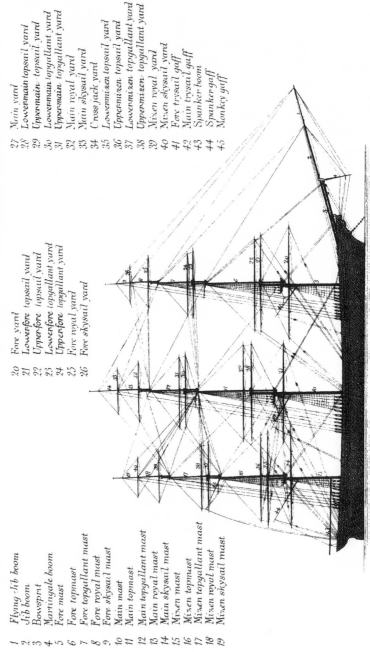

1 Flying-jib boom
2 Jib boom
3 Bowsprit
4 Martingale boom
5 Fore mast
6 Fore topmast
7 Fore topgallant mast
8 Fore royal mast
9 Fore skysail mast
10 Main mast
11 Main topmast
12 Main topgallant mast
13 Main royal mast
14 Main skysail mast
15 Mizen mast
16 Mizen topmast
17 Mizen topgallant mast
18 Mizen royal mast
19 Mizen skysail mast

20 Fore yard
21 Lower-fore topsail yard
22 Upper-fore topsail yard
23 Lower-fore topgallant yard
24 Upper-fore topgallant yard
25 Fore royal yard
26 Fore skysail yard

27 Main yard
28 Lower-main topsail yard
29 Upper-main topsail yard
30 Lower-main topgallant yard
31 Upper-main topgallant yard
32 Main royal yard
33 Main skysail yard
34 Cross jack yard
35 Lower-mizen topsail yard
36 Upper-mizen topsail yard
37 Lower-mizen topgallant yard
38 Upper-mizen topgallant yard
39 Mizen royal yard
40 Mizen skysail yard
41 Fore trysail gaff
42 Main trysail gaff
43 Spanker boom
44 Spanker gaff
45 Monkey gaff

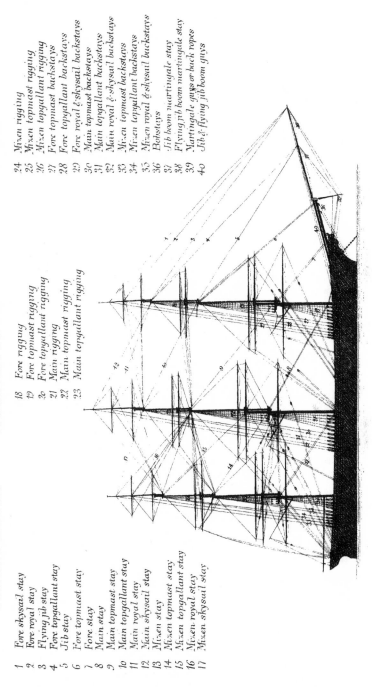

1 Fore skysail stay
2 Fore royal stay
3 Flying jib stay
4 Fore topgallant stay
5 Jib stay
6 Fore topmast stay
7 Fore stay
8 Main stay
9 Main topmast stay
10 Main topgallant stay
11 Main royal stay
12 Main skysail stay
13 Mizen stay
14 Mizen topmast stay
15 Mizen topgallant stay
16 Mizen royal stay
17 Mizen skysail stay

18 Fore rigging
19 Fore topmast rigging
20 Fore topgallant rigging
21 Main rigging
22 Main topmast rigging
23 Main topgallant rigging

24 Mizen rigging
25 Mizen topmast rigging
26 Mizen topgallant rigging
27 Fore topmast backstays
28 Fore topgallant backstays
29 Fore royal & skysail backstays
30 Main topmast backstays
31 Main topgallant backstays
32 Main royal & skysail backstays
33 Mizen topmast backstays
34 Mizen topgallant backstays
35 Mizen royal & skysail backstays
36 Bobstays
37 Jib boom martingale stay
38 Flying jib boom martingale stay
39 Martingale guys or back ropes
40 Jib & flying jib boom guys

RUNNING-RIGGING —— MANŒUVRES COURANTES —— LAUFENDES TAUWERK.

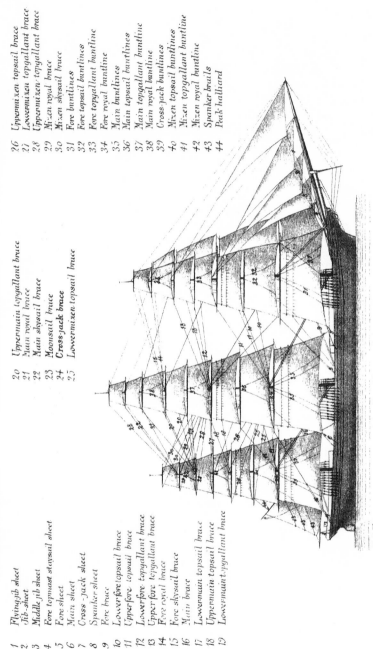

1 Flying-jib sheet
2 Jib-sheet
3 Middle jib sheet
4 Fore topmast staysail sheet
5 Fore sheet
6 Main sheet
7 Cross-jack sheet
8 Spanker sheet
9 Fore brace
10 Lower fore topsail brace
11 Upper fore topsail brace
12 Lower fore topgallant brace
13 Upper fore topgallant brace
14 Fore royal brace
15 Fore skysail brace
16 Main brace
17 Lower main topsail brace
18 Upper main topsail brace
19 Lower main topgallant brace

20 Upper main topgallant brace
21 Main royal brace
22 Main skysail brace
23 Moonsail brace
24 Cross-jack brace
25 Lower mizen topsail brace

26 Upper mizen topsail brace
27 Lower mizen topgallant brace
28 Upper mizen topgallant brace
29 Mizen royal brace
30 Mizen skysail brace
31 Fore buntlines
32 Fore topsail buntlines
33 Fore topgallant buntline
34 Fore royal buntline
35 Main buntlines
36 Main topsail buntlines
37 Main topgallant buntline
38 Main royal buntline
39 Cross-jack buntlines
40 Mizen topsail buntlines
41 Mizen topgallant buntline
42 Mizen royal buntline
43 Spanker brails
44 Peak halliard

SAILS —— VOILES —— SEGEL.

1. Flying Jib.
2. Standing Jib or Outer Jib.
3. Inner or Middle Jib.
4. Fore Topmast Staysail.
5. Lower Studdingsail.
6. Topmast Studdingsail.
7. Topgallant Studdingsail.
8. Royal Studdingsail.
9. Fore-Sail or Fore Course.
10. Lowerfore Topsail.
11. Upper-fore Topsail.
12. Lowerfore Topgallantsail.
13. Upper-fore Topgallantsail.

14. Fore Royal.
15. Fore Skysail.
16. Mainsail or main course.
17. Lowermain Topsail.
18. Uppermain Topsail.

19. Lowermain Topgallantsail.
20. Uppermain Topgallantsail.
21. Main Royal.
22. Main Skysail.
23. Moonsail.
24. Crossjack.
25. Lowermizen Topsail.
26. Uppermizen Topsail.
27. Lowermizen Topgallantsail.
28. Uppermizen Topgallantsail.
29. Mizen Royal.
30. Mizen Skysail.
31. Spanker.

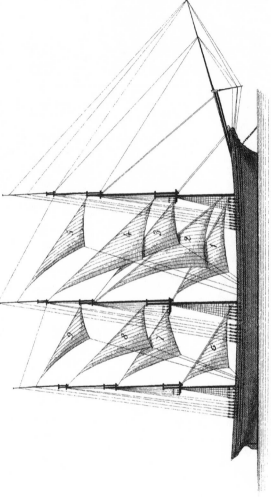

STAYSAILS — VOILES D'ÉTAI — STAGSEGEL.

1. Main staysail
2. Main topmast staysail
3. Middle staysail

4. Main topgallant staysail
5. Main royal staysail
6. Mizen staysail

7. Mizen topmast staysail
8. Mizen topgallant staysail
9. Mizen royal staysail

MAIL STEAMER — VAPEUR POSTAL — POSTDAMPFER.

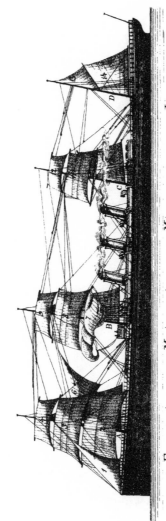

A Foremast.　　　B. Mainmast　　　c. Mizenmast　　　D. Jiggermast.

1. Fore topmast Staysail 6. Main Topmast Staysail 11. Mizen Topsail 14. Spanker or Jigger
2. Foresail 7. Mainsail 12. Mizen Topgallantsail 15. Gaff-Topsail
3. Fore Topsail 8. Main Topsail 13. Mizen Trysail
4. Fore Topgallantsail 9. Main Topgallantsail
5. Fore Trysail 10. Main Trysail

BRIG RIGGED SCREW-STEAMER.
VAPEUR À HÉLICE GRÉÉ EN BRICK.
SCHRAUBENDAMPFER ALS BRIGG GETAKELT.

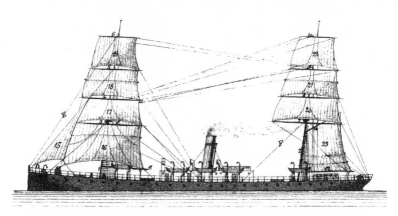

1. Fore-mast	9. Upper main topsail yard	17. Lower fore topsail
2. Main-mast	10. Main topgallant yard	18. Upper fore topsail
3. Fore-yard	11. Fore boom	19. Fore topgallant sail
4. Lower fore topsail yard	12. Main boom	20. Lower main topsail
5. Upper fore topsail yard	13. Fore gaff	21. Upper main topsail
6. Fore topgallant yard	14. Main gaff	22. Main topgallant sail
7. Main yard	15. Fore topmast staysail	23. Main boom sail
8. Lower main topsail yard	16. Fore sail	

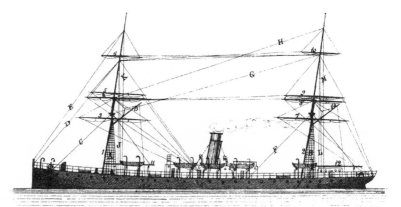

A. Fore rigging	E. Fore topgallant stay	J. Fore topmast backstays
B. Main-rigging	F. Main stay	K. Fore topgallant backstay
C. Fore-stay	G. Main topmast stay	L. Main topmast backstays
D. Fore topmast stay	H. Main topgallant stay	M. Main topgallant backstay

SCREW-STEAMER RIGGED AS A THREE-MASTED TOPSAIL SCHOONER.
VAPEUR À HÉLICE GRÉÉ EN GOËLETTE CARRÉE À TROIS-MÂTS.
SCHRAUBENDAMPFER ALS DREIMASTIGER TOPPSEGEL-SCHOONER GETAKELT.

1. Fore-mast	12. Main boom	23. Main sail
2. Main-mast	13. Mizen boom	24. Main gaff topsail
3. Mizen-mast	14. Fore gaff	25. Mizen staysail
4. Fore topmast	15. Main gaff	26. Mizen
5. Main topmast	16. Mizen gaff	27. Mizen gaff topsail
6. Mizen topmast	17. Fore topmast staysail	28. Fore boom topping lift
7. Fore topgallant mast	18. Fore staysail	29. Main boom topping lift
8. Fore-yard	19. Boom fore sail	30. Mizen boom topping lift
9. Topsail-yard	20. Topsail	31. Fore vang
10. Topgallant-yard	21. Topgallant-sail	32. Main vang
11. Fore boom	22. Main staysail	33. Mizen vang

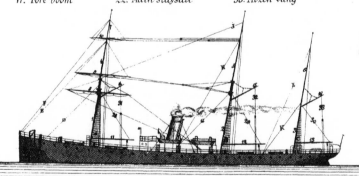

A. Fore rigging	E. Fore topmast stay	J. Main topgallant stay
B. Main rigging	F. Fore topgallant stay	K. Mizen stay
C. Mizen-rigging	G. Main stay	L. Mizen topmast stay
D. Fore stay	H. Main topmast stay	

TOPSAIL-SCHOONER RIGGED SCREW-STEAMER.
VAPEUR GRÉÉ EN GOËLELLE-CARRÉE.
SCHRAUBENDAMPFER MIT TOPPSEGEL-SCHOONER TAKELAGE.

1. Fore-mast	9. Main boom	17. Lower topsail
2. Fore topmast	10. Main gaff	18. Upper topsail
3. Fore topgallant mast	11. Fore yard	19. Topgallant-sail
4. Main mast	12. Lower topsail yard	20. Boom Fore-sail
5. Main topmast	13. Upper topsail yard	21. Main Staysail
6. Main topgallant mast	14. Topgallant yard	22. Main-sail
7. Fore boom	15. Fore topmast staysail	23. Gaff-topsail
8. Fore-gaff	16. Fore staysail	

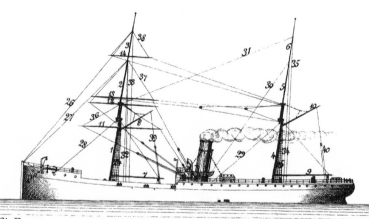

24. Fore rigging	30. Main topmast stay	36. Fore-lift
25. Main rigging	31. Main topgallant stay	37. Topsail-lift
26. Fore topgallant stay	32. Fore topmast backstays	38. Topgallant lift
27. Fore topmast stay	33. Fore topgallant backstay	39. Fore vang
28. Fore stay	34. Main topmast backstay	40. Main vang
29. Main stay	35. Main topgallant backstay	

BARQUE — BARQUE — BARK.

1. Flying-jib	8. Fore-royal	15. Upper main topsail
2. Jib	9. Main topmast staysail	16. Main-topgallant sail
3. Fore topmast staysail	10. Middle staysails	17. Main royal
4. Fore-sail	11. Main topgallant staysail	18. Mizen staysail
5. Lower-fore-topsail	12. Main-royal staysail	19. Mizen topmast staysail
6. Upper-fore-topsail	13. Main-sail	20. Spanker
7. Fore topgallant sail	14. Lower-main topsail	21. Gaff-topsail

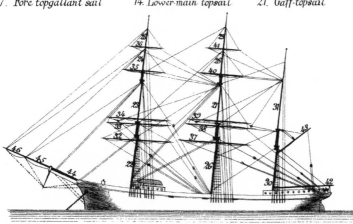

22. Fore mast	30. Mizen-mast	38 Lower main topsail yard
23. Fore topmast	31. Mizen topmast	39 Upper main topsail yard
24. Fore topgallant mast	32. Fore-yard	40 Main topgallant yard
25. Fore royal mast	33. Lower fore topsail yard	41 Main royal yard
26. Main mast	34. Upper fore topsail yard	42 Spanker-boom
27. Main topmast	35. Fore topgallant yard	43 Spanker-gaff
28. Main topgallant mast	36. Fore royal yard	44 Bowsprit
29. Main royal mast	37. Main yard	45 Jib-boom & 46 Flying-jib-boom

BRIGANTINE-BRIGANTIN-SCHOONER-BRIGG.

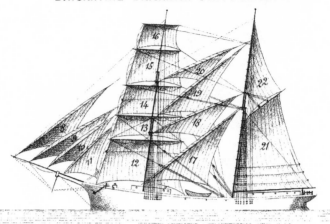

1. Fore-mast	8. Flying-jib	15. Topgallant-sail
2. Fore-topmast	9. Outer-jib or Main jib	16. Royal
3. Fore topgallant mast	10. Inner-jib	17. Main staysail
4. Fore royal mast	11. Fore topmast staysail	18. Middle-staysail
5. Main mast	12. Fore-sail	19. Main topmast staysail
6. Main topmast	13. Lower topsail	20. Main topgallant staysail
7. Main topgallant mast	14. Upper topsail	21. Main sail
		22. Gaff-topsail

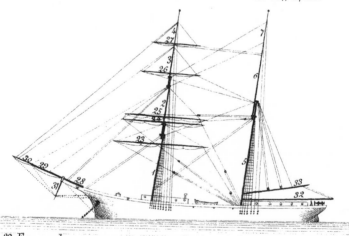

23. Fore-yard	27. Royal-yard	31. Martingale-boom
24. Lower topsail yard	28. Bowsprit	32. Main boom
25. Upper topsail yard	29. Jib-boom	33. Main gaff
26. Topgallant-yard	30. Flying jib-boom	

THREE-MASTED FORE & AFT SCHOONER.
GOËLETTE FRANCHE À TROIS MÂTS.
DREIMAST VOR & HINTER-SCHOONER.

13. Flying-jib	17. Fore-sail	21. Mizen	25. Mizen boom topping lift
14. Jib	18. Fore gaff topsail	22. Mizen gaff topsail	26. Fore peak halliard
15. Inner jib	19. Main sail	23. Fore boom topping lift	27. Main peak halliard
16. Staysail	20. Main gaff topsail	24. Main boom topping lift	28. Mizen peak halliard

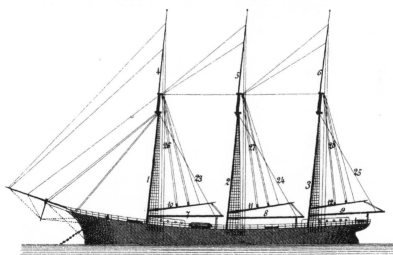

1. Fore-mast	5. Main topmast	9. Mizen-boom
2. Main-mast	6. Mizen topmast	10. Fore-gaff
3. Mizen-mast	7. Fore-boom	11. Main-gaff
4. Fore topmast	8. Main-boom	12. Mizen-gaff

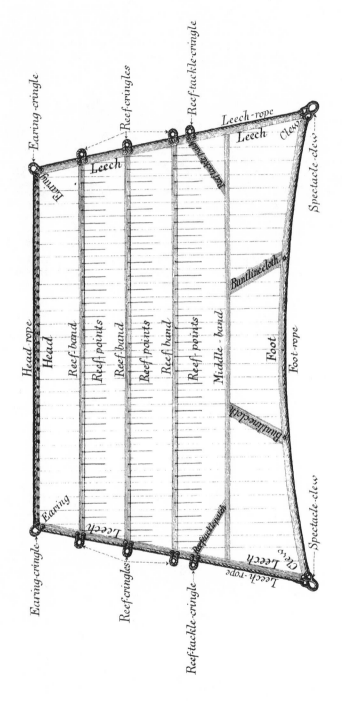

TOPSAIL — HUNIER — MARSSEGEL.

GAFFSAIL-VOILE À CORNE-GAFFELSEGEL.

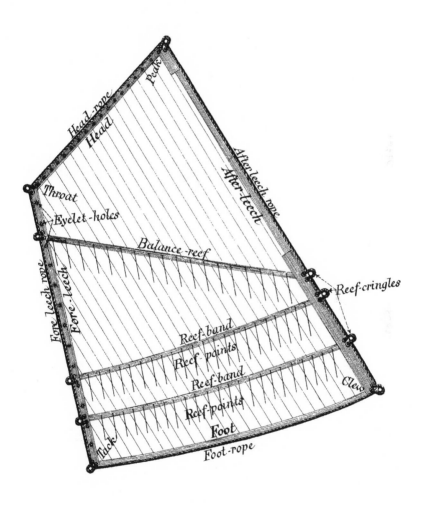

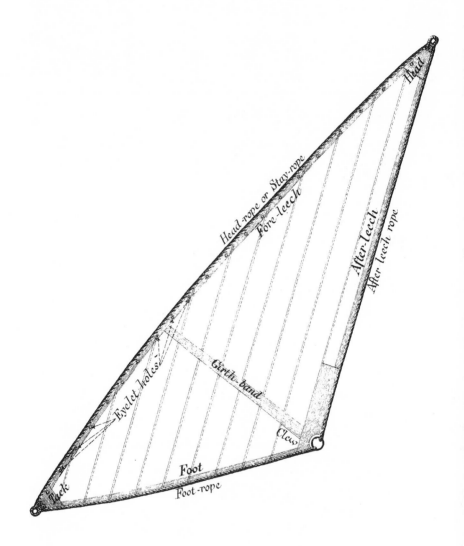

SAILS — VOILES — SEGEL

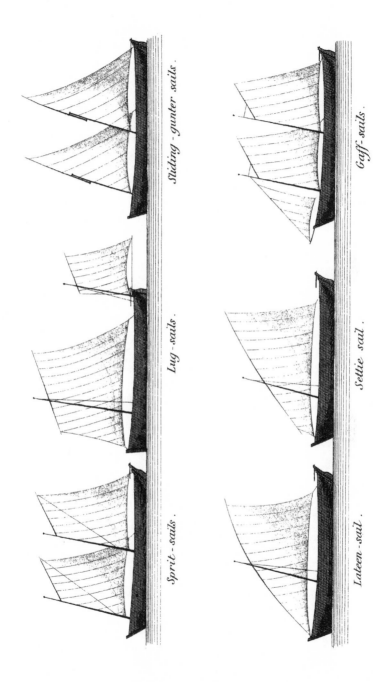

Sliding-gunter sails.

Gaff-sails.

Lug-sails.

Settie sail.

Sprit-sails.

Lateen-sail.

Equipment.	Équipement.	Ausrüstung.
Sails.	**Voiles.**	**Segel.**
Different sails.	**Différentes voiles.**	**Verschiedene Segel.**

After-sails	Voiles de l'arrière.	Hintersegel.
Bentinck-sail	Basse voile d'après le principe	Dreieckiges Patent-Unterse-
	de Bentinck.	gel.
Boom-sail	Voile à gui ; Voile à bôme.	Baumsegel.
» » , Brig's main —	Brigantine d'un brick.	Briggsegel.
Boom-fore-sail *(square fore-*	Misaine à gui ; Misaine à	Baum-Fock.
sail with a boom attached	bôme.	
to the foot)		
Courses; Lower-sails	Basses voiles.	Untersegel.
Cross-jack	Voile-barrée.	Bagiensegel.
Fore-sail ; Fore-course *(of a*	Misaine ; Voile de misaine	Fock *(eines voll getakelten*
square rigged	*(d'un mât carré).*	*Mastes).*
mast		
» ; Boom-fore-sail *(of*	Misaine-goëlette ; Misaine-	Schoonersegel *(eines Schoo-*
a schooner, or a fore-and	goëlette à gui *(d'une goëlette*	*ners oder eines Seglers oder*
aft rigged sailing-vessel or	*ou d'un voilier ou vapeur*	*Dampfers ohne Raaen).*
steamer)	*sans vergues).*	
Fore- and aft-sails	Voiles auriques et Voiles	Vor- und Hintersegel *(Gaffel-*
	d'étai.	*und Stagsegel).*
Flying-kites *(lofty upper sails,*	Papillotes *(Petites voiles supé-*	Kleine Obersegel *(wie Schei-*
like skysails, royal-stud-	*rieures, comme contre-caca-*	*segel, Royal-Leesegel etc.).*
dingsails etc.)	*tois, bonnettes de cacatois,*	
	etc.).	
Gaff-sail	Voile à corne.	Gaffelsegel.
Gaff-topsail	Flèche-en-cul.	Gaffeltoppsegel.
» fore —	Petite flèche-en-cul.	Vor-Gaffeltoppsegel.
» main —	Grande flèche-en-cul.	Gross-Gaffeltoppsegel.
» mizen —	Flèche-en-cul d'artimon.	Besahn- oder Hinter-Gaffel-
		toppsegel.
Head-sails	Voiles de l'avant.	Vorsegel.
Jib	Foc.	Klüver.
» flying —	Clin-foc.	Aussenklüver.
» inner — ; middle —	Faux-foc ; Second-foc.	Binnen-Klüver;Mittel-Klüver.
» spitfire —	Tourmentin ; Trinquetin.	Kleiner Sturmklüver.
» standing — ; outer — ;	Grand foc.	Grosser Klüver.
main —		
» storm —	Trinquette.	Sturmklüver.
» — topsail *(used in Yachts*	Foc-en-l'air *(employé par les*	Jager *(auf Yachts und kleinen*
and small craft)	*Yachts et des petits bâti-*	*Fahrzeugen angewendet).*
	ments).	
Lateen-sail *(a boat-sail)*	Voile latine *(Voile d'embarca-*	Lateinisches Segel *(ein Boot-*
	tion).	*segel).*
Light-sails	Menues voiles ; Voiles légères.	Leichte Segel.
Lug-sail *(a boat-sail)*	Voile à bourcet *(Voile d'em-*	Lugsegel *(ein Bootsegel).*
	barcation).	
Main-sail ; Main course *(of a*	Grande voile *(d'un trois-mâts,*	Grossegel *(eines Vollschiffes,*
ship, barque or	*d'une barque ou d'un*	*einer Bark oder Brigg).*
brig)	*brick).*	
» » *(of a schooner)*	Grande voile *(d'une goëlette).*	Grossegel *(eines Schooners).*

Equipment.	Équipement.	Ausrüstung.
Sails.	**Voiles.**	**Segel.**

Main-sail ; Main boom sail (*of a barquentine or three-masted schooner*)	Grande voile ; Grande voile-goëlette (*d'un barquentin ou d'une goëlette à trois-mâts*).	Grossegel (*einer Schooner-bark oder eines Dreimast-Schooners*).
» » (*of a brigantine*)	Brigantine; Grande voile(*d'un brigantin*).	Grossegel (*einer Schooner-brigg*).
Mizen (*of a barquentine or three-masted schooner*)	Brigantine (*d'un barquentin ou d'une goëlette à trois-mâts*).	Besahn (*einer Schoonerbark oder eines Dreimast-Schooners*).
Moon-sail ; Moon-raker (*)	Voile mie-lune (*)	Mondgucker ; Mondreiter (*)
Ringtail-sail (*a sail like a studdingsail set outside a spanker or trysail*)	Tapecul ; Paille-en-cul (*Sorte de bonnette, établie en-de-hors d'une voile à gui*).	Brotwinner (*Segel, in Form eines Leesegels, ausserhalb eines Baumsegels gesetzt*).
Royal	Cacatois.	Royal ; Reil.
» flying — ; loose —	Cacatois volant.	Loser Royal.
» fore —	Petit cacatois.	Vor-Royal.
» main —	Grand cacatois.	Gross-Royal.
» mizen —	Cacatois de perruche.	Kreuz-Royal.
Settie-sail (*a boat-sail*)	Voile de setie ; Voile latine de chébec (*Voile d'embarca-tion*).	Settiesegel (*ein Bootsegel*).
Shoulder-of-mutton-sail	Voile de houari ; Oreille de lièvre.	Schafschinken (*dreieckiges Segel, welches an einem Mast gefahren wird*).
Skysail	Contre-cacatois ; Papillon.	Scheisegel ; Skysegel.
» fore —	Petit contre-cacatois.	Vor-Scheisegel.
» main —	Grand contre-cacatois.	Gross-Scheisegel.
» mizen —	Contre-cacatois de perruche.	Kreuz-Scheisegel.
Sky-scraper (*a triangular moon-sail*) (*)	Aile de pigeon. (*)	Wolkenraper. (*)
Sliding-gunter-sail (*a boat-sail*)	Voile de houari (*Voile d'em-barcation*).	Sliding-Gunter-Segel (*ein Bootsegel*).
Snow-sail ; Snow-trysail	Voile de senau.	Schnausegel.
Spanker ; Mizen ; Driver	Brigantine.	Besahn
Spare-sail	Voile de rechange.	Reservesegel.
Spinnaker (*large triangular sail used by Yachts etc.*)	Voile de fortune (*grande voile triangulaire employée par les Yachts etc.*)	Grosses dreieckiges Segel (*auf Yachts etc. verwendet*)
Spritsail (*ancient*)	Civadière (*marine ancienne*).	Blinde ; Grosse Blinde (*ver-altet*).
Spritsail (*a boat-sail*)	Voile à livarde ; Voile à ba-leston (*Voile d'embarca-tion*).	Sprietsegel (*ein Bootsegel*).
Spritsail topsail (*ancient*)	Contre-civadière (*marine an-cienne*).	Schiebblinde (*veraltet*).
Square-sail ; Quadrilateral-sail	Voile carrée.	Raasegel ; Viereckiges Segel.
Stargazer ; Skygazer (*)	Monte-en-ciel. (*)	Sterngucker. (*)

| (*) Very seldom employed. | (*) Très rarement employé. | (*) Sehr selten. |

Equipment.	Équipement.	Ausrüstung.
Sails.	**Voiles.**	**Segel.**

Stay-fore-sail (*of a schooner*)	Trinquette (*d'une goëlette*).	Stagfock (*eines Schooners*).
Staysail	Voile d'étai	Stagsegel.
» fore — (*in steamers, seldom in large sailing-ships*)	Tourmentin (*dans les bateaux à vapeur, rarement employé par les grands voiliers*).	Stagfock (*auf Dampfschiffen, selten auf grossen Segelschiffen*).
» fore — (*of a cutter, sloop etc.*)	Trinquette (*d'un côtre, sloop etc.*)	Stagfock (*eines Kutters, einer Slup etc.*)
» fore top — (*of a smack and other small craft*)	Second foc (*d'une semaque et autres petits navires*).	Klüfock (*einer Schmack, Jacht und ähnlichen kleinen Fahrzeugen*).
» main —	Grande voile d'étai ; Pouillouse.	Gross-Stagsegel ; Deckschwabber.
» middle —	Contre voile d'étai ; Voile d'étai volante.	Flieger ; Mittel-Stagsegel.
» mizen — (*of a ship*)	Foc d'artimon(*d'un trois-mâts*)	Kreuz-Stagsegel (*eines Vollschiffes*).
» mizen — (*of a barque, barquentine or three-masted-schooner*)	Foc d'artimon (*d'une barque, d'un barquentin ou d'une goëlette à trois-mâts*).	Besahn-Stagsegel (*einer Bark, Schoonerbark oder eines Dreimast-Schooners*).
» main royal —	Voile d'étai de grand cacatois.	Gross-Royalstagsegel.
» mizen royal —	Voile d'étai de cacatois de perruche.	Kreuz-Royalstagsegel.
» main topgallant —	Voile d'étai de grand perroquet.	Gross-Bramstagsegel.
» mizen topgallant —	Voile d'étai de la perruche.	Kreuz-Bramstagsegel.
» fore topmast —	Petit foc.	Vor-Stengestagsegel.
» main topmast —	Voile d'étai de grand hunier.	Gross-Stengestagsegel.
» mizen topmast — (*of a ship*)	Diablotin (*d'un trois-mâts*).	Kreuz-Stengestagsegel (*eines Vollschiffes*).
» mizen topmast — (*of a barque, barquentine or three-masted-schooner*)	Diablotin (*d'une barque, d'un barquentin ou d'une goëlette à trois-mâts*).	Besahn-Stengestagsegel (*einer Bark, Schoonerbark oder eines Dreimast-Schooners*).
» storm —	Petite trinquette ; Petit tourmentin.	Sturmstagsegel.
Storm-sail	Voile de cape.	Sturmsegel.
» -mizen	Dériveur ; Artimon de cape.	Sturmbesahn.
Studding-sail	Bonnette.	Leesegel.
» » lower —	Bonnette basse.	Unterleesegel.
» » fore lower —	Bonnette basse de misaine.	Vor-Unterleesegel.
» » main lower—(*)	Grande bonnette basse. (*)	Gross-Unterleesegel. (*)
» » royal —	Bonnette de cacatois.	Royal-Leesegel.
» » fore royal —	Bonnette de petit cacatois.	Vor-Royalleesegel.
» » main royal —	Bonnette de grand cacatois.	Gross-Royalleesegel.
» » topgallant —	Bonnette de perroquet.	Bram-Leesegel.
» » fore topgallant —	Bonnette de petit perroquet.	Vor-Bramleesegel.

(*) Seldom used in Merchant-vessels.

(*) Rarement employé par les Navires-marchands.

(*) Selten auf Kauffahrtei-Schiffen.

Equipment.	Équipement	Ausrüstung.
Sails.	**Voiles.**	**Segel.**
Studding-sail, main topgallant —	Bonnette de grand perroquet.	Gross-Bramleesegel.
» » topmast —	Bonnette de hunier.	Ober-Leesegel.
» » fore topmast —	Bonnette de petit hunier.	Vor-Oberleesegel.
» » main topmast—	Bonnette de grand hunier.	Gross-Oberleesegel.
Topgallant-sail	Perroquet.	Bramsegel.
» » flying — ; loose —	Perroquet volant.	Loses Bramsegel.
» » fore —	Petit perroquet.	Vor-Bramsegel.
» » lower fore —	Petit perroquet fixe ou inférieur.	Vor-Unter-Bramsegel.
» » upper fore —	Petit perroquet volant.	Vor-Ober-Bramsegel.
» » lower —	Perroquet fixe ou inférieur.	Unter-Bramsegel.
» » main —	Grand perroquet.	Gross-Bramsegel.
» » lower main —	Grand perroquet fixe ou inférieur.	Gross-Unter-Bramsegel.
» » upper main —	Grand perroquet volant.	Gross-Ober-Bramsegel.
» » mizen —	Perruche.	Kreuz-Bramsegel.
» » lower mizen —	Perruche fixe ou inférieure.	Kreuz-Unter-Bramsegel.
» » upper mizen—	Perruche volante.	Kreuz-Ober-Bramsegel.
» » upper —	Perroquet volant.	Ober-Bramsegel.
Topsail (of a ship, barque, barquentine, brig, and brigantine)	Hunier (d'un trois-mâts, d'une barque, d'un barquentin, brick et brigantin).	Marssegel (eines Vollschiffes, einer Bark, Schoonerbark, Brigg und Schoonerbrigg).
» (of a schooner)	Hunier (d'une goëlette).	Toppsegel (eines Schooner).
» fore —	Petit hunier.	Vor-Marssegel.
» lower fore —	Petit hunier fixe ou inférieur.	Vor-Unter-Marssegel.
» upper fore —	Petit hunier volant.	Vor-Ober-Marssegel.
» lower —	Hunier fixe ou inférieur.	Unter-Marssegel.
» upper —	Hunier volant.	Ober-Marssegel.
» main —	Grand hunier.	Gross-Marssegel
» lower main —	Grand hunier fixe ou inférieur.	Gross-Unter-Marssegel.
» upper main —	Grand hunier volant.	Gross-Ober-Marssegel.
» mizen —	Perroquet de fougue.	Kreuzsegel ; Kreuz-Marssegel.
» lower mizen —	Perroquet de fougue fixe ou inférieur.	Kreuz-Unter-Marssegel.
» upper mizen —	Perroquet de fougue volant.	Kreuz-Ober-Marssegel.
» patent —	Hunier brëveté.	Patent-Marssegel.
Trapezium or Trapezoidal-sail	Voile aurique ; Voile trapézoïdale.	Trapezoidisches Segel ; (Gaffelsegel).
Triangular-sail	Voile triangulaire.	Dreieckiges Segel.
Trysail ; Spencer	Voile-goëlette ; Voile de senau ; Voile de cape.	Treisegel ; Gaffelsegel.
» fore — ; Fore-spencer	Misaine-goëlette.	Vor-Treisegel; Vor-Gaffelsegel
» main — ; Main-spencer ; Duke of York	Grande voile-goëlette.	Gross-Treisegel ; Gross-Gaffelsegel ; Barksegel.
» mizen — ; Spanker	Brigantine ; Artimon.	Besahn.
Upper-sails	Voiles supérieures ; Voiles hautes.	Obersegel
Water-sail	Bonnette de tapecul ; Bonnette de sous-gui.	Wassersegel.

Equipment.	Équipement.	Ausrüstung.
Sails.	**Voiles.**	**Segel.**
—	—	—
Parts and particulars of sails.	**Parties et détails des voiles.**	**Theile und Zubehör der Segel.**

Sail, bolt rope of a —	Ralingue d'une voile.	Liek eines Segels ; Leik eines Segels (*das Tau, womit ein Segel umfasst ist*).
» bonnet of a —	Bonnette d'une voile.	Bonnet eines Segels.
» bunt of a (*square*) —	Fond d'une voile (*carrée*).	Sämmtliche Mittelkleider eines (*Raa-*) Segels.
» bunt of a square — (*when furled*)	Fond d'une voile carrée (*serrée*).	Bauch eines Raasegels (*wenn es festgemacht ist*).
» clew or clue of a —	Point d'écoute d'une voile.	Schothorn eines Segels.
» spectacle clew, iron clew of a —	Trèfle d'une voile.	Brille eines Segels.
» clew-rope of a —	Ralingue du point d'écoute d'une voile.	Schothornliek eines Segels.
» cloth of a —	Laize d'une voile.	Kleid, Bahn eines Segels.
» cover of a —	Chemise d'une voile ; Enveloppe d'une voile.	Ueberzug, Schutzkleid eines Segels.
» cringle of a —	Patte d'une voile.	Lägel, Mutt eines Segels.
» bowline cringle of a —	Patte de bouline d'une voile.	Bulienlägel eines Segels.
» depth of a —	Chute d'une voile.	Tiefe eines Segels.
» earing of a (*square*) —	Empointure d'une voile (*carrée*).	Nock eines (*Raa-*) Segels.
» head earing of a (*square*) —	Raban d'empointure d'une voile (*carrée*).	Nockbindsel eines (*Raa-*) Segels.
» earing cringle of a (*square*) —	Patte d'empointure d'une voile (*carrée*).	Nocklägel, Nockmutt eines (*Raa-*) Segels.
» earing thimble of a (*square*) —	Cosse d'empointure d'une voile (*carrée*).	Nocklägel-Kausche eines (*Raa-*) Segels.
» eyelet-holes in a —	Œils de pie, Œillets d'une voile.	Gatjes eines Segels (*alle kleinen eingenähten Löcher zur Aufnahme von Reffknüttel, Lägel etc.*)
» foot of a —	Fond d'une voile.	Fuss eines Segels.
» foot-band of a — ; foot-lining of a —	Bordure du fond, Bande de fond d'une voile.	Fussband eines Segels.
» foot-rope of a —	Ralingue de bordure, Ralingue de fond d'une voile.	Unterliek, Fussliek eines Segels.
» girth-band of a —; strengthening band of a —	Renfort, Bande de renfort du ventre d'une voile.	Bauchband ; Verstärkungsband über dem Bauche eines Segels.
» goose-wing of a (*square*)--	Fanon d'une voile (*carrée*).	Bungel eines (*Raa-*) Segels (*wenn die Hälfte in der Weise festgemacht ist, dass die übrige Hälfte ein Dreieck (Gänseflügel) bildet*).
» gore of a —	Coupe oblique d'une voile.	Gillung, Schräger Schnitt eines Segels.
» foot gore, roach of a —	Échancrure au fond d'une voile.	Fuss-Gillung (*Ausschnitt am Fusse*) eines Segels.

Equipment.	Équipement.	Ausrüstung.
Sails.	**Voiles.**	**Segel.**

Sail, grommets (*for eyelet-holes*) of a —	Ersaux (*pour les œils de pie*) d'une voile.	Gattlägel eines Segels.
» hank of a —	Anneau, Bague pour la voile.	Lägel eines Segels.
» head of a (*square or gaff*) —	Têtière, Envergure d'une voile (*carrée ou aurique*).	Kopf, Oberer Theil eines (*Raa- oder Gaffel-*) Segels.
» head of a (*triangular*) —	Point de drisse d'une voile (*triangulaire*)	Nock eines (*dreieckigen*) Segels.
» head-rope of a (*square*)—	Ralingue de têtière ou d'envergure d'une voile (*carrée*).	Raaliek eines (*Raa-*) Segels.
» head-rope of a (*gaff*) —	Ralingue de têtière d'une voile (*aurique*).	Gaffelliek eines (*Gaffel-*) Segels.
» head-rope, stay-rope of a (*triangular*) —	Ralingue de têtière ou d'envergure d'une voile (*triangulaire*).	Vorliek eines (*dreieckigen*) Segels.
» hoist of a —	Guindant d'une voile.	Heiss eines Segels. (*Länge den Mast oder Stag entlang*).
» lacing of a —	Lacet d'une voile.	Lissleine, Reihleine eines Segels.
» leech of a (*square*) —	Chute au point d'une voile (*carrée*).	Seite oder Kante eines (*Raa-*) Segels, (*woran das stehende Liek genäht ist*).
» after leech of a (*triangular or trapezoidal*) —	Chute d'une voile (*triangulaire ou aurique*).	Hintere Seite oder Kante eines (*dreieckigen-oder Gaffel-*) Segels, woran das Hinterliek genäht ist.
» fore-leech or luff of a (*triangular or trapezoidal*) — (*fixed to, or hoisted on a mast*)	Chute au mât d'une voile (*triangulaire ou aurique*) (*hissée ou amarrée à un mât*).	Vordere Seite oder Kante eines (*dreieckigen-oder Gaffel-, an einem Maste gefahrenen,*) Segels.
» fore-leech, stay or luff of a (*triangular*) — (*hoisted on a stay*)	Têtière d'une voile (*triangulaire*) enverguée à un étai ou à une draille.	Vordere Seite oder Kante eines (*dreieckigen*) Segels, woran das Stagliek genäht ist.
» leech-lining of a (*square*) —	Bande de chute au point d'une voile (*carrée*).	Seiten-Verdoppelungsband eines (*Raa-*) Segels.
» leech-rope of a (*square*)—	Ralingue de chute d'une voile (*carrée*).	Stehendes Liek, Seitenliek eines (*Raa-*) Segels.
» after leech-rope of a (*triangular or trapezoidal*) —	Ralingue de chute d'une voile (*triangulaire ou aurique*).	Hinterliek eines (*dreieckigen- oder Gaffel-*) Segels.
» fore-leech rope, mast-rope of a (*trapezoidal or triangular*)—(*fixed to, or hoisted on a mast*)	Ralingue de chute au mât d'une voile (*aurique ou triangulaire*) hissée ou amarrée à un mât.	Vorliek oder Mastliek eines (*Gaffel- oder dreieckigen-, an einem Maste gefahrenen*) Segels.
» lining of a —	Renfort, Doublage, Bande d'une voile.	Verdoppelungsband, Verstärkungsband eines Segels.
» middle band, belly band of a (*top*) —	Renfort, Bande de milieu d'un hunier.	Mittelband eines (*Mars-*) Segels (*Band zwischen dem untersten Reff- und dem Fussbande*).

Equipment.	Équipement.	Ausrüstung.
Sails.	**Voiles.**	**Segel.**
Sail, netting for a (*stay*) —	Filet d'une voile (*d'étai*).	Netz eines (*Stag-*) Segels.
» peak of a (*gaff*) —	Point de pic d'une voile (*à corne*).	Piekohr eines (*Gaffel-*) Segels.
» reef in a —	Ris d'une voile.	Reff, Reef in einem Segel.
» balance reef in a (*gaff*)—	Ris diagonal d'une voile (*à corne*).	Schwichtreff, Balanzreff in einem (*Gaffel-*) Segel.
» spanish reef in a (*top*) —	Hunier sur le ton.	Auf den Rand gefiertes Marssegel.
» reef band of a —	Bande de ris d'une voile.	Reffband eines Segels.
» reef cringle of a —	Patte de ris d'une voile.	Refflägel, Reffmutt eines Segels
» reef earing of a (*square*)—	Raban d'empointure, Raban de ris d'une voile (*carrée*).	Stechbolzen eines (*Raa-*) Segels.
» reef line of a (*fore and aft*) —	Hanet, Passeresse d'une voile (*aurique*).	Reffleine eines (*Schraat-*) Segels.
» reef pendant of a (*boom*) —	Itague de ris, Bosse de ris d'une voile (*à gui*).	Schmeerreep, Schmierreep eines (*Baum-*) Segels.
» reef points of a —	Garcettes de ris d'une voile.	Reffknüttel eines Segels.
» reef-tackle-cringle of a—	Patte de palanquin de ris d'une voile.	Refftalje-Lägel; Refftalje-Mutt eines Segels.
» reef-tackle piece or patch of a —	Renfort de palanquin d'une voile.	Refftalje-Lappen eines Segels.
» seam of a —	Couture d'une voile.	Naht eines Segels.
» monk seam of a —	Couture, piquée au milieu, d'une voile.	Papenaht, durchgenähte Naht eines Segels.
» round seam of a —	Couture ronde d'une voile.	Runde Naht eines Segels.
» set of — s ; suit of — s	Voilure, Jeu de voiles.	Stell-Segel ; Gestell-Segel.
stopper or roband (*to fasten a sail to a jackstay or to a hank*)	Fils de caret (*pour fixer une voile à la filière d'envergure, ou à un anncau*).	Kabelgarn ; Bindsel (*womit ein Segel am Jäckstag oder Lägel befestigt wird*).
» tabling of a —	Tablier, Renfort d'une voile.	Saum eines Segels ; Verstärkungsband um ein Segel.
» tack of a (*trapezoidal or triangular*) —	Point d'amure d'une voile (*aurique or triangulaire*).	Hals eines (*Gaffel- oder dreieckigen*) Segels.
» throat or neck of a (*gaff*) —	Point de drisse d'une voile (*aurique*).	Nockohr eines (*Gaffel-*)Segels.
» toplining of a topsail, topgallant — etc.	Tablier (*sur l'arrière*) d'un hunier, perroquet, etc.	Stosslappen (*an der Hinterseite*) eines Marssegels, Bramsegels, etc.

Equipment.	Équipement.	Ausrüstung.
Tackles, etc.	**Palans, etc.**	**Takel ; Taljen, etc.**
Tackle	Palan.	Takel ; Talje.
» boom —	Palan de retenue de gui.	Baumtalje ; Baumstoppertalje.
» cat — ; Cat ;	Capon.	Ankerkatt ; Kattgien.
» fish —	Traversière ; Candelette.	Fischtakel.
» — fall	Garant de palan.	Taljeläufer ; Takelläufer.
» long —	Palan de deux poulies à violon.	Segeltakel (*Takel, bestehend àus zwei Violblöcken und Läufer*).
» luff —	Palan de dimanche (*Poulie double et simple*).	Talje mit einem zwei- und einem einscheibigen Block.
» reef —	Palanquin ; Palan de ris.	Refftalje.
» relieving —	Palan de reserve.	Nothtalje ; Reserve-Rudertalje
» rolling —	Palan de roulis ; Palan de roulage.	Stosstalje.
» runner and —	Itague et palan.	Mantel und Takel.
» stay —	Palan d'étai.	Stagtakel.
» swifting —	Pantoquière.	Schwichttalje.
» tack —	Palan d'amure.	Halstalje.
» — upon tackle	Palan sur garant.	Takel auf Takel.
» yard —	Palan de bout de vergue.	Nocktakel.
Purchase	Appareil ; Palan.	Gien ; Takel ; Talje.
» gun tackle —	Palan à deux poulies simples.	Talje mit zwei einscheibigen Blöcken.
» lift —	Palan de balancine.	Toppenantstalje.
» two fold —	Palan à deux poulies doubles.	Vierläufer.
» three fold —	Caliorne.	Gien (*zwei dreischeibige Blöcke*).
» four fold —	Appareil.	Gien (*zwei vierscheibige Blöcke*).
Jigger or Watch-tackle	Palan de dimanche.	Dritte Hand ; Derde Hand.
» boom —	Palan de bout-dehors de bonnette.	Leesegelspierentalje.
» bunt —	Palan de couillard.	Bauchtalje.
» tail —	Palan à fouet.	Steerttalje.
Whip, (*single*)	Cartahu.	Jollentau.
» bunt —	Chapeau.	Bauch-Aufholer (*Jollentàu um den Bàuch eines Segels àufzuholen*).
» double —	Cartahu double.	Doppelt geschorene Jolle.
» — and runner	Cartahu sur cartahu.	Klappläufer auf einem Jollentau.
Spanish burton	Bredindin.	Staggarnat.

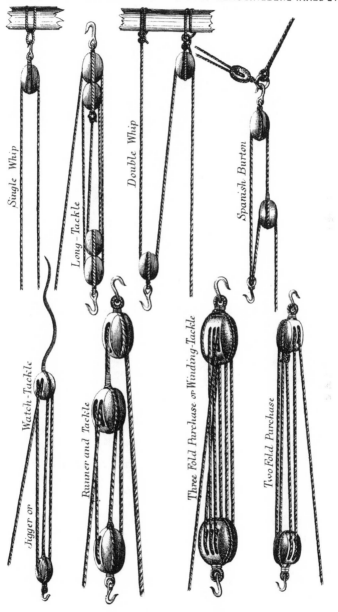

Single Whip

Long-Tackle

Double Whip

Spanish Burton

Watch-Tackle

Jigger or

Runner and Tackle

Three Fold Purchase or Winding-Tackle

Two Fold Purchase

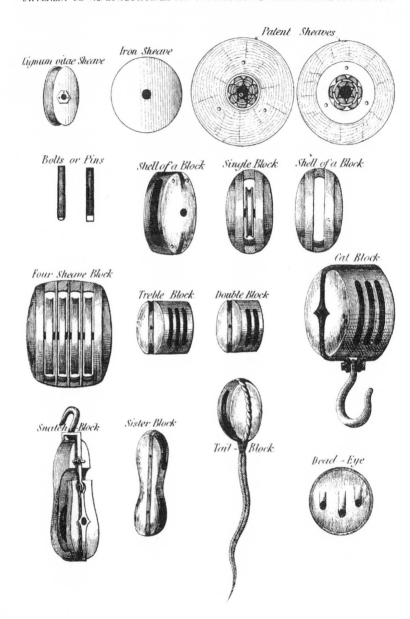

Lignum vitae Sheave

Iron Sheave

Patent Sheaves

Bolts or Pins

Shell of a Block

Single Block

Shell of a Block

Four Sheave Block

Treble Block

Double Block

Cat Block

Snatch Block

Sister Block

Tail - Block

Dead - Eye

DIFFERENT LAID ROPES ETC._CORDAGES COMMIS DIFFÉREMMENT ETC.
VERSCHIEDENARTIG GESCHLAGENES TAUWERK ETC.

Cable laid Rope.   *Shroud laid Rope.*   *Hawser laid Rope.*   *Flemish Eye.*

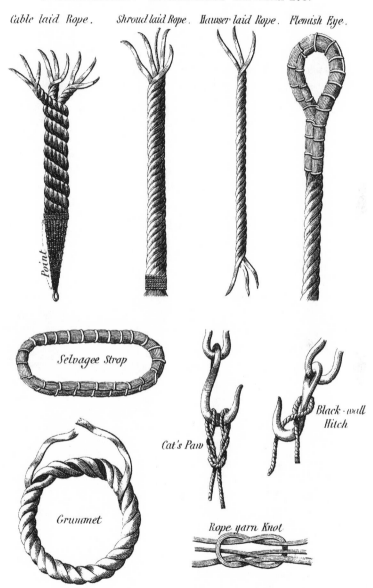

Point

Selvagee Strop

Cat's Paw

Black-wall Hitch

Grummet

Rope yarn Knot

SUNDRIES —— DIVERS —— DIVERSES.

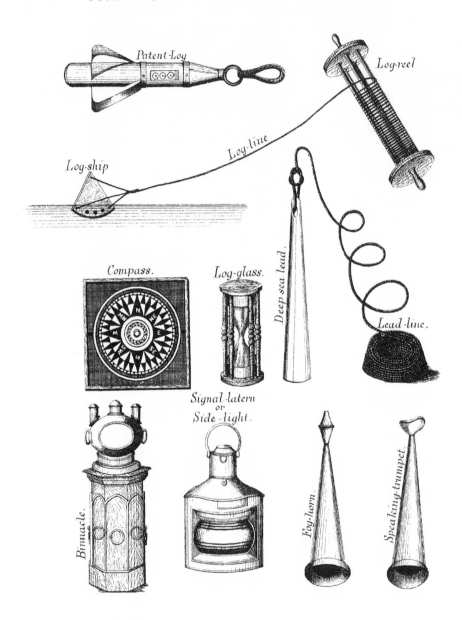

Patent-Log

Log-reel

Log-line

Log-ship

Deep sea lead.

Lead-line.

Compass.

Log-glass.

Signal-latern
or
Side-light.

Binnacle.

Fog-horn.

Speaking-trumpet.

SUNDRIES. —— DIVERS. —— DIVERSES.

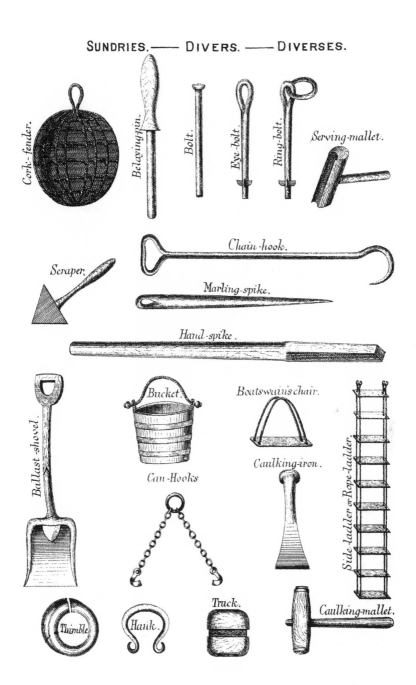

Cork-fender.

Belaying-pin.

Bolt.

Eye-bolt.

Ring-bolt.

Serving-mallet.

Chain-hook.

Scraper.

Marling-spike.

Hand-spike.

Ballast-shovel.

Bucket.

Boatswain's chair.

Can-Hooks

Caulking-iron.

Side-ladder or Rope-ladder.

Thimble

Hank.

Track.

Caulking-mallet.

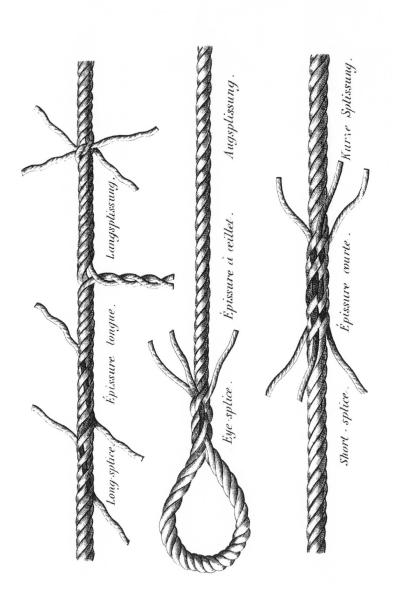

Langsplissung.

Épissure longue.

Long-splice.

Augsplissung.

Épissure à œillet.

Eye-splice.

Kurze Splissung.

Épissure courte.

Short-splice.

DIFFERENT KNOTS._DIFFÉRENTS NŒUDS._VERSCHIEDENE KNOTEN.

Single Wall - Knot.

Double Wall - Knot.

Single Wall and Crown.

Double Wall & Double Crown.
(Man rope Knot)

Matthew Walker.

Turk's Head.

Stopper Knot.

Whip.

Shroud Knot.

DIFFERENT KNOTS, BENDS & HITCHES._DIFFÉRENTS NŒUDS._VERSCHIEDENE KNOTEN UND STICHE.

Reef-Knot. Figure of Eight Knot. Single Bend. Carrick Bend. Sheep-Shank.

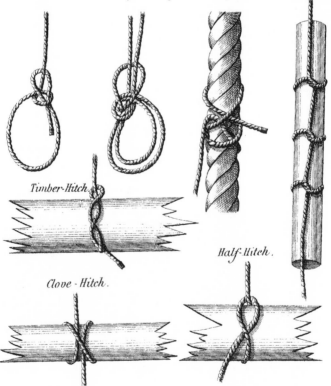

Bowline. Bowline upon the Bight. Rolling Hitch. Marling-Hitch.

Timber-Hitch.

Half-Hitch.

Clove-Hitch.

Equipment.	Équipement.	Ausrüstung.
Blocks.	**Poulies.**	**Blöcke.**
Block, brace —	Poulie de bras.	Brassblock.
» brail —	Poulie de cargue.	Dempgordingblock.
» bunt-line —	Poulie de cargue-fond.	Bauchgordingblock.
» butterfly — *(for top-sail-sheet at bunt of lower yard)*	Poulie de bas-cul pour écoute de hunier.	Marsschotenblock(*in der Mitte unter den Unterraaen*).
» cat — ; Cat-hook ;	Poulie de capon.	Kattblock.
» cheek —	Joue de vache ; Demi-joue.	Halber Block(*an Masten und Raaen für Schoten, Fall etc. genagelt*).
» cheek of a —	Joue d'une poulie.	Backe eines Blockes.
» clew-garnet —	Poulie de cargue-point (*d'une basse-voile*).	Geitaublock (*eines Unterse-gels*).
» clew-line —	Poulie de cargue-point.	Geitaublock.
» clump —	Poulie ronde et courte.	Klumpblock.
» dead — (*Heart*)	Moque.	Doodshoofd.
» double —	Poulie double.	Zweischeibiger Block.
» downhaul —	Poulie de hale-bas.	Niederholerblock.
» fiddle —	Poulie à violon.	Violinblock ; Violblock.
» fish-tackle —	Poulie de traversière.	Fischtakelblock.
» girtline —	Poulie de cartahu.	Jollentaublock.
» halliard —	Poulie de drisse.	Fallblock.
» hook —	Poulie à croc.	Hakenblock.
» internal bound —	Poulie à estrope interne.	Block mit Stropp im Gehäuse
» iron bound — ; iron stropped —	Poulie ferrée; Poulie à estrope en fer.	Block mit eisernem Beschlag.
» jeer — *(employed for raising a lower yard)*	Poulie de drisse de basse-vergue.	Raatakelblock (*Block beim Aufbringen einer Unterraa verwendet*).
» jewel —	Poulie de bout de vergue.	Leesegelfallblock(*an der Nock einer Raa*).
» leading —	Poulie de retour.	Wegweiserblock.
» leech-line —	Poulie de cargue-bouline.	Nockgordingblock.
» lift —	Poulie de balancine.	Toppenantsblock.
» lift purchase —	Poulie de palan de balancine.	Toppenantstalje-Block.
» nine-pin — s	Marionette ; Poulies de pied de mât.	Leitblöcke (*zwischen den Be-tingen, hinter den Masten*).
» pin of a —	Essieu d'une poulie.	Nagel, Bolzen eines Block's.
» purchase —	Poulie de caliorne.	Gienblock.
» reef tackle —	Poulie de palanquin.	Refftaljeblock.
» score of a —	Goujure d'une poulie.	Kerbe eines Block's.
» sheave of a —	Réa d'une poulie ; Rouet d'une poulie.	Scheibe eines Block's.
» bouching or bush in the sheave of a —	Dé de réa d'une poulie.	Büchse einer Blockscheibe.
» sheave-hole or channel of a —	Mortaise, Clan d'une poulie.	Scheibenloch eines Block's.
» bottom of a sheave-hole in a —	Cul d'une poulie.	Herd eines Block's.
» lignum-vitae sheave of a —	Réa en gaïac d'une poulie.	Pockholzscheibe eines Block's.

Equipment.	Équipement.	Ausrüstung.
Blocks.	**Poulies.**	**Blöcke.**
Block, metal sheave of a —	Réa en métal d'une poulie.	Metallene Scheibe eines Block's.
» multiplying sheaves in a —	Rouet à cylindre d'une poulie.	Patentscheibe eines Block's.
» sheet —	Poulie d'écoute.	Schotenblock.
» shell of a —	Caisse d'une poulie; Corps d'une poulie.	Blockgehäuse.
» shoe —	Poulie double de pantoire et de drisse ; Poulie à olive.	Schuhblock.
» shoulder —	Poulie à talon.	Hackenblock
» single —	Poulie simple.	Einscheibiger Block.
» sister —	Poulie baraquette ; Poulie-vièrge.	Stengewantviolblock.
» snatch —	Galoche ; Poulie coupée.	Fussblock ; Kinnbacksblock.
» span —	Poulie supérieure de drisse de bonnette (*des bonnettes de hunier ou de perroquet*).	Toppblock (*für Ober-oder Bramleesegelfall*).
» strop of a —	Estrope d'une poulie	Stropp eines Block's.
» swallow of a —	Gorge d'une poulie (*Mortaise au-dessus du réa*).	Schlund eines Block's (*Öffnung oberhalb der Scheibe*)
» swivel —	Poulie à émerillon.	Warrelblock ; Wirbelblock.
» tack —	Poulie d'amure.	Halsblock.
» tackle pendant —	Poulie de pantoire de caliorne de mât.	Hangerblock.
» tail —	Poulie à fouet.	Steertblock.
» tie —	Poulie d'itague.	Drehreepsblock.
» top —	Poulie de guinderesse.	Stengewindreepsblock.
» topping lift —	Poulie de balancine de gui.	Krahnleine-Block.
» treble —	Poulie triple.	Dreischeibiger Block.
» unstropped —	Poulie non estropée.	Kahler Block ; Unbestroppter Block.
» wheel chain — ; wheel rope —	Poulie de drosse de gouvernail.	Steuerreepsblock.
Bull's-eye ; Wooden thimble	Margouillet (*Cosse en bois*).	Hölzerne Kausche.
Dead-eye	Cap de mouton.	Jungfer.
Dead-sheave ; Half-sheave	Encornail.	Halbe Scheibe.
Gin ; Gin-wheel	Rouet.	Löschrad.
Heart (*dead-block*)	Moque.	Doodshoofd.

Equipment.	Équipement.	Ausrüstung.
Different Ropes.	**Différents Cordages.**	**Verschiedene Taue.**
Breast-fast ; Breast-rope	Amarre de travers.	Landfest ; Dwarstau.
Cable	Câble.	Kabeltau ; Ankertau.
» — length	Encâblure.	Kabellänge.
» spare —	Câble de rechange.	Reservekabeltau.
Hawser	Aussière ; Haussière.	Kabeltau.
» steel —	Aussière en acier.	Stahl-Trosse.
» wire —	Aussière en fil de fer.	Draht-Trosse.
Messenger ; Voyal	Tournevire.	Kabelaring.
Rope	Cordage.	Tau ; Tauwerk.
» bight of a —	Double d'un cordage ; Demi-ganse.	Bucht eines Taues.
» bolt —	Ralingue.	Liekgut ; Liektauwerk.
» cable laid —	Cordage commis en câble.	Kabelweise geschlagenes Tau.
» check —	Cordage à filer ; Cordage à mollir ; Cordage à choquer.	Schricktau (*Tau zum Fieren*).
» coil of —	Glène de cordage.	Rolle Tauwerk.
» fake of a coil of —	Plé d'une glène de cordage.	Schlag einer Rolle Tauwerk.
» coir —	Kaire ; Filin de bastin.	Coirtau.
» common laid — ; hawser laid —	Cordage commis en aussière.	Trossweise geschlagenes Tau.
» heart of a —	Mèche, Ame d'un cordage.	Herz eines Taues.
» hemp — (*Europe*)	Cordage en chanvre ; Corde de chanvre.	Hanftau ; Hanftauwerk.
» hide —	Corde en cuir.	Tau von in Streifen geschnittenen Häuten verfertigt.
» manilla —	Cordage en manille.	Manilla-Tau ;Manilla-Tauwerk
» mooring —	Amarre.	Vertäuungstau ; Landfest.
» pointed — ; point of a —	Queue de rat d'un cordage.	Hundspünte eines Taues.
» preventer —	Corde supplémentaire.	Borgtau.
» relieving —	Attrape.	Grundtau.
» serving of a —	Fourrure d'un cordage.	Bekleidung eines Taues (*mit Schiemansgarn etc.*)
» shroud laid —	Filin en quatre avec mèche.	Wantweise geschlagenes Tau (*vierschäftiges Tau mit Herz*)
» spare —	Cordage de rechange.	Reservetau.
» stern — ; stern-fast	Croupiat ; Amarre de l'arrière ; Amarre de poupe.	Hintertau ; Achtertau.
» strand of a —	Toron d'un cordage.	Kardehl eines Taues.
» three-stranded —	Filin en trois ; Cordage à trois torons.	Dreischäftiges Tau.
» four stranded —	Filin en quatre ; Cordage à quatre torons.	Vierschäftiges Tau.
» tarred —	Filin noir ; Filin goudronné.	Getheertes Tau.
» whip of a —	Surliùre d'un cordage.	Takelung (*auf einem Tauende*)
» white or untarred —	Filin blanc ; Filin non-goudronné.	Ungetheertes Tau.
» wire —	Cordage en fil de fer.	Drahttauwerk.
» steel wire —	Cordage en fil d'acier.	Stahldraht-Tauwerk.
» worming of a —	Cordage à congréer.	Trensing eines Taues.
Spring	Embossure.	Spring.
Tow-line ; Tow-rope	Touline ; Câble de remorque.	Bugsirtau ; Schlepptau.
Warp	Grelin.	Warptross.

Sundries.	Divers.	Diverses.
Accommodation-ladder ; Gangway-ladder	Échelle de commandement ; Échelle de coupée.	Staatstreppe ; Fallreepstreppe
Anemometer	Anemomètre.	Windmesser.
Awning	Tente.	Sonnensegel.
» boat's — ; Tilt ;	Tendelet.	Bootsonnensegel.
» — boom	Traverse en bois d'une tente.	Sonnensegelbaum.
» bridge — ; bridge house —	Tente de rouffle-passerelle.	Brückenhaus-Sonnensegel.
» crowfoot of an —	Araignée d'une tente.	Hahnepoot, Spinnekopf eines Sonnensegels.
» curtain of an —	Rideau de tente.	Seitenkleid eines Sonnensegels.
» forecastle —	Marsouin ; Tente du gaillard d'avant.	Sonnensegel der Back.
» lacing of an —	Transfilage de tente.	Schnürleine eines Sonnensegels.
» lacing-holes of an —	Œillets de transfilage de tente	Schnürlöcher eines Sonnensegels.
» main-deck —	Grande tente ; Grande tente de pont.	Hauptdeck-Sonnensegel.
» poop —	Tente de dunette.	Hütten-Sonnensegel.
» quarter deck —	Tente du gaillard d'arrière.	Quarterdeck-Sonnensegel.
» ridge of an —	Milieu d'une tente.	Mitte, Rücken eines Sonnensegels.
» ridge lining of an —	Doublage, Bande de milieu d'une tente.	Verstärkungs-Band der Mitte eines Sonnensegels.
» ridge rope of an —	Fune d'une tente.	Strecktau eines Sonnensegels. (*)
» — stanchion	Chandelier de tente ; Montant de tente.	Sonnensegelstütze.
» valances of an —	Pentes d'une tente.	Seitengarnitur, Fransen eines Sonnensegels.
Axe	Cognée ; Hache.	Axt ; Grosses Beil.
» —handle; helve of an —	Manche d'une cognée.	Stiel einer Axt.
Ballast	Lest.	Ballast.
Ballast-shovel	Pelle à lest.	Ballastschaufel.
Barometer	Baromètre.	Barometer.
» aneroid —	Baromètre-aneroïde.	Aneroid-Barometer.
Barrel	Baril.	Tonne ; Fass.
Batten	Latte.	Latte.
Becket	Taquet.	Knebelklampe.
» — bridle	Chambrière.	Knebelstropp.
» yard — ; hand —	Erseau à main.	Handpeerd.
Bed (of a cask etc.)	Lit (de futaille etc.)	Kopfholz ; Lieger (eines Fasses etc.)
Belaying-pin ; Jack-pin ; Tack-pin	Cabillot.	Coffeinagel ; Koveinagel ; Karveelnagel.
Belfrey	Potence, Montant de cloche.	Glockengalgen.
Bell	Cloche.	Glocke.
» — clapper	Battant de cloche.	Glockenklöppel.

(*) Tau, von einem Mast zum anderen gespannt, woran der Rücken des Sonnensegels befestigt wird.

Sundries.	Divers.	Diverses.
Bell — cover	Chapeau de cloche.	Glockenkappe.
» — crank	Manivelle de cloche.	Glockenarm.
» — rope	Ruban de cloche.	Glockentau ; Glockensteert.
Berth or Birth	Couchette.	Koje ; Lagerstelle.
Binnacle	Habitacle.	Nachthaus.
» — cover	Couverture d'habitacle.	Nachthaus-Ueberzug ; Nacht-haus-Kleedje.
» — lamp	Lampe d'habitacle.	Nachthauslampe.
Black-lead	Plombagine ; Graphite.	Pottloth ; Graphit.
Blue-light	Feu de bengale.	Blaufeuer.
Board	Bordage ; Planche.	Brett.
Boatwain's chair	Chaise de gabier.	Bootsmannstuhl.
Bodkin	Poinçon.	Pfriem.
Bolster	Coussin ; Fourrure.	Kissen ; Fütterung.
Bucket	Seau.	Pütze ; Pütse.
» halliard — ; halliard-tub	Baille à drisse.	Balje um Marsfall etc. darin aufzuschiessen.
» draw —	Seau en toile.	Ammiral ; Schlagpütze.
» — rack	Ratelier pour seaux.	Pützengestell.
» slush — or slush-pot	Seilleau à graisse ; Seilleau à suif.	Fettpütze ; Schmiertopf.
» tar —	Auge à goudron.	Theerpütze.
Bunk (sailor's)	Couchette de matelot.	Koje eines Matrosen.
Bunting	Étamine.	Flaggentuch.
Buoy	Bouée.	Boje.
» anchor —	Bouée d'ancre.	Ankerboje.
» cork —	Bouée en liége.	Korkboje.
» life —	Bouée de sauvetage.	Rettungsboje.
» — sling	Estrope de bouée.	Bojestropp.
» sounding —	Bouée de sonde.	Sondirungsboje.
Burgee	Pavillon de société.	Gesellschaftsflagge.
Can-hooks	Patte d'élingue.	Schenkelhaken.
Canvass	Toile à voile.	Segeltuch.
Cask	Futaille ; Barrique.	Grosses Fass.
Cat-head stopper	Bosse-debout ; Bosse du bossoir.	Perturlien ; Porteurleine.
Caulking-box and seat	Selle, Sellette à calfat.	Kalfatbütte ; (Geräthschafts-kasten des Kalfaterers, und demselben als Sitz dienend)
» — iron	Ciseau à calfat ; Fer à calfat ; Calfait.	Kalfateisen ; Dichteisen.
» — mallet	Maillet à calfat.	Kalfathammer.
Chain-hook	Croc à chaine ; Croc de câble-chaine.	Kettenhaken.
Chair	Chaise.	Stuhl.
Chart	Carte marine.	Seekarte.
» — case ; Chart-chest	Coffre de cartes marines.	Kartenkiste.
Chinsing-iron (caulker's tool)	Ciseau à boucher (Outil de calfat).	Stopfeisen (Kalfat-Werkzeug)
Chisel	Ciseau.	Betel ; Beitel ; Meissel.
» hollow —	Gouge.	Hohlmeissel.
» mortise —	Bec d'âne ; Bédane.	Lochbetel ; Lochbeitel.
Chronometer	Chronomètre.	Chronometer.
» — chest	Armoire aux chronomètres.	Chronometerkasten.

Sundries.	Divers.	Diverses.
Clock ; Time-piece	Pendule.	Uhr.
Coat-tack ; Pump-tack	Clou à pompe ; Clou de bouche	Pumpspieker.
Commander	Masse en bois.	Musskeule ; Klopfkeule.
Compass	Compas ; Boussole.	Kompass.
» azimuth — ; variation —	Compas azimutal ; Compas de variation.	Azimuth-Kompass.
» bearing —	Compas de relèvement.	Peilkompass.
» boat's —	Volet.	Bootskompass.
» — box	Boite de compas.	Kompassdose.
» cabin —	Compas de chambre.	Kajütskompass.
» — card ; — rhumb-card	Rose de vents ; Rose de compas.	Windrose.
» centre pin of a —	Pivot de suspension de la rose du compas.	Kompasspinne (die Windrose tragend).
» hanging —	Compas renversé.	Hängekompass.
» — gimbal	Balancier de compas.	Kompassbügel.
» — kettle	Cuvette de compas.	Kompasskessel ; Kompassmörser.
» magnetical needle of —	Aiguille aimantée de compas.	Magnetnadel des Kompass.
» mariner's —	Compas de mer ; Boussole maritime.	Schiffskompass.
» palinarus —	Compas-Palinarus.	Palinarus-Kompass.
» pole —	Compas à pible.	Pfahlkompass.
» rhumb or rhumb point of —	Aire de vent du compas.	Kompasstrich.
» spiritus —; spirit —	Compas à liquide.	Spirituskompass.
» standard —	Compas-étalon.	Normalkompass.
» steering —	Compas de route.	Steuerkompass.
Cork-fender	Défense en liége.	Korkfender.
Cover	Capot ; Chapeau ; Coiffe.	Ueberzug ; Kappe ; Kleedje.
» capstan —	Capot de cabestan.	Ueberzug des Gangspills.
» skylight —	Capot de claire-voie.	Ueberzug des Oberlichts.
» ventilator —	Capot de manche à vent.	Ventilatorkappe.
» wheel —	Coiffe de roue.	Rad-Ueberzug.
» winch —	Capot de treuil.	Ueberzug der Winde; Winschkappe.
Cramp	Crampe.	Krampe.
Crow-bar	Pince ; Grosse pince.	Kuhfuss ; Brechstange.
Crutch	Chandelier ; Croissant.	Stütze ; Gabel; Bock.
Dogs ; Cant-hooks	Renards.	Teufelsklauen.
Dog-vane	Pennon ; Pennon.	Verklicker.
Dunnage	Fardage.	Garnirung.
» — wood	Bois d'arrimage.	Stauholz.
Ensign	Enseigne.	Flagge.
Fair-leader	Conduit ; Rateau.	Wegweiser.
Fair-lead-truck	Rague.	Wegweiserklotje.
Fender	Défense.	Fender.
» rope —	Défense en cordage.	Taukranz ; Tau-Fender.
» wooden —	Défense en bois.	Reibholz ; Wreibholz.
Fid (sailmaker's)	Burin.	Fid.
» splicing —	Épissoir.	Splisshorn.
» turning —	Trésillon.	Dreher ; Drehknüppel.

Sundries.	Divers.	Diverses.
Fish-hook	Croc de traversière ; Croc de candelette.	Fischhaken ; Penterhaken.
»	Hameçon.	Fischangel.
Flag ; Colours	Pavillon.	Flagge.
» — chest	Caisse de pavillons.	Flaggenkiste.
» quarantine —	Pavillon de quarantaine.	Quarantaineflagge.
» pilot —	Pavillon-pilote.	Lootsenflagge.
» signal —	Pavillon de signaux.	Signalflagge.
» — staff	Gaule d'enseigne.	Flaggenstock.
Fog-horn	Trompe de brume ; Cornet de brouillard.	Nebelhorn.
Folding chair	Pliant.	Klappstuhl.
Fore-lock ; Key	Goupille.	Splint.
Foxes	Tresses en fil de caret.	Fuchsjes.
Funnel (for filling)	Entonnoir.	Trichter.
» (chimney)	Cheminée.	Schornstein.
Gangboard	Planche d'embarcation.	Laufplanke ; Steg.
Gasket	Garcette ; Jarretière ; Sangle.	Seising ; Beschlagseising.
» bunt —	Couillard.	Bauchseising.
Gimbal (of a compass, barometer, lamp etc.)	Balancier (d'un compas, baromètre, d'une lampe etc.)	Balancierbügel (eines Kompass, Barometer, einer Lampe etc.)
Gimblet	Vrille.	Fritbohrer.
Grating	Caillebottis.	Rösterwerk ; Rostwerk.
Grindstone	Meule à aiguiser.	Schleifstein.
Grommet ; Grummet	Erseau.	Taukranz.
Hammock	Hamac.	Hängematte.
Hand-cuffs	Menottes.	Handschellen.
Hand-hook	Croc à main.	Handhaken.
Hand-spike	Anspect.	Handspake.
Hank	Anneau ; Bague.	Lägel.
Harness cask	Charnier pour les salaisons.	Fleischstander ; Rationsfass.
Harpoon	Harpon.	Harpune.
» — line	Harpoire.	Harpunleine.
Hatchet	Hachette ; Petite hache.	Beil.
Hen-coop	Cage à poules.	Hühnerhock.
Hinge	Penture ; Charnière.	Scharnier.
Hog (sort of scrubber for cleaning a ship's bottom at sea)	Goret (grand balai à nettoyer la carène en mer).	Spanischer Besen (Schrubber für Schiffsböden in See zu reinigen).
Hook	Croc.	Haken.
Hoop	Cercle ; Bande ; Collier ; Lien.	Bügel ; Band ; Reifen.
» — iron	Feuillard.	Bandeisen.
Holy-stone	Pierre à recurer le pont.	Gesangbuch ; Handstein zum Deckscheuern.
Horsing-iron (caulker's tool)	Patarasse. (Outil de Calfat.)	Klameieisen (Kalfat-Werkzeug.)
Hose	Manche ; Tuyau flexible.	Schlauch.
» canvass —	Manche en toile.	Segeltuchschlauch.
» deck wash —	Manche pour le lavage du pont ; Manche à eau.	Deckwaschschlauch.
» india rubber —	Tuyau en caoutchouc.	Kautschukschlauch.
» leather —	Tuyau en cuir.	Lederschlauch.
» scupper —	Manche de dalot.	Speigattschlauch.

Sundries.	Divers.	Diverses.
Hose-wrench	Clef pour assemblage à vis de tuyaux.	Schlauchverschraubung-Schlüssel.
Jack	Pavillon de beaupré.	Gösch
Junk	Bout de vieux filin ; Vieux cordage.	Altes Tauwerk.
Keckling ; Rounding	Filin condamné ; Cordage à fourrer.	Schladding.
Ladder	Échelle ; Escalier.	Leiter ; Treppe.
» forecastle —	Escalier de gaillard d'avant.	Treppe der Back.
» hold —	Échelle de cale.	Raumleiter.
» poop —	Échelle de poupe.	Pooptreppe ; Treppe zum Hochdeck.
» raised quarter-deck —	Escalier de demi-dunette.	Treppe zum erhöhten Quarterdeck.
» rope — ; side —	Échelle en cordage.	Sturmleiter.
Lamp	Lampe.	Lampe.
Lantern	Fanal.	Laterne.
» globe —	Fanal à boule.	Kugellaterne.
» signal —	Fanal de signaux.	Signallaterne.
Lashing	Aiguilletage.	Lasching ; Sorring ; Zurrung.
» heel — (of a jib-boom)	Aiguillette de bâton de foc.	Fusslasching eines Klüverbaum's.
» heel — (of a studding-sail boom)	Aiguillette de bout-dehors de bonnette.	Sterttau einer Leesegelspiere.
Lead (sounding)	Plomb de sonde.	Senkblei.
» deep sea —	Grande sonde ; Grand plomb de sonde.	Grosses Loth ; Tiefwasserloth.
» hand —	Sonde à main ; Petit plomb de sonde.	Handloth.
» — line	Ligne de sonde.	Lothleine.
» — line bucket	Baille de ligne de sonde.	Lothleinebalje.
» — line marks and deeps	Marques et distances d'une ligne de sonde.	Marken und Zwischenräume einer Lothleine.
Leather	Cuir.	Leder.
» pump —	Cuir fort pour clapets de pompe.	Pumpleder.
» scupper —	Placard de dalot ; Maugère.	Speigattleder.
Life-belt	Ceinture de sauvetage.	Rettungsgürtel.
Life-buoy	Bouée de sauvetage.	Rettungsboje.
Light, anchor — ; Anchor-lantern	Feu de mouillage ; Fanal de mouillage.	Ankerlicht ; Ankerlaterne.
» mast-head — ; Mast-head lantern	Feu de tête de mât ; Feu de hune ; Fanal de hune.	Toplicht ; Toplaterne.
Lightning-conductor	Paratonnère.	Blitzableiter.
Lignum-vitae pin	Cheville de gaïac.	Pockholznagel.
Line	Ligne.	Leine.
» furling —	Raban de ferlage ; Chambrière.	Beschlagleine.
» hambro —	Petit quarantainier.	Bindselleine.
» hauling —	Faux bras de remorque.	Verholleine.
» heaving —	Attrape.	Werfleine ; Wurfleine.
» house —	Lusin.	Hüsing.
» life —	Garde-fou.	Strecktau.
» rat —	Quarantainier.	Webeleine.
» snaking — ; Snake ;	Serpenteau.	Schwichtleine.

Sundries.	Divers.	Diverses.
Line, tracing —; tricing —	Ligne de halage.	Aufholleine ; Aufholer.
» tripping — (of a lower studdingsail etc.)	Lève-nez (d'une bonnette basse etc).	Aufholleine (eines Unter-Lee-segels etc.)
Lizard (fair-lead for bunt-lines etc.)	Manchette (conduit pour car-gues-fonds etc.)	Brille (Sprut mit zwei Kau-schen als Wegweiser für Bauchgording etc.)
Log	Loch.	Log.
» — board	Table de loch.	Wachttafel ; Stundentafel.
» — book	Livre de bord ; Livre de loch.	Schiffsjournal.
» — glass	Ampoulette ; Sablier de loch.	Logglas.
» ground —	Loch de fond.	Grundlog.
» — line	Ligne de loch.	Logleine.
» — line runner	Houache de loch.	Vorläufer der Logleine.
» patent —	Loch brêveté.	Patent-Log.
» — reel	Tour de loch.	Logrolle.
» — ship	Bateau de loch.	Logscheit ; Logbrett.
Making-iron (caulker's tool)	Ciseau à calfat double ; Clavet.	Rabatteisen.
Mallet	Maillet.	Klopfkeule.
» serving —	Mailloche ; Mailloche à four-rer.	Kleidkeule.
Manrope (of bowsprit)	Garde-corps (de beaupré.)	Laufstag (eines Bugspriet).
Manrope (on a yard)	Garde-fou (d'une vergue).	Strecktau ; Rückenpeerd (einer Raa).
Manropes (of gangway)	Tire-veilles.	Sceptertaue.
Marline	Merlin.	Marlien ; Marleine.
Marling-spike ; Marline-spike	Épissoir.	Marlspieker ; Marlpfriem.
Mat	Paillet ; Natte.	Matte.
» paunch — ; panch —	Paillet de portage.	Schamfielungsmatte ; Stoss-matte.
» thrummed —	Paillet lardé.	Gespickte Matte.
Maul	Masse.	Maker.
Medicine-chest	Coffre à médicaments.	Arzneikiste ; Medizinkiste.
Mop	Vadrouille.	Dweil.
Mould	Gabarit.	Mall.
Nail	Clou	Nagel.
Nautical almanac	Connaissance des temps.	Nautisches Jahrbuch ; Nauti-scher Kalender.
Needle	Aiguille.	Nadel.
» bolt rope —; roping —	Aiguille à ralingue.	Lieknadel.
» sail —	Aiguille à voile.	Segelnadel.
Night-glass ; Night-telescope	Télescope de nuit.	Nachtglas ; Nachttelescop.
Norman (of a common-wind-lass)	Normand (d'un guindeau or-dinaire).	Normann (eines Ankerspills).
Oakum	Étoupe.	Werg.
» thread of —	Cordon d'étoupe.	Ein Draht Werg.
» twisted —	Étoupe filée.	Gesponnenes Werg.
Octant	Octant.	Octant.
Padlock	Cadenas.	Vorhängeschloss ; Vorle-geschloss.
Paint-brush	Pinceau à peindre.	Farbequast ; Farbepinsel.
Palm (sailmaker's tool)	Paumelle (Outil de voilier).	Segelmacher-Handschuh.
Parbuckle	Trévire.	Schrottau.
Parcelling	Limande.	Schmarting.

Sundries.	Divers.	Diverses.
Pen	Cage à bestiaux.	Hock.
» pig —	Cage à porcs.	Schweinehock.
Pennant	Flamme.	Wimpel.
» answering —	Aperçu.	Antwortflagge; Antwortsignal.
Pitch	Poix ; Brai.	Pech.
» bastard —	Brai gras.	Gemisch von Harz, Pech und Theer.
» — ladle	Cuiller à brai.	Pechlöffel ; Pechkelle.
» — mop	Guipon.	Pechquast.
» — pot	Chaudière à brai.	Pechtopf.
Plane	Rabot.	Hobel.
Plug	Tampon.	Pfropfen.
Pricker	Poinçon.	Pricker.
Provisions	Vivres ; Provisions.	Proviant.
Puddening ; Pudding	Bourrelet.	Leguan.
Pump-tack	Clou a pompe.	Pumpspieker.
Rack *(fair-leader for running-rigging)*	Râtelier de manœuvres.	Wegweiserlatte.
Raft	Radeau.	Floss.
» saving —	Radeau de sauvetage.	Rettungsfloss.
Rasp	Râpe.	Raspel.
» wood —	Râpe à bois.	Holzraspel.
Ratline ; Ratline stuff	Quarantainier.	Webeleine.
Rave-hook ; Meaking-iron *(caulker's tool)*	Bec à corbin; Bec de corbeau *(Outil de calfat)*.	Nahthaken *(Kalfat-Werkzeug)*.
Reeming-iron *(caulker's tool)*	Ciseau tranchant *(Outil de calfat)*.	Scharfeisen; Scheereisen *(Kalfat-Werkzeug)*.
Ridge-rope *(life-line stretched along a deck during bad weather)*	Garde-corps *(Cordage tendu sur un pont pendant le mauvais temps)*.	Strecktau *(ein, während schlechten Wetters, dem Deck entlang gespanntes Tau)*.
Rigging-screw	Sergent.	Wantschraube.
Ring	Anneau ; Boucle.	Ring.
Roller *(over which ropes are lead, to prevent chafing)*	Tourniquet ; Rouleau *(placé pour éviter les frottements de cordage)*.	Rolle *(worüber Taue fahren, um das Scheuern derselben zu verhüten)*.
Rope-yarn	Fil de caret.	Kabelgarn.
Sail-hook	Crochet de voilier.	Segelhaken.
» — twine	Fil à voile.	Segelgarn.
Sand-glass	Sablier.	Sandglas.
Saw	Scie.	Säge.
» hand —	Scie à main.	Handsäge.
Scoop	Escope ; Écope.	Holzschaufel.
Scotchman; Chafing batten;	Listeau, Latte pour éviter l'éraillement des mâts, vergues etc.	Schottsmann ; Schalung.
Scraper	Gratte.	Schraper.
Screw-jack	Vérin ; Cric à vis.	Daumenkraft ; Hebeschraube.
Scrubber; Hand-scrubber.	Balai à main.	Handschrubber.
Seizing	Amarrage.	Bindsel.
» cross —	Amarrage bridé.	Kreuzbindsel.
» flat —	Amarrage à plat.	Platter Bindsel.
» racking —	Genope ; Amarrage en portugaise.	Stopper.

Sundries.	Divers.	Diverses.
Seizing, rose —	Amarrage de rose.	Rosenbindsel.
» tail —	Amarrage en fouet.	Katsteertbindsel.
» throat —	Amarrage en étrive.	Hartbindsel ; Herzbindsel.
Sennit	Tresse.	Platting.
» common —	Tresse plate en fil de caret.	Gewöhnliche Platting.
» french —	Tresse en fil de bitord.	Französische Platting.
» round —	Tresse ronde.	Runde Platting.
» square —	Tresse carrée.	Viereckige Platting.
Serving-board	Minahouet.	Kleidspan.
Sextant	Sextant.	Sextant.
Shackle	Manille.	Schäkel.
» anchor —	Manille d'ancre.	Ankerschäkel.
» — bolt	Boulon de manille.	Schäkelbolzen.
» fore-lock of a — bolt	Goupille d'un boulon de manille.	Splint eines Schäkelbolzen.
» joining —	Manille d'assemblage.	Verbindungsschäkel.
» mooring —	Manille d'affourche.	Vertäuschäkel.
» patent —	Manille brêvetée.	Patent-Schäkel.
Shank-painter	Serre-bosse.	Rüstleine.
» » — chain	Serre-bosse en chaine.	Rüstleine-Kette.
Shark-hook	Hameçon pour les requins ; Croc à émérillon.	Haifischhaken ; Haihaken.
Shears ; Sheers	Fourche ; Bigue.	Bock.
Sheer-batten (in rigging)	Quenouillette des haubans.	Spreelatte (in Wanten).
Shovel	Pelle.	Schaufel.
Side-light ; Side lantern	Feu de côté ; Fanal de côté.	Seitenlicht ; Seitenlaterne.
» — screen	Écran de feu-de-côté.	Laternenkasten ; Seitenlaternen-Schirm.
» —screen stanchion	Chandelier d'écran de feu-de-côté.	Laternenkasten-David oder Träger.
Signal	Signal.	Signal.
» distress —	Signal de détresse.	Nothsignal.
» fog —	Signal de brume.	Nebelsignal.
» international code of -- s	Série internationale.	Internationaler Signal-Code.
» night —	Signal de nuit.	Nachtsignal.
» rocket —	Signal de fusée.	Raketensignal.
Skids ; Side-skids (for protection of the top-sides of a ship, when loading or discharging)	Défenses de muraille (employées pendant le chargement ou le déchargement des navires).	Ladeschlitten (beim Laden oder Löschen zum Schutz der Schiffseiten gebraucht).
Sling	Élingue.	Stropp.
» chain —	Élingue en chaine.	Kettenstropp.
» rope —	Élingue en cordage.	Taustropp.
Smoke-sail	Masque à fumée.	Rauchsegel.
Socket	Socle ; Douille.	Sockel ; Dülle.
Sounding-rod	Sonde ; Barre de sonde.	Peilstock.
» — machine	Machine à sonder.	Sondirmaschine.
» — stick (used in shallow waters)	Lance de sonde (pour les eaux de bas-fond).	Peilstock (zum Sondiren in seichten Gewässern).
Spanish-windlass	Trésillon.	Spanische Winsch oder Winde
Speaking-trumpet	Porte-voix à main.	Sprachrohr ; Rufer.
Spider (iron outrigger to keep blocks clear of the ship's side)	Arc-boutant (Bras de fer pour tenir les poulies à distance de la muraille du navire).	Krahn (eiserner Arm um Blöche von der Schiffseite frei zu halten).

Sundries.	Divers.	Diverses.
Spike	Gros clou.	Spiker.
Spile	Épite.	Spikerpinne ; Speile.
Spun-yarn	Bitord.	Schiemannsgarn.
» — winch ; — reel	Tour à bitord ; Moulin à bitord.	Schiemannswoid;Schiemannsmühle.
Spy-glass	Longue-vue ; Lunette d'approche.	Fernrohr ; Kieker.
Squillgee ; Squillagee	Petit faubert.	Kleiner Schwabber.
Stage	Échafaudage ; Échafaud.	Stelling ; Stellung.
» triangular —	Triangle.	Stelling in Form eines Dreiecks.
Standard	Pavillon porte-nom.	Namenflagge ; Standard.
Staple	Crampe.	Krampe.
Steep-tub	Charnier au lard ; Gamelle à dessaler les salaisons.	Frischbalje (Balje um Fleisch zu entsalzen).
Stove	Poële.	Ofen.
Stopper	Stoppeur ; Bosse.	Stopper.
Strop	Estrope.	Stropp.
» selvagee —	Erse.	Garnstropp (Schiemansgarn- oder Kabelgarnstropp).
Swab	Faubert.	Schwabber.
Swinging-tray	Plateau-balançoire.	Schwingendes Glasrack.
Swivel	Émérillon.	Wirbel.
» chain —	Émérillon de chaine.	Kettenwirbel.
» mooring —	Émérillon d'affourche.	Vertäuwirbel.
Tank	Caisse ; Bac.	Behälter.
» bread —	Bac à pain.	Brodbehälter.
» freshwater —	Caisse à eau.	Frischwasserbehälter.
Tar	Goudron ; Goudron végétal.	Theer.
» — barrel	Gonne ; Baril à goudron.	Theerfass.
» — bucket	Auge à goudron.	Theerpütze ; Theerbütte.
» — brush	Pinceau à goudron ; Guipon.	Theerquast.
» coal —	Goudron minéral.	Kohlentheer.
Tarpauling	Prélart; Toile à prélart; Toile goudronnée.	Presenning ; Persenning ; Theerkleid.
Telescope	Télescope.	Teleskop.
Thermometer	Thermomètre.	Thermometer.
Thimble	Cosse.	Kausche.
Time-piece ; Clock	Horloge ; Pendule.	Uhr.
Toggle	Cabillot.	Knebel.
Traverse-board	Renard.	Pinnkompass; Besteckkompass.
Truck	Pomme de mât.	Flaggenknopf.
» fair lead —	Pomme de conduite ; Rague gougée.	Wegweiserklotje.
» parrel —	Pomme de racage ; Rague.	Rackklotje.
Tub	Baille.	Balje.
Turtle-peg	Varre.	Harpune zum Schildkrötenfang.
Twine	Fil.	Garn ; Segelgarn.
Vane	Girouette.	Windfahne.
» — spindle	Verge de girouette.	Flügelstange ; Flügelpinne.

Sundries.	Divers.	Diverses.
Varnish	Vernis.	Firniss.
» black —	Vernis noir au goudron.	Schwarzer Theer-Firniss.
» bright —	Vernis clair au goudron.	Heller Theer-Firniss.
Ventilator	Ventilateur ; Manche à vent.	Ventilator.
» — cowl	Capuchon de ventilateur.	Ventilatorkappe.
» — socket	Douille de ventilateur.	Ventilatordülle oder Sockel.
Water-cask	Pièce à eau ; Futaille, Barrique à eau.	Wasserfass.
Weather-board	Auvent.	Schutzbrett.
Weather-cloth	Cagnard ; Taud.	Schutzkleid.
Wedge	Coin ; Langue.	Keil.
Wind-sail	Manche à vent (*en toile*)	Windsegel ; Kühlsegel.
Woolding	Rousture ; Trinques.	Wuhling.
Worming-thread	Fil à congréer.	Trensgarn.

Knots ; Bends ; Hitches and Splices.	Nœuds ; Clefs et Épis- sures.	Knoten ; Stiche und Splissungen.
Knot	Nœud.	Knoten ; Knopf.
» single diamond —	Nœud simple de tire-veille ; Pomme d'étrier.	Einfacher Fallreepsknopf.
» double diamond —	Nœud double de tire-veille ; Pomme de tire-veille.	Doppelter Fallreepsknopf.
» figure of eight —	Nœud en forme d'un huit.	Sackstich ; Achtförmiger Knoten.
Matthew Walker	Nœud de ride.	Taljereepsknoten.
» overhand —	Demi-nœud ; Nœud commun.	Gewöhnlicher Knoten.
» reef or square —	Nœud de vache ; Nœud plat.	Reffknoten.
» rope-yarn —	Nœud de fil de caret.	Kabelgarnknoten.
» shroud —	Nœud de hauban.	Wantknoten.
» french shroud —	Cul-de-porc double.	Französischer Wantknoten.
» stopper —	Nœud de bosse.	Stopperknoten.
Turk's-head	Tête de maure.	Türkischer Knopf.
» single wall —	Nœud de tête d'alouette simple	Einfacher Schauermannskno- ten ; Einfacher Taljereeps- knoten.
» single wall and crown—	Cul-de-porc simple.	Einfacher Schildknopf.
» double wall —	Nœud de tête d'alouette double	Doppelter Schauermannskno- ten ; Doppelter Taljereeps- knoten.
» double wall and crown— (man-rope knot)	Cul-de-porc.	Doppelter Schildknopf.
Bend	Nœud.	Stich ; Knoten.
» carrick —	Nœud de vache.	Heling ; Kreuzknoten.
» double —	Nœud d'écoute double.	Doppelter Schotenstich.
» fisherman's —	Nœud de pêcheur ; Nœud de filet.	Fischerknoten.
» single — ; sheet — ; common —	Nœud d'écoute simple.	Schotenstich.
» studding sail hal- liard —	Nœud de drisse de bonnette.	Leesegelfallstich.
Clinch	Étalingure.	Stich.
» inside —	Étalingure intérieure.	Binnenstich.
» outside —	Nœud de bouline ; Étalingure extérieure.	Butenstich ; Aussenstich.
Cat's-paw	Nœud de gueule de raie ; Patte de chat.	Trompete.
Hitch	Nœud ; Clef.	Stich ; Schlag.
» blackwall —	Gueule de loup simple.	Einfacher Hakenschlag ; Ein- facher Holländer.
» double blackwall —	Gueule de loup double.	Doppelter Hakenschlag ; Dop- pelter Holländer.
» bowline —	Nœud de chaise simple.	Pfahlstich.
bowline on the bight	Nœud de chaise double.	Doppelter Pfahlstich (Pfahl- stich mit der Bucht eines Taues gemacht).
running bowline	Laguis.	Laufender Pfahlstich.
» clove —	Deux demi-clefs renversées.	Webeleinstich.
» half —	Demi-clef.	Halber Stich.

Knots ; Bends ; Hitches and Splices.	Nœuds ; Clefs et Épissures.	Knoten ; Stiche und Splissungen.
Hitch, half — and timber —	Demi-clef et nœud de bois.	Halber Stich und Zimmermannstich.
» marling —	Demi-clef à capeler.	Marlschlag ; Marlienstich.
» marling spike —	Nœud de trésillon.	Falscher Stich ; Marlspiekerstich.
» midshipman's —	Nœud de griffe.	Maulstich.
» rolling —	Amarrage à fouet.	Kneifstich.
» timber —	Nœud de bois ; Nœud d'anguille.	Zimmermannstich.
» two half — es	Deux demi-clefs.	Zwei halbe Stiche.
Sheep-shank	Nœud jambe-de-chien.	Trompetenstich.
Splice	Épissure.	Splissung ; Spleiss.
» cable —	Épissure de câble.	Kabelsplissung.
» eye —	Épissure à œillet ; Épissure à œil.	Augsplissung.
» horse shoe —	Épissure en greffe.	Buchtsplissung.
» long —	Épissure longue.	Langsplissung.
» short —	Épissure courte.	Kurze Splissung.
Eye	Œillet.	Auge.
» Elliot's —	Œillet d'Elliot.	Elliotauge.
» flemish —	Œillet à la flamande ; Œillet artificiel.	Flämisches Auge.

Equivalents in English and Metrical measures of Length.

Tableau comparatif des mesures linéaires anglaises et métriques.

Reductions-Tabelle zwischen englischen und metrischen Längenmaassen.

Inches — Pouces — Zoll	M'mètres	Inches — Pouces — Zoll	M'mètres	Inches — Pouces — Zoll	M'mètres	Feet & Inches — Pieds & Pouces — Fuss & Zoll	M'mètres
1/16	1.59	**2** 5/16	58.74	**6**	152.40	**1, 0**	304.8
1/8	3.17	**2** 3/8	60.33	**6** 1/4	158.75	**1, 0** 1/2	317.5
3/16	4.76	**2** 7/16	61.91	**6** 1/2	165.10	**1, 1**	330.2
1/4	6.35	**2** 1/2	63.50	**6** 3/4	171.45	**1, 1** 1/2	342.9
5/16	7.94	**2** 9/16	65.09	**7**	177.80	**1, 2**	355.6
3/8	9.53	**2** 5/8	66.67	**7** 1/4	184.15	**1, 2** 1/2	368.3
7/16	11.10	**2** 11/16	68.26	**7** 1/2	190.50	**1, 3**	381.0
1/2	12.70	**2** 3/4	69.85	**7** 3/4	196.85	**1, 3** 1/2	393.7
9/16	14.29	**2** 13/16	71.44	**8**	203.20	**1, 4**	406.4
5/8	15.87	**2** 7/8	73.03	**8** 1/4	209.55	**1, 4** 1/2	419.1
11/16	17.46	**2** 15/16	74.61	**8** 1/2	215.90	**1, 5**	431.8
3/4	19.05	**3**	76.20	**8** 3/4	222.25	**1, 5** 1/2	444.5
13/16	20.64	**3** 1/8	79.37	**9**	228.60	**1, 6**	457.2
7/8	22.23	**3** 1/4	82.55	**9** 1/4	234.95	**1, 6** 1/2	469.9
15/16	23.81	**3** 3/8	85.73	**9** 1/2	241.30	**1, 7**	482.6
1	25.40	**3** 1/2	88.90	**9** 3/4	247.65	**1, 7** 1/2	495.3
1 1/16	26.99	**3** 5/8	92.08	**10**	254.00	**1. 8**	508.0
1 1/8	28.57	**3** 3/4	95.25	**10** 1/4	260.35	**1, 8** 1/2	520.7
1 3/16	30.16	**3** 7/8	98.43	**10** 1/2	266.70	**1, 9**	533.4
1 1/4	31.75	**4**	101.60	**10** 3/4	273.05	**1, 9** 1/2	546.1
1 5/16	33.34	**4** 1/8	104.78	**11**	279.40	**1,10**	558.8
1 3/8	34.92	**4** 1/4	107.95	**11** 1/4	285.75	**1,10** 1/2	571.5
1 7/16	36.51	**4** 3/8	111.13	**11** 1/2	292.10	**1,11**	584.2
1 1/2	38.10	**4** 1/2	114.30	**11** 3/4	298.45	**1,11** 1/2	596.9
1 9/16	39.68	**4** 5/8	117.48	**12**	304.80	**2, 0**	609.6
1 5/8	41.27	**4** 3/4	120.65	**13**	330.20	**2, 6**	Mètre 762.0
1 11/16	42.86	**4** 7/8	123.83	**14**	355.60	**3, 0**	914.4
1 3/4	44.44	**5**	127.00	**15**	381.00	**3, 6**	1.067
1 13/16	46.03	**5** 1/8	130.18	**16**	406.40	**4, 0**	1.219
1 7/8	47.62	**5** 1/4	133.35	**17**	431.80	**4, 6**	1.372
1 15/16	49.21	**5** 3/8	136.53	**18**	457.20	**5, 0**	1.524
2	50.80	**5** 1/2	139.70	**19**	482.60	**5, 6**	1.676
2 1/16	52.39	**5** 5/8	142.88	**20**	508.00	**6, 0**	1.829
2 1/8	53.97	**5** 3/4	146.05	—	—		
2 3/16	55.56	**5** 7/8	147.25	39.3708	1. Mètre		
2 1/4	56.15						

1 Kilogramme = 2.2046 lb English (livres anglaises) (englische Pfunde)
50,8 » s = 1 Cwt » (quintal anglais) (englischer Centner)
100 » = 1,96 Cwts » } (quintaux anglais) (englische Centner)
1000 » = 19,68 » » } (quintaux anglais) (englische Centner)
1016,06 » = 1 Ton » (tonneau) (Ton)

1.0 Cubic Metre = 35,317 Cubic Feet English
1.0 Mètre-cube = 35,317 Pieds-cube anglais
1.0 Cubikmeter = 35,317 englische Cubikfuss.

Weight in Kilogrammes and lbs of **Rolled Iron Plates** — per Foot run.

Poids en Kilogrammes et livres anglaises de **Tôles en fer laminé** — par Pied courant.

Gewicht in Kilogramm und englischen Pfunden **Gewalzter Eisenplatten** — per laufenden Fuss.

Breadth in Inches / Largeur en Pouces / Breite in Zoll		THICKNESS IN INCHES. — ÉPAISSEUR EN POUCES. — DICKE IN ZOLL.							
		1/4	**5/16**	**3/8**	**7/16**	**1/2**	**9/16**	**5/8**	**11/16**
6	K'g	2.3	2.8	3.4	4.0	4.5	5.1	5.7	6.2
	lbs	5.0	6.3	7.5	8.8	10.0	11.2	12.5	13.7
12	K'g	4.5	5.7	6.8	7.9	9.1	10.2	11.3	12.5
	lbs	10.0	12.5	15.0	17.5	20.0	22.4	25.0	27.4
18	K'g	6.8	8.5	10.2	11.9	13.6	15.3	17.0	18.7
	lbs	15.0	18.8	22.5	26.3	30.0	33.6	37.5	41.1
24	K'g	9.1	11.3	13.6	15.9	18.1	20.4	22.7	25.0
	lbs	20.0	25.0	30.0	35.0	40.0	44.8	50.0	54.8
25	K'g	9.4	11.8	14.2	16.5	18.9	21.2	23.6	25.9
	lbs	20.8	26.1	31.25	36.5	41.7	46.8	52.1	57.3
26	K'g	9.9	12.3	14.7	17.2	19.6	22.1	24.6	27.0
	lbs	21.7	27.1	32.5	37.9	43.3	47.7	54.2	59.6
27	K'g	10.2	12.7	15.3	17.9	20.4	22.9	25.5	28.1
	lbs	22.5	28.1	33.75	39.4	45.0	50.6	56.3	61.8
28	K'g	10.6	13.2	15.8	18.5	21.1	23.8	26.4	29.1
	lbs	23.3	29.2	35.0	40.8	46.7	52.5	58.3	64.0
29	K'g	11.0	13.7	16.4	19.2	21.9	24.7	27.4	30.2
	lbs	24.2	30.3	36.25	42.3	48.3	54.4	60.4	66.5
30	K'g	11.3	14.1	17.0	19.8	22.7	25.5	28.3	31.2
	lbs	25.0	31.3	37.5	43.8	50.0	56.3	62.5	68.7
31	K'g	11.7	14.6	17.6	20.5	23.4	26.3	29.3	32.2
	lbs	25.8	32.3	38.75	45.3	51.7	58.1	64.6	71.0
32	K'g	12.1	15.1	18.1	21.2	24.2	27.2	30.3	33.3
	lbs	26.7	33.3	40.0	46.7	53.3	59.9	66.7	73.4
33	K'g	12.5	15.6	18.7	21.8	25.0	28.1	31.2	34.3
	lbs	27.5	34.4	41.25	48.2	55.0	61.9	68.8	75.6
34	K'g	12.8	16.1	19.3	22.5	25.7	28.9	32.1	35.3
	lbs	28.3	35.5	42.5	49.6	56.7	63.7	70.8	77.8
35	K'g	13.2	16.6	19.8	23.1	26.4	29.8	33.1	36.4
	lbs	29.2	36.4	43.75	51.1	58.4	65.7	72.9	80.2
36	K'g	13.6	17.0	20.4	23.8	27.2	30.6	34.0	37.4
	lbs	30.0	37.5	45.0	52.5	60.0	67.4	75.0	82.4
37	K'g	14.0	17.5	21.0	24.4	27.9	31.5	35.0	38.5
	lbs	30.8	38.5	46.25	54.0	61.7	69.4	77.1	84.8
38	K'g	14.4	18.0	21.5	25.1	28.7	32.3	35.9	39.5
	lbs	31.7	39.5	47.5	55.4	63.3	71.2	79.2	87.0
39	K'g	14.7	18.4	22.1	25.8	29.5	33.2	36.8	40.6
	lbs	32.5	40.6	48.75	56.0	65.0	73.2	81.2	89.4
40	K'g	15.1	18.9	22.7	26.4	30.3	34.0	37.8	41.6
	lbs	33.3	41.7	50.0	58.3	66.7	75.3	83.3	91.6
41	K'g	15.5	19.3	23.2	27.1	31.0	34.9	38.7	42.6
	lbs	34.2	42.7	51.25	59.8	68.3	76.8	85.4	94.0
42	K'g	15.9	19.8	23.8	27.8	31.8	35.7	39.7	43.7
	lbs	35.0	43.8	52.5	61.3	70.0	78.7	87.5	96.3
43	K'g	16.2	20.3	24.4	28.4	32.5	36.5	40.6	44.7
	lbs	35.8	44.8	53.75	62.7	71.7	80.6	89.6	98.5
44	K'g	16.6	20.8	24.9	29.1	33.3	37.4	41.6	45.8
	lbs	36.7	45.8	55.0	64.2	73.3	82.5	91.7	100.8
45	K'g	17.0	21.3	25.5	29.7	34.1	38.3	42.5	46.8
	lbs	37.5	46.9	56.25	65.6	75.0	84.4	93.7	103.1
46	K'g	17.3	21.8	26.1	30.4	34.8	39.1	43.4	47.8
	lbs	38.3	47.9	57.5	67.0	76.7	86.3	95.8	105.4
47	K'g	17.7	22.3	26.6	31.0	35.5	40.0	44.4	48.9
	lbs	39.2	48.0	58.75	68.5	78.3	88.1	97.9	107.7
48	K'g	18.1	22.7	27.2	31.7	36.3	40.8	45.3	49.9
	lbs	40.0	50.0	60.0	70.0	80.0	90.0	100.0	110.0
49	K'g	18.5	23.2	27.8	32.3	37.0	41.7	46.3	51.0
	lbs	40.8	51.4	61.25	71.5	81.7	91.8	102.1	112.3
50	K'g	18.9	23.7	28.3	33.0	37.8	42.5	47.2	52.0
	lbs	41.7	52.1	62.5	72.9	83.3	93.7	104.2	114.6

Weight in Kilogrammes and lbs of **Rolled Iron Plates** — per Foot run.

Poids en Kilogrammes et livres anglaises de **Tôles en fer laminé** — par Pied courant.

Gewicht in Kilogramm und englischen Pfunden **Gewalzter Eisenplatten** — per laufenden Fuss.

Breadth in Inches / Largeur en Pouces / Breite in Zoll		THICKNESS IN INCHES. — ÉPAISSEUR EN POUCES. — DICKE IN ZOLL.								
		3/4	**13/16**	**7/8**	**15/16**	**1**	**1 1/16**	**1 1/8**	**1 3/16**	**1 1/4**
6	K'g:	6.8	7.3	7.9	8.5	9.1	9.6	10.2	10.8	11.3
	lbs:	15.0	16.3	17.5	18.8	20.0	21.3	22.5	23.8	25.0
12	K'g:	13.6	14.7	15.9	17.0	18.1	19.3	20.4	21.5	22.7
	lbs:	30.0	32.5	35.0	37.5	40.0	42.5	45.0	47.5	50.0
18	K'g:	20.4	22.1	23.8	25.5	27.2	28.9	30.6	32.3	34.0
	lbs:	45.0	48.8	52.5	56.3	60.0	63.8	67.5	71.3	75.0
24	K'g:	27.2	29.5	31.8	34.0	36.3	38.6	40.8	43.1	45.4
	lbs:	60.0	65.0	70.0	75.0	80.0	85.0	90.0	95.0	100.0
25	K'g:	28.3	30.7	33.1	35.4	37.7	40.1	42.5	44.9	47.2
	lbs:	62.5	67.7	72.9	78.1	83.3	88.5	93.8	98.9	104.2
26	K'g:	29.5	31.9	34.4	36.8	39.3	41.8	44.3	46.7	49.1
	lbs:	65.0	70.4	75.8	81.2	86.7	92.1	97.5	102.9	108.3
27	K'g:	30.6	33.2	35.7	38.3	40.8	43.4	45.9	48.4	51.0
	lbs:	67.5	73.1	78.7	84.4	90.0	95.6	101.3	106.9	112.5
28	K'g:	31.7	34.3	37.0	39.6	42.3	45.0	47.6	50.2	52.8
	lbs:	70.0	75.8	81.6	87.5	93.3	99.2	105.0	110.8	116.7
29	Kg:	32.9	35.6	38.4	41.1	43.8	46.6	49.4	52.0	54.8
	lbs:	72.5	78.5	84.5	90.6	96.7	102.7	108.8	114.8	120.8
30	K'g:	34.0	36.8	39.7	42.5	45.4	48.2	51.0	53.8	56.7
	lbs:	75.0	81.2	87.5	93.8	100.0	106.3	112.5	118.8	125.0
31	K'g:	35.1	38.1	41.0	43.9	46.8	49.8	52.7	55.7	58.5
	lbs:	77.5	83.9	90.4	96.9	103.3	109.8	116.3	122.7	129.2
32	K'g:	36.3	39.3	42.3	45.4	48.4	51.4	54.4	57.5	60.5
	lbs:	80.0	86.6	93.3	100.0	106.7	113.3	120.0	126.7	133.3
33	K'g:	37.4	40.5	43.6	46.8	49.9	53.0	56.2	59.2	62.4
	lbs:	82.5	89.3	96.2	103.1	110.0	116.9	123.8	130.6	137.5
34	K'g:	38.6	41.8	44.9	48.2	51.4	54.7	57.9	61.1	64.3
	lbs:	85.0	92.0	99.1	106.3	113.3	120.4	127.5	134.6	141.7
35	K'g:	39.7	43.0	46.3	49.6	52.9	56.2	59.6	62.9	66.1
	lbs:	87.5	94.7	102.0	109.4	116.7	124.0	131.3	138.5	145.8
36	K'g:	40.8	44.2	47.6	51.0	54.4	57.8	61.2	64.6	68.0
	lbs:	90.0	97.5	105.0	112.5	120.0	127.5	135.0	142.5	150.0
37	Kg:	42.0	45.5	49.0	52.4	55.9	59.3	63.0	66.5	69.8
	lbs:	92.5	100.2	107.9	115.6	123.3	131.0	138.8	146.5	154.2
38	K'g:	43.1	46.7	50.2	53.8	57.5	60.9	64.7	68.3	71.8
	lbs:	95.0	102.9	110.8	118.7	126.7	134.6	142.5	150.4	158.3
39	K'g:	44.2	47.9	51.6	55.3	59.0	62.5	66.3	70.0	73.7
	lbs:	97.5	105.6	113.7	121.8	130.0	138.1	146.3	154.4	162.5
40	K'g:	45.4	49.1	52.9	56.7	60.5	64.2	68.0	71.8	75.6
	lbs:	100.0	108.3	116.7	125.0	133.3	141.7	150.0	158.3	166.6
41	K'g:	46.5	50.4	54.3	58.1	62.0	65.8	69.8	73.6	77.5
	lbs:	102.5	111.0	119.6	128.1	136.7	145.2	153.8	162.3	107.8
42	K'g:	47.6	51.6	55.6	59.6	63.5	67.4	71.5	75.4	79.4
	lbs:	105.0	113.8	122.5	131.2	140.0	148.7	157.5	166.3	175.0
43	K'g:	48.7	52.8	56.9	60.9	64.9	69.1	73.1	77.2	81.2
	lbs:	107.5	116.5	125.4	134.4	143.3	152.3	161.2	170.2	179.2
44	K'g:	49.9	54.0	58.2	62.4	66.5	70.7	74.8	79.0	83.2
	lbs:	110.0	119.2	128.3	137.5	146.6	155.8	165.0	174.2	183.3
45	K'g:	51.0	55.2	59.5	63.8	68.0	72.3	76.6	80.7	85.1
	lbs:	112.5	121.9	131.3	140.6	150.0	159.4	168.7	178.1	187.5
46	K'g:	52.2	56.5	60.8	65.2	69.5	74.0	78.3	82.6	87.0
	lbs:	115.0	124.6	134.2	143.8	153.2	162.9	172.5	182.1	191.7
47	K'g:	53.3	57.7	62.2	66.6	71.0	75.5	80.0	84.4	88.8
	lbs:	117.5	127.3	137.1	146.9	156.7	166.4	176.2	186.1	195.0
48	K'g:	54.4	58.9	63.5	68.0	72.5	77.1	81.6	86.1	90.7
	lbs:	120.0	130.0	140.0	150.0	160.0	170.0	180.0	190.0	200.0
49	K'g:	55.6	60.2	64.9	69.4	74.0	78.6	84.4	88.0	92.5
	lbs:	122.5	132.7	142.9	153.1	163.3	173.5	183.7	193.9	204.2
50	K'g:	56.7	61.4	66.1	70.8	75.6	80.2	85.1	89.8	94.5
	lbs:	125.0	135.4	145.8	156.3	166.7	177.1	187.5	197.9	208.3

Weight in Kilogrammes and lbs of **Angle-Iron** — per Foot-run.

Poids en Kilogrammes et livres anglaises de **Cornières** — par Pied courant.

Gewicht in Kilogramm und englischen Pfunden von **Winkeleisen** — per laufenden Fuss.

Breadth of Flanges (added). Somme de la largeur des ailes. Breite der Schenkel (addirt). Inches — Pouces — Zoll.	Thickness Épaisseur Dicke	Weight Poids Gewicht Kilogr.	lbs.	Breadth of Flanges (added). Somme de la largeur des ailes. Breite der Schenkel (addirt). Inches — Pouces — Zoll.	Thickness Épaisseur Dicke	Weight Poids Gewicht Kilogr.	lbs.
2	2/16	0.36	0 08	5 1/2	3/16	1.51	3.32
2	3/16	0.51	1 13	5 1/2	4/16	1.99	4.38
2 1/2	2/16	0.45	1.00	5 1/2	5/16	2.45	5.40
2 1/2	3/16	0.66	1.45	5 1/2	6/16	2.91	6.41
2 1/2	4/16	0.85	1.88	5 1/2	7/16	3.35	7.38
3	2/16	0.54	1.19	5 1/2	8/16	3.78	8.33
3	3/16	0.80	1.76	6	3/16	1.65	3.63
3	4/16	1.04	2.29	6	4/16	2.17	4.79
3	5/16	1.27	2.80	6	5/16	2.69	5.92
3 1/2	3/16	0.94	2.07	6	6/16	3.19	7.03
3 1/2	4/16	1.23	2.71	6	7/16	3.68	8.11
3 1/2	5/16	1.51	3.32	6	8/16	4.16	9 17
3 1/2	6/16	1.77	3.91	6	9/16	4.63	10.20
4	3/16	1.08	2.38	6	10/16	5.08	11.20
4	4/16	1.42	3.13	6 1/2	3/16	1.79	3.95
4	5/16	1.74	3.84	6 1/2	4/16	2.36	5.21
4	6/16	2.05	4.53	6 1/2	5/16	2.93	6.45
4	7/16	2.36	5.20	6 1/2	6/16	3.48	7.66
4 1/2	3/16	1.26	2.79	6 1/2	7/16	3.82	8.84
4 1/2	4/16	1.61	3.54	6 1/2	8/16	4.54	10.00
4 1/2	5/16	1.98	4.36	6 1/2	9/16	5.05	11.13
4 1/2	6/16	2.34	5.16	6 1/2	10/16	5.55	12.24
4 1/2	7/16	2.64	5.92	7	3/16	1.93	4.26
4 1/2	8/16	3 02	6.67	7	4/16	2.55	5.63
5	3/16	1.36	3.01	7	5/16	3.16	6.97
5	4/16	1.80	3.96	7	6/16	3.76	8.28
5	5/16	2.22	4.88	7	7/16	4.34	9.57
5	6/16	2 62	5.78	7	8/16	4.92	10.83
5	7/16	3.01	6.65	7	9/16	5.47	12.07
5	8/16	3.40	7.50	7	10/16	6.02	13.28

Weight in Kilogrammes and lbs of **Angle-Iron** — per Foot-run.
Poids en Kilogrammes et livres anglaises de **Cornières** — par Pied courant.
Gewicht in Kilogramm und englischen Pfunden von **Winkeleisen** — per laufenden Fuss.

Breadth of Flanges (added). Somme de la largeur des ailes. Breite der Schenkel (addirt).	Thickness Épaisseur Dicke	Weight Poids Gewicht		Breadth of Flanges (added). Somme de la largeur des ailes. Breite der Schenkel (addirt).	Thickness Épaisseur Dicke	Weight Poids Gewicht	
Inches — Pouces — Zoll.		Kilogr.	lbs	Inches — Pouces — Zoll.		Kilogr.	lbs
7 1/2	3/16	2.07	4.57	9	4/16	3.31	7.29
7 1/2	4/16	2.74	6.04	9	5/16	4.11	9.05
7 1/2	5/16	3.40	7.49	9	6/16	4.89	10.78
7 1/2	6/16	4.05	8.91	9	7/16	5.67	12.40
7 1/2	7/16	4.69	10.30	9	8/16	6.43	14.17
7 1/2	8/16	5.29	11.67	9	9/16	7.18	15.82
7 1/2	9/16	5.91	13.01	9	10/16	7.92	17.45
7 1/2	10/16	6.50	14.32	9	11/16	8.64	19.05
7 1/2	11/16	7.08	15.61	9	12/16	9.36	20.63
7 1/2	12/16	7.66	16.88	9 1/2	4/16	3.50	7.71
8	3/16	2.22	4.88	9 1/2	5/16	4.34	9.57
8	4/16	2.93	6.46	9 1/2	6/16	5.17	11.41
8	5/16	3.63	8.01	9 1/2	7/16	6.00	13.22
8	6/16	4.32	9.53	9 1/2	8/16	6.81	15.00
8	7/16	5.01	11.03	9 1/2	9/16	7.61	16.76
8	8/16	5.67	12.50	9 1/2	10/16	8.39	18.49
8	9/16	6.33	13.95	9 1/2	11/16	9.16	20.19
8	10/16	6.97	15.36	9 1/2	12/16	9.89	21.88
8	11/16	7.61	16.76	10	4/16	3.69	8.13
8	12/16	8.22	18.13	10	5/16	4.57	10.09
8 1/2	3/16	2.36	5.20	10	6/16	5.46	12.03
8 1/2	4/16	3.12	6.88	10	7/16	6.33	13.95
8 1/2	5/16	3.87	8.53	10	8/16	7.18	15.83
8 1/2	6/16	4.61	10.16	10	9/16	8.03	17.70
8 1/2	7/16	5.34	11.76	10	10/16	8.87	19.53
8 1/2	8/16	6.05	13.33	10	11/16	9.69	21.34
8 1/2	9/16	6.76	14.88	10	12/16	10.50	23.13
8 1/2	10/16	7.44	16.41	10 1/2	5/16	4.81	10.61
8 1/2	11/16	8.12	17.90	10 1/2	6/16	5.74	12.66
8 1/2	12/16	8.79	19.38	10 1/2	7/16	6.65	14.67

Weight in Kilogrammes and lbs of **Angle-Iron** — per Foot-run.

Poids en Kilogrammes et livres anglaises de **Cornières** — par Pied courant.

Gewicht in Kilogramm und englischen Pfunden von **Winkeleisen** — per laufenden Fuss.

Breadth of Flanges (added) — Somme de la largeur des ailes — Breite der Schenkel (addirt)	Thickness — Épaisseur — Dicke	Weight — Poids — Gewicht		Breadth of Flanges (added) — Somme de la largeur des ailes — Breite der Schenkel (addirt)	Thickness — Épaisseur — Dicke	Weight — Poids — Gewicht	
Inches — Pouces — Zoll.		Kilog^{ms}.	lbs.	Inches — Pouces — Zoll.		Kilog^{ms}.	lbs.
10 1/2	8/16	7.56	16.67	12	14/16	14.72	32.45
10 1/2	9/16	8.45	18.63	12	15/16	15.68	34.57
10 1/2	10/16	9.34	20.57	12	1 —	13.63	36.67
10 1/2	11/16	10.21	22.49	12 1/2	6/16	6.88	15.16
10 1/2	12/16	11.07	24.38	12 1/2	7/16	7.98	17.59
10 1/2	13/16	11.90	26.24	12 1/2	8/16	9.07	20.00
11	5/16	5.05	11.13	12 1/2	9/16	10.15	22.38
11	6/16	6.02	13.28	12 1/2	10/16	11.22	24.74
11	7/16	6.98	15.40	12 1/2	11/16	12.28	27.07
11	8/16	7.94	17.50	12 1/2	12/16	13.33	29.38
11	9/16	8.84	19.57	12 1/2	13/16	14.36	31.65
11	10/16	9.80	21.61	12 1/2	14/16	15.38	33.91
11	11/16	10.73	23.63	12 1/2	15/16	16.39	36.13
11	12/16	11.16	25.63	12 1/2	1 —	17.38	38.33
11	13/16	12.51	27.59	13	7/16	8.31	18.32
11	14/16	13.39	29.53	13	8/16	9.45	20.83
11 1/2	5/16	5.28	11.65	13	9/16	10.58	23.32
11 1/2	6/16	6.31	13.91	13	10/16	11.70	25.78
11 1/2	7/16	7.31	16.13	13	11/16	12.80	28.22
11 1/2	8/16	8.31	18.33	13	12/16	13.89	30.63
11 1/2	9/16	9.30	20.51	13	13/16	14.97	33.01
11 1/2	10/16	10.28	22.66	13	14/16	16.04	35.36
11 1/2	11/16	11.24	24.78	13	15/16	17.01	37.07
11 1/2	12/16	12.19	26.88	13	1 —	18.14	40.00
11 1/2	13/16	13.13	28.95	14	1/2	10.21	22.05
11 1/2	14/16	14.06	30.99	14	5/8	12.64	27.86
12	6/16	6.59	14.53	14	3/4	15.03	33.13
12	7/16	7.65	16.86	14	7/8	17.36	38.28
12	8/16	8.69	19.17	14	1 —	19.65	43.33
12	9/16	9.73	21.45	15	1/2	10.96	24.17
12	10/16	10.75	23.70	15	5/8	13.58	29.95
12	11/16	11.76	25.92	15	3/4	16.16	35.63
12	12/16	12.76	28.13	15	7/8	18.69	41.20
12	13/16	13.74	30.03	15	1 —	21.17	46.67

Weight in Kilogrammes and lbs of **Bulb Iron** — per Foot run.

Poids en Kilogrammes et livres anglaises de **Fer à boudin** — par Pied courant.

Gewicht in Kilogramm und englischen Pfunden von **Wulsteisen** — per laufenden Fuss.

Depth in Inches. / Profondeur en Pouces. / Tiefe in Zoll.		Thickness of Web in Inches. — Épaisseur de l'âme en Pouces. — Dicke des Steg in Zoll.													Depth in Inches. / Profondeur en Pouces. / Tiefe in Zoll.
		$\frac{1}{4}$	$\frac{5}{16}$	$\frac{3}{8}$	$\frac{7}{16}$	$\frac{1}{2}$	$\frac{9}{16}$	$\frac{5}{8}$	$\frac{11}{16}$	$\frac{3}{4}$	$\frac{13}{16}$	$\frac{7}{8}$	$\frac{15}{16}$	1	
4	K'g:	1.87	2.45	3.01	3.75	4.46	5.52	6.03	6.88	7.78					4
	lbs:	4.13	5.40	6.78	8.26	9.83	11.51	13.28	15.16	17.13					
4 1/2	K'g:	2.06	2.69	3.36	4.13	4.84	5.65	6.50	7.40	8.34					4 1/2
	lbs:	4.54	5.93	7.41	8.99	10.67	12.45	14.32	16.30	18.38					
5	K'g:	2.25	2.93	3.64	4.41	5.22	6.07	6.98	7.92	8.91					5
	lbs:	4.96	6.45	8.03	9.72	11.50	13.38	15.37	17.45	19.63					
5 1/2	K'g:	2.44	3.16	3.93	4.74	5.60	6.50	7.45	8.44	9.48					5 1/2
	lbs:	5.38	6.97	8.66	10.45	12.33	14.32	16.41	18.59	20.88					
6	K'g:	2.63	3.40	4.21	5.07	5.98	6.93	7.92	8.96	10.50	11.17				6
	lbs:	5.79	7.49	9.28	11.18	13.17	15.26	17.45	19.74	22.13	24.61				
6 1/2	K'g:		3.64	4.50	5.40	6.36	7.35	8.39	9.48	10.61	11.78				6 1/2
	lbs:		8.01	9.91	11.90	14.00	16.20	18.49	20.88	23.38	25.97				
7	K'g:		3.87	4.78	5.73	6.73	7.78	8.87	10.00	11.18	12.40				7
	lbs:		8.53	10.53	12.63	14.83	17.13	19.53	22.03	24.63	27.32				
7 1/2	K'g:		4.11	5.07	6.07	7.11	8.20	9.34	10.52	11.75	13.02	14.34			7 1/2
	lbs:		9.05	11.16	13.36	15.67	18.07	20.57	23.18	25.88	28.68	31.58			
8	K'g:			5.35	6.40	7.49	8.63	9.81	11.04	12.32	13.63	15.00			8
	lbs:			11.78	14.09	16.50	19.01	21.62	24.32	27.13	30.03	33.03			
8 1/2	K'g:			5.63	6.73	7.87	9.06	10.29	11.58	12.88	14.25	15.65			8 1/2
	lbs:			12.41	14.82	17.33	19.95	22.66	25.47	28.38	31.39	34.49			
9	K'g:			5.88	7.06	8.25	9.48	10.76	12.08	13.45	14.86	16.32	17.82		9
	lbs:			13.03	15.55	18.17	20.88	23.70	26.61	29.63	32.74	35.95	39.26		
9 1/2	K'g:				7.39	8.63	9.91	11.23	12.60	14.02	15.48	16.98	18.53		9 1/2
	lbs:				16.28	19.00	21.82	24.74	27.76	30.88	34.09	37.41	40.82		
10	K'g:				7.72	9.00	10.33	11.70	13.14	14.59	16.10	17.65	19.24		10
	lbs:				17.01	19.83	22.76	25.78	28.91	32.13	35.45	38.87	42.39		
10 1/2	K'g:				8.05	9.38	10.76	12.18	13.64	15.15	16.71	18.31	19.95	21.64	10 1/2
	lbs:				17.74	20.67	23.70	26.82	30.05	33.38	36.80	40.33	43.95	47.67	
11	K'g:					9.76	11.18	12.65	14.16	15.72	17.32	18.79	20.66	22.40	11
	lbs:					21.50	24.63	27.87	31.20	34.63	38.16	41.78	45.51	49.34	
11 1/2	K'g:					10.14	11.61	13.12	14.68	16.29	17.93	19.63	21.37	23.15	11 1/2
	lbs:					22.33	25.57	28.91	32.34	35.88	39.51	43.24	47.07	51.00	
12	K'g:					10.52	12.04	13.60	15.20	16.86	18.56	20.29	22.08	23.91	12
	lbs:					23.17	26.51	29.95	33.49	37.13	40.86	44.70	48.64	52.67	

Weight in Kilogrammes and lbs of **Wrought Iron for Keels, Stems, Sternposts, Propeller-frames etc.** — per Foot run.

Poids en kilogrammes et livres anglaises de **Fer laminé pour Quilles, Étraves, Étambots, Cadres d'hélice, etc.** — par Pied courant.

Gewicht in Kilogramm und englischen Pfunden von **Gewalztem Eisen für Kiele, Steven, Schraubenrahmen, etc.** — per laufenden Fuss.

THICKNESS IN INCHES — ÉPAISSEUR EN POUCES — DICKE IN ZOLL

Breadth in Inches / Largeur en Pouces / Breite in Zoll	1	1 1/8	1 1/4	1 3/8	1 1/2	1 5/8	1 3/4	1 7/8	2	2 1/8	2 1/4	2 3/8	2 1/2	
5	7.5	8.6	9.4	10.4	11.4	12.3	13.2	14.2	15.1	16.1	17.0	17.9	18.9	K'g
	16.6	18.7	20.8	22.9	25.0	27.1	29.2	31.3	33.3	35.4	37.5	39.5	41.6	lbs:
5 1/4	7.9	8.9	9.9	10.9	11.9	12.9	13.9	14.9	15.9	16.9	17.9	18.9	19.9	K'g
	17.5	19.7	21.9	24.1	26.3	28.4	30.6	32.8	35.0	37.2	39.4	41.6	43.7	lbs:
5 1/2	8.3	9.4	10.4	11.4	12.5	13.5	14.5	15.6	16.7	17.7	18.7	19.8	20.8	K'g
	18.3	20.6	22.9	25.2	27.5	29.8	32.1	34.4	36.7	39.0	41.2	43.5	45.8	lbs:
5 3/4	8.7	9.9	10.9	11.9	13.0	14.1	15.2	16.3	17.5	18.5	19.5	20.6	21.7	K'g
	19.2	21.5	23.9	26.3	28.7	31.2	33.5	35.9	38.3	40.7	43.1	45.5	47.9	lbs:
6		10.2	11.3	12.5	13.6	14.7	15.9	17.0	18.1	19.3	20.4	21.6	22.7	K'g
		22.5	25.0	27.5	30.0	32 5	35.0	37.5	40.0	42.5	45.0	47.5	50.0	lbs:
6 1/4		10.6	11.8	13.0	14.1	15.3	16.5	17.7	18.8	20.0	21.2	22.5	23.6	K'g
		23.2	26.1	28.7	31.1	33.8	36.3	39.1	41.5	44.1	46.5	49.7	52.0	lbs:
6 1/2		11.1	12.3	13.5	14.7	16.0	17.2	18.4	19.6	20.7	22.1	23.4	24.6	K'g
		24.4	27.1	29.8	32.5	35.2	37.9	40.6	43.3	46.0	48.7	51.5	54.2	lbs:
6 3/4		11.4	12.7	14.0	15.2	16.5	17.7	19.0	20.3	21.6	22.8	24.0	25.5	K'g
		25.2	28.0	30.9	33.4	36.3	39.1	42.0	44.9	47.5	50.2	53.0	56.2	lbs:
7			13.2	14.6	15.9	17.2	18.5	19.8	21.2	22.5	23.8	25.0	26.5	K'g
			29.2	32.1	35.0	37.9	40.8	43.7	46.7	49.6	52.5	55.4	58.3	lbs:
7 1/4			13.7	15.1	16.4	17.8	19.1	20.5	21.9	23.2	24.6	26.0	27.4	K'g
			30.2	33.2	36.2	39.3	42.3	45.3	48.3	51.4	54.4	57.4	60.4	lbs:
7 1/2			14.2	15.6	17.0	18.4	19.8	21 3	22.7	24.0	25.5	26.9	28.4	K'g
			31.3	34.4	37.5	40.6	43.7	46.9	50.0	53.1	56.3	59.4	62.5	lbs:
7 3/4			14.6	16.1	17.5	19.0	20.4	21.9	23.4	24.8	26.3	27.7	29.2	K'g
			32.3	35.5	38.7	42.0	45.2	48.4	51.7	54.9	58.1	61.3	64.6	lbs:
8					18.2	19.7	21.2	22.7	24.2	25.7	27.2	28.7	30.2	K'g
					40.0	43 3	46.7	50.0	53.3	56.7	60.0	63.3	66.7	lbs:
8 1/4					18.7	20.3	21.8	23.4	24.9	26.5	28.1	29.6	31.2	K'g
					41.3	44.7	48.1	51.6	55.0	58.4	61.9	65.3	68.7	lbs:
8 1/2					19.3	20.9	22.5	24.1	25.7	27.3	28.9	30.5	32.1	K'g
					42.5	46.0	49.6	53.1	56.7	60.2	63.7	67.3	70.8	lbs:
8 3/4					19.8	21.5	23.2	24.8	26.5	28.1	29.8	31.4	33.1	K'g
					43.7	47.4	51.0	54.7	58.3	62.0	65.6	69.3	72.9	lbs:
9							23.8	25.5	27.2	28.9	30.6	32.3	34.0	K'g
							52.5	56.2	60.0	63.7	67.5	71.2	75.0	lbs:
9 1/4							24.5	26.2	27.9	29.6	31.5	33.3	35.0	K'g
							54.0	57.8	61.7	65.5	69.4	73.2	77.1	lbs:
9 1/2							25.2	26.9	28.7	30.5	32.3	34.1	35.9	K'g
							55.4	59.4	63.3	67.3	71.3	75.2	79.2	lbs:
9 3/4							25.8	27.7	29.5	31.3	33.2	25.0	36.9	K'g
							56.9	60.9	65.0	69.1	73.1	77.2	81.3	lbs:
10									30.3	32.2	34.0	35.9	37.8	K'g
									66.7	70.8	75.0	79.2	83.3	lbs:
10 1/4									31.0	33.0	34.9	36.8	38.8	K'g
									68.3	72.6	76.9	81.1	85.4	lbs:
10 1/2									31.8	33.8	35.7	37.7	39.7	K'g
									70.0	74.4	78.7	83.1	87.5	lbs:
10 3/4									32.6	34.6	36.6	38.7	40.7	K'g
									71.7	76.2	80.6	85.1	89.6	lbs:
11											37.4	39.5	41.6	K'g
											82.5	87.1	91.7	lbs:
12											40.8	43.1	45.4	K'g
											90.0	95.0	100.0	lbs:
13											44.3	46.7	49.2	K'g
											97.5	102.9	108.3	lbs:
14											47.7	50.3	53.0	K'g
											105.0	110.8	116.7	lbs:

Weight in Kilogrammes and lbs of **Wrought Iron for Keels, Stems, Sternposts, Propeller-frames, etc.** — per Foot-run.

Poids en Kilogrammes et livres anglaises de **Fer laminé pour Quilles, Étraves, Étambots, Cadres d'hélice, etc.** — par Pied courant.

Gewicht in Kilogramm und englischen Pfunden von **Gewalztem Eisen für Kiele, Steven, Schraubenrahmen, etc.** — per laufenden Fuss.

Breadth in Inches / Largeur en Pouces / Breite in Zoll

THICKNESS IN INCHES — ÉPAISSEUR EN POUCES — DICKE IN ZOLL

Each cell shows K'g (top) / lbs: (bottom).

Breadth	2 5/8	2 3/4	2 7/8	3	3 1/4	3 1/2	3 3/4	4	4 1/4	4 1/2	4 3/4	5	5 1/2
5													
5 1/4													
5 1/2													
5 3/4													
6	23.8 / 52.5	25.0 / 55.0	26.1 / 57.5	27.2 / 60.0									
6 1/4	24.7 / 54.7	25.9 / 57.4	27.1 / 59.9	28.2 / 62.5									
6 1/2	25.8 / 56.9	27.1 / 59.6	28.2 / 62.3	29.5 / 65.0									
6 3/4	26.6 / 59.1	27.8 / 61.8	29.1 / 64.6	30.4 / 67.5									
7	27.8 / 61.2	29.1 / 64.2	30.5 / 67.1	31.8 / 70.0	34.4 / 75.8	37.1 / 81.7	39.6 / 87.5	42.3 / 93.3					
7 1/4	28.6 / 63.4	30.2 / 66.5	31.3 / 69.5	32.8 / 72.5	35.5 / 78.5	38.3 / 84.6	40.8 / 90.7	43.8 / 96.7					
7 1/2	29.8 / 65.6	31.2 / 68.7	32.6 / 71.8	34.0 / 75.0	36.8 / 81.3	39.7 / 87.5	42.6 / 93.7	45.3 / 100.0					
7 3/4	30.6 / 67.8	32.1 / 71.1	33 6 / 74.3	35.0 / 77.5	38.0 / 83.9	40.9 / 90.4	43.8 / 96.9	46.8 / 103.3					
8	31.7 / 70.0	33.3 / 73.3	33.8 / 76.6	36.3 / 80.0	39.3 / 86.7	42.4 / 93.3	45.4 / 100.0	48.4 / 106.7					
8 1/4	32.7 / 72.3	34.3 / 75.7	35.9 / 79.1	37.5 / 82.5	40.6 / 89.4	43.7 / 96.2	46.8 / 103.2	49.9 / 110.0					
8 1/2	33.6 / 74.3	35.4 / 77.9	37.0 / 81.9	38.6 / 85.0	41.8 / 92.1	45.0 / 99.2	48.2 / 106.3	51.4 / 113.3					
8 3/4	34.7 / 76.5	36.4 / 80.1	38.1 / 83.8	39.7 / 87.5	43.0 / 94.8	46.3 / 102.0	49.6 / 109.4	52.9 / 116.6					
9	35.7 / 78.7	37.4 / 82.5	39.1 / 86.2	40.9 / 90.0	44.3 / 97.5	47.6 / 105.0	51.1 / 112.5	54.5 / 120.0	57.9 / 127.5	61.3 / 135.0			
9 1/4	36.7 / 81.0	38.5 / 84.8	40.2 / 88.7	41.9 / 92.5	45.4 / 100.3	48.9 / 108.0	52.4 / 115.6	55.9 / 123 4	59.2 / 131.0	62.9 / 138.8			
9 1/2	37.6 / 83.1	39.5 / 87.1	41.2 / 91.0	43.1 / 95.0	43.7 / 102.9	50.3 / 110.8	53.9 / 118.7	57.5 / 126.7	61.0 / 134.6	64.6 / 142.6			
9 3/4	38.7 / 85.3	40.6 / 89.4	42.4 / 93.4	44.3 / 97.5	47.9 / 105.6	51.6 / 113.8	55.3 / 121.8	59.0 / 130.0	62.7 / 138.2	66.4 / 146.2			
10	39.4 / 87.5	41.5 / 91.7	43.2 / 95.8	45.4 / 100.0	49.2 / 108.3	53.0 / 116.7	56.7 / 125.0	60.5 / 133.3	64.4 / 141.7	68.0 / 150.0	71.8 / 158.4	75.6 / 166.6	83.0 / 183.4
10 1/4	40.7 / 89.6	42.6 / 93.9	44.6 / 98.2	46.5 / 102.5	50.4 / 110.9	54.3 / 119.5	58.1 / 128.1	62.0 / 136.6	65.9 / 145.2	69.8 / 153.8	73.6 / 162.2	77.5 / 170.8	85.2 / 188.4
10 1/2	41.6 / 91.9	43.7 / 96.3	45.6 / 100.6	47.6 / 105.0	51.6 / 113.7	55.6 / 122.5	59.6 / 131.3	63.5 / 140.0	67.5 / 148.7	71.5 / 157.4	75.5 / 166.2	79.4 / 175.0	87.4 / 192.6
10 3/4	42.6 / 94.1	44.8 / 98.6	46.7 / 103.1	48.8 / 107.5	52.9 / 116.5	56.9 / 125.5	61.0 / 134.4	65.2 / 143.4	69.1 / 152.4	73.2 / 161.2	77.3 / 170.2	81.3 / 179.2	89.6 / 197.2
11	43.7 / 96.2	45.8 / 100.8	47.9 / 105.4	49.9 / 110.0	54.1 / 119.2	58 3 / 128.3	62.4 / 137.5	66.6 / 146.7	70.7 / 155.8	74.9 / 165.0	79.1 / 174.2	83.2 / 183.3	91.6 / 201.7
12	47.7 / 105.4	49.9 / 110.0	52.2 / 115.0	54.4 / 120.0	58.9 / 130.0	63.5 / 140.0	68.0 / 150.0	72.6 / 160.0	77.1 / 170.0	81.6 / 180.0	86.2 / 190.0	90.7 / 200.0	99.9 / 220.0
13	51.7 / 113.8	54.1 / 119.2	56.6 / 124.6	58.9 / 130.0	64.0 / 140.8	68.9 / 151.7	73.8 / 162.5	78.7 / 173.3	83.6 / 184.2	88.6 / 195.0	93.5 / 205.8	98.4 / 216.7	108.2 / 238.4
14	55.6 / 122.5	58.3 / 128.3	60.9 / 134.2	63.6 / 140.0	68.8 / 151.7	74.2 / 163.3	79.5 / 175.0	84.7 / 186.7	90.1 / 198.3	95.4 / 210.0	100.7 / 221.7	106.0 / 233.3	116.6 / 256.7

Weight in Kilogrammes and lbs of **100 Iron Rivets** of various sizes.

Poids en Kilogrammes et livres anglaises de **100 Rivets en fer**, en diverses dimensions.

Gewicht in Kilogramm und englischen Pfunden von **100 Eisernen Nieten** verschiedener Grösse.

Length below the Head in Inches / Longueur en pouces, tête non comprise / Länge unterhalb des Kopfes in Zoll		DIAMETER OF RIVET — DIAMÈTRE DU RIVET — DURCHMESSER DER NIETE (IN INCHES — EN POUCES — IN ZOLL)													Length below the Head in Inches / Longueur en pouces, tête non comprise / Länge unterhalb des Kopfes in Zoll
		$\frac{3}{8}$	$\frac{7}{16}$	$\frac{1}{2}$	$\frac{9}{16}$	$\frac{5}{8}$	$\frac{11}{16}$	$\frac{3}{4}$	$\frac{13}{16}$	$\frac{7}{8}$	$\frac{15}{16}$	1	1 $\frac{1}{8}$	1 $\frac{1}{4}$	
1	K'g	2.2	3.2	4.3											1
	lbs:	4.9	6.9	9.5											
1 $\frac{1}{4}$	K'g	2.5	3.6	4.9	6.5	8.4	10.6								1 $\frac{1}{4}$
	lbs:	5.5	8.0	10.9	14.5	18.6	23.5								
1 $\frac{1}{2}$	K'g			5.5	7.3	9.4	11.8	14.6							1 $\frac{1}{2}$
	lbs:			12.3	16.2	20.8	26.1	32.2							
1 $\frac{3}{4}$	K'g				8.1	10.4	13.0	16.0	19.4						1 $\frac{3}{4}$
	lbs:				17.9	22.9	28.7	35.3	42.8						
2	K'g					11.4	14.2	17.4	21.1	25.1					2
	lbs:					25.0	31.3	38.4	46.4	55.3					
2 $\frac{1}{4}$	K'g						12.3	15.3	18.7	22.7	26.8	31.7	37.1		2 $\frac{1}{4}$
	lbs:						27.2	33.8	41.4	49.9	59.5	70.1	81.8		
2 $\frac{1}{2}$	K'g							20.1	24.3	28.6	33.8	39.6			2 $\frac{1}{2}$
	lbs:							44.5	53.6	63.7	74.9	87.3			
2 $\frac{3}{4}$	K'g								21.5	26.0	30.6	36.1	42.0	55.5	2 $\frac{3}{4}$
	lbs:								47.6	57.2	67.9	79.7	92.7	107.0	
3	K'g									27.6	32.7	38.4	44.6	58.8	3
	lbs:									60.8	72.1	84.5	98.2	129.4	
3 $\frac{1}{2}$	K'g									30.8	36.5	42.7	49.5	65.0	3 $\frac{1}{2}$
	lbs:									67.9	80.4	94.1	109.1	143.2	
4	K'g									34.1	40.3	47.1	54.5	70.8	4
	lbs:									75.2	88.7	103.7	120.0	156.0	
4 $\frac{1}{2}$	K'g									37.4	44.1	51.4	59.4	77.6	4 $\frac{1}{2}$
	lbs:									82.4	97.1	113.3	130.9	170.8	
5	K'g											64.4	82.7	101.0	5
	lbs:											142.0	182.3	226.7	
5 $\frac{1}{2}$	K'g											69.5	89.1	108.7	5 $\frac{1}{2}$
	lbs:											153.2	196.5	239.6	
6	K'g											74.3	96.5	118.3	6
	lbs:											163.8	212.8	260.8	
7	K'g											84.2	108.7	137.2	7
	lbs:											185.7	239.6	302.4	
8	K'g											94.1	121.2	152.6	8
	lbs:											207.5	267.2	336.4	

Weight in Kilogrammes and lbs. of **Flat Rolled Iron Bars** — per 10 feet run.

Poids en Kilogrammes et livres anglaises de **Barres en fer laminé méplat** — par 10 pieds courants.

Gewicht in Kilogramm und englischen Pfunden von **Gewalztem Flacheisen** — per 10 laufende Fuss.

Breadth in Inches / Largeur en Pouces / Breite in Zoll	Thickness in Inches. — Épaisseur en Pouces. — Dicke in Zoll.																		Breadth in Inches / Largeur en Pouces / Breite in Zoll
	1/4		5/16		3/8		7/16		1/2		5/8		3/4		7/8		1		
	K'g'	lbs:	K'g'	lbs:	K'g'	lbs:	K'g'	lbs:	K'g'	lbs:	K'g'	lbs:	K'g'	lbs:	K'g'	lbs:	K'g'	lbs:	
1	3.8	8.3	4.7	10.4	5.6	12.5	6.6	14.6	7.5	16.7	9.4	20.8	11.3	25.0	13.3	29.2	15.1	33.3	1
1 1/8	4.3	9.4	5.3	11.7	6.4	14.1	7.4	16.4	8.5	18.8	10.6	23.4	12.7	28.1	14.8	32.8	17.0	37.5	1 1/8
1 1/4	4.7	10.4	5.9	13.0	7.1	15.6	8.3	18.2	9.4	20.8	11.7	26.0	14.2	31.3	16.5	36.5	18.8	41.7	1 1/4
1 3/8	5.2	11.5	6.5	14.3	7.8	17.2	9.1	20.1	10 4	22.9	13 0	28.7	15.6	34.4	18.2	40.1	20.7	45.8	1 3/8
1 1/2	5.7	12.5	7.1	15.6	8.5	18.8	9.9	21.9	11.3	25.0	14.2	31.3	17.0	37.5	19.8	43.8	22.6	50.0	1 1/2
1 5/8	6.1	13.5	7.6	16.9	9.2	20.3	10.7	23.7	12.3	27.1	15.3	33.9	18.4	40.6	21.6	47.4	24.6	54.2	1 5/8
1 3/4	6.6	14.6	8.2	18.2	9.9	21.9	11.6	25.5	13 3	29.2	16.6	36.5	19.7	43.8	23.1	51.0	25.5	58.3	1 3/4
1 7/8	7.1	15.6	8.8	19.5	10.6	23.4	12.4	27.3	14.2	31.3	17.7	39.1	21.3	46.9	24.8	54.7	28.4	62.5	1 7/8
2	7.5	16.7	9.4	20.8	11.3	25.0	13.2	29.2	15.1	33.3	18.9	41.7	22.6	50.0	26.5	58.3	30.3	66.7	2
2 1/8	8.0	17.7	10.0	22.1	12.1	26.6	14.1	31.0	16.0	35.4	20.1	44.3	24.1	53.1	28.0	62.0	32.1	70.8	2 1/8
2 1/4	8.5	18.8	10.6	23.4	12.7	28.1	14.9	32.8	17.0	37.5	21.2	46.9	25.6	56.3	29.7	65.6	34.0	75.0	2 1/4
2 3/8	9.0	19.8	11.2	24.7	13.5	29.7	15.7	34.6	18.0	39.6	22.4	49.5	26.9	59.4	31.5	69.3	36.0	79.2	2 3/8
2 1/2	9.4	20.8	11.8	26.0	14.2	31.3	16.6	36.5	18.9	41 7	23.6	52.1	28.4	62.5	33.1	72.9	37.8	83.3	2 1/2
2 5/8	9.9	21.9	12.3	27.3	14.8	32.8	17.5	38.3	19.8	43.8	24.7	54.7	29.7	65.6	34.9	76.6	39.7	87.5	2 5/8
2 3/4	10.4	22.9	13.0	28.7	15.6	34.4	18.2	40.1	20.7	45.8	26.0	57.3	31.1	68.8	36.3	80.2	41.5	91.7	2 3/4
2 7/8	10.8	24.0	13.6	30.0	16.3	35.9	19.0	41.9	21.6	47.9	27.2	59.9	32.5	71.9	38.0	83.9	43.3	95.8	2 7/8
3	11.3	25.0	14.2	31.3	17.0	37.5	19.8	43.8	22.7	50.0	28.4	62.5	34.0	75.0	39.7	87.5	45.3	100.0	3
3 1/4	12.3	27.1	15.4	33.9	18.4	40.6	21.5	47.4	24.6	54.2	30.6	67.7	33.9	81.3	42.9	94.8	49.1	108.3	3 1/4
3 1/2	13.2	29.2	16.6	36.5	19.8	43.8	23.1	51.0	26.5	58.3	33.0	72.9	39.6	87.5	46.2	102.1	53.0	116.7	3 1/2
3 3/4	14.2	31.3	17.7	39.1	21.3	46.9	24.8	54.7	28.3	62.5	35.6	78.1	42.5	93.8	49.6	109.4	56.6	125.0	3 3/4
4	15.1	33.3	18.8	41.7	22.6	50.0	26.5	58.3	30.2	66.7	37.7	83.3	45.3	100.0	52.8	116.7	60.4	133.3	4
4 1/4	16.0	35.4	20.1	44.3	24.1	53.1	28.1	62.0	32.1	70.8	40.1	88.5	48.2	106.3	56.3	124.0	64.3	141.7	4 1/4
4 1/2	17.0	37.5	21.2	46.9	25.5	56.3	29.8	65.6	34.0	75.0	42.5	93.8	50.9	112.5	59.6	131.3	68.0	150.0	4 1/2
4 3/4	18.0	39.6	22 4	49.5	27.0	59.4	31.5	69.3	36.0	79.2	44.9	99.0	53.9	118.8	62.9	138.5	71.8	158.3	4 3/4
5	18.8	41.7	23.7	52.1	28.3	62.5	33.0	72.9	37.8	83.3	47.2	104.2	56.7	125.0	66.0	145.8	75.6	166.7	5
5 1/4	19.8	43.8	24.7	54.7	29.7	65.6	34.8	76.6	39.6	87.5	49.6	109.4	59.3	131.3	69.4	153.1	79.3	175.0	5 1/4
5 1/2	20.7	45.8	26.0	57.3	31.1	68.8	36.4	80.2	41.5	91.7	51.8	114.6	62.3	137.5	72.6	160.4	83.0	183.3	5 1/2
5 3/4	21.7	47.9	27.1	59.9	32.5	71.9	38.0	83.9	43.5	95.8	54.3	119.8	65.0	143.8	76.1	167.7	87.0	191.7	5 3/4
6	22.7	50.0	28.3	62.5	34.0	75.0	39.6	87.5	45 3	100.0	56.7	125.0	68.0	150.0	79.3	175.0	90.6	200.0	6

Weight in Kilogrammes and lbs of **Square Rolled Iron Bars & Shafts** — per Foot run.

Poids en Kilogrammes et livres anglaises de **Barres et Arbres en fer carré laminé** — par Pied courant.

Gewicht in Kilogramm und englischen Pfunden von **Quadrat gewalzten eisernen Stangen und Wellen** — per laufenden Fuss.

Sides in Inches — Largeur en Pouces — Breite in Zoll	Weight — Poids — Gewicht		Sides in Inches — Largeur en Pouces — Breite in Zoll	Weight — Poids — Gewicht		Sides in Inches — Largeur en Pouces — Breite in Zoll	Weight — Poids — Gewicht	
	Kilog^{ms}	lbs		Kilog^{ms}	lbs		Kilog^{ms}	lbs
1/4	0.09	0.21	4 5/8	32.3	71.30	12 1/4	226.7	500.0
1/2	0.37	0.83	4 3/4	34.0	75.21	12 1/2	236.1	520.8
3/4	0.86	1.87	4 7/8	35.8	79.22	12 3/4	245.7	541.6
1	1.50	3.33	5	37.5	83.33	13	257.1	563.3
1 1/8	1.90	4.22	5 1/4	41.9	91.87	13 1/4	265.3	584.6
1 1/4	2.30	5.21	5 1/2	45.8	100.83	13 1/2	275.5	607.6
1 3/8	2.80	6.30	5 3/4	49.9	110.21	13 3/4	285.6	629.7
1 1/2	3.30	7.50	6	54.5	120.00	14	296.2	653.3
1 5/8	3.90	8.80	6 1/4	59.1	130.21	14 1/4	307.0	676.7
1 3/4	4.60	10.21	6 1/2	64.3	140.83	14 1/2	317.8	700.8
1 7/8	5.30	11.72	6 3/4	68.9	151.90	14 3/4	328.8	725.0
2	5.98	13.33	7	73.8	163.30	15	340.2	750.0
2 1/8	6.87	15.05	7 1/4	80.8	175.20	15 1/4	351.5	774.7
2 1/4	7.76	16.87	7 1/2	85.0	187.50	15 1/2	363.2	800.8
2 3/8	8.53	18.80	7 3/4	90.8	200.20	15 3/4	375.0	826.3
2 1/2	9.40	20.83	8	96.7	213.30	16	387.2	853.3
2 5/8	10.30	22.97	8 1/4	102.8	226.90	16 1/4	399.1	880.0
2 3/4	11.30	25.21	8 1/2	109.2	240.80	16 1/2	411.3	907.6
2 7/8	12.47	27.55	8 3/4	115.7	255.20	16 3/4	424.0	935.0
3	13.60	30.00	9	122.5	270.00	17	437.1	963.2
3 1/8	14.76	32.55	9 1/4	129.3	285.20	17 1/4	449.8	991.3
3 1/4	15.90	35.21	9 1/2	136.3	300.80	17 1/2	463.2	1020.8
3 3/8	17.20	37.96	9 3/4	143.6	316.90	17 3/4	476.0	1049.7
3 1/2	18.46	40.83	10	151.1	333.30	18	490.0	1080.0
3 5/8	19.85	43.80	10 1/4	158.6	350.20	18 1/4	503.3	1110.0
3 3/4	21.26	46.87	10 1/2	166.5	367.50	18 1/2	517.4	1140.8
3 7/8	22.66	50.05	10 3/4	174.5	385.20	18 3/4	531.5	1171.6
4	24.06	53.33	11	182.8	403.30	19	545.8	1203.3
4 1/8	25.70	56.70	11 1/4	191.2	421.90	19 1/4	580.3	1234.6
4 1/4	27.40	60.21	11 1/2	199.8	440.80	19 1/2	574.8	1267.6
4 5/8	28.90	63.80	11 3/4	208.8	460.20	19 3/4	590.1	1299.6
4 1/2	30.50	67.50	12	217.6	480.00	20	605.1	1333.3

Weight in Kilogrammes and lbs of **Round wrought Iron Bars, Colums, Shafts &c.** — per Foot run.

Poids en Kilogrammes et livres anglaises de **Barres, Colonnes, Arbres &c. en fer rond forgé** — par Pied courant.

Gewicht in Kilogramm & englischen Pfunden von **Runden schmiedeeisernen Stangen, Säulen, Wellen &c.** — per laufenden Fuss.

Diameter in Inches — Diamètre en Pouces — Durchmesser in Zoll	Weight — Poids — Gewicht		Diameter in Inches — Diamètre en Pouces — Durchmesser in Zoll	Weight — Poids — Gewicht		Diameter in Inches — Diamètre en Pouces — Durchmesser in Zoll	Weight — Poids — Gewicht	
	Kilog^{ms}	lbs		Kilog^{ms}	lbs		Kilog^{ms}	lbs
1/4	0.07	0.16	4 3/8	22.7	50.10	12	171.0	377.0
3/8	0.17	0.37	4 1/2	24.1	53.01	12 1/4	178.2	392.7
1/2	0.29	0.65	4 5/8	25.4	56.00	12 1/2	185.6	409.2
5/8	0.44	1.02	4 3/4	26.8	59.07	12 3/4	193.1	425.3
3/4	0.68	1.47	4 7/8	28.1	62.20	13	202.0	442.4
7/8	0.92	2.00	5	29.7	65.45	13 1/4	208.5	459.3
1	1.18	2.62	5 1/4	32.9	72.16	13 1/2	216.5	477.1
1 1/8	1.50	3.31	5 1/2	36.0	79.16	13 5/4	224.5	494.7
1 1/4	1.80	4.09	5 3/4	39.2	86.56	14	232.9	513.1
1 3/8	2.20	4.95	6	42.8	94.25	14 1/4	241.2	531.3
1 1/2	2.67	5.89	6 1/4	46.4	102.27	14 1/2	249.8	550.4
1 5/8	3.14	6.91	6 1/2	50.5	110.61	14 5/4	258.4	569.3
1 3/4	3.60	8.02	6 3/4	54.1	119.28	15	267.3	589.0
1 7/8	4.20	9.20	7	58.2	128.28	15 1/4	276.2	608.7
2	4.75	10.47	7 1/4	62.5	137.61	15 1/2	285.4	629.0
2 1/8	5.40	11.82	7 1/2	66.8	147.26	15 3/4	294.6	649.3
2 1/4	6.00	13.25	7 3/4	71.3	157.24	16	304.2	670.2
2 3/8	6.70	14.77	8	76.1	167.55	16 1/4	313.6	691.0
2 1/2	7.40	16.36	8 1/4	80.8	178.19	16 1/2	323.2	712.7
2 5/8	8.10	18.04	8 1/2	85.8	189.15	16 5/4	333.2	734.3
2 3/4	8.98	19.80	8 3/4	90.9	200.44	17	343.4	756.6
2 7/8	9.80	21.64	9	96.2	212.06	17 1/4	353.4	779.0
3	10.70	23.56	9 1/4	101.6	224.00	17 1/2	363.9	801.8
3 1/8	11.60	25.56	9 1/2	107.3	236.27	17 5/4	374.7	824.7
3 1/4	12.50	27.65	9 3/4	112.9	248.87	18	385.0	848.2
3 3/8	13.50	29.82	10	118.8	261.80	18 1/4	395.4	871.7
3 1/2	14.50	32.07	10 1/4	124.8	275.05	18 1/2	406.5	896.0
3 5/8	15.60	34.40	10 1/2	130.9	288.63	18 5/4	417.6	920.3
3 3/4	16.70	36.82	10 3/4	137.2	302.54	19	428.8	945.1
3 7/8	17.80	39.30	11	143.7	316.78	19 1/4	440.2	970.0
4	19.00	41.89	11 1/4	150.3	331.34	19 1/2	451.6	995.2
4 1/8	20.20	44.53	11 1/2	157.0	346.23	19 5/4	463.6	1021.0
4 1/4	21.50	47.29	11 3/4	164.0	361.45	20	475.4	1047.2

Weight in Kilogrammes and lbs of **Copper and Brass Round Bars** — per Foot-run.

Poids en Kilogrammes et livres anglaises de **Barres rondes en cuivre et en laiton** — par Pied courant.

Gewicht in Kilogramm und englischen Pfunden von **Kupfernen und Messingnen runden Stangen** — per laufenden Fuss.

Diameter in Inches. — Diamètre en Pouces. Durchmesser in Zoll.	Copper Bars. — Barres en cuivre. — Kupferstangen.		Diameter in Inches. — Diamètre en Ponces. Durchmesser in Zoll.	Brass Bars. — Barres en laiton. — Messingstangen.	
	lbs :	Kilogrammes		Kilogrammes	lbs :
1/4	0.19	0.09	1/4	0.08	0.18
5/16	0.30	0.13	5/16	0.12	0.28
3/8	0.43	0.19	3/8	0.18	0.41
7/16	0.58	0.27	7/16	0.25	0.55
1/2	0.76	0.35	1/2	0.33	0.72
9/16	0.96	0.44	9/16	0.41	0.91
5/8	1.19	0.54	5/8	0.51	1.13
11/16	1.44	0.65	11/16	0.62	1.37
3/4	1.71	0.77	3/4	0.74	1.63
13/16	2.01	0.91	13/16	0.86	1.91
7/8	2.33	1.06	7/8	1.01	2.21
15/16	2.68	1.21	15/16	1.15	2.54
1	3.05	1.38	1	1.31	2.89
1 1/8	3.86	1.75	1 1/8	1.66	3.66
1 1/4	4.76	2.17	1 1/4	2.05	4.52
1 3/8	5.77	2.61	1 3/8	2.47	5.46
1 1/2	6.86	3.10	1 1/2	2.95	6.50
1 5/8	8.05	3.64	1 5/8	3.46	7.63
1 3/4	9.34	4.24	1 3/4	4.01	8.85
1 7/8	10.72	4.86	1 7/8	4.61	10.16
2	12.20	5.53	2	5.24	11.55
2 1/8	13.77	6.24	2 1/8	5.92	13.05
2 1/4	15.44	7.00	2 1/4	6.63	14.63
2 3/8	17.20	7.80	2 3/8	7.37	16.30
2 1/2	19.06	8.68	2 1/2	8.17	18.02
2 5/8	21.02	9.52	2 5/8	9.03	19.92
2 3/4	23.06	10.40	2 3/4	9.91	21.86
2 7/8	25.21	11.43	2 7/8	10.83	23.89
3	27.45	12.40	3	11.30	26.02
3 1/8	29.78	13.50	3 1/8	12.80	28.23
3 1/4	32.22	14.60	3 1/4	13.85	30.53
3 3/8	34.74	15.71	3 3/8	14.93	32.93
3 1/2	37.36	16.91	3 1/2	16.06	35.41
3 5/8	40.08	18 16	3 5/8	17.23	37.98
3 3/4	42.89	19.40	3 3/4	18.43	40.65
3 7/8	45.80	20.77	3 7/8	19.68	43.40
4	48.80	22.14	4	20.98	46.25

Weight in Kilogrammes and lbs of **Iron Boiler Tubes** — per Foot run.

Poids en Kilogrammes et livres anglaises de **Tubes en fer de Chaudière** — par Pied courant.

Gewicht in Kilogramm und englischen Pfunden von **Eisernen Kesselröhren** — per laufenden Fuss.

Thickness of tube in Inches — Épaisseur de tube en Pouces. — Dicke des Rohr's in Zoll.	Outside Diameter in Inches. — Diamètre extérieur en Pouces. — Aeusserer Durchmesser in Zoll.													
	2	2 1/8	2 1/4	2 1/2	2 3/4	3	3 1/4	3 1/2	3 3/4	4	4 1/4	4 1/2	4 3/4	5
$\frac{1}{8}$ K'gs	1.10	1.16	1.27	1.41	1.54	1.68	1.82	1.96	2.12	2.26	2.41	2.55	2.70	2.90
℔ :	2.40	2.55	2.80	3.10	3.40	3.70	4.00	4.31	4.70	5.00	5.30	5.61	5.94	6.40
$\frac{3}{16}$ K'gs	1.58	1.69	1.80	2.02	2.24	2.46	2.68	2.89	3.12	3.34	3.56	3.78	4.00	4.22
℔ :	3.48	3.72	3·97	4.45	4.93	5.42	5.90	6.36	6.86	7.35	7.83	8.32	8.80	9.28
$\frac{1}{4}$ K'4'	—	—	—	—	—	3.21	3.50	3.79	4.08	4.38	4.66	4.96	5.25	5.54
℔ :	—	—	—	—	—	7.10	7.70	8.34	8.98	9.64	10.25	10.91	11.55	12.19

Weight in Kilogrammes and lbs of **Cast Iron Pipes and Hollow Columns** — per Foot run.

Poids en Kilogrammes et livres anglaises de **Tuyaux en fonte et Colonnes creuses** — par Pied courant.

Gewicht in Kilogramm und englischen Pfunden von **Gusseisernen Röhren und hohlen Säulen** — per laufenden Fuss.

Diameter of Bore of Pipe — Diamètre intérieur de Tuyau — Durchmesser der lichten Weite		THICKNESS IN INCHES — ÉPAISSEUR EN POUCES — DICKE IN ZOLL.										
Inches — Pouces Zoll.		**1/4**	**3/8**	**1/2**	**5/8**	**3/4**	**7/8**	**1**	**1 1/8**	**1 1/4**	**1 1/2**	**2**
2	K'gs	2.51	3.97									
	lbs	5.52	8.74									
2 1/2	K'gs	3.06	4.80	9.69								
	lbs	6.75	10.58	14.73								
3	K'gs	3.60	5.64	7.80	10.10							
	lbs	7.93	12.43	17.18	22.24							
3 1/2	K'gs	4.18	6.48	8.92	11.49	14.21						
	lbs	9.20	14.27	19.64	25.31	31.29						
4	K'gs	4.74	7.31	10.03	12.88	15.87	19.00					
	lbs	10.43	16.11	22.10	28.38	34.98	41.88					
4 1/2	K'gs	5.29	8.15	11.13	14.28	17.55	20.97	24.52				
	lbs	11.66	17.95	24.54	31.45	38.66	46.18	54.00				
5	K'gs	5.85	8.98	12.26	15.67	19.22	22.91	26.74	30.71			
	lbs	12.89	19.80	27.00	34.52	42.34	50.47	58.90	67.65			
5 1/2	K'gs	6.41	9.82	13.37	17.06	20.89	24.86	28.97	33.22	37.91		
	lbs	14.11	21.63	29.45	37.58	46.02	54.76	63.81	73.17	82.84		
6	K'gs	6.96	10.66	14.39	18.45	22.56	26.81	31.20	35.73	40.39	50.34	
	lbs	15.34	23.47	31.90	40.65	49.70	59.10	68.72	78.69	88.97	110.45	
7	K'gs	8.08	12.43	16.72	21.34	25.91	30.71	35.66	40.94	45.96	56.83	80.94
	lbs	17.79	27.15	36.82	46.79	57.10	67.65	78.54	89.74	101.24	125.17	178.47
8	K'gs	9.19	14.00	18.94	24.03	29.25	34.61	40.12	45.75	51.54	63.52	90.10
	lbs	20.25	30.83	41.72	52.92	64.43	76.24	88.36	100.78	113.52	139.90	198.67
9	K'gs	10.31	15.67	21.17	26.81	32.59	38.51	44.57	50.77	57.11	70.20	99.37
	lbs	22.70	34.52	46.63	59.06	71.79	84.83	98.18	111.83	125.80	154.60	219.11
10	K'gs	11.42	17.34	23.40	29.60	35.93	42.41	49.01	55.78	62.68	76.88	108.09
	lbs	25.16	38.20	51.54	65.19	79.15	93.42	108.00	122.87	138.10	169.35	237.85
11	K'gs	12.53	19.00	25.63	32.38	39.28	46.31	53.48	60.80	68.25	83.57	117.11
	lbs	27.61	41.88	56.45	71.83	86.52	102.00	117.80	133.92	150.33	184.10	258.22
12	K'gs	13.65	20.68	27.86	35.17	42.63	50.21	57.94	65.81	73.82	89.36	126.17
	lbs	30.10	45.56	61.36	77.47	93.88	110.60	127.63	144.96	162.60	198.80	278.20
13	K'gs	14.76	22.36	30.09	37.95	45.96	54.11	62.40	70.83	79.39	96.94	135.14
	lbs	32.52	49.24	66.27	83.60	101.24	119.19	137.45	156.00	174.87	213.53	298.00
14	K'gs	15.88	24.01	32.32	40.74	49.31	58.00	66.86	75.84	84.97	103.63	144.07
	lbs	35.00	52.92	71.18	89.74	108.60	127.78	147.26	167.10	187.15	228.26	317.67
15	K'gs	—.—	25.69	34.54	42.52	52.65	61.91	71.31	80.86	90.54	110.31	153.13
	lbs	—.—	56.60	76.10	95.87	116.00	136.37	157.10	178.10	199.42	243.00	337.65
16	K'gs	—.—	27.37	36.77	46.31	55.98	65.81	75.77	85.87	96.11	117.07	162.31
	lbs	—.—	60.29	81.00	102.00	123.33	144.96	166.90	189.14	211.70	257.70	357.90
17	K'gs	—.—	29.05	39.10	49.09	59.33	64.71	80.22	90.88	101.68	122.70	171.02
	lbs	—.—	64.01	86.20	108.20	130.80	142.68	176.90	200.38	224.19	270.55	377.10
18	K'gs	—.—	30.71	41.23	51.88	62.68	73.61	84.68	95.80	107.25	129.34	180.20
	lbs	—.—	67.65	90.81	114.28	138.10	162.14	186.53	211.23	236.20	287.16	397.34
19	K'g	—.—	32.37	43.45	54.66	66.02	77.51	89.14	100.91	112.35	136.54	189.11
	lbs	—.—	71.36	95.80	120.50	145.57	170.90	196.54	222.50	247.70	301.06	416.90
20	K'g	—.—	—.—	45.68	57.45	69.37	81.41	93.60	105.93	117.45	143.74	198.16
	lbs	—.—	—.—	100.63	126.55	152.80	179.32	206.17	233.32	260.70	316.60	436.90

Weight in Kilogrammes and lbs of **Copper tubes** — per Foot run.

Poids en Kilogrammes et livres anglaises de **Tuyaux en cuivre** — par Pied courant.

Gewicht in Kilogramm und englischen Pfunden von **Kupfernen Röhren** — per laufenden Fuss.

Outside Diameter in Inches — Diamètre extérieur en Pouces — Aeusserer Durchmesser in Zoll	Thickness in Inches — Épaisseur en Pouces — Dicke in Zoll								Outside Diameter in Inches — Diamètre extérieur en Pouces — Aeusseror Durchmesser in Zoll
	1/32	**1/16**	**3/32**	**1/8**	**3/16**	**1/4**	**5/16**	**3/8**	
3/8 K'g: lbs:	0.06 0.13	0.11 0.24	0.14 0.31						**3/8**
1/2 K'g: lbs:	0.08 0.18	0.15 0.33	0.21 0.46	0.25 0.55					**1/2**
5/8 K'g: lbs:	0.10 0.22	0.19 0.42	0.27 0.59	0.34 0.75	0.45 0.99				**5/8**
3/4 K'g: lbs:	0.12 0.26	0.23 0.51	0.33 0.73	0.42 0.93	0.57 1.26	0.68 1.50			**3/4**
7/8 K'g: lbs:	0.14 0.31	0.27 0.59	0.40 0.88	0.51 1.12	0.70 1.54	0.85 1.87	0 96 2.12		**7/8**
1 K'g: lbs:	0.16 0.35	0.32 0.71	0.46 1.01	0.59 1.30	0.83 1.83	1.02 2.25	1.17 2.58	1.27 2.80	**1**
1 1/8 K'g: lbs:	0.18 0.40	0.36 0.79	0.52 1.15	0.68 1.50	0.96 2.12	1.19 2.62	1.38 3.04	1.53 3.37	**1 1/8**
1 1/4 K'g: lbs:	0.20 0.44	0.40 0.88	0.59 1.30	0.76 1.68	1.08 2.38	1.36 3.00	1.59 3.51	1.78 3.92	**1 1/4**
1 3/8 K'g: lbs:	0.23 0.51	0.45 0.99	0.65 1.43	0.85 1.87	1.21 2.67	1.53 3.37	1.81 4.00	2.04 4.50	**1 3/8**
1 1/2 K'g: lbs:	0.25 0.55	0.49 1.08	0.72 1.59	0.93 2.05	1.34 2.95	1.70 3.75	2.02 4.45	2.29 5.05	**1 1/2**
1 5/8 K'g: lbs:	0.27 0.59	0.53 1.17	0.78 1.72	1.02 2.25	1.47 3.24	1.87 4.12	2.23 4.92	2.55 5.62	**1 5/8**
1 3/4 K'g: lbs:	0.29 0.64	0.57 1.26	0.84 1.85	1.10 2.42	1.59 3.51	2.04 4.50	2.44 5.38	2.80 6.17	**1 3/4**
1 7/8 K'g: lbs:	0.31 0.68	0.61 1.35	0.91 2.01	1.19 2.62	1.72 3.79	2.21 4.87	2.66 5.86	3.03 6.75	**1 7/8**
2 K'g: lbs:	0.33 0.73	0.66 1.46	0.97 2.14	1.27 2.80	1.85 4.08	2.38 5.25	2.87 6.33	3.31 7.30	**2**
2 1/8 K'g: lbs:	0.35 0.77	0.70 1.54	1.04 2.29	1.36 2.99	1.98 4.37	2.55 5.62	3.08 6.79	3.57 7.87	**2 1/8**
2 1/4 K'g: lbs:	0.37 0.82	0.74 1.63	1.10 2.43	1.44 3.17	2.10 4.63	2.72 6.00	3.29 7.25	3.82 8.42	**2 1/4**
2 1/2 K'g: lbs:	0.42 0.93	0.83 1.83	1.23 2.71	1.61 3.55	2.36 5.20	3.06 6.75	3.72 8.20	4.33 9.54	**2 1/2**
2 3/4 K'g: lbs:	0.46 1.01	0.91 2.01	1.35 2.98	1.78 3.92	2.61 5.75	3.40 7.50	4.14 9.13	4.84 10.67	**2 3/4**
3 K'g: lbs:	0.50 1.10	0.99 2.18	1.48 3.26	1.95 4.30	2.87 6.33	3.74 8.25	4.57 10.08	5.35 11.79	**3**
3 1/2 K'g: lbs:	0.59 1.30	1.17 2.58	1.74 3.84	2.29 5.05	3.38 7.45	4.42 9.75	5.42 11.95	6.37 14.04	**3 1/2**
4 K'g: lbs:	0.67 1.48	1.34 2.95	1.99 4.39	2.63 5.80	3.89 8.58	5.09 11.22	6.27 13.82	7.39 16.29	**4**
4 1/2 K'g: lbs:	0.76 1.68	1.51 3.33	2.25 4.96	2.97 6.55	4.40 9.70	5.78 12.74	7.12 15.70	8.41 18.54	**4 1/2**

Weight in Kilogrammes and lbs of **Copper tubes** — per Foot run.

Poids en Kilogrammes et livres anglaises de **Tuyaux en cuivre** — par Pied courant.

Gewicht in Kilogramm und englischen Pfunden von **Kupfernen Röhren** — per laufenden Fuss.

Outside Diameter in Inches. / Diamètre extérieu. en Pouces. / Aeusserer Durchmesser in Zoll.	THICKNESS IN INCHES — ÉPAISSEUR EN POUCES — DICKE IN ZOLL								Outside Diameter in Inches. / Diamètre extérieur en Pouces. / Aeusserer Durchmesser in Zoll.
	1/32	**1/16**	**3/32**	**1/8**	**3/16**	**1/4**	**5/16**	**3/8**	
5	K'g 0.84 / lbs: 1.85	1.68 / 3.71	2.50 / 5.51	3.31 / 7.30	4.91 / 10.82	6.45 / 14.22	7.97 / 17.62	9.43 / 20.79	**5**
5 1/2	K'g 0.93 / lbs: 2.05	1.85 / 4.08	2.76 / 6.08	3.65 / 8.05	5.42 / 11.95	7.13 / 15.72	8.82 / 19.49	10.45 / 23.04	**5 1/2**
6	K'g 1.01 / lbs: 2.23	2.02 / 4.46	3.01 / 6.61	3.99 / 8.79	5.93 / 13.07	7.80 / 17.22	9.67 / 21.36	11.47 / 25.29	**6**
6 1/2	K'g 1.09 / lbs: 2.40	2.19 / 4.83	3.27 / 7.21	4.33 / 9.55	6.44 / 14.19	8.49 / 18.72	10.52 / 23.24	12.49 / 27.54	**6 1/2**
7	K'g 1.18 / lbs: 2.60	2.36 / 5.21	3.52 / 7.76	4.67 / 10.30	6.95 / 15.32	9.17 / 20.22	11.37 / 25.11	13.51 / 29.78	**7**
7 1/2	K'g 1.27 / lbs: 2.80	2.53 / 5.58	3.78 / 8.33	5.01 / 11.05	7.46 / 16.44	9.85 / 21.72	12.22 / 26.98	14.53 / 32.03	**7 1/2**
8	K'g 1.35 / lbs: 2.97	2.70 / 5.96	4.03 / 8.88	5.35 / 11.80	7.97 / 17.57	10.53 / 23.22	13.07 / 28.86	15.55 / 34.28	**8**
8 1/2	K'g 1.44 / lbs: 3.17	2.87 / 6.33	4.29 / 9.46	5.69 / 12.54	8.48 / 18.69	11.21 / 24.72	13.92 / 30.73	16.57 / 36.53	**8 1/2**
9	K'g 1.52 / lbs: 3.35	3.04 / 6.71	4.54 / 10.01	6.03 / 13.29	8.99 / 19.82	11.89 / 26.22	14.77 / 32.61	17.59 / 38.78	**9**
9 1/2	K'g 1.60 / lbs: 3.52	3.21 / 7.08	4.80 / 10.58	6.37 / 14.05	9.50 / 20.94	12.57 / 27.72	15.62 / 34.48	18.61 / 41.03	**9 1/2**
10	K'g 1.69 / lbs: 3.72	3.38 / 7.45	5.05 / 11.13	6.71 / 14.79	10.00 / 22.05	13.25 / 29.22	16.47 / 36.31	19.63 / 43.23	**10**

Weight in Kilogrammes and lbs of **Brass Tubes** — per Foot run.

Poids en Kilogrammes et livres anglaises de **Tubes en laiton** — par Pied courant.

Gewicht in Kilogramm und englischen Pfunden von **Messingnen Röhren** — per laufenden Fuss.

Outside Diameter in Inches. / Diamètre extérieur en Pouces. / Aeusserer Durchmesser in Zoll.	THICKNESS IN INCHES — ÉPAISSEUR EN POUCES — DICKE IN ZOLL								Outside Diameter in Inches. / Diamètre extérieur en Pouces. / Aeusserer Durchmesser in Zoll.
	1/32	1/16	3/32	1/8	3/16	1/4	5/16	3/8	
3/8 K'g'	0.06	0.11	0.13						**3/8**
℔s	0.13	0.24	0.29						
1/2 K'g'	0.08	0.14	0.19	0.24					**1/2**
℔s	0.18	0.31	0.42	0.53					
5/8 K'g'	0.09	0.18	0.26	0.33	0.43				**5/8**
℔s	0.20	0.40	0.57	0.73	0.95				
3/4 K'g'	0.11	0.22	0.32	0.40	0.55	0.65			**3/4**
℔s	0.24	0.48	0·71	0.88	1.21	1.43			
7/8 K'g'	0.13	0.26	0.38	0.49	0.67	0.81	0.92		**7/8**
℔s	0.29	0.57	0.84	1.08	1.48	1.79	2.03		
1 Kg'	0.15	0.31	0.44	0.57	0.79	0.98	1.12	1.22	**1**
℔s	0.33	0.68	0.97	1.26	1.74	2.16	2.47	2.69	
1 1/8 K'g'	0.17	0.34	0.50	0.65	0.92	1.14	1.32	1.47	**1 1/8**
℔s	0.38	0.75	1.10	1.43	2.03	2.51	2.91	3.24	
1 1/4 K'g'	0.19	0.38	0.57	0.73	1.03	1.30	1.52	1.71	**1 1/4**
℔s	0.42	0.84	1.26	1.61	2.27	2.87	3.35	3.77	
1 3/8 K'g'	0.22	0.43	0.62	0.82	1.16	1.47	1.74	1.96	**1 3/8**
℔s	0.49	0.95	1.37	1.81	2.56	3.24	3.84	4.32	
1 1/2 K'g'	0.24	0.47	0.69	0.89	1.28	1.63	1.94	2.19	**1 1/2**
℔s	0.53	1.04	1.52	1.96	2.82	3.59	4.28	4.83	
1 5/8 K'g'	0.26	0.51	0.75	0.98	1.41	1.79	2.14	2.44	**1 5/8**
℔s	0.57	1.12	1.65	2.16	3.11	3.95	4.72	5.38	
1 3/4 K'g'	0.28	0.55	0.81	1.05	1.52	1.95	2.33	2.68	**1 3/4**
℔s	0.62	1.21	1.79	2.32	3.35	4.30	5.14	5.91	
1 7/8 K'g'	0.30	0.59	0.87	1.14	1.65	2.12	2.55	2.93	**1 7/8**
℔s	0.66	1.30	1.92	2.51	3.64	4.68	5.62	6.46	
2 Kg'	0.32	0.63	0.93	1.22	1.77	2.28	2.75	3.17	**2**
℔s	0.71	1.39	2.05	2.69	3.90	5.03	6.06	5.99	
2 1/8 K'g'	0.34	0.67	1.00	1.30	1.90	2.44	2.95	3.42	**2 1/8**
℔s	0.75	1.48	2.20	2.87	4.19	5.38	6.50	7.54	
2 1/4 K'g'	0.36	0.71	1.05	1.38	2.01	2.61	3 15	3.66	**2 1/4**
℔s	0.79	1.56	2.32	3.04	4.43	5.76	6.95	8.07	
2 1/2 K'g'	0.40	0.80	1.18	1.54	2.26	2.93	3.57	4.15	**2 1/2**
℔s	0.88	1.76	2.60	3.39	4.98	6.46	7.87	9.15	
2 3/4 K'g'	0.44	0.87	1.29	1.71	2.50	3.26	3.97	4.64	**2 3/4**
℔s	0.97	1.92	2.84	3.77	5.51	7.19	8.75	10.23	
3 K'g'	0.48	0.95	1.41	1.87	2.75	3.59	4.38	5.13	**3**
℔s	1.06	2.09	3.11	4.12	6.06	7.92	9.66	11.31	
3 1/2 K'g'	0.56	1.12	1.67	2.20	3.24	4.24	5.20	6.11	**3 1/2**
℔s	1.24	2.47	3.68	4.85	7.14	9.35	11.46	13.47	
4 K'g'	0.64	1.28	1.91	2 52	3.73	4.88	6.01	7.09	**4**
℔s	1.41	2.82	4.21	5.56	8·22	10.76	13.25	15.63	
4 1/2 K'g'	0.73	1.45	2.16	2.85	4.22	5.54	6.83	8.06	**4 1/2**
℔s	1.61	3.20	4.76	6.28	9.30	12.22	15.06	17.77	

Weight in Kilogrammes and lbs of **Brass Tubes** — per Foot-run.

Poids en Kilogrammes et livres anglaises de **Tubes en laiton** — par Pied courant.

Gewicht in Kilogramm und englischen Pfunden von **Messingnen Röhren** — per laufenden Fuss.

Outside Diameter in Inches. Diamètre extérieur en Pouces. Aeusserer Durchmesser in Zoll.	THICKNESS IN INCHES — ÉPAISSEUR EN POUCES — DICKE IN ZOLL								Outside Diameter in Inches. Diamètre extérieur en Pouces. Aeusserer Durchmesser in Zoll.
	1/32	**1/16**	**3/32**	**1/8**	**3/16**	**1/4**	**5/16**	**3/8**	
5	K'g 0.80 lbs: 1.76	1.61 3.55	2.40 5.29	3.17 6.99	4.71 10.38	6.19 13.65	7.64 16.84	9.04 19.93	**5**
5 1/2	K'g 0.89 lbs: 1.96	1.77 3.90	2.64 5.82	3.50 7.72	5.20 11.46	6.84 15.08	8.48 18.70	10.00 22.05	**5 1/2**
6	K'g 0.97 lbs: 2.14	1.94 4.28	2.88 6.35	3.83 8.45	5.69 12.54	7.49 16.52	9.27 20.44	11.00 24.25	**6**
6 1/2	K'g 1.04 lbs: 2.29	2.10 4.63	3.14 6.92	4.15 9.15	6.17 13.60	8.14 17.95	10.10 22.27	11.97 26.39	**6 1/2**
7	K'g 1.13 lbs: 2.49	2.26 4.98	3.37 7.43	4.48 9.88	6.66 14.68	8.79 19.38	10.90 24.03	12.95 28.55	**7**
7 1/2	K'g 1.22 lbs: 2.69	2.43 5.36	3.62 7.98	4.80 10.59	7.15 15.76	9.45 20.84	11.72 25.84	13.93 30.71	**7 1/2**
8	K'g 1.29 lbs: 2.84	2.59 5.71	3.86 8.51	5.13 11.31	7.64 16.84	10.10 22.27	12.53 27.63	14.91 32.87	**8**
8 1/2	K'g 1.38 lbs: 3.04	2.75 6.06	4.11 9.06	5.46 12.04	8.13 17.92	10.75 23.70	13.35 29.43	15.90 35.05	**8 1/2**
9	K'g 1.46 lbs: 3.22	2.91 6.42	4.35 9.59	5.78 12.75	8.62 19.00	11.40 25.14	14.16 31.22	16.87 37.19	**9**
9 1/2	K'g 1.53 lbs: 3.37	3.08 6.79	4.60 10.14	6.11 13.48	9.11 20.08	12.05 26.57	14.98 33.03	17.85 39.35	**9 1/2**
10	K'g 1.62 lbs: 3.57	3.24 7.14	4.84 10.67	6.43 14.18	9.59 21.14	12.71 28.02	15.79 34.81	18.82 41.49	**10**

Weight in Kilogrammes and lbs of **Lead Pipes** — per Foot run.

Poids en Kilogrammes et livres anglaises de **Tuyaux en Plomb** — par Pied courant.

Gewicht in Kilogramm und englischen Pfunden von **Bleiernen Röhren** — per laufenden Fuss.

Outside Diameter in Inches. / Diamètre extérieur en Pouces. / Aeusserer Durchmesser in Zoll.	THICKNESS IN INCHES— ÉPAISSEUR EN POUCES — DICKE IN ZOLL									
	1/8		3/16		1/4		5/16		3/8	
	K'g²	lbs	K'g²	lbs	K'g²	lbs	K'g²	lbs	K'g²	lbs
1	0.75	1.65	1.06	2.34	1.30	2.87	1.49	3.28	1.62	3.57
1 1/4	0.97	2.14	1.38	3.04	1.74	3.84	2.03	4.48	2.27	5.00
1 1/2	1.19	2.62	1.71	3.77	2.17	4.78	2.45	5.40	2.92	6.44
1 3/4	1.40	3.09	1.90	4.19	2.60	5.73	3.11	6.86	3.57	7.87
2	1.62	3.57	2.36	5.20	3.04	6.70	3.66	8.07	4.22	9.30
2 1/4	1.84	4.06	2.68	5.91	3.47	7.65	4.20	9.26	4.87	10.74
2 1/2	2.05	4.52	3.01	6.64	3.90	8.60	4.75	10.47	5.53	12.19
2 3/4	2.27	5.00	3.33	7.34	4.34	9.57	5.28	11.64	6.18	13.63
3	2.49	5.49	3.66	8.07	4.77	10.52	5.83	12 90	6.85	15.10
3 1/2	2.92	6.44	4.31	9.50	5.64	12.43	6.92	15.26	8.13	17.92
4	3.36	7.41	4.96	10.93	6.49	14.31	8.00	17.64	9.43	20.79
4 1/2	3.79	8.36	5.61	12.37	7.37	16.25	9.09	20.10	10.73	23.66
5	4.22	9.30	6.26	13.80	8.23	18.14	10.17	22.42	12.03	26.52
5 1/2	4.66	10.27	6.92	15.26	9.10	20.10	11.25	24.80	13.33	29.39
6	5.09	11.22	7.57	19.69	9.97	21.98	12.34	27.21	14.64	32.28
6 1/2	5.53	12.19	8.22	18.12	10.83	23.88	13.42	29.59	15.94	35.14
7	5.96	13.13	8.87	19.56	11.70	25.79	14.51	31.99	17.24	38.00
7 1/2	6.39	14.09	9.52	20.99	12.57	27.71	15.59	34.37	18.54	40.87
8	6.83	15.06	10.17	22.42	13.44	29.63	16.68	36.77	19.84	43.74
8 1/2	7.26	16.00	10.82	23.85	14.30	31.52	17.76	39.15	21.14	46.61
9	7.69	16.95	11.47	25.29	15.17	33.44	18.85	41.56	22.44	49.47
9 1/2	8.13	17.92	12.12	26.72	16.04	35.36	19.93	43.94	23.75	52.36
10	8.56	18.87	12.76	28.13	16.91	37.28	21.02	46.34	25.05	55.22
11	9.42	20.77	14.05	30.97	18.63	41.07	23.15	51.04	27.62	60.89
12	10.29	22.68	15.35	33.84	20.55	45.31	25.32	55.82	30.21	66.60
13	11.15	24.58	16.66	36.73	22.07	48.65	27.48	60.58	32.81	72.33
14	12.02	26.50	17.95	39.57	23.82	52.51	29.65	65.37	35.41	78.10
15	12.88	28.39	19.25	42.47	25.56	56.35	31.81	70.13	38.01	83.78

Weight in Kilogrammes and lbs of **Chains and Chain-Cables** — per Fathom.

Poids en Kilogrammes et livres anglaises de **Chaînes et Câbles-Chaînes** — par Brasse.

Gewicht in Kilogramm und englischen Pfunden von **Ketten und Ankerketten** — per Faden.

Diameter of Link in Inches. — Diamètre de Maillon en Pouces. — Durchmesser des Gliedes in Zoll.	Unstudded Chain. Chaine non étançonnée. — Kette ohne Stege.		Diameter of Link in Inches. — Diamètre de Maillon en Pouces. — Durchmesser des Gliedes in Zoll.	Stud link Chain. — Chaîne étançonnée. — Kette mit Stegen.	
	Kilogrammes	lbs :		lbs :	Kilogrammes
3/8	3.6	7.9			
7/16	4.9	10.8			
1/2	6.4	14.1			
9/16	8.1	17.9			
5/8	10.0	22.1			
11/16	12.1	26.7			
3/4	14.4	31.7	3/4	33.3	15.1
13/16	16.9	37.3	13/16	39.0	17.7
7/8	19.6	43.2	7/8	45.4	20.6
15/16	22.5	49.6	15/16	52.0	23.6
1	25.6	56.4	1	59.3	26.9
1 1/16	28.9	63.7	1 1/16	66.8	30.3
1 1/8	32.4	71.4	1 1/8	75.0	34.0
1 3/16	36.1	79.6	1 3/16	83.6	37.9
1 1/4	40.0	88.2	1 1/4	88.2	42.0
1 5/16	44.1	97.2	1 5/16	97.2	46.3
1 3/8	48.4	106.7	1 3/8	111.0	50.8
1 7/16	52.9	116.6	1 7/16	121.3	55.0
1 1/2	57.6	127.0	1 1/2	133.4	60.5
1 9/16	62.5	137.8	1 9/16	144.6	65.6
1 5/8	67.6	149.0	1 5/8	156.5	71.0
1 11/16	72.9	160.7	1 11/16	168.6	76.5
1 3/4	78.4	172.8	1 3/4	181.4	82.3
1 13/16	84.1	185.4	1 13/16	194.7	88.3
1 7/8	90.0	198.4	1 7/8	208.3	94.5
1 15/16	96.1	212.0	1 15/16	222.4	100.9
2	102.4	225.7	2	237.0	107.5
2 1/16	108.9	240.1	2 1/16	252.0	114.3
2 1/8	115.6	254.8	2 1/8	267.6	121.4
2 3/16	122.5	270.0	2 3/16	283.5	128.6
2 1/4	129.6	285.7	2 1/4	300.0	136.0
2 5/16	136.9	301.8	2 5/16	316.8	143.7
2 3/8	144.4	318.3	2 3/8	334.2	151.6
2 7/16	152.1	335.3	2 7/16	352.7	160.0
2 1/2	160.0	352.7	2 1/2	367.7	168.0

Weight in Kilogrammes and Cwts of **Hemp- and Manilla-Ropes** — per 120 Fathoms.

Poids en Kilogrammes et Quintaux anglais de **Cordages en Chanvre et en Manille** — par 120 Brasses.

Gewicht in Kilogramm und englischen Centnern **von Hanf- und Manilla Tauwerk** — per 120 Faden.

Circumference in Inches. = Circonférence en Pouces. — Kreisumfang in Zoll.	Hawser laid 3 strand tarred Hemp. — Cordage goudronné en Chanvre commis en aussière (3 torons). — Trossweise geschlagenes getheertes 3 schäftiges Hanftauwerk.				Cable laid 3 strand tarred Hemp. — Cordage goudronné en Chanvre commis en câble (3 torons). — Kabelweise geschlagenes getheertes 3 schäftiges Hanftauwerk.				Manilla-Rope. — Cordage en Manille. — Manilla-Tauwerk.			
	Kilog^{ms}	Cwts	Qrs	lbs	Kilog^{ms}	Cwts	Qrs	lbs	Kilog^{ms}	Cwts	Qrs	lbs
1 3/4	37	0	2	25	35	0	2	21	28	0	2	6
2	48	0	3	22	46	0	3	17	36	0	2	23
2 1/4	61	1	0	22	58	1	0	16	45	0	3	16
2 1/2	75	1	1	25	72	1	1	19	55	1	0	9
2 3/4	91	1	3	4	87	1	2	24	68	1	1	10
3	108	2	0	15	104	2	0	5	81	1	2	11
3 1/4	127	2	1	27	122	2	1	16	95	1	3	13
3 1/2	147	2	3	17	141	2	3	2	110	2	0	19
3 3/4	139	3	1	8	162	3	0	22	126	2	1	27
4	192	3	3	4	184	3	2	15	144	2	3	10
4 1/4	217	4	1	1	208	4	0	11	162	3	0	23
4 1/2	243	4	3	4	233	4	2	10	182	3	2	10
4 3/4	271	5	1	9	260	5	0	13	203	4	0	0
5	300	5	3	17	288	5	2	19	225	4	1	20
5 1/4	331	6	2	0	317	6	0	27	248	4	3	15
5 1/2	363	7	0	16	348	6	3	12	272	5	1	12
5 3/4	397	7	3	6	381	7	2	0	297	5	3	12
6	432	8	2	1	415	8	0	18	324	6	1	14
6 1/4	469	9	0	25	450	8	3	21	351	6	3	19
6 1/2	507	9	3	25	487	9	2	9	380	7	1	26
6 3/4	547	10	3	1	525	10	1	9	410	8	0	6
7	588	11	2	8	564	11	0	12	441	8	2	20
7 1/2	675	13	1	4	648	12	3	1	506	9	3	23
8	768	15	0	13	737	14	2	1	576	11	1	9
8 1/2	867	17	0	8	832	16	1	13	650	12	3	5

Weight in Kilogrammes and Cwts of **Hemp- and Manilla Ropes** — per 120 Fathoms.

Poids en Kilogrammes et Quintaux anglais de **Cordages en Chanvre et en Manille** — par 120 Brasses.

Gewicht in Kilogramm und englischen Centnern von **Hanf- und Manilla Tauwerk** — per 120 Faden.

Circumference in Inches — Circonférence en Pouces — Kreisumfang in Zoll	Hawser laid 3 strand tarred Hemp — Cordage goudronné en Chanvre commis en aussière (3 *torons*) — Trossweise geschlagenes getheertes 3 schäftiges Hanftauwerk				Cable Laid 3 strand tarred Hemp — Cordage goudronné en Chanvre commis en câble (3 *torons*) — Kabelweise geschlagenes getheertes 3 schäftiges Hanftauwerk				Manilla-Rope — Cordage en Manille — Manilla-Tauwerk			
	Kilog^{ms}	Cwts	Qrs	℔s	Kilog^{ms}	Cwts	Qrs	℔s	Kilog^{ms}	Cwts	Qrs	℔s
9	972	19	0	15	933	18	1	12	729	14	1	11
9 1/2	1083	21	1	8	1040	20	1	25	812	15	3	26
10	1200	23	2	14	1152	22	2	19	900	17	2	24
10 1/2	1323	26	0	5	1270	25	0	0	992	19	2	3
11	1432	28	0	21	1375	27	0	0	1089	21	1	21
11 1/2	1587	31	0	26	1524	29	3	27	1190	23	1	18
12	1728	34	0	2	1659	32	2	18	1296	25	2	2
12 1/2	1875	36	3	17	1800	35	1	20	1406	27	2	19
13	2028	39	3	13	1947	38	1	7	1521	29	3	20
13 1/2	2187	43	0	0	2099	41	1	2	1640	32	1	4
14	2352	46	1	0	2258	44	1	17	1764	34	2	25
14 1/2	2523	49	2	13	2422	47	2	14	1892	37	0	26
15	2700	53	0	17	2592	50	3	25	2025	39	·3	6

Weight in Kilogrammes and lbs. of **Iron Wire-Ropes and Steel Hawsers** — per Fathom.

Poids en Kilogrammes et livres anglaises de **Cordages en fil de fer et Aussières en acier** — par Brasse.

Gewicht in Kilogramm und englischen Pfunden von **Eisendraht-Tauwerk und Stahl-Trossen** — per Faden.

Circumference in Inches — Circonférence en Pouces — Kreisumfang in Zoll	Iron Wire Ropes — Cordages en fil de fer — Eisendraht-Tauwerk		Circumference in Inches — Circonférence en Pouces — Kreisumfang in Zoll	Steel Hawsers — Aussières en acier — Stahl-Trossen	
	Kilogrms	lbs		lbs	Kilogrms
1/2	0.07	0.15	1/2	—	—
3/4	0.15	0.33	3/4	—	—
1	0.27	0.59	1	0.82	0.37
1 1/4	0.53	1.17	1 1/4	1.21	0.55
1 1/2	1.03	2.27	1 1/2	1.81	0.82
1 3/4	1.41	3.11	1 3/4	2.34	1.06
2	1.71	3.77	2	2.82	1.28
2 1/4	2.12	4.67	2 1/4	3.70	1.68
2 1/2	2.86	6.30	2 1/2	4.04	1.83
2 3/4	3.37	7.43	2 3/4	5.38	2.44
3	3.76	8.29	3	5.97	2.71
3 1/4	4.82	10.65	3 1/4	8.07	3.66
3 1/2	5.10	11.26	3 1/2	8.82	4.00
3 3/4	5.79	12.76	3 3/4	10.27	4.66
4	6.73	14.84	4	12.10	5.49
4 1/4	7.45	16.42	4 1/4	13.45	6.10
4 1/2	8.35	18.41	4 1/2	14.68	6.66
4 3/4	9.25	20.39	4 3/4	16.20	7.35
5	10.30	22.71	5	17.75	8.05
5 1/4	11.25	24.80	5 1/4	20.33	9.22
5 1/2	12.20	26.90	5 1/2	22.27	10.06
5 3/4	13.15	28.99	5 3/4	24.76	11.23
6	14.10	31.10	6	27.34	12.40

APPENDIX.

In a book of this kind composed chiefly of technical terms and containing so many, several of course occur, which make it desirable to add fuller explanations than could be given in the body of the work. They have been reserved for this appendix, and altho' some of them may at first view appear of slight importance, it is necessary to note the different definitions they have in practice; which are well worth the attention of the reader, who will find information upon some points, far from being generally known.

ANNEXE.

Dans un livre de ce genre, composé essentiellement de mots techniques dont le nombre est très grand, il s'en présente quelques-uns pour lesquels a paru désirable une explication plus détaillée que ne le permettait le corps de l'ouvrage : ils figurent dans cette annexe. Des termes peu importants à première vue, sont néanmoins dignes d'attention par les différentes définitions, qui leur sont données dans la pratique, le lecteur trouvera à cet égard des informations sur des points généralement peu connus.

NACHTRAG.

In einem Buche dieser Art, wesentlich aus technischen Ausdrücken zusammengesetzt, und deren so viele enthaltend, finden sich natürlicher Weise immer einige, welche eine ausgedehntere Erklärung, als im Werke selbst gegeben werden konnte, wünschenswerth machen.

Dieselben sind für diesen Nachtrag reservirt und obgleich einige davon beim ersten Anblick unbedeutend erscheinen mögen, so ist es nöthig den verschiedenen Definitionen, welche sie in der Praxis haben, Rechnung zu tragen und wohl verdienen solche die Aufmerksamkeit des Lesers, welcher Erläuterungen über Punkte finden wird, die weit entfernt sind, allgemein gekannt zu sein.

One-decked Vessels

are small vessels having one completely laid deck-flat, and little depth of hold, say 12 feet or less. — When the depth of hold increases to 14 or 15 feet, some hold-beams are inserted.

Navires à un pont

petits navires ayant un pont bordé et un creux de cale ne dépassant pas 3 M. 60 en général. — Au-delà de ce creux des barres-sèches sont installées.

Eindeck-Schiffe

sind kleine Fahrzeuge mit einem vollständigen, gelegten Deck und geringer Raumtiefe, sage 12 Fuss oder weniger. Bei einer Raumtiefe von 14 bis 15 Fuss werden Raumbalken angebracht.

Two-decked Vessels.

These vessels have generally a depth of hold from about 20 to 24 feet, the decks are called Upper-deck and Lower-deck, the latter also styled "tween-deck."

Navires à deux ponts.

Ces navires ont généralement de 6 M. à 7 M. 30 de creux de cale ; les ponts sont dénommés pont supérieur et pont inférieur (ou entrepont.)

Zweideck-Schiffe.

Diese Schiffe haben gewöhnlich eine Raumtiefe von c_a 20 bis 24 Fuss, die Decke werden Oberdeck und Unterdeck, letzteres auch Zwischendeck, genannt.

Three-decked vessels, see page 4.

These vessels have three deck-flats laid, or two deck-flats and a tier of hold beams; the decks are named Upper-deck, Middle- or Main-deck, and Lower-deck.

Navires à trois ponts, voir page 4.

Ces navires ont ou trois ponts bordés ou deux ponts bordés et un rang de barres-sèches, les ponts sont dénommés pont supérieur, pont intermédiaire (ou principal) et pont inférieur.

Dreideck-Schiffe, siehe Seite 4.

Diese Schiffe haben drei gelegte Decke, oder zwei gelegte Decke und eine Reihe Raumbalken. Die Namen der Decke sind Oberdeck, Mittel- oder Hauptdeck und Unterdeck.

Appendix.	Annexe.	Nachtrag.

N.B. If a Ship has four decks, they are called : Upperdeck, Main-deck, Lower-deck and Orlop-deck.

N.B. Quand un navire a quatre ponts ils sont dénommés : pont supérieur, pont principal, pont inférieur et faux-pont.

N.B. Wenn ein Schiff vier Decke hat, sind die Namen derselben wie folgt : Oberdeck, Hauptdeck, Unterdeck und Orlopdeck.

Awning-decked Vessels, see pages 4 and 5.

Navires à pont-abri, voir pages 4 et 5.

Sturmdeck - Schiffe, siehe Seite 4 und 5.

These vessels, according to their size have two, or three decks; if with two decks, they are called : Awning-deck and Main-deck; if with three decks: Awning-deck, Main-deck and Lower-deck.

Ces navires ont deux ou trois ponts, suivant grandeur. — Ceux à deux ponts ont : le pont-abri et le pont principal; ceux a trois ponts ont : le pont-abri, le pont principal et le pont inférieur.

Diese Schiffe haben je nach ihrer Grösse zwei oder drei Decke ; diejenigen mit zwei Decken haben: Sturmdeck und Hauptdeck, die mit drei Decken : Sturmdeck, Hauptdeck und Unterdeck.

Spar-decked Vessels, see page 4.

Navires à spardeck, voir page 4.

Spardeck-Schiffe, siehe Seite 4.

These vessels have a Spardeck, a Main-deck and a Lower-deck ; or in lieu of the latter a tier of hold-beams.

Ces navires ont un "spardeck" *(pont supérieur)*, un pont principal et un pont inférieur ou un rang de barres sèches.

Diese Schiffe haben ein Spardeck, ein Hauptdeck und Unterdeck oder statt des Letzteren eine Lage Raumbalken.

Anchor-crane is a novel application on board of Steamers, employed for taking Anchors in board, thus replacing Cat-heads, Cat-davits & Fishdavits, which in most vessels are still in common use.

Grue d'ancre est un nouvel appareil en usage à bord de Bateaux à vapeur pour prendre à bord les ancres, il remplace les Bossoirs de capon et Bossoirs de traversière, lesquels cependant sont toujours encore en usage aussi.

Ankerkrahn ist eine neue Vorrichtung an Bord von Dampfschiffen, um Anker binnenbords zu nehmen, und ersetzt die indessen ebenfalls noch gebräuchlichen Krahnbalken, Katt- und Fischdavide.

Break (*Wooden and Iron-Vessels*) is the name given to the termination of a deck, when interrupted by a raised quarter-deck, sunk-forecastle etc.; the front-bulkheads placed at such terminations are known as "Break bulk-heads". Any elevation of a ship's deck, no matter whether aft, forward or amidships, is also styled a "Break" and the extra capacity gained by such raised portion, is known as the "Tonnage of Break".

Break (Coupée) (*Navires en bois et en fer*) se dit de l'interruption d'un pont par une demi-dunette, ou coupée-avant ou arrière. — La cloison frontale des ces constructions se désigne en anglais par "Break bulkhead".— En général toute superstructure établie dans un pont et le coupant, est dénommée "Break" en anglais et la jauge de la partie en contre-haut du pont est renseignée sous le nom de "Tonnage of Break", c. a. d.tonnage de la coupée.

Break (*Hölzerne und eiserne Schiffe*) ist der Name, welchen man der Grenze eines, durch ein erhöhtes Quarterdeck, Gesenkte Back etc., unterbrochenen Deck beilegt. — Die an solchen Enden angebrachten Querschotte sind unter dem Namen "Breakbulkheads" bekannt. — Ausserdem wird jede Erhöhung eines Deck's, einerlei ob hinten, vorne oder in der Mitte des Schiffes von den Engländern "Break", und der durch eine solche Erhöhung gewonnene Raumgehalt "Tonnage of Break" genannt.

Appendix.	Annexe.	Nachtrag.

Gunwale or **Gunnel** (*Wooden and Iron Vessels*)

Altho' this term is so commonly employed, there is really not a piece in the present structure, either of an iron- or wooden Merchant-vessel, bearing that name. — In **wooden**-Vessels the upper outer edge of the Planksheer may be considered as the Gunwale; in **Iron** Vessels (*where wooden waterways and planksheers are not in present practice employed*) "the upper part of the sheerstrake" may be regarded as the Gunwale. By some, that part of a vessel where the ship's-side comes in contact with the upper-deck, is so called.

Knights (*also called "Jeer bitts"*) are small bitts, placed behind the different masts on the upper-deck, in the heads of these are several sheaveholes (*with sheaves*), through which running-rigging for hoisting etc. is rove; with the exception of some Mediterranean-Vessels, they are now very rarely found in Merchantships.

Orlop-beams (*Wooden and Iron Vessels*) are hold-beams, fitted below the lower-deck of two-and three-decked vessels; their spacing is greater, and they are therefore generally heavier than the beams in the decks above.

Orlop-deck is the lowermost deck in four-decked ships.

Gunwale. (*Navires en bois et en fer.*)

Quoique ce mot soit fréquemment employé, il n'existe actuellement dans les navires-marchands en bois ou en fer aucune pièce de construction qui porte ce nom. — Pour les navires en **bois** ce terme désigne l'arête extérieure du can supérieur du plat-bord. Dans les navires en **fer** (*où l'on n'établit d'après la méthode de construction actuelle, ni gouttières, ni plat-bords faisant saillie*) ce terme désigne la partie du carreau en contrehaut du pont superieur. — Quelques fois on entend aussi par " gunwale " la lisse du pont supérieur.

Seps de drisse ou **Chaumards** sont de petites bittes, solidement fixées sur le pont supérieur à l'arrière des mâts et garnies de plusieurs réas, à l'effet de recevoir diverses manœuvres courantes. — A l'exception de quelques navires de la Méditerrannée, on ne les rencontre que très rarement à bord des navires-marchands.

Barrots de cale (*Navires en bois et en fer*). Ce sont des barres-sèches installées endessous du pont inférieur des navires à deux et à trois ponts, leur écartement est plus grand et par conséquent leur échantillon généralement plus fort que ceux des barrots des ponts au-dessus.

Faux-pont est le pont le plus bas des navires à quatre ponts.

Gunwale. (*Hölzerne und eiserne Schiffe*).

Obgleich dieser Ausdruck so allgemein angewendet wird, besteht doch in Wirklichkeit kein Stück in der jetzigen Construction hölzerner oder eiserner Kauffahrteischiffe, welches diesen Namen trägt. In **hölzernen** Schiffen mag der obere Aussenrand des Schandeckels, und in **eisernen** Schiffen (*bei welchen jetzt selten oder nie hölzerne Wassergänge und Schandeckel construirt werden*) der obere Theil des Oberdeck-Farbegang's als " Gunwale " betrachtet werden. Auch die Stelle, wo das Oberdeck mit der Schiffseite in Berührung kommt, wird von Einigen als "Gunwale" bezeichnet.

Knechte sind kleine, auf dem Oberdeck hinter den verschiedenen Masten sich befindliche Betinge, in deren Köpfen mehrere Scheibgatten (*mit Scheiben*) angebracht sind, wodurch laufendes Tauwerk zum Heissen geschoren wird. Mit der Aussnahme einiger am Mittelmeer zu Hause gehörenden Schiffe, werden sie jetzt nur selten oder nie auf Kauffahrtei-Schiffen vorgefunden.

Orlopbalken (*Hölzerne und eiserne Schiffe*) sind Raumbalken, welche unterhalb des Unterdeck's von zwei- und dreideckigen Schiffen angebracht werden. — Die Entfernung dieser Balken ist grösser, und ihre Dimensionen deshalb gewöhnlich schwerer, als die der Balken der oberhalb befindlichen Decke.

Orlopdeck ist das unterste Deck in Vierdeck-Schiffen.

Appendix.	Annexe.	Nachtrag.

Riding-Bitts are bitts to which chain-cables are belayed when a ship is anchored ; at the present time, they are very unusual in Merchant-vessels

Sheerstrake in a wooden--vessel, is the uppermost strake of the topside-planking, i. e. the strake next below the planksheer ; and in an iron-vessel, the uppermost strake of plating (*ex bulwark.*) — In iron-vessels with several decks, the strakes of plating in way of, or level with the two uppermost decks, are known as "sheerstrakes" ; thus the strake of plating in way of the spardeck, is called "spardeck-sheerstrake" and that in way of a main-deck, "main-sheer-strake" or "main-deck sheer-strake" etc. The sheerstrakes generally are thicker than the other outside plating, however it is not from their thickness but their situation that they derive their name sheerstrakes.
In two-decked vessels, only the strake of plating in way of the upperdeck, is called a sheerstrake. The strakes of plating on level with lower-decks and orlop-decks, are not so styled.

Stringers (*Iron-Vessels*)

Are : 1º plates running all fore and aft, and riveted on the beam-ends of each of the decks. The Stringers on upper-deck beams, are in addition attached to the sheerstrake by an angle-iron ; those of the decks below are riveted to the frames and/or reversed

Bittes de Mouillage sont des bittes sur lesquelles les câbles-chaines sont amarrées, quand un navire est mouillé. Actuellement elles sont très rarement employées par les navires-marchands.

Carreau. Dans un navire en bois c'est la virure supérieure du bordé des hauts, c. a. d. la première virure en-dessous du plat-bord et dans un navire en fer, c'est la virure supérieure du bordé en tôle au-dessous du bordé de pavois. Dans les navires en fer ayant plusieurs ponts, les virures du bordé en tôle décroisant les deux ponts supérieurs sont dénommés carreaux ; par suite la virure du bordé en tôle décroisant le spardeck est nommé "carreau de spardeck", et celle décroisant le pont principal est nommé "carreau du pont principal" etc. — Les carreaux sont ordinairement plus forts que le restant du bordé extérieur, cependant leur dénomination est indépendante de leur épaisseur, mais provient de leur emplacement.
Dans les navires à deux ponts, ce n'est que la virure du bordé décroisant le pont supérieur, qui porte le nom de carreau. Les virures du bordé, qui décroisent les ponts inférieurs ou faux ponts ne prennent pas ce nom.

Gouttières (*Navires en fer*) sont des serres en tôles posées sur le bout des barrots de tous les ponts, sur lesquels elles sont toujours rivées.
— Celles du pont supérieur sont en outre rivées au carreau au moyen d'une cornière. Celles des ponts inférieurs sont rivées sur la membrure et/ou la contre-membrure et s'atta-

Betinge worauf Anker-ketten belegt werden, wenn ein Schiff vor Anker liegt, sind heutigen Tages auf Kauffahrtei-Schiffen sehr selten oder nie mehr anzutreffen.

Farbegang ist in einem hölzernen Schiffe der oberste Plankengang, d. h. der Gang unmittelbar unter dem Schandeckel, und in eisernen Schiffen der oberste Plattengang (*Schanzkleid ausgenommen.*) In eisernen Schiffen mit mehreren Decken sind die Plattengänge in Linie und Höhe der beiden oberen Decke, unter dem Namen "Farbegang" bekannt, demnach ist der Plattengang in Linie des Spardeck's "Spardeck--Farbegang" und derjenige in Linie des Hauptdeck's "Haupt-Farbegang oder Hauptdeck--Farbegang" benannt u. s. w. — Die Farbegänge sind im Allgemeinen von grösserer Dicke als die andere Aussenbeplattung, indessen ist es nicht die Dicke, sondern die Lage, die ihnen den Namen "Farbegang" giebt. In Zweideck-Schiffen ist nur der Plattengang in der Linie des Oberdeck's, "Farbegang" benannt, während die Plattengänge in Linie eines Unterdeck's und eines Orlop-deck's, diesen Namen nicht tragen.

Stringer (*Eiserne Schiffe*) sind :
1º Platten die (*von vorne bis hinten*) auf den Enden der verschiedenen Balkenlagen genietet sind. Die Oberdeck-Stringer sind ausserdem vermittelst eines Winkeleisens an dem Farbegang, diejenigen der anderen Decke an den Spanten und/oder den umge-

Appendix.

frames, and also usually attached to the outside plating.—
The stringers on hold-beams (*when the spacing of the beams is great*) have generally their inner edges strengthened by an angle-iron or bulb-iron.

2° **Stringers** formed of angle-irons are sometimes stiffened by a bulb-iron and usually fitted in the bilges and sides of a Vessel.

Tie-plates (*Iron Vessels*) are narrow plates ranged nearly all fore and aft, on the beams outside the hatchways of the different decks, to bind and stiffen the beams to which they are riveted; and they are generally fastened by an angle-iron to the hatchway-comings.

Diagonal tie-plates are of the same dimensions as the former, connecting them with the stringers.

Tonnage
—

Gross Tonnage is the whole cubic capacity of every closed-in space on board of a ship; it includes all the room under deck from stem to stern-post; also that in Poops, Bridge-houses, Forecastles and other Erections, if closed-in, and in use.

N.B. 100 Cubic feet equal one Ton.

Tonnage under deck is the capacity below the upper-deck in one, two and three-decked Vessels, and that under the main-deck in spar- and

Annexe.

chent en outre généralement au bordé. Les gouttières des ponts inférieurs ont en plus leur can intérieur généralement renforcé par une cornière ou un fer à boudin, lorsque les barres-sèches ont un grand écartement.

Serres de renfort sont généralement composées de cornières munies, dans certains cas, d'un fer à boudin, elles sont d'ordinaire fixées dans les bouchains et dans les murailles du navire.

Virures d'hiloire (*Navires en fer*) sont des serres longitudinales placées à plat sur les barrots des divers ponts et rivées aux dits barrots. Elles longent généralement les surbaux des écoutilles et ceux-ci y sont attachés au moyen d'une cornière ; Elles servent à relier les barrots entre eux.

Bandes diagonales sont des tôles de même échantillon que les virures d'hiloire et reliant celles-ci aux gouttières.

Tonnage
—

Tonnage total est la capacité entière de tout compartiment à bord d'un navire, il comprend tout l'espace existant en-dessous du pont depuis l'étrave jusqu'à l'étambot; également l'espace compris dans les dunettes, rouffles passerelles, gaillards d'avant, et d'autres superstructures, dont il serait fait usage.
N.B. 100 pieds cubes anglais représentent un tonneau.

Tonnage under deck (*Tonnage en-dessous du pont*) est la capacité en-dessous du pont supérieur dans les navires à un, deux et trois ponts,

Nachtrag.

kehrten Spanten, häufig auch an den Aussenplatten befestigt.
Die Stringer auf den Raumbalken werden (*wenn die Entfernung dieser Balken gross ist*) gewöhnlich an der Innenseite durch ein Winkel- oder Wulsteisen verstärkt.

2° **Stringer** aus Winkeleisen geformt, sind mitunter durch ein Wulsteisen versteift; sie werden gewöhnlich in den Kimmen und Schiffseiten angebracht.

Längsbänder (*eiserne Schiffe*) sind schmale Platten (*von vorne bis hinten*) auf die verschiedenen Deckbalken gelegt und an dieselben genietet. Sie dienen, die Balken zu versteifen und liegen gewöhnlich ausserhalb der Lukensille, woran sie vermittelst eines Winkeleisen befestigt werden.

Diagonalbänder sind von der nämlichen Dimension der Längsbänder, und dienen um diese mit den Stringern zu verbinden.

Tonnengehalt
—

Brutto-Tonnengehalt ist der ganze Raumgehalt an Bord eines Schiffes, er schliesst den ganzen Raum unter Deck vom Vorsteven bis zum Hintersteven ein, ebenso den Raum der Hütten, Brückenhütten, Back und anderen Aufbauten, wenn in Gebrauch.

N. B. 100 Cubikfuss englisch gleich einer Tonne. (Ton)

Tonnage under Deck. (*Tonnengehalt unter Deck*) ist der Raumgehalt unterhalb des Oberdecks in ein, zwei und drei-deck Schiffen, sowie der-

Appendix.	Annexe.	Nachtrag.

awning-decked Vessels.

et dans les navires à "spardeck" et à pont-abri, c'est la capacité en-dessous du pont principal.

jenige unterhalb des Hauptdeck in Spar- und Sturmdeck-Schiffen.

Net tonnage is the capacity under deck, available for stowing cargo only; it is exclusive of Engine- and Boiler spaces, Coal-bunkers, Cabins, Crew-spaces, etc., etc. This tonnage is commonly called the "Register tonnage".

Tonnage net est la capacité en-dessous du pont, affectée à l'arrimage de la cargaison; c. a. d. non compris les chambres des machines et chaudière, soutes à charbon, cabines, logements d'équipage etc. — Ce tonnage est généralement appelé "Register-tonnage".

Netto-Tonnengehalt ist nur der für Ladung dienende Raumgehalt unter Deck ; also Maschinen- und Kesselraum, Kohlenraum, Kajüten, Mannschaftsraum etc. ausgenommen. Dieser Tonnengehalt ist gewöhnlich "Register tonnage" genannt.

Register tonnage; Registered tonnage is that measured according to the "Custom's regulations", and entered in the Ship's Register.

Register tonnage (tonnage d'après le registre) est celui déterminé par les réglements de Douane et noté dans le certificat d'enregistrement.

Register tonnage (Register-Tonnengehalt) ist der von der Zollbehörde aufgenommene und in dem Messbrief verzeichnete Tonnengehalt.

Wales (by some also called **Bends**) (Wooden Vessels). The thickest outside planking of a ship's side, about midway between the light water-line and the plank sheer ; the breadth of the Wales is generally equal to 1/4 or 1/3 of the depth of the vessel's hold.

Préceintes (Navires en bois). C'est le bordé extérieur le plus épais de la muraille d'un navire, elles sont placées à peu-près à mi-hauteur entre la ligne de flottaison lège et le plat-bord et s'étendent en largeur du quart au tiers du creux du navire.

Barkholz oder **Bergholz** (Hölzerne Schiffe) ist die dickste Aussenbeplankung der Schiffseiten, ungefähr halbwegs zwischen der leichten Wasserlinie und dem Schandeckel. — Die Breite des Barkholzes ist im Allgemeinen gleich einem Drittel oder einem Viertel der Raumtiefe des Schiffes.

Waterways (Wooden Vessels) are heavy pieces of timber fitted on the beam-ends of the several decks, and against the frames of the ship, running all fore and aft, and fastened by through-bolts to the beams and the vessel's side ; they are generally at-least double the thickness of the deck-planking.

Fourrures de gouttière (Navires en bois) sont de fortes pièces de bois établies sur les extrémités des barrots des divers ponts en contact avec les couples ; Elles s'étendent de l'avant à l'arrière du navire et sont chevillées de part en part avec les barrots et la muraille. — Leur moindre épaisseur est de deux fois celle du pont.

Wassergang (Hölzerne Schiffe) schwere Stücke Holz, welche auf den Balkenenden der verschiedenen Decke (gegen den Spanten) sich von vorne bis hinten erstrecken, und vermittelst Durchbolzen an den Balken und Schiffseiten befestigt sind. Im Allgemeinen haben die Wassergänge wenigstens die doppelte Dicke der Deckplanken.

ADDITIONS.	ADDITIONS.	ERGÄNZUNCEN.
Boss of propeller-post	Lunette de l'étambot avant ;	Hülse des Schraubenstevens
Bridge-ladder	Escalier de rouffle-passerelle	Brückentreppe
Orlop stringer	Gouttière de cale	Orlopstringer
Orlop stringer-plate	Tôle-gouttière de cale	Orlopstringerplatte
—	—	—
Patent steering-appara-tus.	**Appareil à gouverner brêveté.**	**Patent-Steuergeräth.**
Arm	Bras	Arm
Cross-head	Té de tête de gouvernail	Kreuzkopf
Guide-rods	Tiges de guide ; Barres directrices	Führungstangen
Nut	Ecrou de l'arbre fileté	Spindelmutter
Rudder-head	Tête de gouvernail	Ruderkopf
Spindle	Arbre fileté	Welle
Standard or stanchion	Support	Stütze ; Bock
Wheel spokes	Rayons de roue	Radspaken
Yoke	Coulisse	Führungsblock
Yoke-Bolt	Boulon de coulisse	Führungsblock-Bolzen
—	—	—
Square-sail (*of a schooner or other small craft*)	Misaine volante ; Voile de fortune (*d'une goëlette ou autre petit bâtiment*)	Breitfock ; Breefock (*eines Schooners oder anderen kleinen Fahrzeuges*)
Stoke-hole grating	Grilles de chambre de chauffe	Heizraum-Gräting

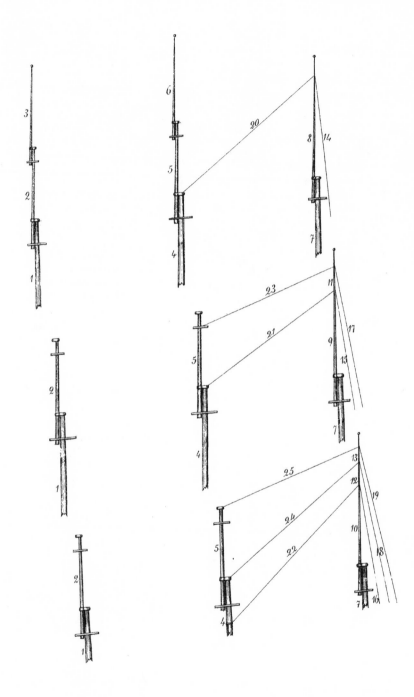

The **Rigging**, especially of Steam-Vessels, varies so much at the present day, that the descriptions in pages 126 to 131, — although more complete than in any work of the kind, would not be sufficiently clear for all enquirers without the here given illustrations and definitions.

Le **Gréement** a tant varié le jour d'aujourd'hui, spécialement celui des vapeurs, que la description donnée pages 126 à 131 a paru susceptible d'amélioration, quoiqu'elle soit plus complète que celle de tout autre livre du même genre et dans ce but les présentes illustrations et définitions ont été ajoutées.

Die **Takelagen**, besonders von Dampfschiffen, sind heutigen Tages so sehr verschieden, dass die Beschreibung auf Seite 126 bis 131 — obgleich viel vollständiger als in irgend einem Werke dieser Art — nicht hinreichend klar für Jedermann sein würde, ohne die hier gegebenen Illustrationen und Definitionen.

Barque rig. Gréement de Barque. Bark-Takelage.

1. Fore-mast	1. Mât de misaine	1. Fockmast
2. Fore-topmast	2. Petit mât de hune	2. Vor-Marstenge
3. Fore-topgallant mast	3. Petit mât de perroquet	3. Vor-Bramstenge
4. Main-mast	4. Grand mât	4. Grossmast
5. Main-topmast	5. Grand mât de hune	5. Gross-Marsstenge
6. Main-topgallant mast	6. Grand mât de perroquet	6. Gross-Bramstenge
7. Mizen-mast	7. Mât d'artimon	7. Besahnmast
8. Mizen-topmast	8. Mât de flèche d'artimon	8. Besahnstenge
9. Mizen-topmast	9. Mât de hune d'artimon	9. Besahnstenge
10. Mizen-topmast	10. Mât de hune d'artimon	10. Besahnstenge
11. Mizen-topgallant mast	11. Mât de flèche d'artimon	11. Besahn-Bramstenge
12. Mizen-topgallant mast	12. Mât de perroquet d'artimon	12. Besahn-Bramstenge
13. Mizen-royal mast	13. Mât de flèche d'artimon	13. Besahn-Royalstenge
14. Mizen-topmast backstay	14. Galhauban de flèche d'artimon	14. Besahnstenge-Pardune
15. Mizen-topmast backstay	15. Galhauban de hune d'artimon	15. Besahnstenge-Pardune
16. Mizen-topmast backstay	16. Galhauban de hune d'artimon	16. Besahnstenge-Pardune
17. Mizen-topgallant backstay	17. Galhauban de flèche d'artimon	17. Besahn-Bram-Pardune
18. Mizen-topgallant backstay	18. Galhauban de perroquet d'artimon	18. Besahn-Bram-Pardune
19. Mizen-royal backstay	19. Galhauban de flèche d'artimon	19. Besahn Royal Pardune
20. Mizen-topmast stay	20. Étai de flèche d'artimon	20. Besahn-Stengestag
21. Mizen-topmast stay	21. Étai de hune d'artimon	21. Besahn-Stengestag
22. Mizen-topmast stay	22. Étai de hune d'artimon	22. Besahn-Stengestag
23. Mizen-topgallant stay	23. Étai de flèche d'artimon	23. Besahn-Bramstag
24. Mizen-topgallant stay	24. Étai de perroquet d'artimon	24. Besahn-Bramstag
25. Mizen-royal stay	25. Étai de flèche d'artimon	25. Besahn-Royalstag

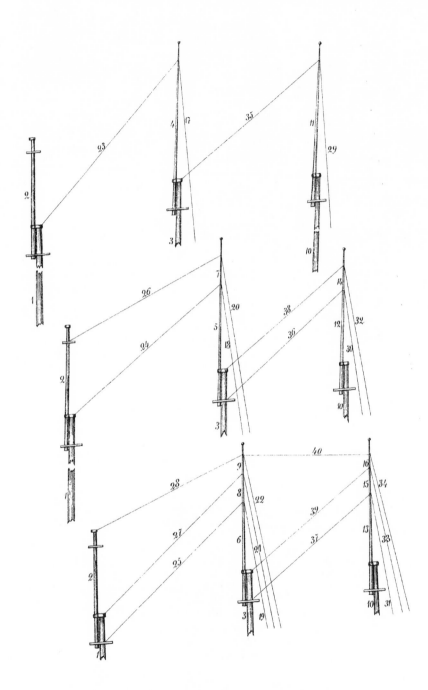

Barquentine rig.	Gréement de Barquentin.	Schoonerbark - Takelage.
1. Fore-mast	1. Mât de misaine	1. Fockmast
2. Fore-topmast	2. Petit mât de hune	2. Vor-Marsstenge
3. Main-mast	3. Grand mât	3. Grossmast
4. Main-topmast	4. Grand mât de flèche	4. Grosse Stenge
5. Main-topmast	5. Grand mât de hune	5. Grosse Stenge
6. Main-topmast	6. Grand mât de hune	6. Grosse Stenge
7. Main-topgallant mast	7. Grand mât de flèche	7. Grosse Bramstenge
8. Main-topgallant mast	8. Grand mât de perroquet	8. Grosse Bramstenge
9. Main-royal mast	9. Grand mât de flèche	9. Grosse Royalstenge
10. Mizen-mast	10. Mât d'artimon	10. Besahnmast
11. Mizen-topmast	11. Mât de flèche d'artimon	11. Besahnstenge
12. Mizen-topmast	12. Mât de hune d'artimon	12. Besahnstenge
13. Mizen-topmast	13. Mât de hune d'artimon	13. Besahnstenge
14. Mizen-topgallant mast	14. Mât de flèche d'artimon	14. Besahn-Bramstenge
15. Mizen-topgallant mast	15. Mât de perroquet d'arti- mon	15. Besahn-Bramstenge
16. Mizen-royal mast	16. Mât de flèche d'artimon	16. Besahn-Royalstenge
17. Main topmast backstay	17. Galhauban de grande flè- che	17. Gross-Stenge Pardune
18. Main topmast backstay	18. Galhauban de grand mât de hune	18. Gross-Stenge Pardune
19. Main topmast backstay	19. Galhauban de grand mât de hune	19. Gross-Stenge Pardune
20. Main topgallant backstay	20. Galhauban de grande flè- che	20. Gross-Bram Pardune
21. Main topgallant backstay	21. Galhauban de grand per- roquet	21. Gross-Bram Pardune
22. Main royal backstay	22. Galhauban de grande flè- che	22. Gross-Royal Pardune
23. Main topmast stay	23. Étai de grande flèche	23. Gross-Stengestag
24. Main topmast stay	24. Étai de grand mât de hune	24. Gross-Stengestag
25. Main topmast stay	25. Étai de grand mât de hune	25. Gross-Stengestag
26. Main topgallant stay	26. Étai de grande flèche	26. Gross-Bramstag
27. Main topgallant stay	27. Étai de grand perroquet	27. Gross-Bramstag
28. Main royal stay	28. Étai de grande flèche	28. Gross-Royalstag
29. Mizen topmast backstay	29. Galhauban de flèche d'ar- timon	29. Besahnstenge-Pardune
30. Mizen topmast backstay	30. Galhauban de mât de hune d'artimon	30. Besahnstenge-Pardune
31. Mizen topmast backstay	31. Galhauban de mât de hune d'artimon	31. Besahnstenge-Pardune
32. Mizen topgallant backstay	32. Galhauban de flèche d'ar- timon	32. Besahn-Bram-Pardune
33. Mizen topgallant backstay	33. Galhauban de perroquet d'artimon	33. Besahn-Bram-Pardune
34. Mizen royal backstay	34. Galhauban de flèche d'ar- timon	34. Besahn-Royal-Pardune
35. Mizen topmast stay	35. Étai de flèche d'artimon	35. Besahn-Stengestag
36. Mizen topmast stay	36. Étai de hune d'artimon	36. Besahn-Stengestag
37. Mizen topmast stay	37. Étai de hune d'arttmon	37. Besahn-Stengestag
38. Mizen topgallant stay	38. Étai de flèche d'artimon	38. Besahn-Bramstag
39. Mizen topgallant stay	39. Étai de perroquet d'arti- mon	39. Besahn-Bramstag
40. Mizen royal stay	40. Étai de flèche d'artimon	40. Besahn-Royalstag

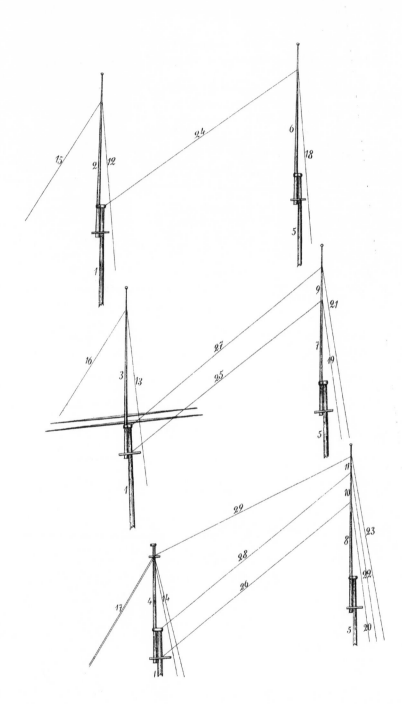

Schooner and Brigantine rigs.	Gréements de Goëlette et Brigantin.	Schooner und Schooner-Brigg Takelagen.
1. Fore-mast	1. Mât de misaine	1. Fockmast
2. Fore-topmast	2. Petit mât de flèche	2. Vorstenge
3. Fore-topmast	3. Petit mât de hune	3. Vorstenge
4. Fore-topmast	4. Petit mât de hune	4. Vormarsstenge
5. Main-mast	5. Grand mât	5. Grossmast
6. Main-topmast	6. Grand mât de flèche	6. Grosse Stenge
7. Main-topmast	7. Grand mât de hune	7. Grosse Stenge
8. Main-topmast	8. Grand mât de hune	8. Grosse Stenge
9. Main-topgallant mast	9. Grand mât de flèche	9. Gross-Bramstenge
10. Main-topgallant mast	10. Grand mât de perroquet	10. Gross-Bramstenge
11. Main royal mast	11. Grand mât de flèche	11. Gross-Royalstenge
12. Fore topmast backstay	12. Galhauban de petite flèche	12. Vor-Stenge-Pardune
13. Fore topmast backstay	13. Galhauban de petit mât de hune	13. Vor-Stenge-Pardune
14. Fore topmast backstay	14. Galhauban de petit mât de hune	14. Vor-Marsstenge-Pardune
15. Fore topmast stay	15. Étai de petite flèche	15. Vor-Stengestag
16. Fore topmast stay	16. Étai de petit mât de hune	16. Vor-Stengestag
17. Fore topmast stay	17. Étai de petit mât de hune	17. Vor-Stengestag
18. Main topmast backstay	18. Galhauban de grande flèche	18. Gross-Stenge-Pardune
19. Main topmast backstay	19. Galhauban de grand mât de hune	19. Gross-Stenge-Pardune
20. Main topmast backstay	20. Galhauban de grand mât de hune	20. Gross-Stenge-Pardune
21. Main topgallant backstay	21. Galhauban de grande flèche	21. Gross-Bram-Pardune
22. Main topgallant backstay	22. Galhauban de grand perroquet	22. Gross-Bram-Pardune
23. Main royal backstay	23. Galhauban de grande flèche	23. Gross-Royal-Pardune
24. Main topmast stay	24. Étai de grande flèche	24. Gross-Stengestag
25. Main topmast stay	25. Étai de grand mât de hune	25. Gross-Stengestag
26. Main topmast stay	26. Étai de grand mât de hune	26. Gross-Stengestag
27. Main topgallant stay	27. Étai de grande flèche	27. Gross-Bramstag
28. Main topgallant stay	28. Étai de grand perroquet	28. Gross-Bramstag
29. Main royal stay	29. Étai de grande flèche	29. Gross-Royalstag

CORRECTIONS	CORRECTIONS	VERBESSERUNGEN
N.B. The added terms are marked thus (*)	N.B. Les termes ajoutés sont marqués (*)	N.B. Die hinzugefügten Ausdrücke sind mit (*) bezeichnet.
N.B. The corrected terms are printed in Italics.	*N.B. Les termes corrigés sont imprimés en Italiques.*	*N.B. Die verbesserten Ausdrücke sind in Cursivschrift gedruckt.*

PAGES	PAGES	SEITE
1 (Barque) Topmast	1 (Barque) Mât de flèche en cul, *Mât de flèche*	1 (Bark) Stenge
1 (Barquentine) Topmasts	1 (Barquentin) Mâts de flèche en cul, *Mâts de flèche*	1 (Schoonerbark) Stengen
1 (Barquentine) Gaff-topsails	1 (Barquentin) Flèches en cul, *Voiles de flèche*	1 (Schoonerbark) Gaffeltoppsegel
2 (Brigantine) Topmast	2 (Brigantin) Mât de flèche en cul; *Mât de flèche*	2 (Schooner-Brigg) Stenge
2 (Three-masted topsail-schooner) Boom-sails	2 (Goëlette carrée à trois-mâts) Brigantines, *Voiles à gui*	3 (Dreimastiger Toppsegel-Schooner) Gaffelsegel, Baumsegel (*)
2 (Three-masted topsail-schooner) Gaff-topsails	2 (Goëlette carrée à trois-mâts) Flèches-en-cul, *Voiles de flèche*	2 (Dreimastiger Toppsegel-Schooner) Gaffeltoppsegel
3 (Fore and aft schooner) Topmast	3 (Goëlette franche) Mât de flèche en cul, *Mât de flèche*	3 (Vor-und Hinter Schooner) Stenge
3 (Fore and aft schooner) Gaff-topsails	3 (Goëlette franche) Flèches-en-cul, *Voiles de flèche*	3 (Vor-und Hinter Schooner) Gaffeltoppsegel
3 Sloop	3 Sloop	3 Slup; *Schlup*
3 (Sloop and Cutter) Topmast	3 (Sloop et Côtre) Mât de flèche-en-cul, *Mât de flèche*	3 (Schlup und Kutter) Stenge
3 (Four masted ships) Gaffsails	3 (Navires à quatre mâts) Flèches-en-cul, *Voiles à corne*	3 (Viermast-Schiffe) Gaffelsegel
6 Single bottomed Ship	6 Navire à fonds simple, *Navire à fond simple*	6 Schiff mit einfachem Boden
6 Double bottomed Ship	6 Navire à double fonds, *Navire à double fond*	6 Schiff mit doppeltem Boden
6 Flat bottomed Ship	6 Navire à fonds plat, *Navire à fond plat*	6 Schiff mit flachem Boden
9 Orlop-beam	9 Barrot de faux-pont, *Barrot de cale*	9 Orlopbalken

Corrections.	Corrections.	Verbesserungen.
PAGES	PAGES	SEITE
15	15	15 Lange Poop, *Lange Hütte*
15 Deck dowel	15 Tampon sur les têtes des attaches du pont	15 Cylinderzapfen, Deckpfropfen (*)
15 Lower- or orlop deck	15 Pont inférieur, Faux-pont	15 Unterstes Deck, Orlop-deck
Lower-deck	*Pont inférieur*	*Unterdeck*
Orlop-deck	*Faux-pont*	*Orlopdeck,*
28 Samson-post (of heavy piece etc) (*a* heavy-piece etc.)		
35 Hemlock	35 Hemlock	35 Hemlok; *Hemlock*
42 Crutch (in after-peak (*))	42 Guirlande-arrière (en tôle)	42 Hinterpiek-Verstärkungs-platte
48 Rudder-braces or gud-geons	48 Femelots de gouvernail	48 Ruderschmiegen, Ruderösen (*)
49 Screw-aperture	49 Ouverture de la cage etc. *Cage d'hélice*	49 Schraubenbrunnen
50 Orlop-beam stringer	50 Gouttière de barres-sèches Gouttière de cale, *Gouttière de barrots de cale*	50 Orlopstringer, *Orlopbalkenstringer*
50 Orlop-beam stringer-plate	50 Tôle-gouttière de cale, *Tôle-gouttière des barrots de cale*	50 Orlopbalken-Stringer-platte
51 Waterballast-tank	51 Soute à lest d'eau, Waterballast, (*)	56 Wasserballastbehälter
(On board of french *vessels* the *Waterballast-tank*, is generally called "Waterballast" instead of styling it by the french term.)	(La *Soute à lest d'eau* est générale-ment appelée à bord des navires français"Waterballast", quoique ce mot indique "Lest d'eau")	(Auf französischen Schiffen wen-det man gewöhnlich, anstatt der französischen Benennung, das Wort "Waterballast" an.)
55 (Bearing) oil cap, Oil *cup*	55 Graisseur de palier	55 Schmierbüchses des Lagers
57 Boiler shell	57 Corps de chaudière, Enveloppe de chaudière (*)	57 Kesselwandung, Aeussere Kesselwandung
104 & 108 Anchor-davit	104 & 108 Davier d'ancre, *Bossoir d'ancre*	104 & 108 Ankerdavid
108 Boat-davit	108 Davier d'embarcation *Bossoir d'embarcation*	108 Bootsdavid
108 Cat-davit	108 Davier de bossoir, *Bossoir de capon*	108 Kattdavid (*)
108 Fish-davit	108 Davier de traversière. *Bossoir de traversière*	108 Fischdavid

Corrections.	Corrections.	Verbesserungen.
PAGES	PAGES	SEITE
108 & 128 Davit-guy	108 & 128 Balancine de sus-pente du davier, Retenue de davier, *Bras de bossoir*	108 & 128 Davidgei, Davidguy
120 & 121 Topmast	120) Mât de flèche-en-cul, 121) *Mât de flèche*	120 & 121 Stenge
122 Mizen topmast	122 Mât de flèche-en-cul d'ar-timon *Mât de flèche d'artimon.*	122 Besahnstenge
125 Lower-fore-topsail yard	125 Vergue de petit hunier fixe	125 Unter-Vormarsraa *Vor-Unter-Marsraa*
125 Upper-fore-topsail yard	125 Vergue de petit hunier volant	126 Ober-Vormarsraa *Vor-Ober-Marsraa*
127 Main topmast backstays	127 Galhaubans de grand hunier; *Galhaubans de grand mât de hune*	127 Gross-Marsstenge Pardunen
127 Cross-jack foot-rope	127 Marche-pied d'artimon, *Marche-pied de vergue-barrée.*	127 Bagienraa-Peerd
128 Pendant » (if horizontal, like Brace pendants) (*)	128 Pantoire ; Pendeur (*)	128 Hanger, Schenkel.
	Pantoire	Schenkel
» (if vertical, like Top-mast-pendants) (*)	*Pendeur*	Hanger
140 Fore-royal studdingsail-sheet	140 Écoute etc. de perroquet, Écoute etc. de *cacatois.*	140 Vor-Royal-Leesegel-Binnenschote

143 Gaff-topsail
  Fore gaff-topsail (of a fore and aft Schooner)
	143 Flèche-en-cul
	  Petite flèche-en-cul
	  Voile de petite flèche
	  (d'une goëlette franche).
		143 Gaffeltoppsegel
		  Vor-Gaffeltoppsegel, (eines Vor- und Hinter-Schooners).

Main gaff-topsail (of a Bar-quentine or three-masted Schooner).	Grande flèche-en-cul. *Grande voile de flèche* (d'un Barquentin ou d'une goëlette à trois-mâts).	Gross-Gaffeltoppsegel, (einer Schoonerbark oder eines Dreimast-Schooners).
Mizen gaff-topsail (of a Barquentine or three-masted Schooner)	Flèche-en-cul d'artimon *Flèche-en-cul* (d'un Bar-quentin ou d'une goëlette à trois-mâts).	Besahn-Gaffeltoppsegel, (einer Schoonerbark oder eines Dreimast-Schooners).
153 Warp	153 Grelin	153 Warptrosse; Pferdeleine(*)
156 Turning-fid, *Heaver*	156 Trésillon	156 Dreher, Drehknüppel
158 Poop-ladder	158 Échelle de poupe, *Escalier de dunette.*	158 Pooptreppe,*Hüttentreppe*

ENGLISH INDEX.

INDEX ANGLAIS.

ENGLISCHES INHALTSVERZEICHNISS.

ENGLISH INDEX.   I

A.

Absolute-pressure 99
Accelerating-force 96
Accelerated-motion 98
Accommodation-ladder 154
Accumulation of pressure 99
Action of propeller 79
Actual-pressure 99
Adequate-strength 102
Adjoining-strake 32, 49
Adjusting 95
Admission-port (*of slide-valve*) 81
After-backstay 126
After balance-frame 18
After-beam 8
After-body 10
After-capstan 109
After crank-shaft 63
After-hatchway 19
After-hold 21
After-hoods (*of planking*) 21
After-leech 148
After leech-rope 148
After-mast 1, 2
Aftermost bulkhead 41
Aftermost floor 17
After-peak 24
After-peak tank 51
After-sails 143
After-shift of planking 29
After waterballast-tank 51
After-yards 124
Ahead-motion 98
Air-casing (*of funnel*) 70
Air-cock 60, 72
Air-course 8
Air-extractor 53
Air-pipe 51, 75
Air-port 25
Air-pressure 99
Air-pump 53
Air-pump back-link 53
Air-pump barrel 53
Air-pump bucket 53
Air-pump bucket-ring 53
Air-pump bucket-valve 53
Air-pump chamber 53
Air-pump connecting-rod 53
Air-pump cover 53
Air-pump crosshead 53
Air-pump crosshead-journals 53

Air-pump cylinder 53
Air-pump delivery or discharge-valve 53
Air-pump delivery-valve guard 53
Air-pump delivery-valve seating 54
Air-pump delivery-valve spindle 54
Air-pump discharge-pipe 53, 75
Air-pump foot-valve 54
Air-pump gland 53
Air-pump head-valve 54
Air-pump head-valve port 54
Air-pump lever 53
Air-pump lever-journals 53
Air-pump link 53
Air-pump link-brasses 53
Air-pump man-hole 53
Air-pump overflow-pipe 75
Air-pump plunger 53
Air-pump rod 53
Air-pump side-rod 53
Air-pump side-rod pin or stud 53
Air-pump suction-pipe 53
Air-pump suction-valve 54
Air-pump suction-valve guard 54
Air-pump top-valve 54
Air-pump valve 53
Air-reservoir 54
Air-tube 84
Air-valve 84
Air-vessel 54
Alternate strake 49
Alternate timber 32
Alternative motion 98
Amidship 8
Anchor 103
Anchor-arm 104
Anchor-bed 104
Anchor-bill or pea 104
Anchor-buoy 104, 155
Anchor-buoy-rope 104
Anchor-chock 104
Anchor-crane 104
Anchor-davit 104, 108
Anchor-lantern 158
Anchor-lashing 104
Anchor-light 158
Anchor-lining 104
Anchor-ring 105
Anchor-shackle 105, 161

Anchor-shaft or shank 105
Anchor-shoe 105
Ancher-stock 105
Anemometer 154
Aneroid-barometer 154
Angelly (*Wood*) 35
Angle-iron 37
Angle-iron beam 38
Angle-iron flange 37
Angle-iron keelson 44
Angle-iron stringer 49
Angle of advance 65
Angular-advance 65
Angular-motion 98
Annealing 95
Annular-cylinder 64
Answering-pennant 160
Anthracite (*coal*) 88
Anti-friction metal 91
Anvil 88
Anvil-beak 88
Anvil-bed 88
Anvil-block 88
Anvil-edge 88
Anvil-horn 88
Aperture 95
Apparent-slip 101
Apron 8
Area 95
Area of piston 77
Artificial draught 95
Asbestos 54
Asbestos packing 74
Ash (*Wood*) 35
Ash-bucket 54
Ash-cock 54, 60
Ash-cock gland 54
Ash-cock plug 54
Ashes 88
Ash-hoist 54
Ash-pan 54
Ash-pit 54
Ash-pit damper 54
Ash-pit door 54
Ash-shoot 54
Asphalt, Asphaltum 38
Astern-motion 98
Atmospheric-engine 66
Atmospheric-line 98
Atmospheric-pressure 99
Auxiliary-engine 66
Auxiliary-pipe 75
Auxiliary-propeller 79
Auxiliary-pump 80

(*) See also Appendix.   (*) Voir aussi Annexe.   (*) Siehe auch Nachtrag.

(*) See also Appendix.

(*) Voir aussi Annexe.

(*) Siehe auch Nachtrag.

(*) See also Appendix.   (*) Voir aussi Annexe.   (*) Siehe auch Nachtrag.

XX

English Index.

Mizen topmast	121 (*)	
Mizen topmast backstay	127(*)	
Mizen topmast cap	116	
Mizen topmast crosstrees	117	
Mizen topmast pole	122	
Mizen topmast rigging	129	
Mizen topmast stay	131 (*)	
Mizen topmast staysail	145	
Mizen topmast staysail-downhaul	135	
Mizen topmast staysail-halliard	137	
Mizen topmast staysail-sheet	140	
Mizen topmast staysail-tack	141	
Mizen topmast trestle-trees	123	
Mizen topsail	146	
Mizen topsail brace	133	
Mizen topsail buntline	134	
Mizen topsail clew-line	134	
Mizen topsail halliard	138	
Mizen topsail lift	139	
Mizen topsail reef-tackle	139	
Mizen topsail sheet	141	
Mizen topsail tye	142	
Mizen topsail yard	125	
Mizen trysail	146	
Moist steam	101	
Momentum of piston	98	
Monkey-forecastle	18	
Monkey-gaff	117	
Monkey-rail	26	
Monkey-spanner	92	
Monk seam (of a sail)	149	
Moon-sail	144	
Mooring-anchor	104	
Mooring-pipe	24	
Mooring-rope	153	
Mooring-shackle	161	
Mooring-swivel	106, 162	
Mop	159	
Morra (Wood)	35	
Mortise	98	
Mortise chisel	155	
Mortising	98	
Morung Saul (Wood)	35	
Motion	78, 81, 98	
Motor	98	
Mould	159	
Moulded breadth	12	
Moulded depth	16	
Moulding	24, 31	

Moulding of beams	8
Moulding of floors	17
Moulding of frames	18
Moulding of keel	22
Moulding of stem	31
Moulding of timbers	24, 32
Moveable coupling	63
Moveable joint	75
Moving force	96
Moving power	99
Mud	91
Mud-box (of boiler)	55, 57
Mud-hole	57
Mud-hole door	57
Mud-rake	91
Mud-shovel	91
Mulberry (Wood)	35
Multitubular boiler	58
Multiplying sheaves (in a block)	152
Mushroom-valve	86

N.

Nail	159
Name-board	24
Nautical almanac	159
Naval hood	24
Needle	159
Negative slip	101
Night-glass	159
Night-signal	161
Night-telescope	159
Nine-pin block	151
Nippers	91
Nominal horse-power	97
Nominal power	99
Non-condensing engine	67
Non-conductor	98
Non-expansive engine	67
Non-return valve	86
Normal mean thrust	102
Normal pressure	100
Normal speed	101
Norman	159
Notch	98
Notching-up	98
Nozzle	91, 110
Nut	91
Nut (of an iron anchor-stock)	105
Nut (on boiler stay)	57
Nut (on connecting rod bolt)	62

Nut (on propeller shaft)	80
Nut (on propeller stud)	79
Nut (of a bolt)	11
Nut-bolt	11

O.

Oak (Wood)	35
Oakum	159
Oar	107
Oar-blade	107
Oar-handle	107
Oar-loom	107
Oar-web	108
Octant	159
Offing-anchor	104
Oil	74
Oil-box	91
Oil-can	91
Oil-cock	61
Oil-cup	55, 65, 91
Oil-feeder	91
Oil-funnel	91
Oil-groove	74
Oil-hole	74
Oil-pipe	77
Oil-receiver	74
Oil-tank	91
Oil-track	74
Olive (Wood)	35
One armed anchor	104
One decked ship	4 (*)
Opposite crank	63
Oregon Pine (Wood)	35
Orifice area of injection	72
Orlop-beam	9, 39
Orlop-beam stringer	50
Orlop-beam stringer-plate	50
Orlop-deck	15, 42
Orlop-deck beam	38
Orlop-deck beam tie-plate	51
Orlop-deck stringer	50
Orlop-deck stringer-plate	50
Ornaments	24
Oscillating cylinder	65
Oscillating engine	67
Oscillation	98
Outer bearing	55, 74
Outer garboard	19
Outer halliard	136
Outer jib	143
Outer paddle-shaft	74
Outer waterway	34

(*) See also Appendix.   (*) Voir aussi Annexe.   (*) Siehe auch Nachtrag.

(*) See also Appendix. (*) Voir aussi Annexe. (*) Siehe auch Nachtrag.

FRENCH INDEX.

INDEX FRANÇAIS.

FRANZÖSISCHES INHALTSVERZEICHNISS.

(*) See also Appendix.　　(*) Voir aussi Annexe.　　(*) Siehe auch Nachtrag.

(*) See also Appendix.   (*) Voir aussi Annexe.   (*) Siehe auch Nachtrag.

(*) See also Appendix.   (*) Voir aussi Annexe.   (*) Siehe auch Nachtrag.

(*) See also Appendix.   (*) Voir aussi Annexe.   (*) Siehe auch Nachtrag.

GERMAN INDEX.

———

INDEX ALLEMAND.

———

DEUTSCHES INHALTSVERZEICHNISS.

DEUTSCHES INHALTSVERZEICHNISS. LXXV

(*) See also Appendix.   (*) Voir aussi Annexe.   (*) Siehe auch Nachtrag.

(*) See also Appendix.

(*) Voir aussi Annexe.

(*) Siehe auch Nachtrag.

(*) See also Appendix.　(*) Voir aussi Annexe.　(*) Siehe auch Nachtrag.

(*) See also Appendix. (*) Voir aussi Annexe. (*) Siehe auch Nachtrag.

T.

Vor-Ober-Leesegel-Bin-
nenschote 140
Vor-Ober-Leesegel-Fall 137
Vor-Ober-Leesegel-Nie-
derholer 136
Vor-Ober-Leesegel-Spiere 115
Vor-Ober-Marsbrasse 133
Vor-Ober-Marsraa 125
Vor-Ober-Marssegel 146
Vorpiek 24, 31
Vorpiekfall 136
Vor-Püttingswanten 127
Vorraaen 124
Vorrathshehälter 93
Vorrathskammer 31
Vorrichtung 71
Vor-Royal 144
Vor-Royal-Bauchgording 133
Vor-Royalbrasse 132
Vor-Royalfall 136
Vor-Royalgeitau 134
Vor-Royal-Leesegel 145
Vor-Royal-Leesegel-Aus-
senschote 142
Vor-Royal-Leesegel-Bin-
nenschote 140
Vor-Royal-Leesegel-Fall 136
Vor-Royal-Leesegel-Nie-
derholer 135
Vor-Royal-Leesegel-Raa 124
Vor-Royal-Leesegel-Spiere 114
Vor-Royal-Pardunen 126
Vor-Royalraa 124
Vor-Royal-Schote 139
Vor-Royal-Stag 131
Vor-Royal-Stenge 119
Vor-Royal-Toppenant 138
Vorrüste 13
Vor-Scheisegel 144
Vor-Scheisegel-Brasse 132
Vor-Scheisegel-Fall 136
Vor-Scheisegel-Geitau 134
Vor-Scheisegel-Pardunen 126
Vor-Scheisegel-Raa 124
Vor-Scheisegel-Schote 139
Vor-Scheisegel-Stag 131
Vor-Scheisegel-Stenge 119
Vor-Scheisegel-Toppenant 138
Vorschlaghammer 90
Vorschoten 139
Vorsegel 143
Vorstecknagel 91
Vorstenge 120

Vorstenge-Pardunen 127 (*)
Vorstengestag 131 (*)
Vorstenge-Stagsegel 145
Vorstenge-Stagsegelfall 137
Vorstenge-Stagsegelhals 141
Vorstenge-Stagsegel-Nie-
derholer 135
Vorstenge-Stagsegelschote 140
Vorstenge-Wanten 129
Vorsteven ; Vordersteven 31,
[49
Vorsteven-Spündung 26
Vor-Treisegel 146
Vor-Treisegel-Ausholer 139
Vor-Treisegel-Dempgor-
ding 133
Vor-Treisegel-Einholer 138
Vor-Treisegel-Gaffel 117
Vor-Treisegel-Geerd 142
Vor-Treisegel-Schote 141
Vor- und Hinter-Schoo-
ner 3
Vor- und Hinter-Segel 143
Vor-Unter-Brambrasse 132
Vor-Unter-Bramraa 124
Vor-Unter-Bramsegel 146
Vor-Unter-Leesegel 145
Vor-Unter-Leesegel-Aus-
senfall 137
Vor-Unter-Leesegel-Bin-
nenfall 137
Vor-Unter-Leesegel-Fall 137
Vor-Unter-Leesegel-Nie-
derholer 135
Vor-Unter-Leesegel-Schote
(Wasserschote) 140
Vor-Unter-Marsbrasse 133
Vor-Unter-Marsraa 125
Vor-Unter-Marssegel 146
Vorwärmer 72, 90
Vorwärtsgehen 97
Vorwärtsgehende Bewe-
gung 98
Vorwärtstreiben 100

W.

Wachholderholz 35
Wachttafel 159
Wagenkessel 58
Waigerung ; Wegerung 13, 41
Walboot 107
Wallanker 105

Wallgänge 19
Walnussholz 36
Walze 92
Walzenkessel 58
Wange 13
Wantauge 130
Wanten 128
Wantklampe 14
Wantknoten 164
Wantschraube 160
Wanttau 130
Wantweise geschlagenes
Tauwerk 153
Wärme 97
Wärmebeschaffenheit 102
Wärmeeinheit 97, 102
Wärmeleiter 95
Wärmemesser 88
Wärme-Uebertragung 97
Wärmeverlust 97
Warp ; Worp 33
Warpanker 104
Warpmaschine 68
Warptross ; Pferdeleine 153 (*)
Warrelblock 152
Waschbord 24
Waschhahn 60
Waschschott 24
Wasserauslassrohr 77
Wasserballast-Behälter 51
Wasserbrücke (im Kessel) 58
Wassercloset ; Watercloset 34
Wasserdicht 102
Wasserdichtes Comparti-
ment 42
Wasserdichtes Schott 41
Wasserdichte Thür 42
Wasserdruck 99
Wasserdruckprobe 97, 102
Wasserfass 163
Wassergang 34, 52
Wassergangbolzen 11
Wasserhahn 61
Wasserkammer 58
Wasserkehrung 12
Wasser-Kohlenstoff 97
Wasserlauf 23, 34, 45, 52
Wasserleitungshahn 61
Wasserlinie 34, 58
Wassermesser 90
Wasserpforte 12, 25, 28, 41
Wasserpumpe 80
Wasserraum (im Kessel) 58

(*) See also Appendix.

(*) Voir aussi Annexe.

(*) Siehe auch Nachtrag.

(*) See also Appendix.   (*) Voir aussi Annexe.   (*) Siehe auch Nachtrag.